经典战史回眸 古代战史系列

铁骑战北国

蒙金战争全史

李湖光 著

图书在版编目(CIP)数据

铁骑战北国:蒙金战争全史/李湖光著.—武汉:武汉大学出版社,2018.4
经典战史回眸.古代战史系列
ISBN 978-7-307-19990-3

Ⅰ.铁…　Ⅱ.李…　Ⅲ.战争史—中国—金代、元代　Ⅳ.E294.64

中国版本图书馆CIP数据核字(2018)第020218号

责任编辑:王军风　　责任校对:李孟潇　　版式设计:马　佳

出版发行:**武汉大学出版社**　(430072　武昌　珞珈山)
(电子邮件:cbs22@whu.edu.cn　网址:www.wdp.com.cn)
印刷:武汉中科兴业印务有限公司
开本:787×1092　1/16　印张:15.25　字数:376千字
版次:2018年4月第1版　　2018年4月第1次印刷
ISBN 978-7-307-19990-3　　定价:48.00元

目　　录

楔子　历史声誉

众所周知，中国作为人口大国，自古以来在战争中就拥有惊人的动员率。在历朝历代的内外战争中，动辄征调数万、数十万军队的例子，在诸多古书里面屡见不鲜。凭着兵力优势取胜也被传统兵书视为合情合理之事，例如《孙子兵法·虚实篇》中，就提倡“以众击寡”，直至今天，依然是一种取胜之道。

尽管在不同的历史时期发生过“以少击众”的罕见战例，可是人们不免在潜意识中将之当作有悖常理的“奇迹”。而把“奇迹”常态化的特例是兴起于公元十二世纪初的金国，其军队在战争史上一而再、再而三地彰显“以一当十”的剽悍本色，以致获得“满万不可敌”的历史声誉，一度在南征北伐中处于无敌状态。就以同时代的两个敌国为例，其中之一的辽国仅

宋代《明妃出塞图》中的胡人形象，被认为是参考女真人形象而作（一）。

仅是常备军就有二十万左右，而另一个史称北宋的国家更是拥有数量惊人的部队，从兵籍上计算竟然达到了近百万的地步（尽管宋军一些部队由于内部腐败等原因而存在兵额不满员的状况，但总兵力超过辽、金是毫无疑问的）。可是，金太祖完颜阿骨打于1114年（北宋政和四年，辽天庆四年）起兵之初不过召集了两三千人，却敢主动出击，先拿下辽国的宁江州，接着在出河店（今黑龙江肇源县附近）与号称十万的辽军对峙，并战而胜之。类似的战例还有不少，例如金太宗吴乞买于1125年（北宋宣和七年，金天会三年）侵宋时出动十二万兵力，就放胆在黄河南北纵横驰骋，奋击数量庞大的宋军。鉴于金国在与辽宋两国作战时屡战屡胜的事实，著名历史学者吕思勉为此一针见血地指出，若论以少胜多之民族，“考之往史，殆无如女真者”，因为金国兴起之初，其军队打仗主要依赖风气劲悍的女真人。

女真军队仿佛不受“以众击寡”这个战争规律的约束，接二连三地在战争舞台上表演“以少击众”的大戏。这种通过反常方式取得的胜利无疑具有极为神秘莫测的色彩，值得深入探讨以及研究。要了解这一切，离不开钩沉往事，不但要追溯女真人建国的过程，还要刨根问底地从女真族的源头说起。

女真人据说源自古代“肃慎”、“勿吉”、“挹娄”等部落，经过漫长的历史演变，最终在唐初形成了由不同部族组成的共同体，活动在“白山黑水（泛指长白山与黑龙江）”地区，在很大程度上仍然保持着原始的渔猎经济，因而和依赖游牧经济的漠北（泛指蒙古高原沙漠以北的广大地区）诸部截然不同，尽管古代的中土人士经常将两者互相混淆。

宋代《明妃出塞图》中的胡人形象，被认为是参考女真人形象而作（二）。

渔猎经济的历史源远流长，早在石器时代，原始人已经懂得织网捕鱼以及围猎野兽等谋生技艺，过上了渔猎生活。按照专家的观点，世界各地的人类在进化的过程中，基本上是从最初的渔猎生活逐渐发展到从事农业与畜牧业，即学会栽培植物与饲养动物，由此产生了更加先进的农业经济与游牧经济，而产品也出现了更多的余裕。换言之，仍停留在以渔猎为生这一阶段的部落，通常会被视为野蛮人，并常常不得不依附于游牧民族以及农耕民族，以便更好地生存下去。

女真人崭露头角前后，正是辽国在关外呼风唤雨的时期。辽国是契丹这个游牧民族所建立的，其崛起于公元十世纪，被尊为太祖的是阿保机，此人于916年（后梁贞明二年、契丹太祖神册元年）在龙化州（今内蒙古赤峰附近）称帝，之后，经过一系列的东征西讨，疆土不断开拓，以至从东边的日本海延伸到西边的阿尔泰山附近，而北边的势力范围抵达大兴安岭，南边亦扩展至燕山与太行山山脉一带，是东亚地区除了北宋之外的另一个大国。

有关辽国的事迹，广为人知的无过于与北宋杨家将鏖战的故事，传说杨令公、杨六郎、杨宗保、穆桂英等杨家将以及杨门女将保家卫国，前仆后继地转战于雁门关等边塞要冲，毫不动摇地英勇抗辽，由此名满天下。类似故事之所以在民间有很高的知名度，明显得益于传统通俗演义小说加油添醋的描写。然而，在民间口口相传的杨家将只是抗辽，并未能灭辽。历史上真正令辽国衰亡的不是北宋军队，而是辽东女真诸部。

辽国在发展壮大的过程中统治着不少女真部落。按照《三朝北盟会编》的划分，辽代女真主要有“熟女真”与“生女真”两大类。所谓“熟女真”，是指在辽初被辽太祖阿保机迁移至辽阳以南的数千户女真“强宗大姓”，由于与辽人接触频密，故冠以一个“熟”字。而“生女真”，则生活于粟沫江（今松花江）以北与宁江东北的千余里地方，共有十余万户口，散居于山谷之间，其中规模大的部落拥有数千户，而规模小的部落亦可达千户，各自推举“雄豪酋长”为主，与辽人接触的次数比起“熟女真”要少得多。还有介于“熟女真”与“生女真”之间的部落，活动范围从咸州（今辽宁开原附近）东北一带的山谷至粟沫江，俱隶属于辽国的咸州兵马司管辖。此外，《契丹国志》、《辽史·百

辽国《东丹王出行图》中的契丹人。

辽国《出猎图》中的海东青。

官志》这些史料中还有鸭绿江女真、长白山女真等记载，可见女真部落之多。

辽代女真诸部经济发展并不一致，与辽国接壤的部分女真人由于与先进的民族进行过更多的接触，生活过得稍微好一点。而地处边远山谷地带的则显得贫穷，不少人像先辈一样过着“夏巢居、冬穴处”的生活，夏季来临时裸袒，仅以尺寸之布遮蔽私处而已，到了冬天，又以猪油涂身，厚达数分，以御风寒，日子比较艰苦。总的来说，辽东各地的许多女真人仍保留着渔猎习惯，并时常采集人参、松实等物，但其农业与畜牧业经济已经得到了长足的发展，懂得耕种以及饲养猪、马。至于手工业，除了酿酒、织布、制造瓦器之外，还掌握了制铁工艺，有能力锻炼加工铁器，打造弓矢、盔甲等军械。但由于女真诸部活动的地盘普遍“地狭产薄”，故“贫窘”的现象并不罕见。

正所谓“穷山恶水出刁民”，古代统治阶级经常以此来形容那些挑战传统秩序的造反者。而女真人建国的过程就是不断向辽国统治地位发起挑战的过程。

女真诸部虽然并不属于游牧民族，可是女真人与世界上的很多牧民一样，都喜欢打猎。辽国天子大多喜欢游猎，常令女真猎手追随左右，企图利用这些人的一技之长捕获更多猎物。例如女真猎手擅长“呼鹿”，可以潜伏于山林中，吹着用白桦皮制作的角号以模仿鹿鸣，目的是将麋鹿引诱出来，再予以射杀。甚至虎、熊等猛兽，女真猎手也敢于冒着生命危险进行围猎，以博取辽国天子一笑。想不到，恰恰是由于这类打猎活动，使辽国与女真诸部的关系出现了裂缝。当时，生女真有一种极为抢手的特产，即叫做海东青（又名海东青鹘）的猛禽，它属于鹰类的一种，因产于关外的五国部（这个部落的地盘位于今黑龙江与松花江交汇之处附近）以东而闻名于世。这种猛禽生性健捷，最善于捕猎，一向是猎人的好助手，故备受青睐。辽国统治者通常每年都派出鹰坊子弟随同国内的官僚到生女真各部勒索海东青鹘，其中不肖者还顺便干一些调戏妇女、强取宝物等扰民之事，无端施加的蛮横压迫让越来越多的当地人痛恨不已，致使女真部落不胜愤懑。

就像经济因素常常促使漠北的游牧部落向中原政权叫板一样，女真诸部与辽国的最终反目也离不开经济上的原因。例如双方曾经在江宁州（今吉林扶余县附近）等处发生过贸易纠纷，女真以采集来的“北珠（一种主要产于松花江下游的珍珠）、人参、松实、白附子、密脂”等物以及一些手工业制品前来交易时，常常被辽人强行压价，甚至遭到公开的侮辱及拘禁，《契丹国志》记载这种仗势欺人的行为叫做“打女真”。

彼此的关系到了辽国的天祚帝在位时愈加恶劣，长期积累的矛盾已经一触即发。而在此期间，女真人的统一事业逐渐取得了进展，活动在黑龙江阿勒楚喀地方的女真按出虎水完颜部经过历代酋长的努力，控制的地域北达松花江外呼兰河，东至张才岭以及瑚尔喀河上游一带，东南扩展至图们江下游流域，甚至有意招抚与朝鲜接壤的曷懒甸地方各部落。到了雄心勃勃的完颜阿骨打掌权时，统一大业更加进行得如火如荼，且实力愈加雄厚。《三朝北盟会编》称完颜阿骨打“身长八尺，状貌雄伟”，性格沉稳而坚毅，平时不苟言笑，显出一副胸怀大志的样子。他掌权的十多年时间里，一方面不遗余力地吞并邻近部落，另一方面又积极组织力量务农，以积蓄粮食，还注意利用空闲时间“练兵牧马”，为大规模的战争预做准备。与此同时，他加强与辽国的贸易往来，又刻意贿赂辽国的权贵，在某种程度上确实起到了麻痹对手的作用。

完颜阿骨打的实力日益膨胀，与辽国摊牌是迟早的事，从1112年（北宋政和二年，辽天庆二年）起，长期积累的矛盾逐渐公开化了。这年二月，天祚帝按照传统的风俗与来朝的生女真诸酋长在混同江举行头鱼宴（所谓“头鱼宴”，是指每年冰雪解冻时，辽人于江边凿冰钩鱼，然后宴饮以庆贺），当酒过半酣，遂命令诸酋长跳舞助兴，唯独阿骨打一口回绝，从此大家心存芥蒂。此后，辽国试图制止完颜部吞并邻近部族的行为，终于导致双方关系的彻底破裂。阿骨打以天祚帝不肯交还躲藏于辽国的女真政敌为借口，于1114年（北宋政和四年，辽天庆四年）九月下旬与这个前宗主国在宁江州打了起来，他凭着最先召集的二千五百人，以主动出击的方式攻占了四面设有城壕，防备甚严的州城，赢得了首战的胜利，接着，又在同年十一月，准备召集三千七百名“甲士”出战，最终与十万辽军在出河店狭路相逢，尽管最后及时赶到战场的女真将士只有一千二百余人，可是面对强敌仍然毫不畏惧，乘着大风刮起遮天蔽地的尘埃之机，不顾一切地攻入辽军阵线，《金史·挞懒传》称阿骨打一度欲亲自上阵厮杀，但被一位叫做挞懒的亲信劝阻，这名亲信随后挺枪向前，很快便“手杀七人”，直到枪折为止，已把近十名骑士击于马下。可见战况的激烈程度。经过一番较量，女真人奇迹般大获全胜，并追至斡邻泺（今吉林南郭尔罗斯公爷府一带）以东，把辽军打得丢盔弃甲，缴获的军械与辎重不可胜数。一时间，“女真兵若满万，则不可敌”的说法甚嚣尘上，有鉴于此，《金史》特别评论道：女真兵的人数在出河店之战结束后才开始“满万”。意思是这支军队尚未满万，已经在战场上摧枯拉朽，假如人数满万，必将势不可当！由此，后世就逐渐产生了“女真满万不可敌”这一著名的谶言。

宁江州、出河店两次大捷为女真人摆脱辽国的统治奠定了基础，次年，阿骨打正式称帝，建都会宁（今黑龙江阿城以南），定元“收国”，国号“大金”，并相继拿下了辽国重镇黄龙府等地。

天祚帝为了挽回颓势不得不进行亲征，他扩大征兵范围，想方设法纠集了一支大部队，对外号称“七十万”，于1115年（北宋政和五年，辽天庆五年，金收国元年）十一月挺进至爻剌、斡邻泺一带。

金军仅有两万，明显处于劣势。阿骨打自忖无必胜把握，遂采取激将法，当众用刀划破自己的额头，任血在脸上纵横流淌，这是一种叫做“嫠面”的传统风俗，此刻施展起来显得格外悲怆，他仰天而泣，说了一番慷慨激昂的话，并劝诸将杀死自己家族的所有人，然后再去敌人面前迎降，可“转祸为福”！众将士哪里肯示弱，以“哀兵必胜”的姿势纷纷表态道：事已至此，唯有服从命令，拼死抵抗，死中求生。恰巧辽国出现了内乱，一位名叫耶律章京的先锋都监因对天祚帝不满，临阵而逃，企图联络一些人另立君主，致使天祚帝不得不仓促西还。阿骨打乘机率领人马追击至护步达冈，把军心不稳的辽国部队打得一败涂地，取得了以少胜多的又一次大捷。

此后，辽军在关外屡战屡败，溃散的兵员到处为祸地方，无异于盗贼，而辽国统治阶级的内讧亦有扩大的迹象，使局势进一步动荡不安。金国乘机四处扩张，实力不断壮大。然而，阿骨打在辽国即将灭亡之际于1123年（北宋宣和五年，辽保大三年，金天辅七年）八月病逝，由其弟完颜吴乞买继承大位。而金军在北宋军队的配合下，兵锋直指燕京（今北京），终于在两年后俘虏了逃亡到余睹谷的天祚帝。

辽国虽然灭亡，但女真军队没有停止扩张步伐，很快又掉转矛头，把北宋视为下一个打击的目标，并于1125年（北宋宣和七年，金天会三年）十月起调集重兵深入黄河南北。金国这时已经收编了大量奚、契丹、渤海以及汉人入伍，可动员的兵力超过十万，经过两三年的角逐，多次重创了积弱已久、虚有其表的宋军，陆续占领太原、真定等处，拿下了北宋的首都汴京。

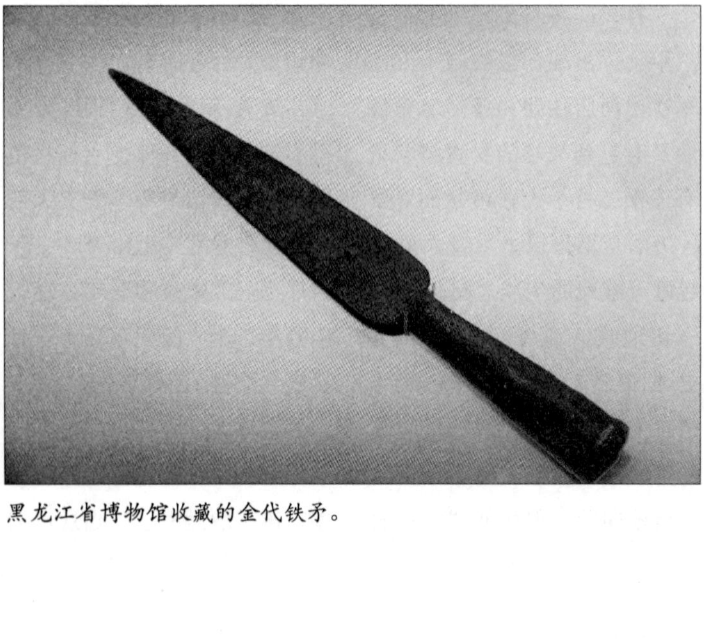

黑龙江省博物馆收藏的金代铁矛。

昏庸无能的宋徽宗在金国入侵后惊慌失措，忙着禅位给儿子宋钦宗，希望躲过一劫，但事实证明宋钦宗也是扶不起来的阿斗，这两位宋朝皇帝最后均逃脱不了成为俘虏的命运，被金军虏至遥远的五国头城（今黑龙江依兰县一带），屈辱地度过了下半生，同时被虏往关外苦寒之地的还有一大批贵戚、官僚以及工匠等等。女性又一次成为战争中的受害者，根据《靖康稗史笺证》里面的资料，汴京沦陷时成为金军战利品的除了徽、钦二帝的皇后、皇妃、公主之外，还有数千名后宫嫔妃、宗室妇女，她们与大量民女一起被囚禁在城外青城寨、刘家寺两处大营之内，总数达到一万一千余。其中不少人因不堪侮辱而死于非命，幸存者从1127年（北宋靖康二年，金天会五年）三月下旬起被分作七批押往关外的上京（今黑龙江阿城市），部分人被金军将帅瓜分，部分人被强行安置在洗衣院等机构服劳役，还有的被迫为奴为娼。《宋史·钦宗本纪》记载，繁荣昌盛的汴京经过金军的大肆抄掠，已经“库府畜积，为之一空”，立国一百六十多年的北宋糊里糊涂地灭亡了，而“靖康之难”也成为抗金义士矢志

宋徽宗与宋钦宗。

不忘的恨事。

“靖康耻，犹未雪，臣子恨，何时灭！”抗金英雄岳飞在《满江红》一词中的慷慨悲歌，充分显示了有志之士不甘任由异族摆布的思想。幸存的宋朝大臣们纷纷拥戴康王赵构为帝苦撑危局，成立了南宋小朝廷。经过整军备武，南宋军队的战斗力得到提升，在黄河、淮河流域以及长江两岸与金军不断周旋。可是，秦桧等朝中的主和派想方设法地排斥主战派，甚至以“莫须有”的罪名处死了力主北伐收复失地的岳飞，通过割地、纳币等屈辱的方式与金国达成和议，目的是苟安一隅。

短短十多年时间里，辽与北宋先后被金国灭亡，这个军事史上的奇迹主要是剽悍善战的女真将士创造的，显示“女真满万不可敌”并非浪得虚名，难怪《金史·兵志》总结道：“金兴，用兵如神，战胜功取，无敌当世。”虽然随着开国宿将的相继辞世以及内部纷争等原因，致使金国军队的战斗力有所衰退，但他们后来还是保住了大部分战果，直到北方受统一的蒙古帝国威胁之前，已享国八十余年，疆域东至日本海以北，西至陕甘地区的佳县、米脂、临洮等处，北自大兴安岭以及阴山山脉，南达淮河流域以及唐州、邓州、大散关一带，与北方新兴的蒙古帝国以及南方的南宋形成鼎立之势。

金国在战争史上创造的奇迹与其拥有一支骁勇善战的部队息息相关，要想研究这支部队，首先需要了解一下其独具特色的军政组织。

女真军队沿用的是“壮者皆兵”的传统制度。平时，各个部落过着“佃渔射猎”的生活，到了执行军事任务时，则由诸部落大大小小的酋长分别负责征兵。这些酋长平日叫“孛堇（又译勃极烈，是女真传统的官长名词，此词在金国成立之前已经存在），其中地位最高者称为“都孛堇”，由完颜阿骨打出任。金国初兴之际，没有专门的机构以及相关的官吏处理军机，当阿骨打称帝后，便建立了由皇帝与诸“孛堇”共同组成的国家最高军政机构。遇到国家大事时，阿骨打一般不会独断专行，而是与部落酋长们择地环坐商议。酋长们举行军事会议期间，若有人献出的计策得到阿骨打的认可，就有被任命为将的可能，这类做法保留着原始部落的议事作风。

阿骨打辖下的诸“孛堇”到了行军打仗之时，可分别被赋予“猛安”、“谋克”等称号（“猛安”的意思是千夫长或千户，“谋克”的意思是百夫长或百户）。按照《金史·兵志》的说法，金太祖阿骨打起兵之初，“部卒之数”，并无定制，直至其即位二年，率二千五百人破宁江州，始以三百户为一谋克，十谋克为一猛安，形成了两级基层编制。不过，据专家的研究，女真部落也许在此之前已经存在猛安、谋克之类军政合一的组织单位，平时进行生产活动，战时抽兵履行军事义务。然而，那时的猛安、谋克却没有明确规定在参与战事时需要出动多少兵数，只是笼统地按照“壮者皆兵”的原则行事。宁江州之战后，随着更多部落的归附，金国统治者“率用猛安、谋克之名以授其首领”，甚至将类似的制度推广到收编的契丹、奚、渤海与汉人部队。猛安、谋克等职位可由军功获得，逐渐演变成了官吏，而任免之权掌握在金国统治者手中，这有利于中央集权的增强。猛安、谋克一般可分为世袭与非世袭两种，世袭的猛安、谋克拥有官阶品级，管辖军户的同时兼顾民政。另外，统治者还可以根据特殊需要授予一些人成为非世袭的行军、押军猛安、谋克，用来统率经过扩编的军队，以备不时之需。

女真嫡系部队里面的猛安、谋克可得到五夫长、十夫长、五十夫长等下级头目的辅助。而战时根据需要，又可设立职位更高的万夫长，以利于统一指挥。总之，部队编制日益完善。另外，普通士卒也有随从，叫“阿里喜”（“阿里喜”可干一些饲养马匹之类的杂务，以减轻士卒负担）。女真军队军纪极严，实行连坐法，若五夫长战死，辖下四人皆斩；十夫长战死，五夫长皆斩；百夫长（即谋克）战死，十夫长皆斩。由于赏罚分明，故士卒用命。

金国能够凭着武力迅速崛起，与其军队采用的部落兵制有莫大关系。酋长与部属之间互相熟悉，结下情谊，并非“将不识兵，兵不识将”的临时凑合之众，凝聚力比较强。正如《金史·兵志》所说的：“兄弟子姓，才皆良将，部落保伍，技皆锐兵。”

宋人自始至终对女真部队克敌制胜的秘密极感兴趣，不少有志之士认真地进行过探讨。例如马扩曾经作为北宋使者出使过金国，因而有机会在关外接触观察女真部队，把相关记载写入《茆斋自叙》，并比较详细地描述了女真军人的一次大规模狩猎，这类活动实际相当于军事演习。书中写道：金太祖完颜阿骨打在狩猎的当天早上，亲自带队来到野外，在积雪上铺下一张虎皮，背风而坐，前面堆放着草木等易燃物品，然后点燃取暖，一个临时的指挥中心就此成立。随行诸将各自抽出一支所佩之箭，“掷占远近”，以箭坠落的地点一一划分狩猎区域。各部队随即上马，分头出发。只见一匹匹战马疏散开来，形成长长的行列，每名骑兵相距五至七步，接续不断，首尾相望，通常可长达一二十里，欲把整个狩猎区域包围起来。等到各就各位准备开始狩猎的时候，阿骨打便骑马来到距离后队一二里的地方，履行指挥的职责。他以旗帜为号，指挥骑兵张开左右两翼，进行大范围的迂回包抄。凡是包围圈内的野兽企图向外逃窜的，士卒应“迎射”以阻止；而自包围圈外跑入圈内的野兽，只可由主帅先射，其他人不能轻举妄动。各部队徐徐而进，行至距离围猎地点三四十里之处，便选择一处能够宿营的地方合拢包围圈，然后所有人一步一步地向圈内进迫。随着各狩猎部队之间的距离逐渐缩小，人和人就不断挤压、重叠着，而包围圈也最终变成了“二三十匝”，可谓水泄不通。圈内的野兽四处乱窜，但在女真人的“或射或击”之下，无不尽数毙命。阿骨打事后意味深长地点评：我国中最快乐的事，无过于围猎。北宋使者马扩显然对这种“骑射”现象极为重视，并在书中借完颜阿骨打的口指出金国部队“行军布阵，大概出此”，意思是女真人打仗所用的战术与围猎差不多。

然而，女真骑兵不是一支主要倚靠弓箭，擅长远距离射击的轻装骑兵，而是包括了大量的重装骑兵。所谓重装骑兵，一般是指披挂重型铠甲，装备近战兵器，惯于突阵的兵种。《契丹国志》对金军骑兵各兵种有生动的记载，称女真人初叛辽之时，军中皆是骑兵。“每五十人分为一队”，前面二十人，全部身披重甲，手持棍、枪，完全是一副重装骑兵的打扮；后面的三十人，则穿戴轻甲，“操弓矢”，显然是轻装骑兵。而《三朝北盟会编》中亦有类似的记载，这支部队执行军事任务时，前行的骑兵配备一丈二尺长的枪，“腰垂八棱棍棒一条，或刀一口”，同时人马皆披挂铠甲，有“硬军”之称，类似于重装骑兵。弓箭手在后。至于那些并非女真人的士卒，则不穿戴铠甲，装备简陋，甚至连弓箭这类基本装备也是“或有或无”。综上所述，女真人在战斗中绝非仅仅依靠轻装骑兵骑马射箭取胜，重装骑兵也发挥了不容忽视的作用。例如在著名的出河店之战中，阿骨打的亲信挞懒挺枪突阵，“手杀七人”，直到枪折为止，就是重装骑兵冲锋陷阵的活生生例子。

女真骑兵作战时各兵种互相配合默契，《契丹国志》称这支部队每当遇到敌人，必有一二人跃马而出，观察敌阵虚实。敌阵的“左右前后”，均有可能成为金军大部队的集

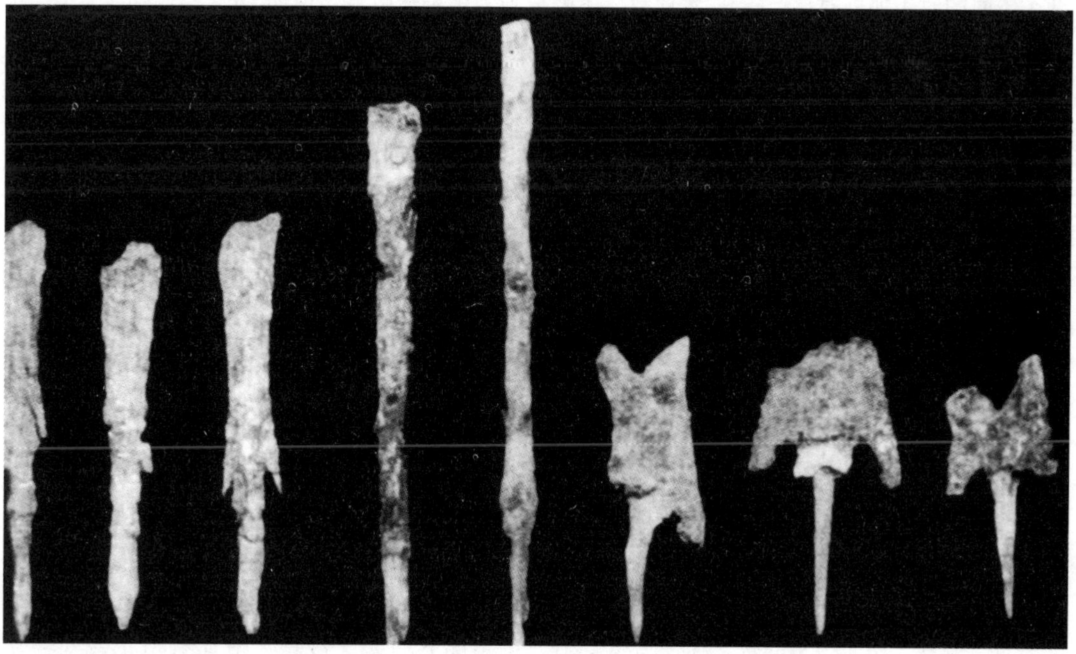

出土的金代铁镞。

结地点。进攻时，女真人策马奔驰，“百步之内，弓矢齐发”，“胜则整队而缓追，败则复聚而不散”。其“分合出入，应变若神”，可以“人自为战”。

这支来自关外的部队具有惊人的耐力，据说善于在战场上不知疲惫地连续作战。《金虏图经》记载女真人之间流传着一句话：“不能打一二百个回合，何以为马军！”这种耐力是其他军队所罕见的。《宋史·吴玠传》对此有过精辟的分析，据书中所载，宋朝名将吴玠的弟弟吴璘曾经分别和西夏（这是一个由党项贵族建立的国家，地处西北）、金国的军队交过手，因而事后便将这两个不同的对手加以对比，指出西夏军队耐力不足，与宋军打仗时每次战斗“不过一进却之顷”，便迅速分出了胜负。可是金军却不同，作战时“更进迭退”，即使暂时退却，但很快又卷土重来，显示“忍耐坚久”的作风，故每一次战斗“非累日不决”，而且“胜不遽追，败不至乱”。这样强劲的对手，吴璘自称用兵以来“所未尝见”。

不过，给宋人留下最深印象的并非金军的轻装骑兵，而是重装骑兵。由于金军的重装骑兵有时会布置在阵营的左、右翼，故被宋人赋予“拐子马”的称号（因为在宋代某些地方的俗语之中，把左右两翼唤作“两拐子”）。据说这类骑兵突阵时常以数人组成一队，驾驭着战马并肩而前，就像一堵可以移动的墙壁那样向前推进，显得势不可当。类似的传说中，足以反映出金军重装骑兵给对手造成的心理压力。

南宋名臣吕颐浩在奏书中提到“自金人犯边以来”，宋朝军队“百战百败”，甚至“非止百战百败，往往望风奔溃，不暇交锋者”，之所以败得这样惨，是因为女真人善于使用骑兵突阵。他自称曾经对战事进行过调查，发现宋军遇敌“不暇成列，辄奔溃败走”，而原因之一是与地形不利有关，因为北方的平原广阔，以步兵为主的宋军在野战时难以和敌人的骑兵抗衡。金国部队在战时常以铁骑张开“左右两翼”，“前来围掩”，往往一举得胜。

女真骑兵在灭亡辽与北宋这两个大国的战争中表现得很抢眼，自有过人之处。《金虏图经》称其骑兵“倍养副马”，“居常以两骑自随，战骑则闲牵之，待敌而后用”。也就是说，在一般情况下，女真骑兵拥有两匹战马，这和以步兵为主的宋朝军队形成鲜明的对比。金国虽然不是游牧部落建立的国家，但战马除了饲养的之外，还可从毗邻地区输入，同时，又想办法在战争中四处掠取，因而马匹的数量也非常多。此外，在关内外攻城略池的金军霸占了辽国的一些“无蚊蚋、美水草”的传统牧地，用来养马时对壮大骑兵的实力有很大帮助。据《金史·兵志》所记，金国在天德年间设置“迪河斡朵、斡里保、蒲速里、燕恩、兀者”五处群牧所，皆沿用辽国旧名，对马匹的繁育起了很好的作用。

《历代名臣奏议》里收录了南宋名臣吕颐浩的一篇奏书，亦有相关论述，指出金国于每年四月，“放马入泊，逐水草”，叫作“入淀”。这些地方主要在山西与燕、蓟诸处。早在辽国未亡之前，契丹人已“择美水草之地数千顷，禁人耕凿，留以养马”，如今女真人依样画葫芦，每年四月驱马“入淀”之后，“不喂料，只食青草”，到七八月间，方“出淀”，以便在秋冬之后骚扰宋人。

金军虽不乏马匹，但骑兵并非万能，以至于有时不得不下马步行作战。《云麓漫钞》对此有所记载：“虏（指金人）用兵多用锐阵，

宋代《中兴瑞应图》中的金军骑兵。

一阵退，复一阵来，每阵重如一阵。重兵既多，即作圆阵以旋敌人；若敌人复作圆阵外向，即下马步战，待其败走，上马追之。”金军最初全是骑兵，但后来根据形势的需要，又组建了步兵。本来，步兵不受重视，就像《金虏图经》所载的，金国部队里面的步兵不多，以汉人为主，干一些运薪、挑水、搬粮食、掘壕堑之类的杂事。这是金国刚刚兴起时的情形，到了与宋作战时，就逐渐大量扩充步兵。与此同时，骑兵也在战场上更加频繁地下马步战。其中最有名的就是被宋人称为“铁浮屠”的队伍了。所谓“浮屠”，本意是指佛塔。而“铁浮屠”，当然是用来比喻那些头上戴着两重铁制兜鍪，身上披挂重甲的金军士卒，故又称之为“铁塔兵”。这类人通常当仁不让地肩负起攻坚的任务，并常常在战时以数人为一组，相互之间用“皮索”或“铁钩”等物连在一起，以显示同生共死以及有进无退之意。例如在1140年（南宋绍兴十年，金天眷三年）的顺昌一役中，“铁浮屠”进行过殊死的作战，让不少参战的宋人过目难忘。事实上，在攻城的时候，步兵的作用常常比骑兵大。逐鹿中原的金军已经掌握了比较先进的攻城技术，还装备了不少攻城器械，以在战时辅助步兵，其中包括抛石机、云梯、偏桥、鹅车、撞竿等等，因而攻克了不少宋人的城池。而在对宋作战过程中，又组建了水军，逐渐形成兵种齐全的队伍。

金国的步骑兵得以称霸中原，军中的斥候亦功不可没。吕颐浩认为金军虽然没有专门的斥候部队，却常常选择“强壮有物力之人，乘上等壮马”行动，他们不披甲，但携带刀、弓等军械，以四五人为一队，专门负责侦探军情，叫做“硬探”，这些人“探事精审”，可日驰二百余里，军事素质远胜于宋军的同类部队。由于吕颐浩经历过战火，曾经在1125年（北宋宣和七年，辽保大七年，金天会三年）被金人俘获过，遂以自己的亲身体会批评宋军的敌情侦察工作搞得一塌糊涂，例如金军于1126年（北宋宣和八年，辽保大八年，金天会四年）南下，于十一月间抢渡黄河攻破郑州，距离京师已近在咫尺，可北宋诸臣犹不知，误以为破郑州的是“河北强寇”，而非金人，闹出了战争史上的一个大笑话。

尽管金国难免会打败仗，可种种“以少胜多”的表现还是令女真部队广受瞩目，而非凡的成就与其风气劲悍的传统及部落兵制关系匪浅。后来，随着形势的发展，金国兵制受辽、宋的影响越来越深。其统治者根据本国的特点，参考辽、宋制度，相继在不同时期设置了都统、枢密院、都督府、都元帅府、都统司、军帅司、总管府、节度使等军政机构，不断加强中央军事领导。与此同时，一些传统做法逐渐地遭到漠视以至屏弃。其中比较特殊的例子是，“孛堇”制度在第三位皇帝金熙宗即位后被废除。就连猛安、谋克等传统制度也进行了多次的革新，例如女真统治者以“风俗糅杂，民情弗便”等理由一度罢免辽东契丹、汉人所沿用的猛安、谋克之制。而在正规军之中，产生了直属中央的侍卫亲军、禁军、威捷军、武卫军，等等，其中很多部队是由过去的“合扎谋克（亲军谋克）”发展而成。各地除了猛安、谋克部队之外，还成立了名目繁多的非正规军，而扩充部队的方式除了征兵，又可招募新军助战。其中，契丹、奚等非女真部族组成的乣军属于地方部队，主要分布于东北、西北与西南部，承担守卫边境等任务。

随着与南宋和议的达成，金国在北方的统治逐渐稳定，女真将士不可能再像过去那样频繁地依靠掳掠维持生活，军俸制度便应运而生。这一切，都与原始的部落军制渐行渐远。

作为东亚大陆的霸主，金国对周围地区的动静保持着警惕，其辖下的虎狼之师亦不惜使用武力，准备与任何挑衅者开战，以维护其来之不易的霸主地位。

一 多年恩怨

金国最大的敌手是蒙古国。这个由蒙古人创建的史无前例的大帝国于十三世纪初叶在漠北崛起，对外扩张频繁，在亚欧大陆相继征服了一系列不同肤色、不同文化的国家，获得了军事史上前所未有的赫赫武功。当世界被蒙古骑兵搞得天翻地覆时，随之产生的各种震撼性后果也就不可避免地让世人震惊不已了。

蒙古国的缔造者是一代天骄成吉思汗，这位杰出的军事领袖凭着无与伦比的军事才华统一了四分五裂的蒙古诸部，接着带着无数的游牧骑兵冲出草原之外，为建立一个幅员辽阔、民族众多的超级大国而奋战终生。《元史》称成吉思汗毕生“灭国四十”，东至森林茂密的大兴安岭，西到横跨欧亚的钦察草原，无数地方被其用武力控制，在同时代人当中树立起了不可逾越的军事威望。正如波斯历史学家志费尼在其名著《世界征服者史》中所评论的那样：“说实话，倘若那善于运筹帷幄、料敌如神的亚历山大活在成吉思汗时代，他会在使计用策方面当成吉思汗的学生，而且在攻城略地的种种妙策中，他会发现，最好不如盲目地跟着成吉思汗走。”众所周知，亚历山大是西方历史上最伟大的统帅之一，曾经征服希腊、埃及以及波斯帝国，创建了名闻一时的亚历山大帝国，可是，他在

成吉思汗。

军事上的成就与成吉思汗比起来，无疑相形见绌。《史集》记下了成吉思汗一句任达不拘的豪言壮语："镇压叛乱者，战胜敌人，将他们连根铲除，夺取他们所有的一切；使他们的已婚妇女号哭、流泪，骑乘他们的后背平滑的骏马，将他们美貌后妃的腹部当作睡衣和垫子……才是男子汉最大的乐趣。"然而，一生罕有对手的成吉思汗却始终无法消灭与漠北近在咫尺的金国，直到死前仍然对此未能释怀。

让成吉思汗耿耿于怀的金国一度具有掌控蒙古局势的强大实力，并因此与草原上的部落结下了无数难解的恩怨。蒙古统一之前，彼此之间爆发过断断续续的冲突。

事实上，从辽东一路打进中原的金国，在随后的日子里与蒙古游牧诸部发生矛盾几乎是不可避免的。在双方冲突最初发生的时候，成吉思汗还未诞生，游牧诸部也处于一盘散沙的状态，牧民们之所以敢于与金军角逐，离不开经济上的原因，由于平均海拔1000多米的蒙古高原大部分是草原地区（戈壁、森林只占一小部分），故当草原气候发生灾变而对牧业造成严重影响，或者与外界的和平贸易往来受阻时，游牧民族之中的好战分子势必蠢蠢欲动，导致南侵的可能性大增。有句老话说得中肯："掠夺是游牧民族的生产方式"，因为游牧社会的生产力比较落后，再加上具备全民皆兵的条件，故抢掠无形中成为一种摆脱贫困饥饿的行为，游牧战士时常把战火引向农耕地区。就像著名学者萧启庆所指出的：以蒙古高原为中心的北亚草原地带作为世界大草原的一部分，是近代以前整个草原地区乃至欧亚的动乱摇篮，而游牧民族周期性的入侵与农耕政权的反击，可以说是形成了古代史的惯例。过去，很多活动在高原上的游牧民族都做过类似的事，著名的有匈奴、东胡、鲜卑、乌桓、柔然、高车、突厥、回纥、黠戛斯、契丹等等。而唐代的室韦（室韦与鲜卑、乌桓、契丹一样，同属于东胡后裔）被视为蒙古的直系祖先，同样未能置身事外。自从控制漠北的回鹘汗国与黠戛斯于九世纪中叶相继衰落后，草原地区便长期陷入了混乱状态，原先居住于呼伦贝尔、额尔古纳河一带的室韦－达怛（与室韦同族）各部先后向西以及西南方向迁移，致使兴安岭、克鲁伦河、杭爱山、阴山以及阿尔泰山地区到处散布着这些互不统属的部落。其中，蒙古、弘吉剌、塔塔儿、篾儿乞、札剌儿诸部由于族源相近的缘故，被视为室韦－达怛的后裔。克烈部则受到突厥文化的影响，与源自黠戛斯的乃蛮部以及混杂了大量突厥、回鹘等人种的汪古部一样，因语言风俗与蒙古诸部有异而被当作另类，彼此时常发生冲突，互争雄长，伴随着与金国的纠纷，形势益加复杂。《蒙古秘史》描述当时的情景："星天旋转，诸国争战，连上床睡觉的工夫也没有……世界翻转，诸王攻伐，连进被窝睡觉的工夫也没有……没有逃避的地方，只有冲锋打仗，没有幸福平安，只有互相杀伐。"

《建炎以来系年要录》、《蒙鞑备录》以及《完颜希尹神道碑》等资料记载，金国第三位皇帝金熙宗在位期间以受到游牧部落的多次骚扰为名，兴兵北征，不惜动用数万之众，发动旷日持久的战争。为了防范漠北，金国开始沿着北部边境修筑界壕，并建造城堡、关隘以及烽燧台等防御工事，以屯驻兵马，达到"营栅相望，烽堠相应"的效果。这一系列连亘千里的军事设施后来被统称为"金代长城"。战火在草原上越烧越旺，以致公元十二世纪期间的燕京（今北京）等地四处传唱民谣，称：

“鞑靼（泛指蒙古游牧诸部）来，鞑靼去，赶得官家没去处”，当时在位的金国第五位皇帝金世宗风闻后，下令加大在草原上围剿的力度，涉及的范围异常广阔，竟然达到“极于穷荒”的地步，这样向北剿杀的军事行动每三年举行一次，叫做“减丁”，而掳掠得到的牧民子女，则卖于山东、河北等地做奴婢，因而，游牧诸部对金朝“怨入骨髓”，而草原上牧民遭受金军残杀的故事，也更加绘声绘色地四处扩散。这一类故事后来收入了普兰·迦儿宾（罗马教皇派驻蒙古使者）的书中，甚至在汉文史籍《元典章（刑部三）》当中也有反映，其内容大同小异，都是叙述金国派兵到蒙古大肆屠戮，大大降低牧民人口的数量之事。这类充满痛苦回忆的传说也许存在渲染的成分，可归根结底并非空穴来风，显然能够在现实中挑起牧民对金国的抗拒情绪。

金国常常希望能够对草原保持军事压力以及在游牧诸部中奠定无可争辩的宗主地位，经过多年的努力也逐渐取得了一些成果，在收降塔塔儿诸部的同时，并让汪古部臣服。而金国的附庸部落开始担任守护边境界壕的任务，并配合金军讨伐敌对势力，《史集》记载成吉思汗的先祖俺巴孩就是让忠于金国的塔塔儿部擒获，最终被金国皇帝按照惩处叛部的法规用铁钉钉到“木驴”上，残酷处死了。而成吉思汗的另一位名叫斡勤巴儿合黑的伯祖，也在与金国的较量中丢了性命。

显而易见，要想不受金国的摆布，必须先要在统一蒙古的事业中取得重大进展，这样才能结束散沙般的状态，并集中力量一致对外。不少游牧部落的领袖对此了然于胸，带着自己的部属相继介入了这场涉及面广阔的统一战争。蒙古、塔塔儿、克烈、乃蛮、篾儿乞五大部落都深深地卷入了内战里面，而克烈部的酋长王罕、塔塔儿部的酋长兀剌黑、蒙古部的酋长扎木合、乃蛮部的酋长太阳罕等，相继成为叱咤一时的风云人物，但最终脱颖而出的是蒙古部的没落贵族成吉思汗。

成吉思汗原名铁木真，于1162年（南宋绍兴三十二年，金大定二年）生于斡难河畔附近的山区，九岁时父亲在部落之间的明争暗斗中被人毒死，致使家道中落，他长大后招兵买马，重振旗鼓，先后得到王罕与扎木合的提携，因而羽翼渐丰，初步形成了自己的班底，以后起之秀的姿态在政治舞台上亮相。

在此期间，金国与塔塔儿部发生利益纠纷，破坏彼此之间的附属关系，铁木真乘机与王罕一起配合金军袭击塔塔儿部，因而受到金国的赏识，获得“札兀惕忽里（意思是乣军统领）”的职务，从此可以堂堂正正地打着金国的旗号在草原上扩充自己的势力，遇到危难时，又能够躲入金国沿着北部边境而修筑的界壕之内，寻求庇护。由此可知，这种附庸关系对铁木真的统一事业无疑极为有利。日渐强大的铁木真不可避免地会引起蒙古草原上一些同盟者的嫉妒，基于上述原因，他与王罕、扎木合的亲密关系破裂了，并反目成仇。大约发生在金明昌年间的十三翼之战中，把本部联盟分为十三翼的铁木真于答兰版朱思（今克鲁伦河上游臣赫尔河一带）迎战以扎木合为首的敌对部落联军，因作战不利而不得不暂时退却。战后，扎木合残暴地对待俘虏，用七十口大锅煮死了一大批青壮年，还砍下人头，拖在马尾之后以炫耀武力，但这并未能吓倒铁木真及其手下，反而令他们更加同仇敌忾。而在1203年（南宋嘉泰三年，金泰和三年）春的合兰真沙陀（今内蒙古东乌珠穆沁旗以北）之战中，铁木真一度被王罕击溃，退至班朱尼河（今克鲁伦河下游一带），最落魄的时候，身边仅有随从十九人，由于粮饷不继，只能射野马充饥，饮浑水解渴，《元史·世祖纪》记载铁木真后来把这批同患难者视为亲信，凡是当时一起饮过河水的，“谓之饮浑水，言其曾同艰难也”。

经过大浪淘沙般的筛选之后，铁木真身边逐渐聚集了一批久经考验、忠心耿耿的“伴当”，以辅助自己争霸草原。伴当（又叫“那可儿”，含有“朋友、战士”之意）作为一种军事侍从，盛行于原始的氏族制度崩溃之际，那时，一些牧民离开由亲族组成的氏族，自愿为别的氏族首领服务，这些人平时既能操持家务事，又可担任护卫任务，必要时甚至

游牧骑兵。

统率军队出征，为主分忧。在蒙古统一战争发生时，不少游牧部落的领袖都招揽自己的伴当。而铁木真麾下著名的伴当有博尔术、木华黎、博尔忽、赤老温，称作“四杰”，并以拥有出色的军事才华而著称于世。另外，还有四名被誉为“四狗”的伴当，即哲别、忽必来、者勒蔑、速不台，他们号称“铜额、凿齿、锥舌、铁心”，只要“放了铁索”，便“环刀做马鞭，饮露骑风”去战斗。这些尽心竭诚之人显然会令部队如虎添翼。

几经波折，不屈不挠的铁木真陆续平定了蒙古本部的反对势力，并在克鲁伦河、斡难河、贝尔湖、海拉尔河、哈拉哈河等处与塔塔儿、篾儿乞、乃蛮、克烈诸部展开反复的较量，以百炼成钢的毅力带出了一支无坚不摧的雄师，于1208年（南宋嘉定元年，金泰和八年）底基本完成了统一漠北的战争，消灭了包括扎木合、王罕在内的一大批政治对手。

铁木真所部在统一草原的过程中积累了具有自身鲜明特色的作战经验，当中比较厉害的杀手锏是：暴风雪突击。这种打法与蒙古高原的地理气候有关，这里夏季短促而冬季漫长，常有暴风雪，是寒潮的策源地之一，不少游牧将士在这种严酷的自然气候中锻炼出坚忍、顽强的战斗作风，并拥有克服恶劣自然环境的丰富经验。当他们遇到别人畏之如虎的暴风雪时，却正可乘机大逞英豪，而铁木真麾下的虎狼之师尤其擅长这一招，并在统一蒙古的历史转折关头使用过。这支部队曾经在1202年（南宋嘉泰二年，金泰和二年）秋与乃蛮联军进行了一次战斗。《蒙古秘史》记载战斗的地点在阙亦坛（今蒙古哈拉哈河上流），据说当时乃蛮人作起巫术引来一场洒满沟壑的暴风雪，企图乘风发起进攻。谁知风向突然改变，夹着大雪反刮过来，致使很多乃蛮人在道路泥泞的严寒中冻坏了手足，最后在对方的反击下惨败而归。剔除传说中的神话色彩，可知铁木真所部在刮起暴风雪的恶劣天气中与敌人进行无畏的厮杀，最终扭转乾坤，改变命运。这种战术对军队的素质要求非常高，除了耐寒之外，还要比对手有更高的凝聚力，因为在暴风雪中视野不良，军中大大小小的头目不可能监督着每一个士兵去作战，所以要靠士兵自觉。一支没有凝聚力的军队必然会在暴风雪中出现大量逃兵，甚至全线崩溃。

铁木真为了增加部落内部的凝聚力采取了不少措施，其中之一是进行制度上的革新。他从1204年（南宋嘉泰四年，金泰和四年）起以“千户”为单位划分蒙古百姓，封授给功臣贵戚。至于当时到底划分了多少个千户，各种史籍记载不一，分别有六十五、九十五与一百二十九等几种说法，但可以肯定的是，这些千户虽然封地各异，人数不尽相同，但内部编制却是一样的，都管辖着“百户”与“十户”。由此形成了千户长、百户长等具有世袭性质的那颜（官人）。不过，有的千户长下辖三四个千户，还有的千户长仅管辖半个千户，众寡不一。据《经世大典·序录·军制》的追记，草原上的蒙古男子凡是“十五以上，七十以下”全部尽签为军。千户长可统领十个百户长，百户长可统领十个十户长，而十户长又称牌子头，可统领十人。千户长、百户长拥有对属民的司法管辖权，大多数十户长尽管尚未拥有类似的权力，但社会地位仍高于普通牧民。此外，在十户长与百户长之间还可增设五十户长（即《黑鞑事略》所载的以五十骑组成一个称作“纠”的军事单位）。

这样的层层分封制度有利于结束一盘散沙的状态，各千户的牧民不能随便离开自己的领主而依附他人，否则会被治以死罪。就这样，以千户制为核心的封建制度成了这个新生国家的基本制度，每个千户既是社会组织，又是军事单位。接受铁木真统治的蒙古百姓保持着全民皆兵的传统，据专家估计，当时能够动员的兵力约为十万。

大部分千户直属于左右两翼军（又称左右手万户，首领叫万户长），其中，左翼军的部分千户以铁木真的伴当木华黎为首，右翼军以铁木真的另一个伴当博尔术为首。

在分封千户前后期间，一支新型的护卫军（蒙古语叫做“怯薛”）于1203年（南宋嘉泰三年，金泰和三年）成立了，以保护铁木真的安全，最初有八十人做宿卫，七十人做散班，轮流值夜班以及日班，之后，铁木真下令从各部挑选一千名勇士入宿，如果发生战事则让这些人带头冲锋陷阵，成为全军的中军。随着部队的不断扩充，人数慢慢多至万人，各项职责也分得更细，有专门佩刀和携带弓矢的人，也有饲养鹰隼与管理马匹的人，等等。由铁木真最亲信的四位伴当——博尔忽、博尔术、木华黎、赤老温出任长官。护卫军成员里面包括大量千户长、百户长等分封贵族的子弟，同时，还有一批身体健壮以及拥有一技之长的平民参与其中。特别要指出的是，大量蒙古贵族子弟成为护卫，实际上相当于人质，这无疑有助于君主控制散处于各地的领主。

铁木真还按照草原上分家析产的习俗，将部分千户以及牧地分封给自己的儿子与兄弟，具体的封授时间大约在1207（南宋开禧三年，金泰和七年）至1214（南宋嘉定七年，金贞祐二年）年之间，其中，长子术赤、次子察合台、三子窝阔台、四子拖雷、庶子阔列坚、二弟哈撒儿、侄儿按只台、异母之弟别勒古台、幼弟斡赤斤和铁木哥及其母亲诃额仑，分别获得的千户数目从一个至十个不等，这些人的封地主要分在阿尔泰山以及大兴安岭一带，由此形成了诸王兀鲁思（“兀鲁思”一词包含着“人众”、“国家”的意思，“诸王兀鲁思”又可译为“诸王汗国”），从而使铁木真家族在草原上的统治更加巩固。

其后，畏兀儿字蒙古文顺应潮流创制出来了，结束了蒙古人没有文字的历史。铁木真的指令成为不能违抗的“扎撒（含有号令的意思，可泛指法律以及行为规范）”。而最高行政官——大断事官也得到了任命，以掌管司法之权以及民户的分配。此外，诸王与功臣等获得分封的贵族亦可设置断事官管治辖下百姓。

铁木真通过一系列的制度革新，力图如臂使指地控制政权以及驾驭部队。1206年，铁木真召集拥护自己的游牧贵族在斡难河源举行聚会，正式即大汗之位，号称“成吉思汗”。经过约二十年的征战，蒙古高原终于得以逐步统一，这意味着不同部落间分散林立的状态结束，新的蒙古民族共同体逐渐形成。

之后，这个新兴国家逐渐走上了对外扩张之路。不过，暴风雪突击之类适应草原环境的战术严重依赖特定的气候，不可以经常使用。其军队更常用的战术是长途奔袭以及大范围迂回、侧击等等，而这些都要凭借骑兵的优势才可顺利地进行。而蒙古人以骑射见长已是人所共知的，尽管游牧军队装备了刀、戈、矛、斧等近身厮杀兵器，可是长期以来他们最倚重的还是弓，《黑鞑事略》称“其长技，以弓矢为第一”。类似的记载同样收录在罗马教皇使者普兰·迦儿宾撰写的《蒙古人的历史》里面，据说每个蒙古军人携带两三张弓（其中至少有一把好弓）以及三个装满箭的大箭筒，“每次当他们遇见敌人时，他们便迎

擅长“骑射”的游牧骑兵。

上去，每个人对准敌人射三四支箭”，“如果能有别的办法，他们是不愿进行厮杀的，他们用箭杀伤人马，当人马被箭杀伤很多时，他们才与敌人进行厮杀”，也就是说，放箭成了最大限度杀伤敌人的首选方式，然后才考虑短兵相接。

游牧军队所用的战法也多种多样，但最让人津津乐道的还是“骑射”。可是他们的装备一开始是非常简陋的。《黑鞑事略》描述道，蒙古初起之时处于蒙昧状态，牧民为人“椎朴”，只用木料、羊皮等物为鞔、镫，以方便骑乘，由于缺少铁器，不得不拿骨头制造箭簇。后来才想方设法取得一些物资，并招揽工匠，吸纳先进的制造技术，因而军械越来越精良，战斗力也越来越强。

普兰·迦儿宾记述蒙古草原的见闻时说道：“男子除制箭及照管一部分牲畜外，什么事也不管；他们出去打猎，练习射箭，他们不论长幼都是优秀的射手。”就连负责家务事的女人也对“骑射”很在行，《蒙古人的历史》写道“姑娘们与妇女们也跟男子一样骑马，灵便地骑在马上疾驰”，而她们的身上同样“佩带着箭筒与弓”。游牧民族这种独到的本事离不开成长的环境。据《黑鞑事略》所述，牧民的孩子自幼便被大人用绳子绑在木板上，再放上马背四处游牧，到了三岁左右，便开始手执马索，在马鞍上与众人一起驰骋，四五岁时，能够挟着小弓、短箭，练习骑射了。由于长大后经常打猎，因而技艺随着年龄的增长而益发精进。

《世界征服者史》对蒙古人热衷的围猎有比较详细的记载，书中称蒙古人行猎之前总是先派探子去查看野兽的状态以及数量的多寡，而大规模的围猎一般在初冬时分进行，由大汗传下诏旨，命令驻扎于大本营以及宫帐附近的部队做好准备。按照指令从每十人当中选派几骑，同时配予适当的兵器。军队出发时分为左翼、右翼与中路，随行的有大汗的后妃、嫔妾，还携带了粮食与饮料等物。他们耐心地花费一两个月或三个月的时间，以形成狩猎的包围圈，然后缓慢地驱赶着圈内的野兽。参与围猎的人无不小心翼翼，按照指定的路线行走，如果有一头野兽突围而逃，那么玩忽职守者会受到严厉的追究，甚至因此而丢掉性命。在长达两三个月的时间里，人们日以继夜地驱赶着野兽，不断缩小包围圈，并时常向大汗报告狩兽的进展情况，最后用绳子把包围圈围起来，上面覆以毛毡，而参与者也在圈子周围肩并肩地停顿下来，观察着圈子内各种野兽的咆哮与哀号，其中包括狮子、野驴、麝狗、狐狸、豺狼与野兔。当包围圈缩小到野兽不能跑动的范围时，成吉思汗首先带领着几名骑手入内打猎，等他厌倦后，其他人再按次序入内围猎，整个行动可持续数天。

由此可知，蒙古大汗成吉思汗的狩猎行动与金国开国皇帝阿骨打颇为相似，但持续的时间更长、规模也更大。草原上的蒙古人和那些来自“白山黑水”地区的女真人相比，对“骑射”的重视程度有过之而无不及。

游牧民族的战争在某种程度上就是对人的“狩猎”，而打仗时数量众多的马匹总是大放异彩。一般情况下，每一名蒙古士卒可以配备两三匹马，也有多至六七匹马的，以便行军轮流骑乘。就此而言，拥有两匹战马的女真骑兵虽然令一些宋人称羡不已，可与蒙古游牧将士相比，还是要自愧弗如。

快速机动成了蒙古骑兵的一个显著特点。例如1203年（南宋嘉泰三年，金泰和三年）的折折儿运都山（今克鲁伦河上游之南）之战中，成吉思汗（当时叫铁木真）就凭着这一招反败为胜，他本来与克烈部首领王罕在合兰真沙陀（今内蒙古东乌珠穆沁旗以北）交战失利，带着残部转移到斡难河源休整，经过一番周密的布置之后，又杀了个回马枪，率骑兵日夜兼程地往回赶，以闪电般的速度突袭了仍滞留在折折儿运都山的王罕，把敌人打得措手不及，成功地夺取了最后的胜利。可见，战马在远距离的奔袭过程中功不可没。就连行军时最常见的侦察、警戒等活动，也时刻离不开马匹，蒙古军队执行任务时，“必先发精骑四散而出，登高眺远，深哨一二百里间”，凭着机动能力强的优势，以神出鬼没的方式活动在敌人后方，尽量了解敌情。

蒙古国的养马业在当时世界上首屈一指。蒙古人养马经验丰富，以野牧为主，让之饱食青草，等到马匹长出四齿时便酌情进行阉割，阉割后的马匹格外健壮有力，能耐风寒，更重要的是性格变得柔顺听话，否则，极易嘶叫以及因惊骇而腾跃，在战时难以胜任伏击敌人的任务。平时饲养马匹也颇多禁忌，例如战马急驰之后，不可立即让其饱食，因为在疲劳时饮水吃草会生病。正确的做法是先用绳子拴住马，使之保持昂首的姿势，等到其气息慢慢恢复平静，四蹄冰冷，然后才能放之于水草中放牧。牧马人在每年的春季到来时，便会选择一些好马专门精心喂养，绝不随便骑乘，等到西风将至，则把马匹用绳子系于营地附近，只给少量水草，经过数月之后，马匹因肥膘收缩而更加结实，即使骑乘数百里亦轻松自如，较少流汗，故耐力非凡。《黑鞑事略》认为蒙古人的养马方法很高明，而南人的饲养之法却相反，所以“马多病”。

游牧将士行军作战离不开胯下的战马，马乳亦可用作军粮。难怪成吉思汗对牧养以及补充军马的问题比较重视，专门任命了牧马官（称为“哈赤”或“哈剌赤”，这种官职相当于千户或百户，可以世袭），必要时又可从各个千户中无偿征用马匹以执行任务。除此之外，驴驼等畜牲也在无偿征用之列。而在牧民的财产中，随时会被征用的东西还有各类兵器以及旗帜、铁钉、绳索等等，正如《世界征服者史》中所说的“人人必须按所属的十户或百户供应摊派给他的那一份”。在战时，游牧战士需要自备军械，由此可见其负担并不轻，可是却没有固定的薪俸，只能依靠掳掠“子女玉帛”等战利品进行适当的补偿。

综上所述，蒙古军队初崛起时与女真军队颇多相似之处，例如根据一些专家的研究，《黑鞑事略》记载蒙古军队用五十骑为一“纠”，这个用“纠”字来表示的军事单

金太祖阿骨打陵址。

位就是源于金国糺军的“糺”字，这种潜移默化的影响与成吉思汗归附金国期间曾经被任命为糺军统领有关。这两个国家比较显著的共同特点是拥有部落兵制的传统。然而，两支由不同民族组成的军队亦存在不容忽视的差异，例如两军同样推崇骑兵，可蒙古人自始至终比较倚重使用弓箭的轻装骑兵，而女真人闻名遐迩的则是“拐子马”等重装骑兵，可谓互有所长。但是，到了成吉思汗在草原上强势崛起之际，面对的并非完颜阿骨打与完颜吴乞买时代朝气蓬勃的女真劲旅，故欲向金国挑战的蒙古军队更加无所顾忌了。

两国之间发生冲突只是时间问题。因为成吉思汗要想掠夺更多的资源，必须选择草原之外的农耕地区作为出击的目标，他从往来于塞内外的回鹘商人口中得知中原地大物博，遂在统一蒙古的战争接近尾声之际产生了南征之意。他直到此时仍没有中止与金国的附属关系，根据《建炎以来朝野杂记》的记载，这位君主甚至每年都要按照惯例到金国的贡场进贡，以示忠心。这时，金国主政的是第六位皇帝金章宗，金国亦摆脱不了盛极转衰的规律。成吉思汗从逃入蒙古草原的契丹与汉人口中对此有所了解，虽然他早就想报祖先俺巴孩等人被杀之仇，可出于谨慎起见，暂且选择西夏为首先攻击的目标。

地处西北的西夏是党项贵族所建立的，首都为兴庆府（后改为中兴府，即今宁夏银川）。由于有黄河、贺兰山作为屏障，再加上拥兵数十万，故虽然夹在蒙古与金国之间，亦可勉强自保。这个国家兼营农业与畜牧业，同时织毡等手工业也比较发达，维持着一定程度的经济规模。可是统治阶级穷奢极欲，施政无方，又盲目崇佛，把大量搜括而来的钱财浪费在兴建佛寺当中，种种倒行逆施令国内的矛盾加剧，从而予以外敌可乘之机。

蒙古攻打向金国称臣的西夏，用意是清除金国的外围藩篱，为下一步进攻中原预做准备。其实成吉思汗早在即位的前一年，已经率军队对西夏进行过试探性攻击，并攻取了边境城堡力吉里寨与经落思城，掠夺一番后，带着不少人口以及橐驼等战利品撤还。他于斡难河源即汗位的次年秋天以西夏不肯称臣纳贡为借口，再次出征，打下斡罗孩城后四处掳掠，可是遭到西夏右厢诸部军的持续抵抗，难以深入，于1208年（南宋嘉定元年，金泰和八年）春退回。1209年（南宋嘉定二年，金大安元年）秋，意图攻金的成吉思汗为了消除侧翼的威胁而第三次发起进攻，从兀剌海西关口突入河西，击败西夏太子承祯率领的五万部队，俘杀其副元帅高逸，再攻克兀剌海城，在城内活捉太傅西壁氏，然后乘胜向西夏腹地猛进。抵达贺兰山隘口的要冲克夷门时，与夏将嵬名令公辖下的五万军队对峙了两个月，最后设伏生擒嵬名令公，才得以直薄中兴府。为了拿下西夏首都，蒙古人引黄河水灌城，不料外堤溃决后，外泄的洪水反冲城外的蒙古军营，让成吉思汗不得不撤围。尽管如此，这位大汗还是通过派遣使者入城谈判的办法迫使西夏君主夏襄宗纳女求和，转而臣服于自己，也算达到了一部分战略目的。

西夏既然屈服，蒙古便把主力东移，摆出随时向金国进军的态势。

金国在西夏受到攻击时国势已大不如前，无力伸出援手，主政者只能以“鹬蚌相争，渔翁得利”的心态聊以自慰，认为此乃“吾国之福”而袖手旁观。金章宗在此期间已经辞世，于1208年（南宋嘉定元年，金泰和八年）继位的永济（原名允济，后改为永济）与成吉思汗早有宿怨，难以化解。据《元史·太祖本纪》记载，金章宗在临死之前曾经令当时封为卫王的永济到净州接受蒙古人的进贡，因而在贡场和亲自前来的成吉思汗打过交道。永济虽然生得个子高大，脸上留着“美髯须”，但虚有其表，史称其“柔弱鲜智能”，平时显得有点低能。成吉思汗可能在实际接触中察觉到永济的弱点，竟然采取藐视的态度，拒绝按照惯例向其行礼。受到怠慢的永济返回后，不肯善罢甘休，盘算着出兵攻打成吉思汗以泄愤。恰巧此时金章宗死去，导致计划搁置。可是事情并未到此为止，永济嗣位后，便传诏书到蒙古，目的是继续维持双方的附属关系。成吉思汗问金国使者：“新君是谁？”金使回答：“卫王。”成吉思汗当场大发雷霆，向南面吐唾，轻蔑地骂道：“我谓中原皇帝是天上人做，此等庸懦亦为之耶？”遂不肯下拜接旨而乘马向北绝尘而去，从此再没有进贡，实际与金国断绝了关系。就像金太祖阿骨打在多年以前反抗辽国天祚帝的统治一样，如今兵强马壮的成吉思汗欲向金主永济叫板，而酝酿已久的战争随即在1211年（南宋嘉定四年，金大安三年）来临。

两虎相争，必有一伤，长城沿线就快烽烟四起。

二　战衅初开

金蒙战争爆发前夕，金国仍然在东亚保持着大国的地位，这个国家曾经灭掉辽与北宋，一度令南宋、西夏以及蒙古诸部称臣朝贡，并俘虏过辽国的天祚帝与北宋的徽钦二帝，杀死过成吉思汗的曾祖俺巴孩与伯祖斡勤巴儿合黑，取得过令人瞠目结舌的战绩。

演义小说中大破金军的“岳家军”。

必须指出的是，金国虽然在定鼎中原后多次出兵讨伐蒙古的游牧部落，可是对于一代又一代的女真君主而言，最值得重视的敌国却是南宋。尽管女真军队享有“满万不可敌”的盛誉，但并非不可战胜，因为其犀利的骑兵竟然多次被以步兵为主的南宋军队击败过。

南宋军队虽然以步兵为主，然而步兵不是绝对不可以和骑兵抗衡。金军一些将领对此心知肚明，因而对宋军步兵产生了警惕心。例如《金史·突合速传》记载，金将突合速在1126年（北宋靖康元年，金天会四年）八月的石州之战中清

南宋名将吴璘。

醒地说出了“敌皆步兵，吾不可以骑战”的话。不过，宋军步兵要在战场上真正战胜金军骑兵，还需要经过一段时间的整顿与集训。到后来，抗金英雄岳飞终于带出了一支号称“岳家军”的劲旅，军中步兵装备可砍战马马足的扎麻刀，还配备了提刀与大斧等可和重装骑兵抗衡的武器，从而在1140年（南宋绍兴十年，金天眷三年）的郾城之战中重创鼎鼎大名的“拐子马”。而在1134年（南宋绍兴四年，金天会十二年）的大仪镇之战与1141年（南宋绍兴十一年，金皇统元年）的柘皋之战中，韩世忠等将所率的步兵也以大斧使用“堵墙而进”等战法，上击金军骑兵胸部等要害位置，下削马足，夺取过胜利。

此外，宋人还提议用弩箭装备步兵，以对付金国骑兵，因为神臂弓、强弩等远程兵器可在三百步的范围内发射，比起“非五十步不射”的金军弓箭，显然具有射程上的优势。金军弓箭的射程之所以不远，可能与骑兵在马上不方便拉强弓有关，故一般携带弓力为五斗至七斗的弓，这样一来，确实给了宋军可乘之机。曾经在川陕地区的和尚原、仙人关等处屡次挫败金军的南宋名将吴璘认为：“金人弓矢，不若中国之劲利”，故宋军“常以长技洞重甲于数百步外”。不过，宋军步兵弓弩手虽然可以轻易击退金军的轻装骑兵，然而在对付那些风驰电掣般突阵的重装骑兵时，难免会显得有点吃力，因而需要一些长枪兵或者刀斧手的配合。吴璘倡议的“叠阵法”就是以长枪手居于战阵之前，在拒马等障碍物的配合下拦截敌人骑兵，而后面则按次序排列着携带弓箭、强弩以及神臂弓的步兵。当敌人进至百步内，则依次发射神臂弓与强弓等远程兵器，逐一射击敌人。吴璘尝言金人有“四长”：即“骑兵”，“坚忍”，“重甲”，“弓矢”。

而宋军的“劲弓强弩”可克制其重甲与弓矢，另外，再以“分队制其骑兵；以番休迭战制其坚忍”，就有获胜的机会了。

更重要的是，南宋能够在总结战争经验的基础上及时淘汰那些过时的战法。过去，这个国家的驻屯大军一般采用的编制是以五十人为一队，但各队配备的武器却并不一致，主要有“花装”与“纯队”两种形式。所谓“花装”，指全队队员没有统一的武器装备，其中有的使用弓、有的使用弩、有的使用枪，五花八门，各有特色。而“纯队”，则是全队队员使用相同的武器，比如有的“纯队”全部配备弓，有的全部配备弩，有的全部配备枪，等等。以吴璘的“叠阵法”为例，在部队布阵时各自列开的横队当中，分别按照前后次序携带枪、弓箭、强弩以及神臂弓等武器，这时的每一列横队，都相当于“纯队”。实战证明，各列“纯队”能够将武器的配置发挥最佳效用，远胜于杂乱无章的“花装”。到了宋孝宗在位期间，南宋最终确定取消“花装”，命令驻屯大军的编队全部采用“纯队”形式，而作战能力也相应获得提高。

宋孝宗。

虽然以步兵为主的南宋军队凭着恰当的战术的确可以和敌骑抗衡，而且还击败过“铁浮屠”等精锐的金军步兵，可是由于受到主和派的从中作梗以及朝廷猜忌武将等客观因素的干扰，一直未能彻底歼灭金国主力部队，而恢复旧河山的夙愿也落了空。不过，南宋还是保住了南方半壁江山，在江淮、川陕等处与金国对峙了数十年。

现在，蒙古军即将越过长城，参与逐鹿中原，这支擅长骑射的游牧队伍，必将根据自身的特点，采取与南宋军队迥然不同的战法，与女真人展开新一轮的生死较量。

蒙古军队一旦讨伐金国，

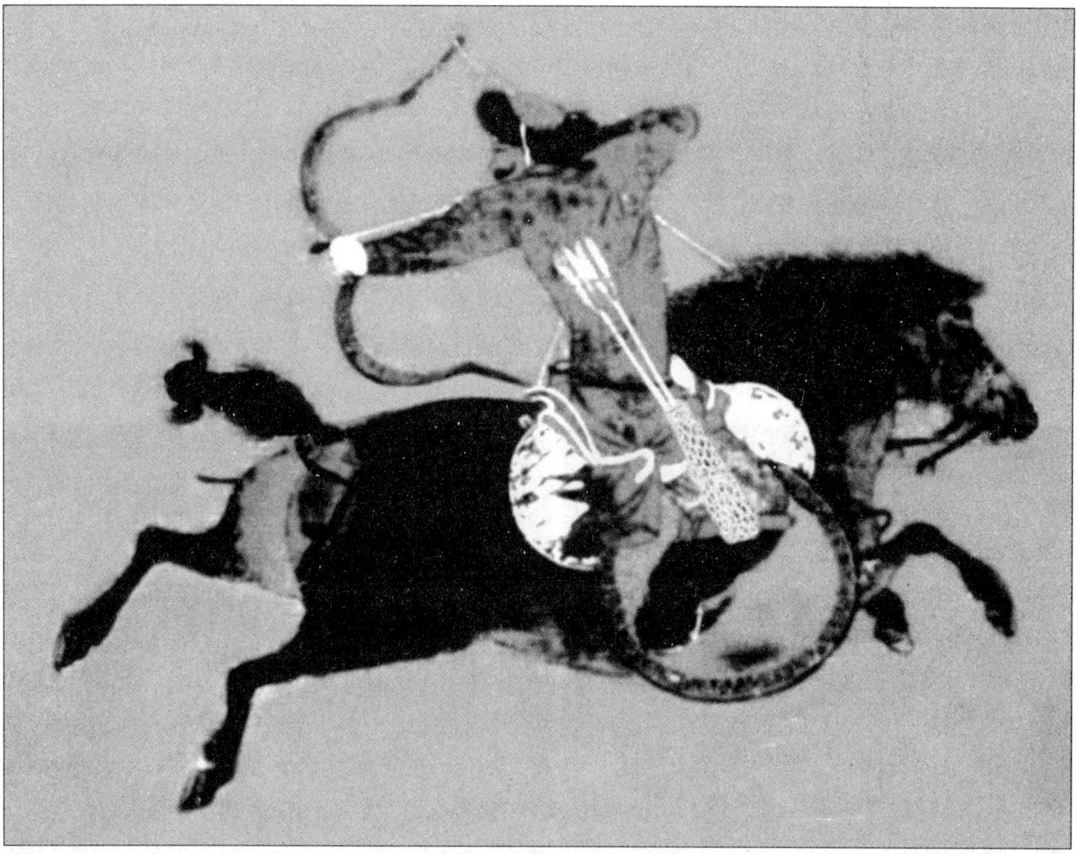

善战的蒙古骑兵。

势必在战略上与南宋产生互相呼应的效果，这种战略上的配合很早以前就有征兆了。成吉思汗尚未统一蒙古诸部时，塔塔儿、弘吉喇等部落时常骚扰金国边境，迫使金章宗多次派兵北讨，而“征调滋繁”又引起国内秩序的不稳，间接促成了南宋征金。原因是南宋使者邓尤金于1203年（南宋嘉泰三年，金泰和三年）出使金国时，得知“金为蒙古所困，饥馑连年，民不聊生”的情况，并有汉民夜半求见，倡言南宋应抓住机遇恢复中原，认定“王师若来，势如拉朽”。后来，这些情况都被返国的邓尤金如实向朝廷禀报，由此促使南宋制定北伐之策。一系列冲突就这样从1205年（南宋开禧元年，金泰和五年）春开始不断在宋金接壤地区发生，宋军起初只是发动一些试探性的攻击，直到次年五月，终于升级为大规模的进攻，至此，宋金之间自隆兴和议以来难得保持的四十多年和平结束了。掌握军政大权的重臣韩侂胄等人为了鼓舞士气，事先在镇江立起抗金名将韩世忠之庙，并采取追封岳飞为鄂王（同时削夺秦桧官爵，贬之为“丑谬”）等措施标榜主战的决心。官方发布的《讨金檄文》中声泪俱下地称：“为人子，为人臣，当念祖宗之愤”，提醒国人不忘靖康之耻，以血海深仇当作宣战的理由，这种行为与欲为祖先复仇而想向金国开战的成吉思汗如出一辙。

可是，韩侂胄志大才疏，所任命的将领大多不尽如人意，再加上长期的和平生活消磨了部分军队的斗志，致使仓促开战的宋军在持续两年多的战争中屡屡受挫，竟抵挡不住分兵九路发起全线反攻的十几万金军，长江防线被捣破，陕西大散关等重镇也失守，甚至连肩负重任的四川宣抚副使吴曦（吴璘之孙）亦因心生异志而选择了降金。内外交困的南宋第四位皇帝宋宁宗最后不得不于1208年（南宋嘉定元年，金泰和八年）改辕易辙，提出以向金国增加“岁币”等方式乞和。所谓“岁币”，本来是南宋在1139年（南宋绍兴九年，金天眷二年）第一次与金国和议时接受的屈辱条款之一，由于当时主政的宋高宗与秦桧为了贯彻主和政策，不惜向金国称臣朝贡，情愿每年献上银绢二十五万匹。之后，两国的冲突时断时续，结果又于1164年（南宋隆兴四年，金大定四年）重新修订了和议，和议条款包括金宋改为叔侄国，岁币减为银绢二十万匹等。就这样，南宋君臣忍气吞声了四十余年，满以为可以利用金国受漠北诸部骚扰之机打个翻

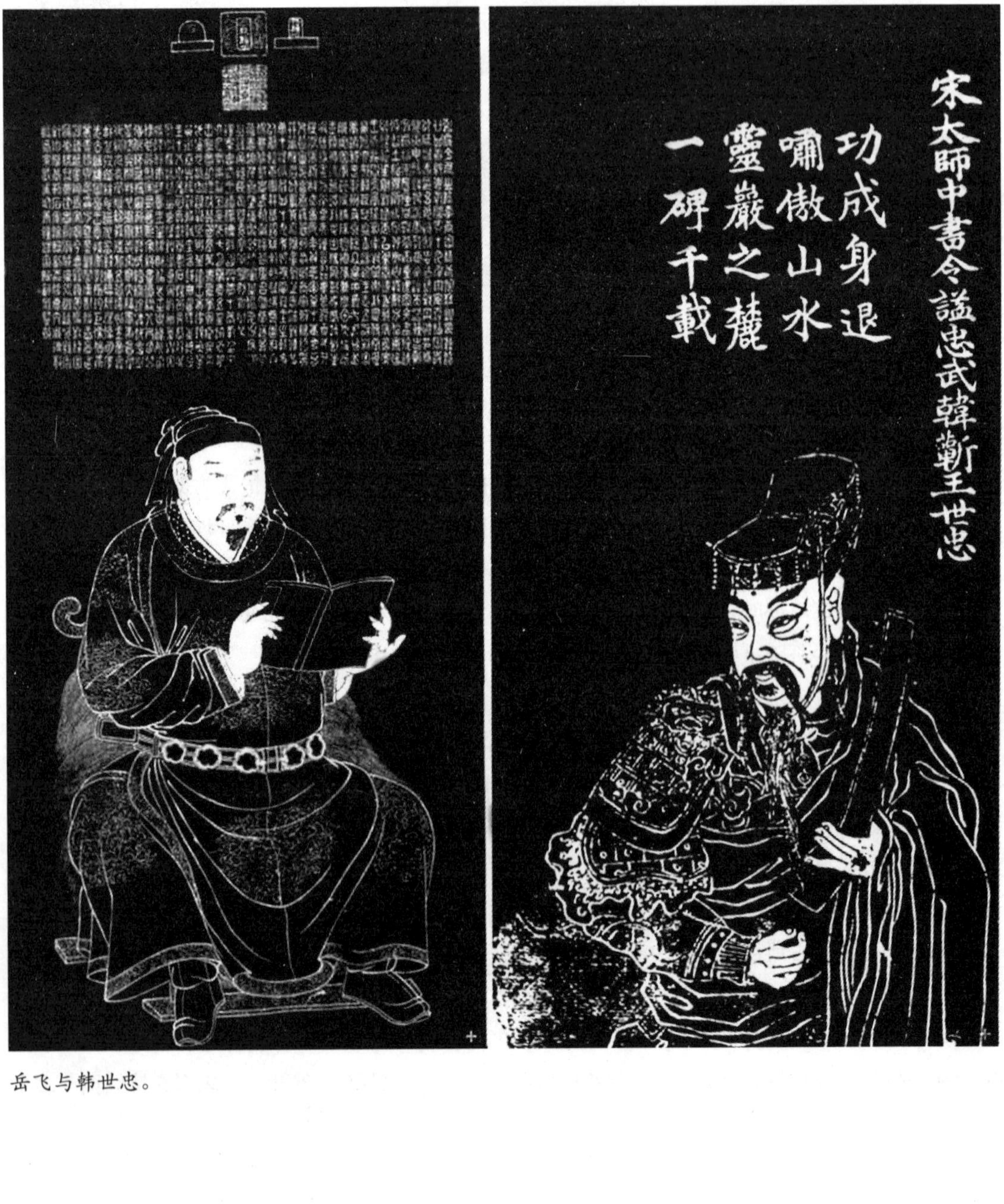

岳飞与韩世忠。

宋高宗。

身仗，谁知事与愿违，现在又不得不哀求谈判，新的和议条款中除了每年献上银三十万两以及绢三十万匹之外，另需以“犒军银”的名义献三十万贯于金。此外，南宋议和派诛杀了韩侂胄及其亲信苏师旦，割下脑袋用匣子装起来献给金章宗，以达到交换部分失地的目的。这种“函首安边”的举止史无前例，让旧恨未雪的南宋增添了新的耻辱。两国间虽然通过外交交涉让紧张的气氛有所缓和，可实际上宿怨更深，冲突随时有可能会重新发生。

金章宗在收到韩侂胄等人首级的同一年病死。此时政治局势发生了新的变化，成吉思汗不但在金宋战争期间于漠北的斡难河源正式建立蒙古国，还出兵进犯西夏，为下一步攻金预做准备。接替金章宗之位的永济因为与成吉思汗的关系势如水火，使新一轮战争越发变得不可避免起来。

就在不久之前，南宋重臣韩侂胄为了完成复仇的历史性宿愿竟然落得身死国辱的可悲下场，如今抱有同样目的的成吉思汗肯定要避免重蹈覆辙。

金国虽然刚刚结束与南宋的战争，但实力并未受损。此时已经约有二百多万女真人迁入中原，而作为金军骨干的猛安、谋克所部，从金世宗在位的大定年间起，就能够动员二十万以上的兵力了，必要时还可以在境内的契丹、汉等民族当中签军（所谓签军，是依据户籍征发民间的男子，从军者一般要自备武器、粮食）。按照《金史·食货志》的估计，这个国家的人口约为四千多万（大部分为汉人），可见兵源比较充足。

蒙古国的人口史无明载，但游牧民族的动员率远远超过以农业为主的国家，而拥有十多万将士的成吉思汗，虽然不愁无兵可用，不过与金军相比，仍处于劣势。众所周知，女真人享有“满万不可敌”的历史盛誉，尽管今非昔比，但人多势众，绝对不容小觑。况且，那时蒙古西北部谦河（今叶尼塞河上游）等处被称为“林中百姓”的斡亦剌诸部尚未归附，境内仍有敌对人员活动。可是成吉思汗仍然抓紧时机义无反顾地做了开战的决策。《史集》记载他召集军队进行动员时举行了向天宣誓的仪式，乘当众祈祷之机指责金国皇帝过去“挑起战乱”，“无辜杀害了”自己的先祖斡勤巴儿合黑和俺巴孩汗，因而明确表态要为他们“复血仇”，接着于1211年（南宋嘉定四年，金大安三年）三月率主力从克鲁伦河出发，经大水泺（今内蒙古察哈尔正南旗附近）、丰利（今河北顺义一带）、汪古惕之地，向蒙古与金国的接壤之处前进，准备打仗。事先派遣脱察忽儿带领三千骑兵向西警戒，以防乃蛮、克烈等部的残余势力兴风作浪。

金国统治者并非没有得到蒙古异动的情报，但为了稳定人心，禁止国内百姓散播边境即将开战的消息，甚至当一位名叫纳合买住的边防将领提醒朝廷要对蒙古多加注意时，结果竟被上级以“擅生边隙”的罪名囚禁。金国统治者如此畏战不是毫无理由，因为“此一时，彼一时”，在北部边境长城沿线的战争即将爆发前夕，外表强大的金国实际已是积重难返，形势不容乐观。这个国家虽然在金章宗主政期间一度呈现出极盛状态，可是，繁荣的商品经济使得民间社会风俗日益浮华奢侈，讲排场、比阔气以及挥霍浪费的现象层出不穷，随着佛、道等宗教事务的兴旺以及僧侣阶层的增多，加剧了财政的拮据，逐渐扩大的各级官僚机构也令政府的支出负担沉重。朝廷又采取滥发交钞等措施应付南北边境的连年战争，造成了难以控制的通货膨胀，再加上土地兼并越来越严重等种种“秕政”，终于带来了“民力浸竭”的后果。此外，统治阶级内部长期积累的矛盾由于后妃干政、宰相擅权、宗王谋反等诱因而激化，危机的爆发已是迟早的事。

金国可谓四境不宁，例如早在1195年（南宋庆元元年，金明昌六年）起，连续数年在关外发生胡里改、契丹等族的叛乱，令金国统治者内外交困而应付不暇。毗邻的西夏不但暂时屈服于蒙古的武力之下，而且不满金朝统治者的拒绝救援，在蒙古于1209年（南宋嘉定二年，金大安元年）底从中兴府撤兵后便酝酿着出师攻打金国，以作报复，彼此关系的急剧恶化只是时间问题。为了防范南宋，除了在与南宋接壤的十六个州设有重兵，还在临洮、京兆（今陕西西安）、汴京（又称南京，位于今河南开封）等纵深地带布置了预备队，故不能集中力量防范危机四伏的北部边境。

尽管如此，金国统治者还是在北部边境投入了可观的人力、物力。在撰写于十三世纪的波斯文著作《纳昔儿史话》中，根据花剌子模派驻蒙古使者的见闻，声称大量金军驻扎于北部边境的各个关口，仅战马即有三十万匹以上，以防成吉思汗进犯，由此可见一斑。然而，由于与蒙古接壤的边境漫长，从东边的泰州起（今白城子以南一带），经临潢、庆州（今内蒙古巴林左旗与西乌珠穆沁旗之间），到西边的净州（今内蒙古四子王旗西城一带），防线长达一千余里。其中的净、昌（今内蒙古锡林郭勒盟太仆寺旗白城子）、桓（今河北正蓝旗之北）、庆、泰、丰（今内蒙古呼和浩特东

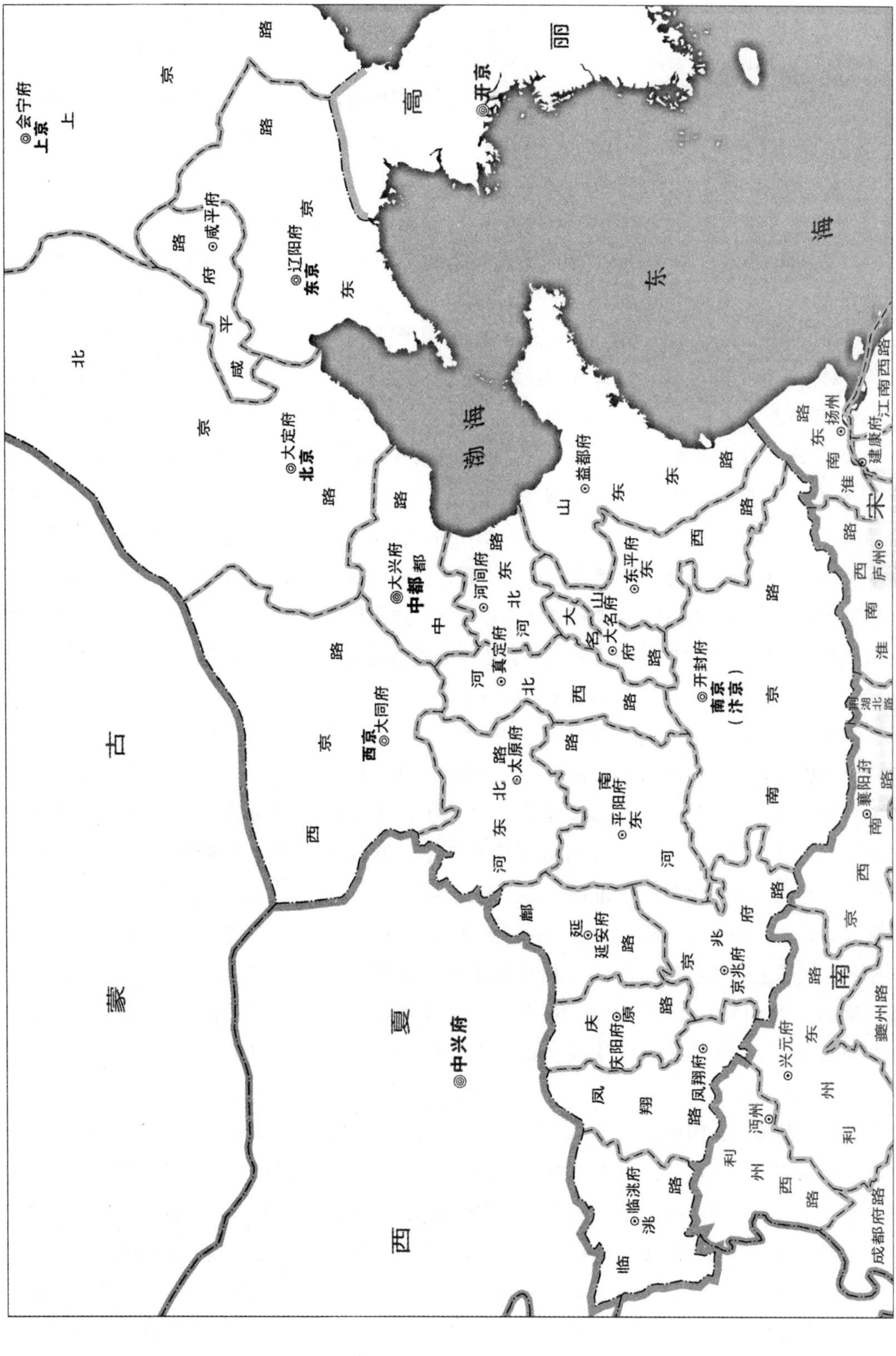

金代疆域图（泰和八年1208年）。

白塔镇）、抚诸州，都需要重点设防，故兵力还是比较紧张，没有充分的把握应付突发事件。

等到成吉思汗大兵压境，金主永济慌忙令西北路招讨使粘合合打为使者赶赴蒙古军队营地，尝试讲和，遭到对方的断然拒绝后，才不得不紧急议战。他召集三品以上的官员商议对策，可一时拿不出大家都认可的办法。尚书令史李英据此认为只有熟悉军旅之事的人，才值得朝廷向之征求意见，而其中的佼佼者是术虎高琪、乌古孙兀屯、抹捻尽忠等曾在先朝任职的旧臣，至于其他七嘴八舌的纸上谈兵者，与之商量，“恐误大计”。李英又积极献策，认为除了采取“增筑城郭”等备战措施之外，还应当在山东、河北等地有所布置，以便战时声援前线，避免接近前沿的京师成为孤城。就连一些地方上素有名望的官员也上疏谈论备边之策，例如科举入仕的平定州刺史赵秉文批评了边防驻军的不足之处，指出宣德这个小城难以安置过多的部队，因而许多将士被迫长期列营于城外，以致在暑天中受到日晒雨淋，不但“器械弛败”，连士卒也病倒不少，一旦敌人在秋后进犯，必陷于不利状态。并大胆建议主动派遣一支得力部队取道临潢（今内蒙古临东一带），以避实击虚之策，直捣蒙古境内，则山西之围可解，此即兵法所说的“出其不意、攻其必救”。可是，这种首开战衅的办法没有被采纳，因为永济似乎更加注重“增筑城郭”等备战措施。

金国早在太宗主政期间，即开始注意北部边境的防御，一些重要隘口已经修筑了边堡、边城，但位置东零西散，构不成完整的防御体系。后来，由于与北方的游牧民族不断发生冲突，朝廷便进一步采取掘壕修障等措施，力图把原先的边堡、边城等稀稀疏疏的防御工事串联起来，形成一道首尾相继的防线，这个规模浩大的工程直到金章宗主政时才基本结束。这条历时多年筑成的防线绵延千里，跨越东北路、临潢路、西北路与西南路，史称“金界壕”，属于我国古代长城工程设施的一部分。典型的金界壕由壕沟、主堤（墙）、副堤、壕堡、边堡、关隘、烽堠等一系列工事组成。其中，壕沟、主堤、副堤是防御工程的主体部分，起到拦截北方游牧骑兵的作用。壕堡、边堡都是修筑在主堤或者壕沟内侧的城堡，这些堡垒一般相隔数公里便筑有一个，起到互相呼应的作用，而里面屯驻着随时准备战斗的边防部队。关隘通常修在壕沟附近，负责扼守交通要道。烽堠用来瞭望与警戒。从这些工事的设计意图来看，可算比较严密，适宜防守。不过由于防线过长，各地工事建设的完善程度参差不一，有的好，有的差，最差的工事年久失修，甚至仅余一道边墙在滥竽充数。

到了蒙金战争爆发前夕，中都（今北京，金国的第四位君主海陵王把首都从女真的肇兴之地上京迁移至此）以北、以西的桓、昌、抚等州以及西京（今大同）一线的防御的确需要加强。而屯驻于边境一些要点的金军，试图按照传统的打法，依靠界壕等工事却敌。

《金史·卫绍王纪》载平章政事独吉千家奴、参知政事完颜承裕奉朝廷之命以“行省”的名义到抚州主持大局。所谓“行省”，又唤作“行台”，全名是“行尚书省”，它是中央行政中枢机构尚书省的派出机构，一般兼管军事、行政与外交之权。从金朝中期起，地方如有重大事情，朝廷便派出重臣以“行尚书事”为名前往处理，如今也不例外。同时，西京留守纥石烈胡沙虎（又叫纥石烈执中）奉命任“行枢密院事”以备边（“行枢密院”

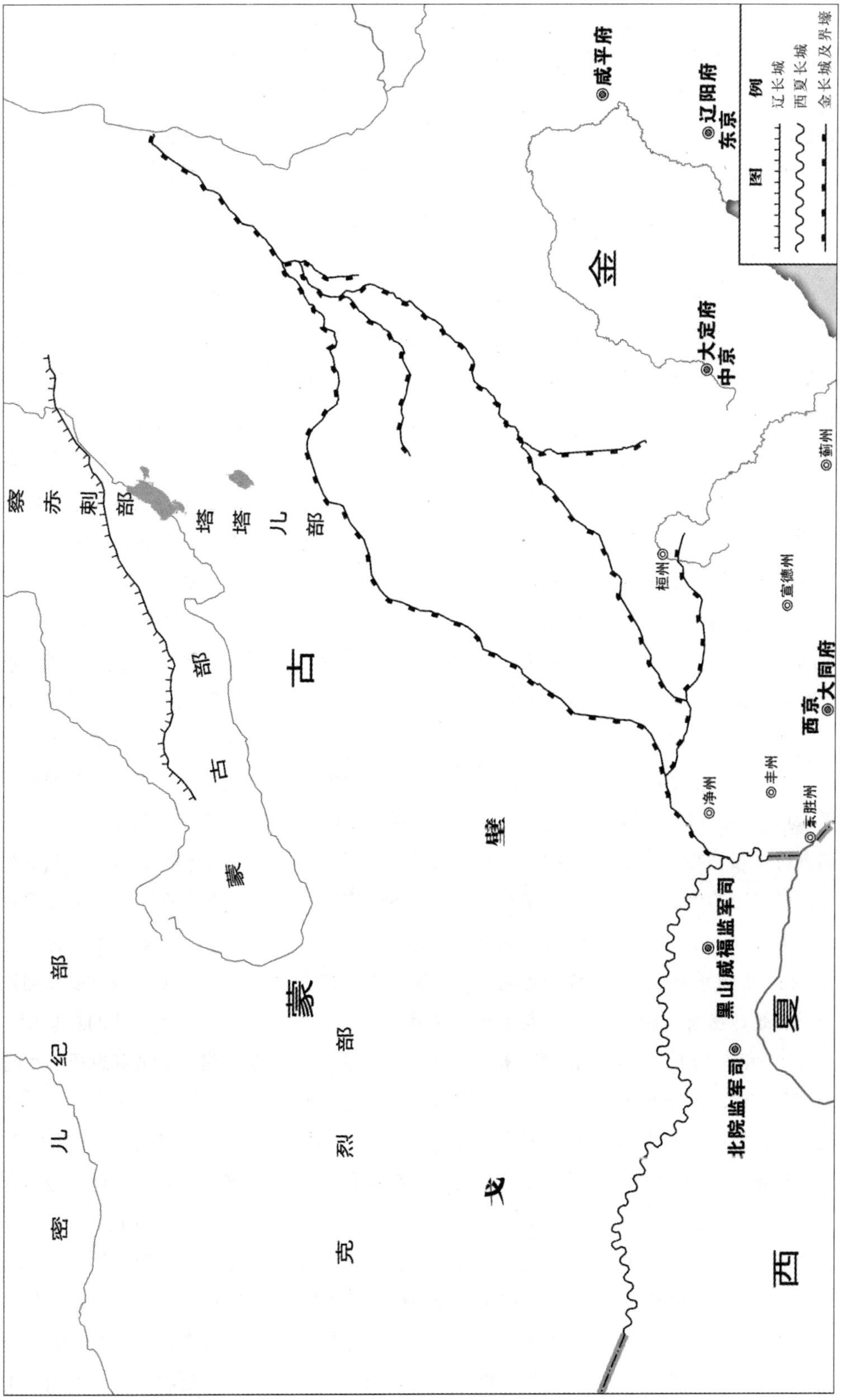

辽、西夏和金都在不同的历史时期于北部边境修筑长城。

是最高军事机构枢密院的派出机构，与行省一样属于高级别的地方军区），以便从西边策应独吉千家奴、完颜承裕，加强对蒙古军队的防御。

千家奴过去曾经出任过西北路招讨使之类的地方军职，以善于在边境构建军事工程而著称，《金史》记载他广为人知的政绩是成功对一条西自坦舌，东至胡烈么，长约六百里的边墙进行翻新，这条边墙原本修筑得很粗疏，不少地方虽然建有墙隍，却没有设置女墙副堤，防线略显单薄。千家奴到任后立即着手增缮，在没有征用民夫的情况下，仅仅出动沿边屯戍军卒便在限期内完了工，因而得到了朝廷的嘉奖。现在，金主永济看到了他的特长，似乎希望他在前线能够重新对边墙进行修修补补，以便形成一条比较坚固的界壕，令蒙古人望而却步。

千家奴、完颜承裕到达前线，刻不容缓地修缮乌沙堡（今内蒙古兴和一带）等据点，以为朝廷分忧。不等金军安排妥当，蒙古人已经抢先动手了，于1211年（南宋嘉定四年，金大安三年）七月南下，其中成吉思汗与四儿子拖雷率部分人马由达里泊突入金境，而成吉思汗著名的伴当哲别被任命为先锋，以迅雷不及掩耳之势杀了过来。《建炎以来朝野杂记》、《大金国志》等书称游牧军队具体的进攻日期是十七日夜间，与金国边防驻军在灰河（今恢河）相持了三日。为了打破僵局，成吉思汗接着选出三千精骑“驰突之”，等到对手阵脚大乱之际，再将主力全线压上，终于夺取了胜利。在这一仗中，最抢眼的不是蒙古久负盛名的轻装骑兵，而是使用重装骑兵的战术而一举突阵的三千游牧将士，这种打法过去正是金军“拐子马”的强项，这意味着在未来的战事中，敌对双方的重装骑兵极有可能发生一场判定高下的生死较量。

由于对蒙古军队空前的进攻规模以及强大的突破能力估计不足，千家奴在前线积极修筑的据点没有起到什么作用，乌沙堡亦在灰河战事结束后被蒙古追兵一下子拔掉了，甚至连附近的乌月营驻军也被打了个落花流水。这就证明，金界壕等工事只适合防备小股企图入境骚扰的游牧武装势力，如今随着战争规模的扩大，这类工事已经适应不了新的形势，不能御敌于国门之外了。

金军的防线被撕开一个缺口后，产生了连锁反应，例如屯于定州的金将郭宝玉见势不妙，举军投降，白登城随之失陷。

首战失利之后，长于修理边城的千家奴面对新的形势已经无计可施，金廷不得不将之撤职，改由完颜承裕主持军事。

完颜承裕的军事指挥能力显然胜过千家奴，因为他不但读过孙子、吴起所著的经典兵书，具备一定的理论基础，而且不乏实战经验。在不久之前的伐宋战争中先后担任陕西路统军副使、通远军节度使、陕西兵马都统副使等要职，打了不少漂亮仗，特别是五年前的秦州之战尤其引人注目，他仅以千余骑兵就敢与宋将吴曦的五万部属对阵，并赢得了六战六捷的战绩，斩首四千余级，创造了一个以少胜多的典型战例，其后，又相继在赤谷、皂郊等地获胜，攻克成州等处，为伐宋战争的胜利立下了汗马功劳。宋金和议后，他一路官运亨通，如今临危受命而取代千家奴成为前线的总指挥，哪敢怠慢，尝试着想把不利的形势扭转过来。

承裕鉴于依靠界壕御敌于国门之外的计划已经不合时宜，遂从抚州退至宣平（今河北张家口西南一带），实际上等于放弃了昌州、桓州与抚州的大片土地，这样做的目的显然是不想将军队分散固守于各个据点，而是集中起来，在内线伺机与敌人野战。

一片风声鹤唳之下，金西京留守胡沙虎为形势所迫，决定动身增援承裕。这员将领曾经在六年前的伐宋之战中出任过元帅左监军之职，率二万山东兵出清口，攻克淮阴，进围楚州，何等意气风发，如今大敌当前，他明白“城门失火，殃及池鱼”，连忙率部赴援，在大战来临之前赶到了前线，使金军实力愈加雄厚。

刚刚打了胜仗的蒙古军队马不解鞍地在八月继续深入金境，于九月十六日逼近金军布防的野狐岭（今河北万全附近），气氛骤然紧张起来。

在野狐岭打头阵的除了胡沙虎，其他的金军将领也不少。根据《圣武亲征录》、《元史·太祖本纪》诸书所载，身处最前线的有招讨纥石烈九斤、监军蒲鲜万奴以及前锋定薛等人。而主将承裕带领部分人马为后继，实际相当于预备队，随时备战。

大战来临之际，前线的金军将领认为入塞洗劫的蒙古军队刚刚攻破抚州等处，已经满足了一部分掳掠的需求，并瓜分了战利品，作战意志肯定有所衰减，正是迎战的好时机。一位契丹军师直言不讳地提议要出敌不意，迅速以骑兵发起突袭。这意味着，他对军中骑兵抱有希望，敢于沿用旧战法与蒙古游牧战士展开硬碰硬的较量。

可是，此举遭到九斤的反对，他谨慎地主张步、骑兵一起前进，尽量维持数量上的优势，以确保万全，增加胜算。此时，金军前线人马会合赶到的增援部队，号称三十万（一说四十万），已经具备主动出击的条件了。尽管这支部队的步骑兵在昔日曾拥有“拐子马”、“铁浮屠”等威风凛凛的称号，可统帅在对抗即将开始时却如履薄冰，竟费尽心机地考虑改用新办法御敌。据《建炎以来朝野杂记》所载，疆场上出现了“以车为阵”的情景，这可能是金军统帅吸取了灰河之战的教训，企图凭着人多势众，以战车列阵的方式稳扎稳打，阻挡蒙古骑兵的猛烈冲击。

金军的举动自然逃不过蒙古侦探的眼睛。成吉思汗得知对手有异动，马上下令正在进餐的部队倒掉锅里已经煮好的食物，接着所有人风驰电掣般赶去獾儿嘴。到达目的地后，蒙古军队分为两队，摆开战阵，密切监视对方的动向。

双方尚未拼个你死我活之前，金军决定派遣使者质问对方为何开战，一位叫做石抹明安的将领因为以前与蒙古人有过接触，并且认识成吉思汗，故当仁不让地来到蒙古军队大营，按照上级事先吩咐的话壮着胆子指责成吉思汗凭什么“要带着军队来攻打我们？”没想到不但没有任何答复，而且由于出言不逊而被抓住关押起来。因为成吉思汗不打算与明安进行唇枪舌战，只是一心一意地忙于备战。

这时，黄昏已近，金军将帅随着暮色的降临而更加谨慎，下令部队安营扎寨，以守御为主。让人意想不到的是，兵力处于劣势的蒙古军队竟抢先发起进攻，游牧将士分为两部分，瞅准时机冷不防地从山谷中一先一后地杀了出来。成吉思汗敢这样做，是因为对敌情已经心中有数。据《元史·察罕亦力撒合》所载，在野狐岭大战前夕，蒙古将领察罕奉命到前线侦察后回来向成吉思汗报告，说道，“彼（指金军）马足轻动，不足畏也”，言下之意是金军骑兵绝非训练有素的劲旅。据此，成吉思汗增加了克敌制胜的信心，马上率部鼓行而前，发起了雷霆般的出击。

冲锋在前的是成吉思汗的得力助手木华黎。他事前经过观形察势，判断在“彼众我寡”的形势下，除了“致死力

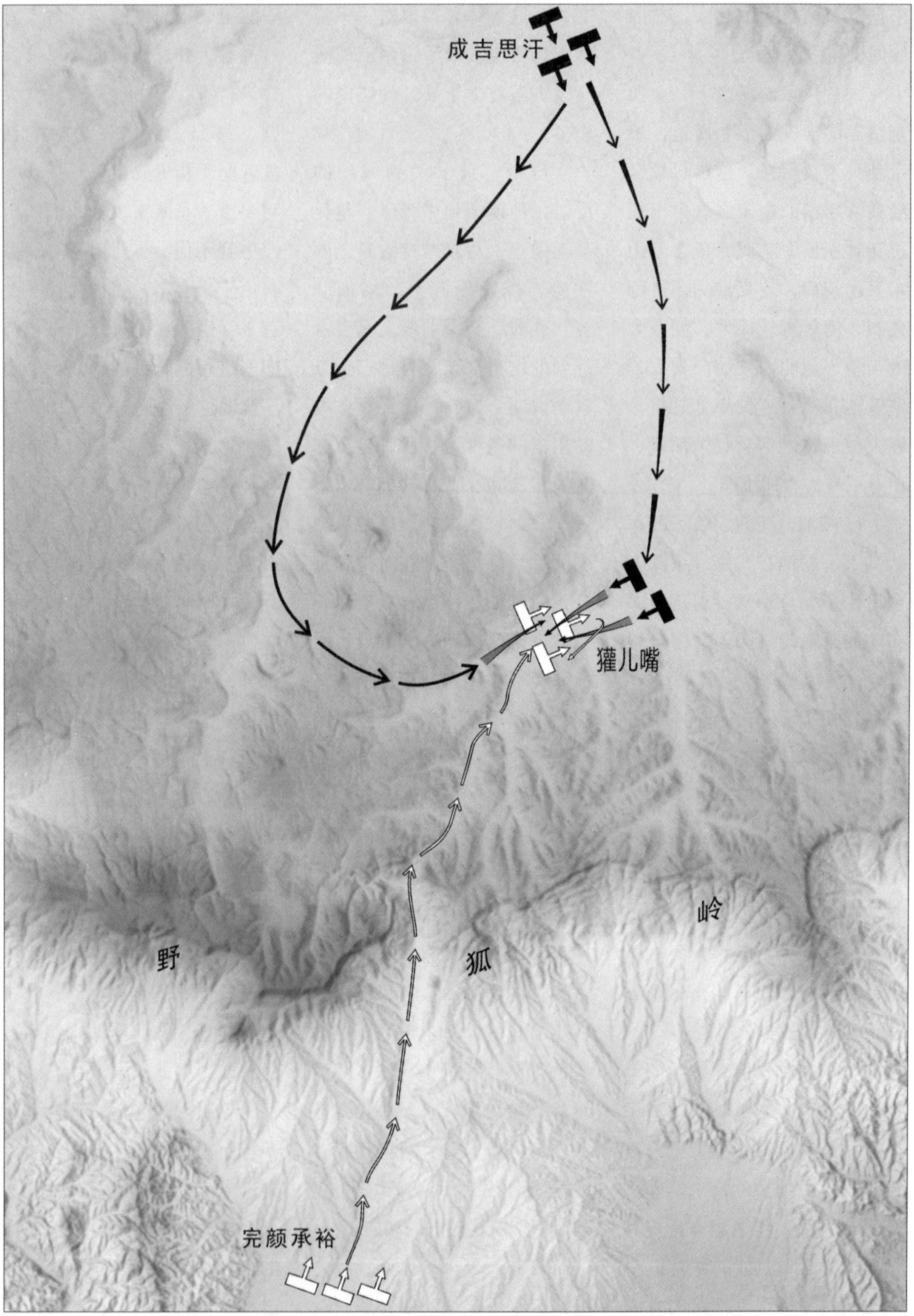

野狐岭之战（金大安三年，蒙古成吉思汗六年，1211年）。

战”，别无他法。《元史》记载，这员猛将遂亲自出马，率领敢死之士，“策马横戈，大呼陷阵”，力图摧毁金军以战车排列的阵营。同时，另一部分蒙古军队兜了个大弯，绕到金军阵营之后，计划进行夹击。这意味着，以轻装骑兵为主的蒙古军队继灰河之战后又再让重装骑兵一马当先。他们的重装骑兵虽然不是很多，但战时经常厮杀在前肯定会给后人留下深刻的印象，南宋彭大雅撰写的《黑鞑事略》对这一兵种的破阵战法有过典型的描述，其中提到蒙古将帅在发起强攻之前会先登高远眺，细心审视地形以及观察周围情况，等到开始交锋后，就指挥打头阵的蒙古重装骑兵沿着精心选择的方向冲锋，如果能够顺利突入敌阵内部，立刻抓住时机纵横决荡，以便彻底打乱其布置；如果不能突破对方的阵线，则使用车轮战，“前队横过，次队再冲”，次队仍冲不入时，还有后继部队顶上，与此同时，尽量分兵迂回至敌人阵线的左右两翼以及侧后等位置，目的是从各个不同方向一齐突阵，表现出一股不找到突破口誓不罢休的劲头。

此时此刻，蒙古军人的突阵方式与《黑鞑事略》的描述有着颇多相似之处，首当其冲的胡沙虎尽管摆出了精兵七千，可在正面交锋中仍然难以撄其锋芒，而自己阵线的侧翼很快又遭到对方偏师的钳制性攻击，致使腹背受敌，顾此失彼。在始终未能扭转劣势的情况下，他只得于薄暮时分匆匆带着麾下之兵往后逃遁，并在败退途中干了不少骚扰地方官员以及百姓的事，例如经过蔚州、紫荆关等地时擅自从官库中夺取了五千两银和其他物资，还抢走了不少马匹，最后仅率部分亲信狼狈回到了中都。

胡沙虎的首先溃逃产生了灾难性的后果，九斤、万奴以及定薛等将所率的女真、契丹与汉军部队乱作一团，他们数量虽多，却人心涣散，堵截不了拼死陷阵的蒙军，以致“死者蔽野”。野狐岭前线的金国士卒既然一触即溃，统率后继部队的承裕终于明白蒙古军队远非宋军可比，变得垂头丧气起来，不敢接战，慌忙收拢麾下人马撤往宣平。

前线的胡沙虎等人虽然野战失败，但撤至宣平的承裕所部实力犹存，而蒙古人一时还没有追到，故有机会争取时间调整作战部署，凭借固定据点稳守反击。当地的土豪主动带着一些地方士卒，自告奋勇地表示愿意做前锋，以声援金军。然而，承裕无心再战，“不敢用”当地土豪的部队，只是忙着打听退往宣德（今河北宣化）的“间道”，显然为逃亡预做准备。为此，土豪嗤之以鼻，把承裕视为畏敌如虎之人，叹道：此间道路的“溪涧曲折”，我辈皆熟悉，可只是一味谋划着如何逃跑，不想办法凭“地利”的优势迎敌，必败无疑！结果一语成谶，放弃宣平乘夜往南奔逃的金军于次日退至浍河川（今河北怀安以东）时已濒临绝境，由于甩不掉接踵而至的蒙古骑兵，竟在野外兵败如山倒，付出了“僵尸百里”的惨重代价，“整个原野都充满了血腥味”，承裕仅以身免。

大获全胜的成吉思汗志得意满地提审了金军使者石抹明安，明安不敢再像以前那样装腔作势，而是见风使舵地改变口风，自称早就想投降蒙古，只是怕别人怀疑而已，当自己有机会成为使者时，才暗暗庆幸可以名正言顺地来到蒙古军营，其对成吉思汗说道：“如果没有这个机会，我怎么能来呢？”一番花言巧语得到了成吉思汗的赞许，这位蒙古大汗或许是基于政治上的考虑，释放了明安，企图用这种善意招来更多的归附者。

野狐岭－浍河川决战产生

了深远的影响，正如《史集》所描述的，“蒙古军尽管人数不多”，可还是重创了兵多将广的金军，彻底粉碎了“女真满万不可敌”的神话。

尤其值得注意的是，昔日威名卓著的金国重装骑兵，如今在蒙古游牧将士之前变得不堪一击，竟被打得丧魂落魄，遭遇到了前所未有的挫折。与金国重装骑兵的没落相反，蒙古骑兵现在拥有了一支突阵能力比较强的队伍，并用干脆利索的行动在灰河、野狐岭等战事中证明了自身的雄厚实力。或许，一些人期待双方的重装骑兵会发生一场精彩的生死较量，结果却出乎意料，事实上，《史集》、《圣武亲征录》、《金史》等史籍对这场决战着墨不多，显示金军没有经过什么激烈的抵抗就弃甲丢盔，望风而逃。因为女真人的作战传统是倚重骑兵，可如今骑兵既已不足恃，而步兵即使得到战车的辅助也难以抵御蒙古铁骑，所以就溃不成军了。

金军的失败亦与其统军诸将指挥不力有关。据《建炎以来朝野杂记》所载，胡沙虎虽然是“知兵善战”的老将，但自永济上台后，却“心常不服”，故如今难免存在尸位素餐、“不肯力战”的嫌疑，而身处野狐岭的其余将领又采取观望态度而畏葸不前。种种原因凑合在一起使得金军避免不了“大败”的结局。主将完颜承裕也负有不可推卸的责任，此人在得知前线的败讯后显得惊慌失措，没有率预备队尽量利用本土作战所拥有的地理优势伺机抵抗，而是一味南逃，最终在浍河川全军覆灭。战后，逃往宣德苟延残喘的承裕没有受到严惩，只是被金主永济撤职了事。

这场空前的惨败让金国不得不转入全线防御，从此很难摆脱处处设防、处处挨打的状态。《金史》的评价一言中的：“金之亡国，兆于此焉。”

蒙古军再接再厉占领宣德，部分游骑在哲别的带领下于九月乘胜逼近中都的门户居庸关。

居庸关位于燕山山脉与太行山山脉之间，是山西进入河北的咽喉要地之一。历史上的北方游牧民族由大同盆地的北部山口突入后，便可沿着桑干河及其河谷低地直抵居庸关，取道于此而涌向一望无垠的华北平原。

可是这个兵家必争之地守备甚严，蒙古人知道假若强攻难有必胜的把握，便故意佯退。《蒙古秘史》记载，金军果然被蒙古人牵着鼻子走，以为机不可失，竟纷纷离开防地，漫山遍野追来。此举正中哲别的下怀，他的部队发扬野战的特长，把对方杀得“积尸如烂木”，随即乘胜越过居庸关，如旋风一般向中都方向而去。而成吉思汗在居庸关以南的龙虎台扎营，待机而动。

必须指出的是，在这次空前规模的进攻中，蒙古军队把主力分东、西两路南下，而成吉思汗所率的部队是东路军；西路军是由他的大儿子术赤、二儿子察合台、三儿子窝阔台统领，正向西京和五台山方向猛进，牵制了大批金军地方部队，在与东路军遥相呼应的同时，也对其挺进中都的行动起到了很好的声援作用。

战争爆发仅几个月，金国首都便告急，朝廷匆忙宣布戒严，禁止男子擅自进出城门。参知政事梁王堂奉命镇抚京城。《高丽史·熙宗世家》记载，高丽使者金良器刚好来到通州，不巧遇上蒙古骑兵而中箭身亡，同时遇害的随从还有九人。事后，金国唯有收拾这些人的遗骸送还高丽，并劝阻欲到中都祝贺金主永济生日的南宋使团，致使来到涿州定兴一带的南宋使者被迫返回，可见时局之混乱。

各地援军纷纷勤王，上京（今黑龙江阿城市）留守徒单镒得知前线的败讯，连忙派遣同知乌古孙兀屯率两万人增援京城。泰州刺史术虎高琪亦屯师于通玄门外，金主永济适时“巡抚诸军”，希望能振作士气。

当时，究竟是战是守，京城诸臣意见不一。《大金国志·东海郡侯纪》称大兴尹乌陵用章奉上级之命四处张贴榜文喻告居民，要老百姓自谋出路，结果人心大乱，城内外不少地方出现“老弱奔号”的悲惨情景。少尹张天和奏请开放京城十八道门，准许民人出外到永顺、东义、宁化、新兴等修筑有城墙的县城避难，许多逃难者在路上冻、饿而死。谏议俞世昌建议主动撤离以避敌锋芒，但朝臣高耆年强烈反对，说道“事已至此，唯有死守”，万一离开京城，敌人随后而至，“岂容我有驻足之地！”经过一番争论后，朝廷最终决定坚守下去。命令“京城富室迁入东子城，百官家属入南子城”，具体的防御措施是“宗室保七城，戚里保九城，各分守兵二万”，准备迎战。至于“市井小民”，仍任由其出外逃亡。

毫无疑义的是，中都一旦失守，城内君臣很可能会被一网打尽，而金国亦可能随之寿终正寝。不过，让人稍为宽心的是城防比较坚固，因为女真统治者入据中都后，曾经扩建过城池，“外筑四城，每城各三里，前后各一门，楼橹城堑悉如边城，每城之内立厥仓，甲仗库，各复穿道与内城通。”故要想拿下城池非经一番激战不可。

十二月初七，少数蒙古游骑在京城郊外活动，部分金兵出城企图将之驱逐，颇有斩获，但不久遥望对面“烟尘涨天，鼓声震地”，知道蒙古大队人马就快杀到，又慌忙撤回。

当天晚上，大兴尹乌陵用章督促京畿守卒拆毁入城的桥梁，甚至连城外的居民房屋也未能幸免。执行坚壁清野任务的金兵尽量把拆下来的瓦石以及城外的物资运入城内，某些来不及搬运的则投入水中，致使城内外人员出入往来时要依靠渡船。

与此同时，蒙古军队已经宿营于城下。有的金将欲乘其立足未稳而以兵劫其寨，可最终因信心不足，没有实行。龟缩于城内的守军为了以防万一，做好了巷战的准备。

十一日，蒙古军人攻击南顺门，金军设置拒马等障碍物于南柳街，然后故意引诱敌人进入，再“以槊（类似于枪矛的长杆兵器）御之于拒马内”，这种步兵拦截骑兵的战法在过去常常被南宋军队所使用，想不到如今也被金军奉为圭臬，由于女真骑兵打不过蒙古游牧将士，不得不因势利导，采取变通办法与敌人周旋。殊死拼杀中，守军还纵火焚烧两旁的房屋，倾斜的墙壁倒塌在狭窄的街道上，砸中不少来犯之敌，终于迫使其退屯于南顺门。

十四日，蒙古人攻击内城东面时“拆民屋为楼”，通过临时制造的一些攻城器具与城上守军对阵，而且“随毁随立”，进行强攻，最后因遭受金军“大炮”的阻击，无功而返。当时的炮是指抛石机，这是一种利用杠杆原理弹射石块的木制兵器，分别有两梢、三梢、五梢、七梢、旋风、虎蹲等不同的称号，其中七梢炮可抛射五十斤重的炮石，这是因为梢作为杠杆运动的主要装置，数量越多，意味着抛射的力量越大。抛石机除了抛射石块之外，还可以抛射利用火药技术制造的火药球。因为金国在入主中原后，不但逐渐掌握了火药制造技术，而且控制了泽州（今山西晋城）、大名等硝（火药的主要成分之一）的产地，故有能力生产火药球之类的燃烧性火器。到了金世宗在位期间，金军已经研制出了

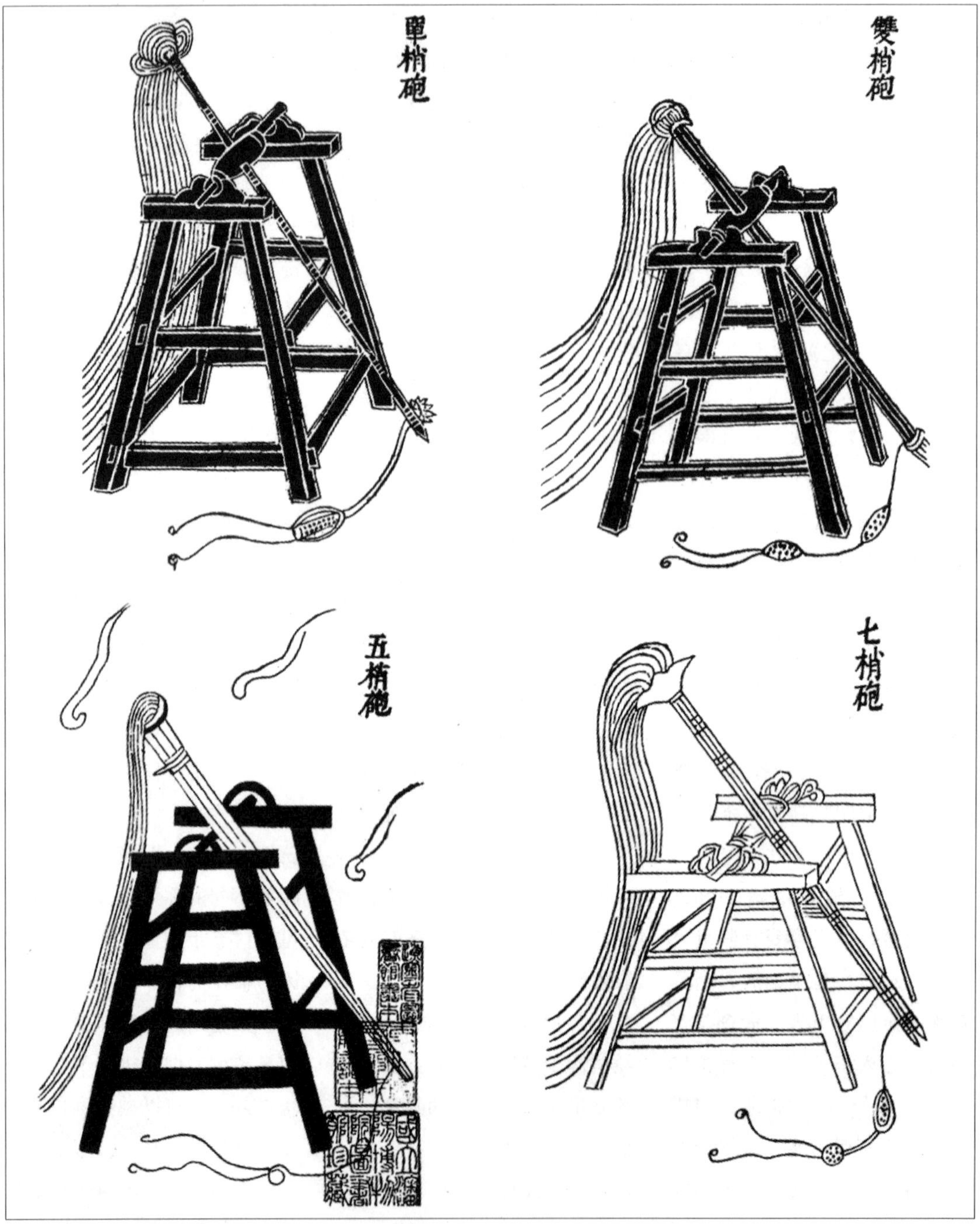

各类抛石机。

更加先进的铁火炮。这种炮与燃烧性火器的区别之一是其外壳并非用纸包裹，而是用生铁铸成，厚达二寸，里面装载的火药爆炸时，可通过迸发铁片来杀伤敌人。除了生铁之外，还可以用陶瓷做外壳，成品均属于先进的爆炸性火器。各类火器在防御战中成为新的亮点，反映了金国在战略上转攻为守的尴尬事实。

二十三日，蒙古人试图攻

击内城，但遭到守军居高临下的阻击，又一次受挫而返。敌对双方在此期间曾经进行过和谈，不过没有结果。战事断断续续进行到月底，攻城者同样动用了大炮，西承天门的楼屋也被击碎，然而城池仍然屹立不倒。无计可施的蒙古士卒最后把木材叠架于城下，企图用洒水结冰的办法将之固定，然后攀援而上，以夺取最后的胜利。可是，守军在城上缚了数百个大火炬，用“熏炙”的办法融解冰块，并且砸下擂木，始终牢牢地坚守着阵地。

蒙古军队既然屡攻不下，只得结束徒劳无功的围城行动，离开了此地。

成功保卫中都使金国获得了开战以来的首次胜利。事后，参战有功人员获得了赏赐。上京留守徒单镒由于反应迅速，及时派遣勤王部队而受到朝廷的嘉奖，年底升为右丞相。《金史》记载此人对这一阶段的战事进行总结，当中非常精辟地说道：“自用兵以来，彼（指蒙古军队）聚而行，我散而守，以聚攻散，其败必然”。也就是说，成吉思汗所部获胜的秘诀之一是每战都尽可能地在局部地区集中优势兵力，而类似的策略也最被传统的军事家所看重，这与女真军队兴起之初常用的“以少击众”之法存在差异。

根据形势的转变，徒单镒试图提出“保大城”以及“并力备御”的新战法。意思是金国在非常时期应该采取非常措施，要不惜放弃一些国土，先把人力、物力集中起来，保住京城等要地再说。为此，他曾经提出了一个具体的建议，就是尽快把桓（今内蒙古正蓝旗之北）、昌、抚（今内蒙古兴和一带）等地百姓迁入内地，因为上述地区不但“素号富实”，而且“人皆勇健”，内徙之后既能够补充金军的作战损失，又可以起到“人畜货财，不至亡失”的效果。这个建议遭到了平章政事移剌与参知政事梁缃等人的强烈反对，而金主永济也觉得轻弃国土不可取，因而拒绝采纳。其后，蒙古军队占据三州，永济方才悔恨当初不听徒单镒的劝告，可惜已经于事无补。

当中都告急时，徒单镒判断战火可能会蔓延至辽东半岛，及时提醒朝廷要对此多加注意，又指出东京（今辽宁辽阳）乃国家根本之地，可是远距京城数千里，万一被战争波及，当地的州、府官僚必然互相观望，凡事等待批准才执行，难免贻误军机，故应当未雨绸缪，预先派出得力大臣到当地坐镇，以主持大局。谁知永济不悦地回复：“无故派遣大臣，动摇人心。”然而事实证明，徒单镒又一次对形势估计正确，蒙古经略中都期间，一股游骑在哲别的带领下绕过该城，伺机由昌平、密云、丰润等处扑向抚宁，最终的目的地正是东京。

抚宁至东京的路程不足千里，而冬季辽河、大凌河等处结冰，恰巧方便骑兵机动。由于哲别行踪飘忽，在大多数金人麻痹大意的情况下秘密疾进，经过长途跋涉，成功于这年十二月到达东京，可由于守军戒备森严，一时难以遽下，因而放弃围城。但这不等于城内守军从此高枕无忧，因为有勇有谋的哲别在不能强攻的情况下，决定以计智取。《圣武亲征录》描述，蒙古军摆出撤离的姿势，一口气退了五百里，目的是让守军误以为危机已经化解，从而产生了致命的松懈之心，再出其不意地杀个回马枪。事实证明，这个策略非常成功，当蒙古军慢慢地后退时，金国地方官员按照常规一站一站地解除警报，越来越多的人弹冠相庆，认定敌人已经走远，想不到蒙古军队突然留下辎重从原路折返，每一位游牧将士除了坐骑之外，另外再牵一匹马备用，由于骑兵的传统优势得到充分的利用，遂在昼夜不停的狂奔之下，很快便重返旧地，如愿以偿地把对方打了个措手不及，一举克城，大掠而回。东京之战显示金军负责侦察的斥候部队面对强敌时竟形同摆设，以致威名尽丧。

金代河东朔州（今山西朔县）崇福寺中的胁侍菩萨像。

当东京失守的消息传回，金主永济更加佩服徒单镒的先见之明，自嘲道：“我耻于见丞相！”

中都虽然暂时避过了一劫，可周围硝烟未息。成吉思汗于这年冬季袭击了金国设立于桓州一带的群牧监，掳获大批马匹而去。在此期间，归附蒙古的除了金军使者石抹明安之外，世居桓州的金臣耶律秃花等人亦相继来降，这些人在塞内做蒙古将士的向导，为掠夺金国牧马作了很大贡献。《元史·槊直腯鲁华传》记载金国在桓州一带损失了“几百万匹”监马，即使这个数据有所夸大，但损失数十万匹马还是有可能的，由此导致一个不容否认的事实，就是金军骑兵的实力因而一落千丈，军队以骑兵为主的传统作战方式亦不得不有所转变，改为以步兵为主。既然金军骑兵的优势不再，那么就像南宋一样采取以步抗骑的经验对付蒙古游牧将士亦未尝不可，中都保卫战已见端倪。

蒙古东路军在金国境内纵横驰骋期间，越过边界南下的西路军以汪古部首领阿剌兀思剔吉忽里做向导，取道净州、丰州，势如破竹地相继攻克云内（今内蒙古托克托县东北）、东胜（今托克托县）、武州（今山西五寨县以北）、朔州（今山西朔县）等处，北上与成吉思汗会合，驻扎金国境内过冬。

在蒙古东、西两路军队的入侵下，金国很多地方烽烟弥漫。《金史·卫绍王纪》对这一阶段的战事总结道：此时，德兴府（今河北涿鹿）、弘州（今河北阳原）、昌平、妫川、缙山（今河北延庆）、丰润、密云、抚宁、集宁全部狼烟四起，“东过平（今河北卢龙）、滦（今河北滦县），南至清（今河北青县）、沧（今河北沧州一带），由临潢（今巴林械旗林东镇波罗城）过辽河，西南至忻（今山西忻县）、代（今山西代县）”等处，皆受到蒙古人的凌厉攻击。

由此可知，金国在前线设置的行省、行枢密院等战时机构没有起到应有的作用。事实上，这些军区虽然级别很高，但权力受到一定的限制，甚至在抗蒙战争爆发多年以后也没有放宽。因为无论是行省还是行枢密院的官员，他们虽然有权指挥作战，但有时“不得辄行诛赏”，也就是说，那些立功以及犯罪的军人，要按规定交由朝廷进行赏罚。《金史·胥鼎传》记载金臣胥鼎后来为此发表评论，称军中主将不能按军法处置部分违法犯罪的人，则手下“无所畏”，由此带来的后果是指挥官发号施令时难免会受到部属的漠视。显然，金国这样的军区设置制度与开国时期有极大差异，一些简单有效的原始部落议事作风早已废除，而让地方各个军区以及各级将领互相牵制无疑符合朝廷居中驭外的政策，这对防止出现地方割据势力是有利的。可朝廷远在京城，难以遥控一切，而前线统帅既然统一不了事权，便时常不能得心应手地指挥部属作战。相反，成吉思汗通过层层分封等制度，确立了自身独一无二的地位，得以如臂使指地驾驭部队，他不辞劳苦地亲征，肯定会让军事指挥机构最大限度地发挥作用，就此而言，蒙古军队取得丰硕战果是合乎情理的。

尽管成吉思汗放弃了许多攻取的州、县，可是留给金军的只是满目疮痍的废墟，经过几个月的厮杀与掳掠之后，金国北部地区已经残破不堪。四处烽火连天，百姓流离失所。金主永济无可奈何之下，只能重点设防，围绕着中都调兵遣将，力保首都的安全。从前线逃返的胡沙虎没有受罚，反而继续得到重用，升为右副元帅与权尚书左丞，当骚扰中都的蒙古游牧将士退走后，他便因

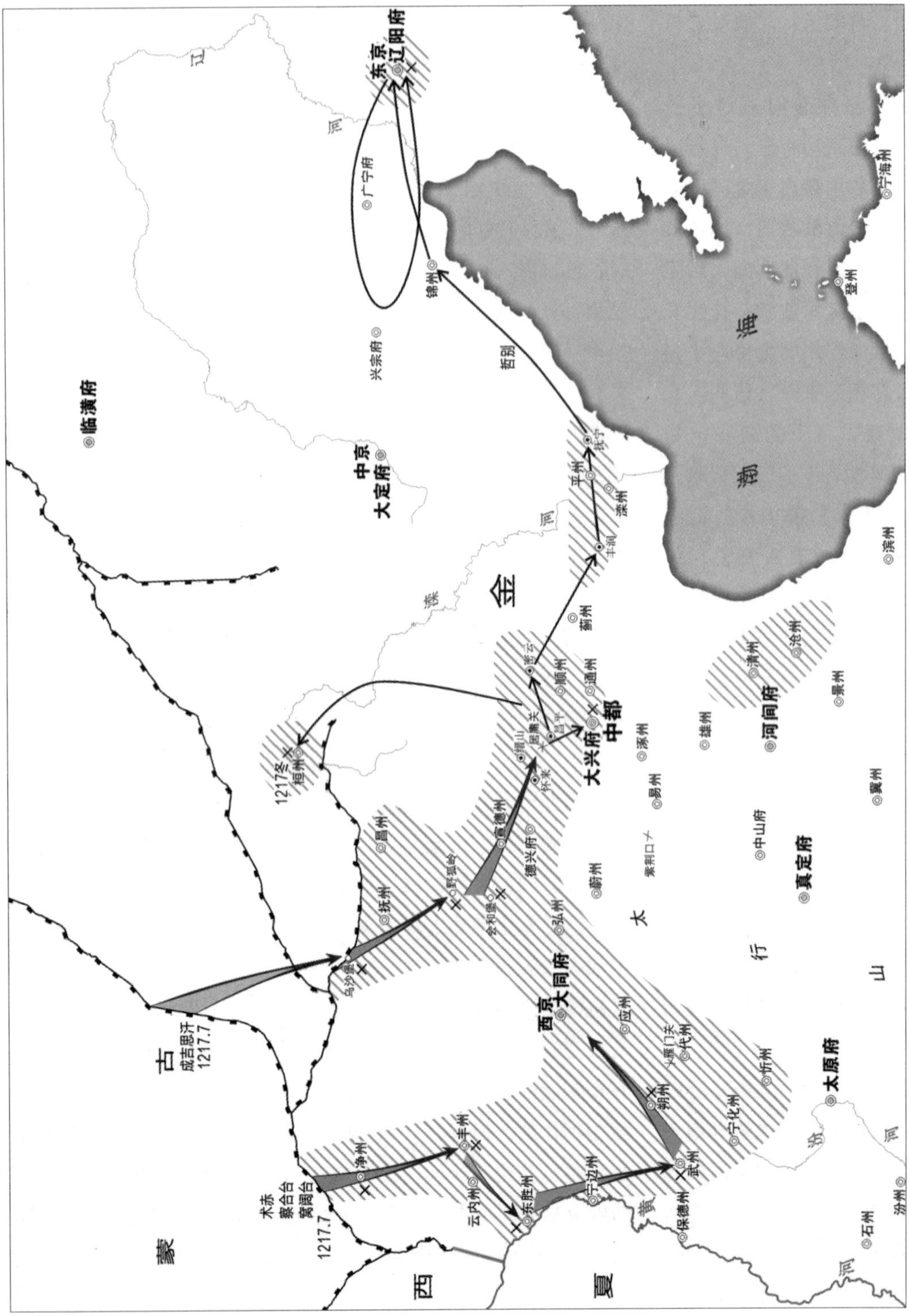

成吉思汗攻金之战（1211年）。

勤王有功而出任防御使，与术虎高琪（由泰山刺史升为防御使兼权元帅右都监）一起率数千人屯于居庸关外的妫川（今河北怀来）、缙山县等处，以加强京城门户的外围防御。此前，居庸关因防备薄弱而被轻易突破，致使蒙古游骑一路畅通无阻地迫近中都，故金国统治者等到敌人退却后，赶紧采取了这些补救的措施。不久，胡沙虎请求从妫川退屯南口或转屯新庄，而在给尚书省的文书中又声称蒙古人再来时，“必不能支”，他自己“一身不足惜”，可辖下“三千兵为可忧”，而疆土亦难守。被朝廷视为怯战，因而受到免职的处分。

蒙古南下之际，西夏也蠢蠢欲动。自从这个国家屈服于蒙古人的武力之下后，统治秩序更加不稳定，以致统治集团发生了内讧，夏襄宗与太子承祯在政变中被废，而宗室齐王遵顼成为新帝，史称夏神宗。由于金国在蒙古军队进犯西夏期间未能伸出援手，因而不久便遭到了西夏军队的报复性骚扰，葭州（今陕西佳县）遭到攻击。当成吉思汗大举突入金境时，西夏又趁火打劫，挥师杀进金境数百里，骚扰陕西的葭州、邠州、泾州，还出兵五万围攻平凉等处，袭击了庆阳府。金国唯有被动防御，对此无可奈何。转眼间到了1212年（南宋嘉定五年，金崇庆元年），西夏军队于三月继续入侵陕西，进犯葭州，延安路兵马总管完颜奴婢以此禀告朝廷。在这种情况下，朝廷仍然从陕西抽调人力、物力到中都，比如宣布在陕西实行括马（征集民马之意）政策，希望能弥补桓州群牧监牧马遭劫后的一些损失。同时，继上一年十二月从当地调动两路汉军（共五千人）之后，又于这年五月，签发陕西勇敢军二万人以及招得射粮军一万人赴中都应急，这无疑加重了百姓的负担，以至出现了“父子兄弟因签军久不见面，词语怨嗟”的情况，由于战事不利，军中普遍存在逃亡现象，官府不得不制订严厉法规阻止，例如卫县就下达了“征军逃亡五日不出者，死”的酷令，这一切都被在此期间来到金国的南宋使者程卓记入《使金录》中。

正所谓“祸不单行”。河东、陕西发生大饥荒，斗米竟值数千钱，许多人食不果腹，以致“流殍满野”。而河东南路、南京路、陕西东路、山东西路、卫州又旱灾连连。财政捉襟见肘的金廷只能尽力“拆东墙补西墙”，进行一些赈灾活动，以安抚人心。中都、西京路、清州、沧州等遭到蒙古人袭扰的地方，亦受到减免赋税的优待。

为了渡过难关，金国变本加厉地发行纸钞以掠夺民间财富，从而让纸钞的信用一再下跌，以致百姓不愿使用。为此，一些地方政府动用了强迫手段，比如彰德府官员在城内张贴榜文，限定“交易三贯以上并用交钞”，违者治罪。

总而言之，种种乱象难以一一叙述。有识之士已经看见了金国灭亡的迹象，把来势汹汹的蒙古比喻为昔日在白山黑水地区强势崛起的女真，而现在中原境内“沮丧”的金国统治者，则“有旧辽灭亡之势”。南宋使者程卓于1212年（南宋嘉定五年，金崇庆元年）回国后，将所见所闻上书宋宁宗。当南宋朝廷对金国的困境有所了解后，便开始讨论不再向其交纳岁币的问题，两国互为叔侄的名义亦可能随之取消。

蒙古人不会让焦头烂额的金国统治者有充足的时间重振旗鼓，当秋季到来天气凉爽时，便在中原卷土重来，不过没有攻打中都等防守坚固的城市，在大多数时候采取避实击虚之策，四处抄掠。宣德等防备松懈的城市就这样再次遭到毁灭性打击，游牧军队接着试图攻打德兴（今河北涿鹿），但未能得逞，直到拖雷与出自弘吉喇部的赤渠附马率部紧急赴援，才击溃了守军，抄掠了周围的村、堡，然后离开。

成吉思汗也没有虚度光阴，在金国境内攻城略地，招降了威宁防城千户刘伯林之后，乘胜进军西京，在途中的墨谷口（今山西大同东北）歼灭了由元帅左都监奥屯襄所率的一股金军援兵，迅速迫近目的地。

西京由于胡沙虎离开而使得防守力量更加薄弱，按察使抹捻尽忠在城内独自苦撑，给人一种岌岌可危的印象。万万没想到意外突然发生了，成吉思汗由于受到守军的顽强抵抗而中流矢受伤，不得不解围而退驻阴山。这次战事是蒙古人入塞以来的又一次挫败，表明游牧骑兵虽然在野战中所向披靡，可是面对坚城壁垒时，难免会有束手无策的时候。

为了最大限度地稳定国内局势，金国统治者无所不用其极，竟绞尽脑汁来提防境内的辽国遗民与蒙古人勾结，主政者在戒备心的驱使下制定了带有歧视色彩的政策，命令在每一户辽民的居住处所旁边安插二户女真，尽量形成二比一的优势，以防不测。事实证明，这样的极端做法起到了适得其反的作用，在愤恨与恐惧的情绪交相煎熬之下，促使无数契丹人铤而走险。值得一提的是，金世宗生前曾经一度在部分契丹人之中恢复猛安、谋克制，使之承担西北路的防御工作（后来，部分人迁移到上京路、咸平府路与泰州等处），而这些人的后裔现在却成了叛乱的核心力量，身任金国千户之职的耶律留哥正是其中的佼佼者。此人乘成吉思汗南下攻金之机，于1212年（南宋嘉定五年，金崇庆元年）在辽东隆安（今吉林农安）、韩州（今吉林梨树八面城一带）纠集志同道合之人公开发难，多次粉碎州军的追捕，不久又联系另一位起兵反金的契丹人耶的，并以其为副手，共同在地方上剽掠。仅仅数月之间，追随者竟然猛增至十余万，所部驻扎时营帐长达百里，声震辽东。为了挫败金国的镇压计划，耶律留哥决定求助于蒙古，不过，他暂时不需要千里迢迢地去朝觐成吉思汗，因为正好在大兴安岭附近的金山遇到奉命向辽东进军的蒙古将领按陈那衍与浑都古，彼此一拍即合，折箭结盟，并“刑白马、白牛”以隆重其事。按陈回师禀告成吉思汗，欲把征辽的重任托付于耶律留哥，试图对金国形成新的牵制，以配合蒙古大部队在中原的攻势。

金主永济准备对造反的契丹人大动干戈，败军之将完颜承裕已经得到重新起用，出任元帅右监军兼咸平（今辽宁开原）兵马都总管，奉命率军六十万，号称“百万”，前来进攻，声言有人若能夺得耶律留哥一两骨，赏金一两，夺得一两肉，赏银一两，并可获得世袭千户的待遇。耶律留哥自知不敌，急忙向蒙古求救。成吉思汗命令按陈、孛都欢、阿鲁都罕率千骑赴辽增援，会同契丹部队，在迪吉脑儿（今辽宁昌图附近）大败金军仓促召集起来的乌合之众。之后，按陈等人返回蒙古，仅留下可特哥带着部分人马屯于当地，以辅助契丹人。1213年（南宋嘉定六年，金贞祐元年）三月，耶律留哥自立为王，设置了丞相、元帅、尚书等职，以广宁为都，正式在金国境内另起炉灶，国号为“辽”。金国统治者看见动武难以解决问题，遂改用招安手段，派遣前广宁知府温迪罕青狗为使者，欲以高官厚禄诱降留哥。谁知又遭到拒绝，无计可施的温迪罕青狗考虑到自己的家属仍滞留于广宁，干脆投降留哥而不返。所有的一切都意味着契丹人的割据政权在辽西成为了一股不容忽视的势力。

一波未平，一波又起！辽西硝烟未息，中原即将战火重燃。因为成吉思汗正酝酿着一场针对中都的大规模攻势。这种针对坚固据点的打法也是势所必然，由于靠近北部边境的一些防备松懈的城市已经越来越难以榨出更多的油水，剩余的财富必然集中在金国力保的不少重要城池里面，从而对蒙古军队产生了更大的吸引力。

当蒙金战争进入第三年的时候，成吉思汗按照惯例在秋季来临之际挥师南下，迅速夺取此前放弃的宣德府，经德兴府一路向中都的重要屏障居庸关杀过来。但要想拿下居庸关，需要先拔掉途中的绊脚石妫川。因为术虎高琪已率数千金军进驻关隘外围的妫川、缙山等处，正严阵以待。表明金国早已吸取了此前关隘失守的教训，在其周围重重设防。

术虎高琪治军有方，“甚得人心，士乐为用”，故敢于与强敌一战。值得一提的是，这员久经沙场的将领曾经以同知临洮府事的身份进驻西北，具有比较丰富的骑兵作战经验，其军事生涯中的代表作是六年前伐宋时的秦州之役，当时，南宋将领吴曦的部属李孝义欲出动步骑三万攻打秦州，先以万人包围皂角堡，并与赶来增援的高琪所部对峙。从吴曦的爷爷吴璘那一代开始，南宋步兵在川陕战场就依靠弓弩打了不少胜仗，现在，宋军将士又故技重施，参照传统战法而布阵于山谷，左右两翼排列战车，再让弩手埋伏其下，企图凭着强弩等远程兵器在射程上的优势而取胜。为了达到这个目的，他们故意派出部分军队为诱饵，以佯败的方式把对手引入强弩的射程之内，然后予以打击，果然令金军不能越雷池一步。屡攻不下的高琪放弃了强攻的打法，巧妙地把骑兵分为两部分轮流出战，通过不断骚扰的办法让宋军弩手疲惫不堪，然后伺机派遣偏师悄悄登山，居高临下进行夹击，从而一举破敌，斩首四千级，生擒数百人，成功解除秦州之围。从这个经典战例可以看出，一个杰出的骑兵军官，即使在劣境之下同样能够捕捉战机，奇迹般把形势扭转过来。如今，术虎高琪面对来势汹汹的蒙古游牧军队，肯定想重新施展骑兵作战的特长，不过，他辖下人马过少，要想阻止汹涌而至的蒙古军队简直是难于登天，为此，金国决定派兵增援。

尚书左丞完颜纲打算亲自前往督阵，此人同样参加过伐宋战争，曾在七年前出任蜀汉路安抚使，以汉、蕃步骑一万出临潭，连克祐川（今甘肃岷县一带）、荔川（今甘肃理川）、闾川（今甘肃闾井）、宕昌等地，而且参与招降四川守将吴曦。虽然吴曦后来被部属刺杀让金国控制四川的图谋功亏一篑，但完颜纲亡羊补牢，夺得大散关等处，直至南宋乞和时仍然保持着川陕战线的优势，因而也是一位颇具指挥才能的统帅。如今，他欲率十万人出战，这是金国继野狐岭－浍河川决战之后，将要与蒙古人展开的又一次大规模较量。

但是右丞相徒单镒认为此举欠妥当，劝完颜纲不必前往，只需增派援兵即可，言外之意是完颜纲很难有充足时间摸熟前线的情况，不如放手交由富有作战经验的术虎高琪指挥。又说“高琪之功，即行省（完颜纲打算建行省于缙山，故有是称）之功”。可完颜纲不听，坚持要亲自出战，与术虎高琪一起驻扎于缙山，而副统军王檝奉命守御妫川、涿鹿一带的隘口，企求通过层层布防的办法力保居庸关。然而，事后证明金军犯了分散兵力的错误，从而难以避免让对手各个击破的厄运，首先遭到攻击的完颜纲、术虎高琪所部于缙山大败，“僵尸四十余里”。蒙古军队一路追至北口，居庸关危在旦夕。

不过，要想取得这个重点布防的关隘谈何容易，金国早已紧闭关门，并用烧熔的铁水浇灌缝隙，以杜绝任何破门而入的企图，真正达到了固若金汤的地步，同时还在关外百余里范围内遍布铁蒺藜，意图让来犯之敌举步维艰，再加上各路残兵纷纷汇聚于此，配合精锐部队防守，力量更加雄厚。

面对雄关锁钥，蒙古军队只能于百余里之外徘徊，不得其门而入。无计可施的成吉思汗想起了一位叫做札八儿的亲信，因为此人曾受命出使金国，对中原的地理形势有一定的了解。札八儿果然没有让人失望，献上一计，指出此地以北的黑树林之中“有间道”，可容一人骑行通过，若秘密出兵，“终夕可至”。这个计划实际是要放弃强攻地形险峻的居庸关，转而向居庸关侧翼的太行山脉一线迂回，争取从山势较缓、隘口众多的地方寻找突破口。这种避实击虚的打法得到了成吉思汗的认可，遂马上行动起来，命令札八儿率轻骑为前导，自己带领大批人马跟进，而留下可忒、薄刹两将及其部属驻于原地，牵制居庸关守军。

蒙古军队主力迅速转向涿鹿，与当地守军鏖战三日，活捉其将王檝，接着取道飞狐口，向太行山脉上的要塞紫荆关飞奔过去，因为这个地方是山西高原前往河北的通道之一，其所处的地形与险峻的居庸关比起来显得较为平缓一些，相对而言容易突破。经过一番厮杀，游牧将士果然顺利越过这一带，先后招降赵缙、赵柔等地方土著豪强。《元史·木华黎传》记载，金将术虎高琪在此期间“引兵来拒”，但不战而溃。饿虎扑食一般的蒙古人向易州以北的五回岭等处直捣过去，史称他们“日暮入谷”，而到黎明，已在平地，遂“疾趋南口”，仿佛神兵自天而降。许多金国守军犹在梦中，等到惊起时已难以支撑，以致“锋镝所及，流血被野”。成吉思汗终于出现在居庸关的后方，与关前的蒙古留守部队一起，形成前后夹击之势。守关的契丹将领讹鲁不儿等人眼见大势已去，遂献北口。先锋哲别顺利占据居庸关，与可忒、薄刹会师。

峰回路转、扣人心弦的居庸关之战结束了。毫无疑问，蒙古人的胜利与其迂回包抄的计策有关，史载成吉思汗后来在浏览中都一带的“山川形势”时，对左右近臣称：“朕之所以至此者，札八儿之功为多。”顺便提及，札八儿参加过统一蒙古的战争，以“善骑射”而著称，他进入中原后每次作战，均“被重甲舞槊，陷阵驰突如飞”，又曾经乘橐驼击敌，“众莫能当”。这反映了擅长传统“骑射”技艺的蒙古游牧将士，在新的形势之下，越来越重视以突阵为主的重装骑兵。

居庸关一失，金国首都门户洞开。城内人心惶惶。

不久之前因请求从妫川撤兵而被罢官的胡沙虎重新得到起用，金主永济不顾丞相徒单镒与参知政事梁綑等人的反对，任命此人为右副元帅，率五千武卫军屯于中都城北承担防御任务，无疑是寄予厚望。谁知胡沙虎本性不改，缺乏与君主和衷共济的诚意，在蒙古人已经渐渐逼近时，还不忘抽时间打猎，没有专注于防务，因而永济派人到城外加以严厉谴责，不料引起胡沙虎的不满，以致发生了一场弑君谋反的政变。

胡沙虎与经历官文绣局直长完颜丑奴、提控宿直将军蒲察六斤、武卫军铃辖乌古论夺剌等党羽密谋作乱，于八月十八日迅速行动起来，矫诏剪除福海等不同派系的将领，收编其屯于城外的军队，然后在次日指挥部属自通玄门而入，杀知大兴府徒单南平、刑部侍郎徒单没烈等人于广阳门一带，遂闯入宫中，宣布自任监国都元帅，接着，指使宦者李思中于二十日弑杀金主永济，还设计把左丞完颜纲诱至军中，以缙山兵败等事为借口处死。国家不可无主，丞相徒单镒在米已成炊的情况下提议另立新君。彰德府的丰王完颜珣在胡沙虎的首肯之下入京，于九月一日登基，史称金宣宗。

拥立有功的胡沙虎成为太师、尚书令兼都元帅，并受封为泽王，集军政大权于一身，他欲操纵政局，吩咐朝中宰执遇事先与自己商量，然后再上奏皇帝，种种玩弄权势的做法不一而足，肯定会令其他人不满。提点近侍局庆山奴、副使惟弼、奉御惟康秘密奏请除掉胡沙虎，宣宗念其扶持有功，暂且采取忍让的态度，不准支持者轻举妄动。

据《建炎以来朝野杂记》所载，经紫荆关而来的蒙古军队这时距中都二百里。胡沙虎欲诱敌南下至涿（今河北涿县）、易（今河北易县）两州一带，再聚而歼之。蒙古人果然不知有诈，取道涿、易，一路长驱直入至皂河以西，正企图过桥时，于十月十三日遭到金军伏兵的袭击。胡沙虎虽然恰巧身体不适，行动不方便，但他还是带病乘车到前线督战，打得敌人大败而回。

次日再战时，胡沙虎因病重而动弹不得，准备委托他人指挥，而术虎高琪成了合适的人选。此前，从居庸关一带败返的术虎高琪已奉命为元帅右监军，一度自镇州移师中都以南拒敌，可来到良乡附近时难以再前进，便折返中都待令，现在奉命带着五千人代替胡沙虎上前线御敌，但由于行动迟缓，错过了进攻的时机，为此，遭到胡沙虎的斥责，并差点儿受军法处置，幸而被正欲收拢人心的金宣宗赦免，不得不再次率领更多人马出战，以图将功赎罪。术虎高琪硬着头皮进至城郊，从黄昏一直打到第二天早上，仍未能得胜。忽然北风大作，飞沙走石，金军视野模糊。蒙古军乘机顺风纵火，然后骑马驰击，赢得了这一仗。

以失利告终的术虎高琪为了避免受罚，决定孤注一掷，暗中盘算着与胡沙虎拼个鱼死网破。他早已风闻庆山奴等人欲清君之侧，自知发动政变可以得到朝中一些人的响应，竟率残部于十五日入城，冷不防包围了胡沙虎的府第。成为瓮中之鳖的胡沙虎狗急跳墙般亲自参与厮杀，手忙脚乱地弯弓向外射箭，在于事无补的情况下，不得不奋力攀登府第的后墙试图脱身，不料失足而坠导致股部受伤，最终难逃一死。术虎高琪提着胡沙虎的脑袋诣阙待罪，不想在大敌当前时节外生枝的宣宗只能借坡下驴地宣布赦免其罪，并相继授予左副元帅、平章政事之职。同时，这位皇帝又对胡沙虎未死的一些亲信进行安抚（例如蒲察六斤授为知平阳府事），采取各种措施尽量把矛盾化解在萌芽状态。等到局势稳定后，金宣宗听从左谏议大夫张行信的建议，下诏暴露胡沙虎弑杀永济等罪过，并削其官爵，彻底结束了胡沙虎的军事专政。由于庆山奴等近侍人员在反对胡沙虎操纵政局的过程中出过不少力，从此得到宣宗更多的信任。

胡沙虎的死让金宣宗有更多机会重用自己心仪的朝臣，他以承晖为尚书右丞，耿端义为参知政事、平章政事徒单公弼为尚书右丞相、尚书右丞承晖为都元帅兼平章政事，让这些人与术虎高琪一起辅助朝政，试图建立一个以自己为首的统治核心，便于统治措施的推行。

金国政局连接发生巨变期间，内外形势益加严峻。西夏在这一年积极策应蒙古人的攻势，于六月间连犯保安州（今陕西志丹）、庆阳府（今甘肃庆阳），杀死当地官员。到了年底，会州（今甘肃靖远一带）、泾州（今甘肃泾川）亦陆续受到攻击。

蒙古军队的攻势仍然没有停止的迹象。成吉思汗鉴于居庸关之役后形成的破竹之势，在命令可忒率部分兵力围困中都的同时，大胆把主力分为三路行动。其中：术赤、察合台、窝阔台为右路军，循太行山东麓而南下，从保州（今河北保定）一直打到黄河以北的辉（今河南辉县）、卫（今河南汲县）、孟（今河南孟县）诸州，再沿太行山西麓北返，攻略河东南、北路平阳、太原诸州而还；哈撒儿、斡赤斤为左路军，沿海而东，连掠蓟（今河北蓟县）、平、滦等州而还；成吉思汗与拖雷率中路军经易州南下，横扫了河北与山东诸州县之后北还。另外，木华黎率部攻克了密州（今山东诸城）。

必须提及的是，金国降将在协助蒙古军队作战时所发挥的作用至关重要。此前在野狐岭之战投降的石抹明安奉命率领蒙古军抚定云中东西两路，当成吉思汗欲休兵北返时，明安马上谏阻，说：金国的疆域共有十七路，如今我方所得惟有云中东西两路而已，若置其他地方于不顾，等到对方恢复元气而集中力量策划反攻时，则更难取胜。况且“山前民庶，久不知兵”，现在以重兵压境，可传檄而定，正所谓“兵贵神速”，不容犹豫！成吉思汗认为有理，即命明安引兵南进，据说所至之处，民庶皆具备“箪食壶浆”以迎接，遂尽得河北诸郡而还。

其他降将的表现亦不赖。威宁归附的刘伯林没有碌碌无为，亦随军出征。而在涿鹿隘口战败投降的王檝被成吉思汗授予都统之职后，奉命招纳山西的金国溃兵，参与了突破紫荆关以及夺取涿州、易州的行动，现在又配合蒙古军进攻保州、中山等处。转战到雄州时，王檝亲自入城向负责守御的节度使孙昊“喻以祸福”，成功令对手不战而降。又比如木华黎逼近涿州时，当地豪强史秉直召集族人商议，并大发感慨：“方今国家丧乱，吾家百口，何以自保？”他得知投降可以苟全性命，便率乡里老稚数千人来附。《元史》记载史秉直的儿子史天倪统率降卒随木华黎“略地三关以南，至于东海，所过城邑皆下”。此外，霸州平曲水寨管民官萧勃迭（即石抹勃迭儿）也率众归降木华黎。这些归附者获得了“千户”或“万户”等称号。其实，那时降蒙汉军没有统一的编制，官职也非常混乱，一些家伙随心所欲地向新主子要求官号，而蒙古人也可能搞不清这些汉字官名的确切含义，就滥加委任。以万户为例，或许蒙古将帅的真实意思只是让归附者统领万人从征，而非授予实职。

这次攻势一直持续到次年三月，各路浩浩荡荡的蒙古大军连破中原九十余个州县。河北地区生灵涂炭，仅有中都、通、顺、真定、清、沃、大名、东平、德、邳、海州等十一城未被攻克。蒙古军队打下了这么多的城池，并非因为攻坚能力突然得到大幅度的提升，而是另有内情，据《建炎以来朝野杂记》的分析，当时“中原诸路之兵皆迁往山后一带防遏”，以致正规军严重不足，只能临危抱佛脚地签发乡兵担任各城的守御任务。而“鞑靼（代指蒙古人）尽驱其家属来击，父子兄弟往往遥相指认，由是人无固志，所至郡邑，皆一鼓而下”。

蒙古人驱使当地人攻城的行为在《黑鞑事略》中也有记载，“曩攻河西、女真诸国，驱其人而攻其城”，这些人遍布于各部队，其中的“武酋健卒，自鸠为伍”，专门在主将左右，称之为“八都鲁军”。所谓“八都鲁”，又称

“拔都”，在蒙古语中的意思是“勇士”。这类部队最早成立于蒙古国建国之前，成吉思汗曾经让扎剌儿部人阿儿海哈撒儿从各个部落中挑选千名勇士，隶属于怯薛组织，平时做护卫，“如厮杀则教在前”。之后，这类人被排除出了大汗的护卫部队，专门在战时做敢死队。一些获了死罪的蒙古人也被罚入“八都鲁军”里面，用攻城打头阵等方式自赎。他们参战时往往披上十多重牛皮制成的甲，就连脸部也盖上“面帘”以防弓箭，可见其任务的危险性。或许需要执行三四次这样的任务，这些死囚才能免罪。应该说明的是，随着时间的推移，“八都鲁军”中的外族人越来越多，在这次进攻中原的攻势中正反映了这种趋势。到后来，甚至连这支军队都常常交由外族将领统率。《元史》记载史天祥跟随史秉直投降后，招徕万余壮丁，配合蒙古人攻取了霸州、文安等二十余城，其中特别提到“东下淄、沂、密三州时，所至皆先登”，实际承担起了“八都鲁军”的职责。

战争中，不可避免地出现了滥加杀戮的现象。《圣武亲征录》毫不讳言木华黎曾经在密州屠城。而刘因、郝经等元代文人撰定的《孝子田君墓表》、《孟升卿墓志铭》等文章中，记载了保州在战乱中沦为人间地狱的情形，城刚陷时，居民全部被驱出城外，其中年龄大的人首先遭到处死，两日后，不管老幼尽数罹难。士卒“以杀为嬉”，“磔首于城，殆与城齐”，达到了“积尸数十万”的地步。《建炎以来朝野杂记》对此作了一个总结，据说在被破的九十余郡中，无不显示出一派“残灭”的景象，“两河、山东数千里，人民杀戮几尽”，“金帛、子女、牛、羊、马、畜”皆被入侵者“席卷而去”，只剩下焚毁的屋庐，城郭化为丘墟。

经过如此沉重的打击，金国在黄河以北的统治已经摇摇欲坠。

各路蒙古大军结束大扫荡后，会合于中都附近。成吉思汗驻跸在中都北郊，或许是自知暂时难以攻克这座坚城，故围而不攻，仍旧打算与对方议和。他派遣使者对金国君主强硬地说：“山东、河北郡县悉为我有”，而你所守惟有燕京（指中都）……在我即将撤回之际，你应当“犒师”，以“弭我诸将之怒”！言下之意是，如果金国皇帝不献上“子女玉帛”以破财挡灾的话，日后还要杀回来。

金国君臣早就商量过议和之事，例如重臣徒单镒主张与对手和谈。太子太傅张行简也上书宣称为了达到拯救生灵的目的，可以模仿辽、宋故事而“岁奉币帛”，或者二三年献一次币帛也行，意图通过这种屈辱的方式来延续政权的寿命。当成吉思汗许和后，金宣宗召集百官认真讨论对策。术虎高琪兀自嘴硬，声称根据情报得知来犯之敌“人马疲病”，可乘此机会决战。丞相完颜福兴坚决反对这样做，理由是“我军身在都城，家属多居诸路”，军心向背尚未可知，一旦战败，则必散；就算侥幸胜利，亦有可能会因思念妻子家人而伺机离去。他着重指出此刻的决策关系到“祖宗社稷安危”，不可贸然行事，不如遣使和谈，等到敌军退走再从长计议。无计可施的金宣宗采纳了求和的建议，经过多次与蒙古使者的谈判，委曲求全地同意了成吉思汗“犒师”的条件。

正如前文所述，成吉思汗曾经扬言要夺取敌人所有的一切，“将他们美貌后妃的腹部当作睡衣和垫子……才是男子汉最大的乐趣”。这显示出对敌国皇室贵族妇女的强烈兴趣，亦具有以此彰显自己征服者身份的潜在心理。他在五年前攻打西夏时通过围攻中兴府等行动迫使西夏君主夏襄宗纳女求和，现在，金主永济尚在人世的女儿岐国公主成了新的牺牲品，与五百童男女、三千马匹以及一批金帛一起，被当作“犒师”的礼物而献出了。心满意足的成吉思汗在金国丞相完颜福兴的礼送下，退出居庸关，至野麻池而还，结束了长约三年的征战。

三　南迁风云

昔日威震一时的猛安、谋克部，在与蒙古人作战时败得非常难看。这支统治阶级的嫡系军队早在金海陵王主政期间已经出现由盛转衰的趋势，具体原因错综复杂，众说纷纭，并涉及政治、经济、军事与文化等方方面面。

就在蒙古军队大举南下前夕的承安年间，金国出于维持北部边境稳定的需要，更加迫切地期望尽快提升女真部队的战斗力。为了找出猛安、谋克在战场上表现不佳的主要原因，不少人议论纷纷，然而，一些既得利益获得者不是从改革军事体制以及加强训练方面着眼，而是基于自身的立场提出独特的看法。据元好问撰写的《平章政事寿国张文贞公神道碑》所载，当时有的统军者一口咬定女真人无心作战与经济问题有关，因为朝廷“所给田少，不足以豢养身家，故无斗志”。

女真人既然出现了影响战斗力的生计问题，那么是否应该归咎于主政者的刻薄寡恩呢？事实没有那么简单。早在金国创立之初，随着对辽、宋两国战争的胜利，长城内外以及黄河南北的大量土地成了主要的战利品。当越来越多的女真人迁入中原后，务农也成了大势所趋。为了让嫡系部队的将士们能够过上丰衣足食的生活，朝廷特别制定了优惠性的经济政策，将散处于华北各地的猛安、谋克部组织起来进行屯田，并给他们分配耕牛以及土地。授予女真人的土地除了辽与北宋的官田之外，还时常强行拘括民间的私田充公，以补充不足，通过这种办法尽量消除将士们的后顾之忧。据《大金国志》所载，金熙宗在位的皇统年间，类似的情况已经比较普遍，“凡屯田之所，自燕山之南，淮陇之北，皆有之。多至六万人，皆筑垒于村落间”。随着时间的推移，生活在中原的女真人有增无减，以至后来数量超过百万。然而，猛安、谋克户内部存在土地分配不均的问题，有权有势者任意霸占土地，使贫富悬殊更为严重。为此，一代英主金世宗决定清查占地情况，以免部分女真人因失去土地而贫困化，以致削弱部队的整体战斗力。同时，世宗还整顿户籍，采取调查产业等措施，分清富户与贫户，以便政府日后签军以及抽调人员从事其他徭役活动时，能按照各户的富贫程度来进行区别对待。这种比较公平的做法可以起到防止猛安、谋克内部因富贫而分化的作用。

虽然经过种种的措施进行整顿与改革，可土地问题所造成的困扰始终存在。正如前文所述，到了金章宗在位的承安年间，军中将领又重新提出女真将士“田少”以致“无心作战”的问题，并请朝廷“括民田之冒税者”，即想办法掠夺新的土地分配给女真人，期望以此重振士气。于是，“武夫悍卒”们倚仗国家的特殊优惠政策，四处出动，强行在民间括田。山东、河朔（泛指黄河以北地区）等处的“上腴之田”纷纷成为他们的囊中之物，甚至连耕种了数世的民田亦不能幸免。

显然，括田充公等措施的副作用之一是会损害民人的利益，容易让毗邻而居的猛安、谋克户与汉户产生敌对情绪。金章宗为了长治久安，在尚书省官员的请求之下允许猛安、谋克与汉人通婚，希望缓和民族矛盾。可这样做会在某种程度上削弱女真人引以为豪的民族特征。因为金国的上一任皇帝金世宗早已对此忧心忡忡，惟恐族人沾染汉俗而忘本，故多次强调女真人要保住自身的民族特色，平日应该注意练习武艺，不要废弃传统的骑射本领，以维持旧日的尚武精神；还要学习女真语言以及不得擅改汉姓、不得模仿南人装束。同时还尽量限制女真人与汉人杂处，以防止汉化。

本来，深入汉地的女真族肯定会在文化和习俗方面受到汉族的影响，这种正常的现象很难人为地制止。例如自从金太宗为了吸纳汉人参与统治而采纳开科取士的汉制之后，到了世宗、章宗两朝，科举制度已经发展到极盛时期，正如《金史·文艺传序》所说的，有不少通过科举入仕的汉人做到了宰相的职位，就连费尽心机反对汉化的金世宗也曾经发表过一番具有代表性的谈话，不得不承认“儒者操行清洁，非礼不行”，故用之为官，乃是“政道兴废”的关键。其后，统治者专门设置了女真进士科，让女真人有机会通过科举而做大官，由此难免招来反对的声音。据《金史·兵志》所载，明昌年间的金章宗“欲国人兼知文武”，因而令猛安、谋克参加进士考试，“以定其科甲高下”。这个有违传统的政策遭到老臣徒单克宁的异议，理由是在“承平日久”的情况下，如今猛安、谋克的“材武已不及前辈”，“万一有警，使谁御之？习辞艺，忘

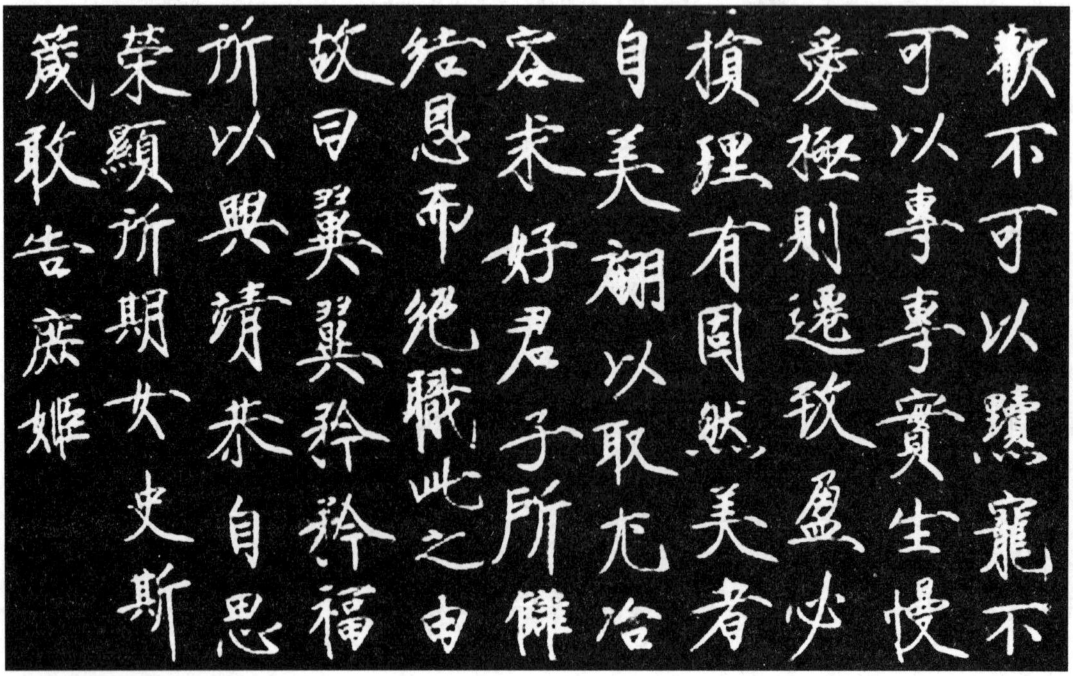

金章宗书写的《女史箴》。

武备，于国弗便”。章宗虽然表面上承认此话没错，可没有采纳。尽管女真人在参加科举时要加试弓箭，以示不忘骑射之本。然而时人仍然认为此举会致使猛安、谋克部崇文风气的盛行，并产生弃武习文的负面作用。即使存在种种的不如意之处，但猛安、谋克参加进士考试的政策没有废止。据此可知，一些金国统治者虽然煞费苦心地避免汉化，可是由于有逆历史潮流，最终难免事与愿违。

虽然金国仍旧维持对猛安、谋克部的严格耕作规定，不忘勉励其从事农耕，以避免贫困，但长年累月地务农必然导致人们更加漠视传统的渔猎习惯。朝廷出于居安思危的考虑，不得不刻意提倡女真人打猎的习俗，比如金章宗曾经下令“冬月率所属户畋猎二次，每出不得过十日”，以此达到训练的目的，然而事后证明效果有限。

金章宗与他的前任一样，想方设法地防止猛安、谋克部战斗力的逐渐衰落，他软硬兼施，一方面通过括田等方式满足女真将士提高生活水准的欲望，另一方面则注意整肃军纪，规定犯“军前怠慢”以及“斗殴杀人”等罪行时可以罢免猛安、谋克的世袭。还设立按察司（由提刑司演变而来）这个新的地方监察机构，对猛安、谋克部进行约束，督促其“农隙讲武”以及“令本土纯愿风俗不致改易”。让猛安、谋克在隶属总管府节度使等军政机构的同时，又接受按察司的管辖，在这种双重领导之下，期待能尽量减少部队内部作奸犯科的现象。他在病逝前的半年，抓紧时间主持更定了“承袭程试格”，让带有贵族性质的猛安、谋克变得更像国家官吏，从而加强了对世袭特权的控制。

不过，统治者们千方百计作出的努力始终未能重振女真族的雄风。就以重新拘括民间私田分配给女真人的政策为例，事后证明这种做法未能大幅度提高女真人的战斗力，反而带来了“兵日益骄，民日益困”的反效果。看来诸多历史遗留的问题已经积重难返，而此时猛安、谋克部赖以安身立命的环境与开国时期已有天壤之别，军中为将为帅者很多来自世家大族的纨绔子弟，这些骄生惯养的家伙普遍受到侈靡风俗的影响，缺乏质朴刚健的骁勇气质，无论用哪种办法都难以使之脱胎换骨，到了蒙古军大举南下之际，他们在战场上的表现与开国的先辈判若天渊。《金史·耿端义传》记下这些人懦弱无能的一个生动例子，在1214年（南宋嘉定七年，金贞祐二年）中都被围期间，“将帅皆不肯战”。朝臣耿端义为此上奏道：“士卒纵不可使，城中军官自都统至谋克不啻万余，遣此辈一出，或可以得志。”然而，这些猛安、谋克大多成了消耗钱粮的酒囊饭袋，朝廷哪敢采纳耿端义的建议，只好屈辱地与蒙古人议和。

总之，猛安、谋克部所组成的嫡系部队已经今非昔比，金国在作战时不得不经常依靠由契丹等异族组成的乣军，但也难力挽狂澜。遭到沉重打击的女真统治者虽然在蒙古人撤走后基本恢复了塞内的失地，重新在大部分州县派官镇守，可是其政权的巩固程度已经一落千丈，值得注意的是，一批乘乱崛起的豪强地主武装得以染指地方事务，从而隐约形成割据之势。

金宣宗为了抚慰人心，命令仆散安贞等为诸路宣抚使，“安集遗黎”，并宣布“大赦国内”，然而无济于事。黄河以北（黄河在1194年改道，由淮入海，因而当时的黄河以北包括山东地区）的华北平原屡遭铁蹄蹂躏，在元气大伤的情况下不但不能提供足够的人力物力在长城沿线重修一些毁于战火的边防营垒，就算是保住居庸关等关内的重要据点，也显得心有余而力不足。《建炎以来朝野杂记》称蒙古人在撤离途中大肆破坏，把掳获的数十万“山东、两河少壮男女”皆“杀之”，又让金国的形势雪上加霜。

据《大金国志》等史籍的记载，就连京城也因被围困期间“乏粮”，以致“白金三斤不能易米三斗”，军民饿死十分之四五，一度形同鬼域。在这种情况下，参知政事耿端义、翰林直学士赵秉文等官员认定摆脱困境的办法是尽快迁都。元帅左都监完颜弼更加具体指出了迁都汴京（汴京在金贞元年间更号为南京，但时人仍习惯称为汴京）的好处，即“阻长淮，拒大河，扼潼关以自固”，意思是朝廷南迁后，南面可以凭着长江、淮河为藩篱，北面倚靠黄河组成防线，而西面扼守潼关这个要冲之地，再加上东面濒临大海，从周围的战略地理环境来看，远胜于困守中都这个朝不虑夕的地方。

但也有不同意见。左丞相徒单镒就反对轻举妄动，认为“銮辂一动（指皇帝撤离中都）”，会带来“北路（泛指河北、山东、河东等地）皆不守”的恶果。他分析道：如今已讲和，因而“聚兵积粟，固守京师”，方为上策。如果确实守不住中都，那么就撤往辽东这个“根本之地”，在保住祖先始兴之处的同时又整军备武，犹有东山再起的希望。而长白山山脉与东海等天险可在一定程度上减少后顾之忧，由此拥有“依山负海”的地形，是与对手展开持久战的有利条件之一。由于这样做可能会被迫弃中原，故只能不得已而为之。在此基础上，他强烈反对南迁，因为这样做虽然表面上可以得到江淮、黄河、潼关这些天堑以及要冲的屏蔽，但实际上面临“四面受兵”的处境，蒙古既在西、北方向虎视眈眈，而南宋又可在东、南伺机而动，搞不好在战略上有“四面楚歌”之虞。

据《金史·完颜讹可传》所载，还有朝臣建议迁往河中（今山西运城蒲州镇，此地扼守蒲津渡口，控制山西与关中之间的重要通道，历来为兵家必争之地）：理由是“河中背负关陕五路”，“南阻大河（黄河）”，前面又有绛阳、平阳、太原三大镇，位置易守难攻。如果把“三镇郡县之民”皆武装起来，聚之于山寨，敌人来到则昼夜不停地予以骚扰，再屯重兵于中条山作为战略上的预备队，坚守阵地的把握就更大了！此外，朝廷还应组建行台（指尚书省在外设置的临时性政务机构）为河中右翼，在战略上遥相呼应。经过上述措施，“行在（指皇帝巡行所到之处）”可确保无忧。

这个建议同样惹来了一些非议，因为河中位置偏僻，既“又无宫室”供皇帝居住，而城建规模又“不及汴梁（指汴京）”，完全不像首都的样子，对于贪图安逸的统治阶层而言，并非理想的安身之处。

经过一番纷纷攘攘的大讨论，金宣宗最终支持迁都，而起了决定性作用的是右丞相仆散端，他于1214年（南宋嘉定七年，金贞祐二年）五月判汴京留守之后，与河南统军使长寿、按察转运使王质等河南主要官僚联名向朝廷提议南迁，经过三次上奏，促使金宣宗拿定了南迁汴京的主意。

不过，朝中仍旧充满了反对的声音。史载“百官士庶皆言其不可，太学生赵昉等四百人上书极论利害”，可金宣宗置若罔闻，顶住朝野的压力颁下了迁都的诏书。

临行之前，宣宗命令曾经和蒙古人和谈的完颜福兴为右丞相兼都元帅，并授予定国公，以辅助皇太子完颜守忠留守中都。此外，奉命留下来的尚书左丞抹捻尽忠也获得左副元帅之职。

南迁的大队人马终于在五月间冒雨出发。行至涿州，随驾的契丹军滞后。到达良乡时，金宣宗对契丹军的异动有所怀疑，为了以防万一，欲夺回原先配发给这支队伍的铠甲以及马匹等装备，结果激化了军内的矛盾，引起了兵变，主帅素温在混乱中死亡。树起叛帜的契丹军共推斫答比涉儿、札剌儿为帅，向中都方向撤返。丞相完颜福兴闻变，调遣部分中都留守部队前往卢沟桥进行阻击，沿着河畔打了一仗。作战中，契丹统帅斫答比涉儿派出裨将塔塔儿以千余骑兵绕开卢沟桥而秘密渡河，攻击了守桥部队的侧后，从而取得胜利，缴获大批铠甲、兵仗等器械，还掳得不少近郊牧马，因而声势渐振。

史籍还有一种说法，即是金宣宗南迁前吩咐抹捻尽忠要“善抚乣军”，因为当时的乣军里面含有大量的契丹人，为防反叛，故不得不在非常时期刻意加以怀柔。可惜抹捻尽忠没有体察宣宗的用意，竟像平时一样执行军纪，杀数名乣军，间接促成了兵变。

迫近中都的契丹军虽然告捷，驱逐了附近地区的一些地方官吏，然而难以进入防备甚严的城池，只得从长计议，一方面令人联系转战辽东的耶律留哥，另一方面准备投降成吉思汗。

成吉思汗正避暑于鱼儿泺（今内蒙古达赉诺尔），闻变后怒道：金主“既和而又迁都”，是存在疑心，“而特以和议款我耳”。他一方面令阿喇浅为使者前往金国诘问，另一方面决定重新开始对金战争，派出三模合、石抹明安诸将与斫答所部的契丹军一起，欲直捣中都。

前一年的战事中，南下的蒙古大军就是取得居庸关后才得以兵临中都城下，金国君臣已对此洞若观火。早在南迁之前，监察御史李英已经上书朝中重臣术虎高琪，非常形象地把居庸关称为京城“北门”，将之比喻为陕西门户函谷关以及四川门户剑门关等历史上赫赫有名的雄关要塞，言下之意是要想保住中都，非固守此地不可。可是自从蒙古军撤回塞外后，重新进驻居庸关的只是一些地方土著纠集的武装人员，为此，他力促朝廷派遣得力官员前往节制。又建议从宣德、德兴等处征调民夫协守关隘。这番言论得到了术虎高琪的认可，京城西北方向的外围防御状况有所改观。

当战争重新开始时，南下的蒙古军队在三模合、石抹明安等人的统率下，出乎意料之外地没有经山西大同盆地而杀向居庸关，而是沿燕山山脉而进，于六月间直闯中都东北方向的古北口，经这个交通孔道如猛虎下山般闯入了塞内。

由于屡受重创的金军已经缺乏足够的兵力，只可以屯师于几个主要据点，故不可能面面俱到，而防线很容易会被对手以避实击虚的战法所打穿。蒙古军队一气呵成地连下景、蓟、檀、顺诸州，诸将企图屠城以立威，石抹明安对此加以反对，认为此辈虽然死有余辜，但若留其一条生路，则可让未归附者皆“闻风而自至”，尽力制止滥杀无辜的行为。

中都即将又一次面临兵燹之灾，留守城内的皇太子已于七月间撤走，起因是河北西路兵马都总管完颜弼在南迁途中向驻跸真定的金宣宗建言，认为中都已是危机四伏，“军少则难守，军多则难养”，没有万无一失的把握，为了安全起见，应该把留守的皇太子召回。这个意见被宣宗所采纳。此后，中都的最高指挥者便名符其实地由完颜福兴出任。

皇太子完颜守忠幸而走得早，再迟就难以脱身。与中都近在咫尺的通州于次年正月失守，金右副元帅蒲察七斤未经大战即率部众投降，让蒙古军得以顺利布置围城事宜。

中都告急的消息传来。金宣宗不敢怠慢，马上于1215年（南宋嘉定八年，贞祐三年）二月着手派兵前往，意图解围。元帅左监军永锡奉命抽调中山、真定等处军队，而元帅左都监乌古论庆寿率领大名驻军一万八千、西南路步骑一万一千以及河北兵一万亦紧急出动。升为御史中丞的李英负责运粮。参知政事、大名行省孛术鲁德裕随后继进。各路金军纷纷集结起来，援救中都。

在中都主持大局的完颜福兴犹存一线希望，上奏金宣宗，声称自从蒲察七斤投降后，城中许多人已无固守之志，在这种情况下，“臣虽以死守之，岂能持久”。然而“一失中都，辽东、河朔皆非我有”，故不得不死守到底。如今各路救兵“倍道来援”，增加了守城的信心。金宣宗回复的诏书写道：“中都重地，庙社在焉，朕岂一日忘也”，并表明已督促“诸路兵与粮俱往”，以拯救危局。同时诏告“中都官吏军民”，尽量让更多人得知援军即将抵达的消息，期望能稳定人心。

左副元帅抹捻尽忠久处军旅，熟悉兵事，过去守御西京有功，并射伤过成吉思汗，这次便肩负上了更大的责任，被胸怀大局的完颜福兴赋予指挥之权。福兴放权之后，仅“总持大纲”而已，期望军内诸将彼此精诚合作，保全危城。

永锡、庆寿等人所率的援军很快来到霸州以北。李英在河间清、沧等地招揽义军，自清州督粮北上，到达大名又招兵数万，赶来与永锡、庆寿等人会合，已对包围中都的蒙古军队侧后方构成威胁。

蒙军统帅部调整布置，派出右副元帅神撒以四百骑南下迎战，石抹明安率五百骑紧跟在后策应，这股数量处于劣势的人马终于与金国援军相遇于霸州以北的永清。战斗将要开始时，蒙古士卒佯败，引诱对方进行追击，再突然杀个回马枪，一举夺取胜利，当场打死李英，并缴获其所佩虎符。金军战死以及溺水身亡者甚众，丢失了千余粮车。随即失守的永清惨被屠城。

不久，又有金国援军赶到。金将完颜合住、监军阿兴松哥率领一万二千步兵与五百辆粮车向中都方向而进。石抹明安带着三千蒙古骑兵前往拦截，再度于涿州宣封寨得胜，尽得金军辎重，并俘获松哥，唯有合住逃遁而去。

在这些战事中，金军表面上兵力占优，可是以临时拼凑的乌合之众居多，素无纪律，战斗力不强，再加上缺乏有力的统率机构以及诸将指挥无方，无不一一受挫。金臣侯挚为此指出：军中作战部队与运粮的民夫本来各有自己的职责，不可以混杂在一起前进，而行元帅府却经常命令这些人参差不齐地进军，每当遇到敌人，部队中的士卒尚未迎战而民夫已经逃遁，以致行伍散乱，成为失败的重要原因。此外，《金史·承晖传》指出“居中用事”的术虎高琪对完颜福兴猜忌不已，诸多掣肘。前线将领皆互相观望，临阵时踟蹰不前。一些人亦举措失当，例如李英竟在战前酗酒，结果碰上蒙古军便一败涂地。庆寿、永锡等人得知后，皆不敢再战，纷纷溃归。

南迁的金国小朝廷虽然继续摆出救援的姿态，以刑部侍郎阿典宋阿为左监军，“行元帅府于清州”，同知真定府事女奚烈胡论出为右都监，“行元帅府于保州”，“户部侍郎侯挚行尚书六部，往来应给”，然而，由于内部不和，“终无一兵至中都”。声势颇壮的救援行动最后虎头蛇尾地结束了。

中都仍然被围得水泄不通。与此同时，跟随石抹明安一起投降的张荣已被成吉思汗授予怀远大将军、元帅左都监，奉旨率部分人马前往山东，经略东平、益都诸郡，于四月间攻下曹州（今山东菏泽），以牵制金军，掩护主力攻打中都。

经过紧锣密鼓的进攻，蒙古军队在四月间拿下了中都之外的万宁宫，并连克富昌、丰宜二关，接着又拿下固安县以及清（今河北青县）、顺（今北京顺义县）二州等处，使包围圈进一步严密起来，彻底切断了城内外的联系。

《史集》记载，由于金国援军运送的“粮与饲料没有运到中都城”，使得当地居民因为“饥饿过度而吃人肉或死掉”。

不但城里缺粮，城外也同样缺粮。曾经出使蒙古的意大利人迦儿宾在多年以后撰写《蒙古人的历史》时追述了这场战事，记述道：围城很久的蒙古军队逐渐断绝了口粮，“这时他们什么东西也吃不上了，成吉思汗便下令从十个人中间抽出一人让大家分食”。

然而，残酷的战争仍然还在持续着，“城里的居民用炮和箭勇敢地进行抵抗，石头没有了时，就用银子，主要是银汁（指熔化过的银）代替石头抛下来，因为这个城市财宝很多”。除了《蒙古人的历史》记载守军使用贵重金属作为武器之外，《纳昔儿史话》亦有类似的描述，“在战事当中，那座城市所有的石头都被守城者用来放置在投石机中，射向进攻者。当石头砖块等东西告罄之后，任何铁、黄铜、铅、青铜、锡、白镴质的东西都被用于抛石机。这之后，他们用金锭、银锭代替石头进行抛射。可靠的人曾这样述说：成吉思汗这时候下了一道命令，“蒙古军队中任何人都不能留意那些金银，也不能把任何金银从它们可能掉落的地方拿走”。

这座围攻很久的城池还是没有拿下来，蒙古人转而用计智取，“便在地下挖一大坑直通城中央，然后突然地挖开地面，突如其来地冲了进来，在城中央与城里居民进行厮杀”。而城外人继续攻城，终于攻破了城门，一拥而入。

经过十一个月的围困，城

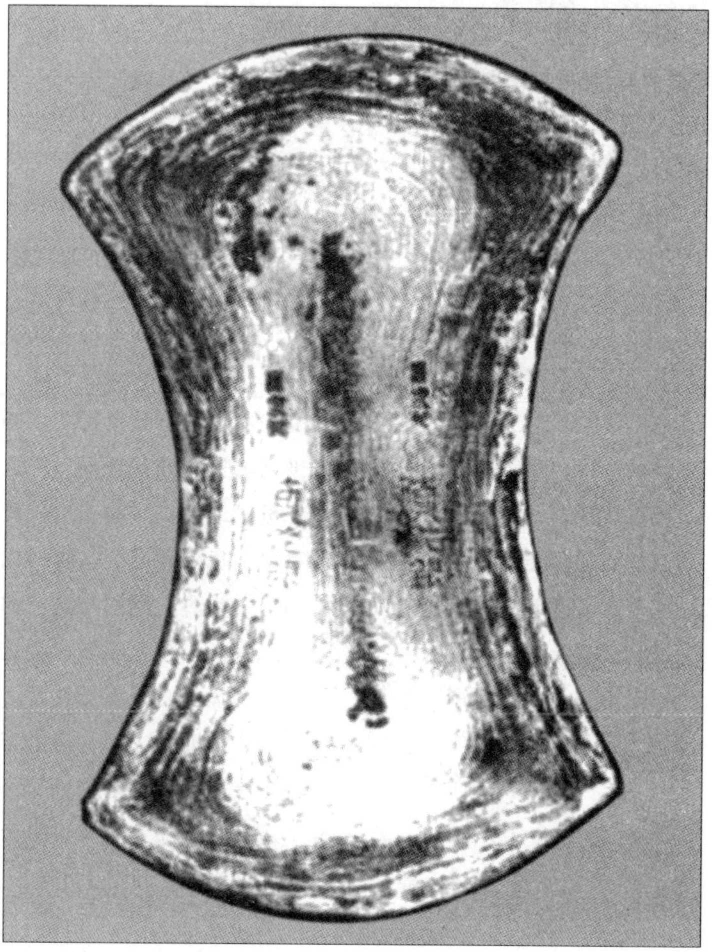

出土的金代银锭。

金中都城墙遗址（今北京广安门外）。

市眼看就快全部落入敌人的掌控之中了。完颜福兴与抹捻尽忠于1215年（宋嘉定八年，金贞祐三年）五月二日在尚书省作最后一次会晤，福兴提出要与社稷共存亡，可是尽忠早已和出任元帅府经历官的完颜师姑秘密商量准备弃城南奔，因而难以和福兴一起殉国。

无可奈何的完颜福兴返回府第之后，把抹捻尽忠的心腹完颜师姑召来，得知这些人打算在当天晚上逃跑，不禁大声呵斥，一怒之下让部属处死了完颜师姑，然后服药自尽，被家人匆匆忙忙地埋葬在庭院里。

与此同时，金宣宗留在中都的妃嫔打听到抹捻尽忠即将突围的消息，皆收拾行装，齐齐来到通玄门准备随行。抹捻尽忠敷衍地说："我先出外观形察势，负责开路"，哄得妃嫔们信以为真，然后与自己的爱妾以及亲信抢先出城，头也不回地一溜烟跑得无影无踪。他行至中山时，才对身边的亲信说了老实话：假若与诸妃一起突围，无形中会增加许多负担，我辈岂能顺利到达此地！

留下来的妃嫔们在城陷后肯定不会有好的结果。《纳昔儿史话》记载花剌子模派驻蒙古的使者后来访问中都，来到城市大门的时候，"在城防棱堡（泛指突出城池的瓮城等建筑物）下面一个地方发现了集中在一起的数量庞大的人骨。经过询问，人们回答说，"在城市被攻占那天，六万青年女子，尚未出嫁的女孩为了不落入蒙古军队之手，从要塞城堡上跳下自杀。所有这些都是她们的骨头"。由此可知中都女性对入侵者的恐惧，许多人为此宁愿选择自尽，或许书中的死亡数据有所夸大，但不排除死者当中包括一些皇室妃嫔在内。

《建元以来朝野杂记》称蒙古军队主帅三模合入城后的所居之处"用金饰龙床、足踏金杌子，奢僭如此，而征督不已，燕人患之"。

由于"燕京宫室雄伟，为古今之冠"，入京的蒙古军人看见，一度"惊畏不敢仰视"。可是没过多久，抄掠的风气开始盛行，不少建筑被乱兵焚毁，火焰竟然达到"月余不息"的地步。一些蒙古人可能不懂得怎样使用掳掠而来的财物，竟然"以银为马槽，金为酒甕"，其中一些由贵金属打造的器具重至数千两，却如此滥用，可谓暴殄珍物。

《史集》同样记载城中

蒙古军队。

的金银财宝被“洗劫一空”，后来，成吉思汗派大臣忽都忽前去清点中都帑藏，亦如愿以偿地收获了大量掠夺的珍稀宝物，更加财大气粗起来。

毋庸讳言，一些蒙古将领的所作所为饱受非议，然而，另一些归附的降将也许是为了避免受到新主子的猜疑，不得不洁身自好。《元史·石抹明安传》表彰了为攻城立下汗马功劳的石抹明安，称中都城中的“官属父老缁素，开门请降”之际，他宽宏大度地说：负隅顽抗到底并非是你们的罪过，乃“守者之责”。打消这些人的疑虑，并赈之以粟。以致归附之众皆感到欢悦不已。据说，石抹明安入城后得到的“金府库珠玉锦绮”，悉数上交，“未尝以纤毫为己有”，体现出罕见的品质。

另一位降将王檝也认为应该“以仁义取天下，不可失信于民”，向蒙古人提出“禁虏掠，以慰民望”的建议，为了解决城中饥荒而导致“人相食”的问题，他准许军队入城转卖部分口粮，故“士得金帛，而民获粒食”，皆大欢喜。王檝又发现“田野久荒”，经受战火摧残的百姓无牛耕种，遂及时向上级提议派官员到卢沟桥的军营中劝说蒙古军人交出部分掳获的耕牛，以“十取其一”的方式取回了数千头，分给附近县城的民众，为恢复当地的生产起了一定的积极作用。

中都易手之后，保定、新城、信安、文安以及雄、霸、清、沧诸城皆望风而附。不久，河间、清、沧等处复叛，成吉思汗命驸马孛秃从辖下的蒙古军、乣军以及汉军之中分出三千人交给王檝指挥，前往平叛。王檝不负所托，迅速收复河间，俘得“军民万口”。孛秃欲尽诛降人，王檝反对滥杀，并用蒙古人容易理解的方法解释道：羊群是由牧羊人驱使的，只需“歼其渠魁”就可以了，协从者可全部释放。他还立下文书保证河间降众不复

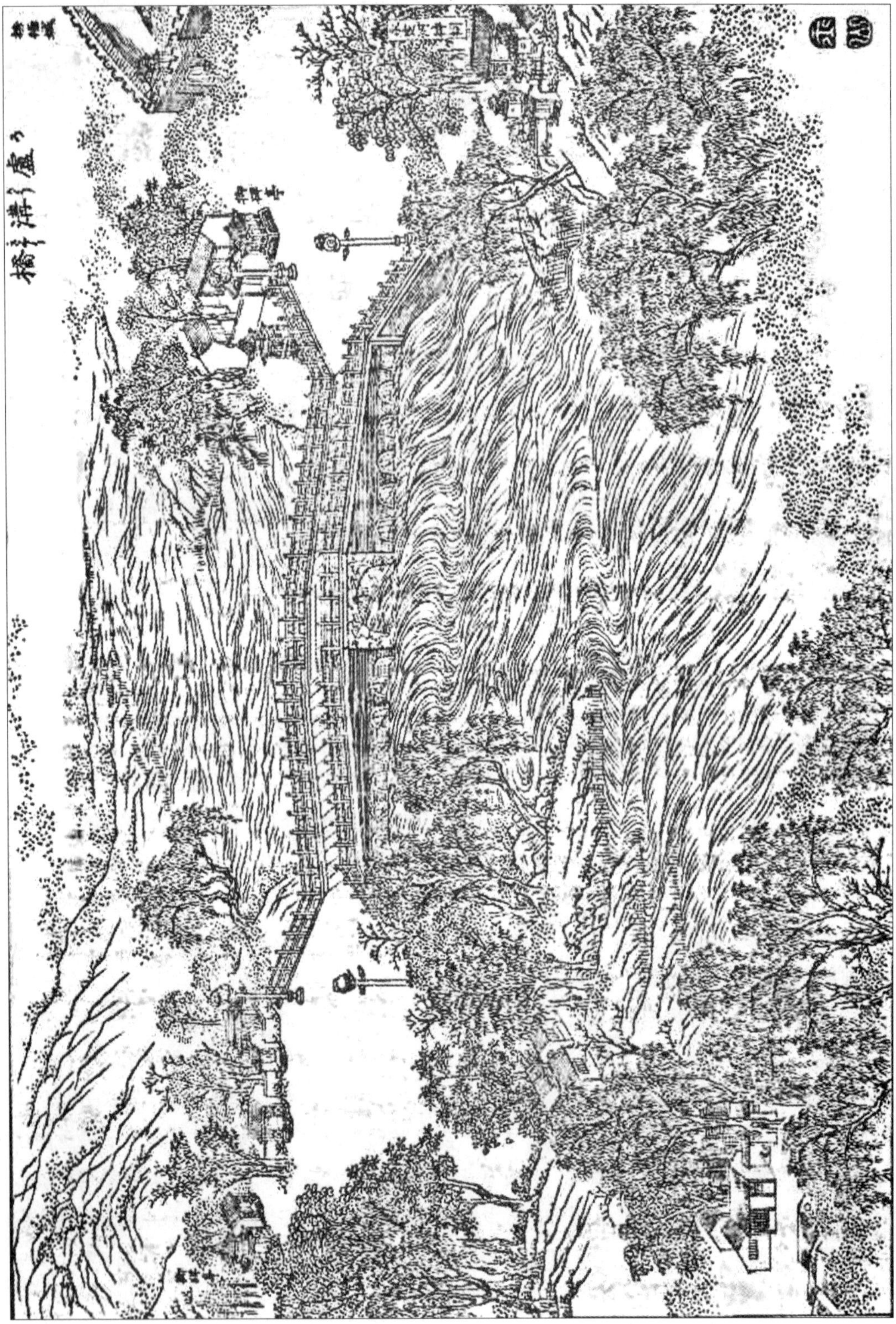

始建于金代的卢沟桥。

反，让这些人得以活命。

虽然，一些有远见的人士尽量制止军中的杀戮行为，可是饱受战火摧残的京畿地区还是呈现出一幅人间地狱的骇人情景。花剌子模派驻蒙古使团除了在中都城脚下看见堆积着大量死者的遗骸之外，还在前往中都的途中目睹过类似的景象，《纳昔儿史话》记载这些人的所见所闻：“当我们来到桃花石（指华北地区）的疆域之内、接近阿勒坛汗政府（指金国皇帝曾经住过的中都）的所在地，从相当远的距离之外，就在视野中出现了一座高高的白色高地”，因为使团人员和这个高地之间相距甚远，“有二到三程甚至更远的距离”，故猜测那里可能存在着一座雪山，并为此询问向导和当地人，想不到他们的回答是：“它全是被杀者的骨骼。”使团人员“又向前走了一程，土地由于人的脂肪而变成油乎乎的，颜色发暗”，在这样的道路上走了另外三程之后，方得以重新踏上干燥的土地。“由于来自土地的侵染，使团的一些成员生病，有人病死”，只有幸运者才到达了劫后残存的中都。

死者的骨骼被人为地堆积在一起示众，称为“京观”。这种胜利者炫耀武力的行为，在古代历史中并不罕见（例如《元史》记载成吉思汗统一蒙古期间曾经在忽兰盏侧山大败乃蛮部，“尽杀其诸将族众，积尸以为京观”），反映了战争极为残酷的一面。

蒙古占领中都，意味着金国在华北地区的统治已逞土崩瓦解之势，这一切好像左丞相徒单镒当初所挑明的那样：“銮辂一动”，会带来“北路皆不守”的恶果。然而，《金史》记载金宣宗却把中都失守的责任推给他人，尝言：“坏天下者，高琪、象多（抹捻尽忠的别名）也”，并终身以为恨事。起因是与乣军之叛有关，术虎高琪在蒙古人侵之初曾经以泰山刺史的身份率三千乣军屯驻于中都的通玄门，其后又转驻居庸关一带的镇州等处，对这支部队比较倚重，当宣宗离开中都南下时曾想把乣军安置于平州，想不到遭受术虎高琪的反对，不得不与之一同南迁，谁知乣军之中那些不愿南下的契丹人借机发难，由此导致内乱。此外，金宣宗离京之前又告诫留守的抹捻尽忠要“厚抚此军”，谁知抹捻尽忠阳奉阴违，借故诛杀乣军数人，亦间接成了兵变的导火线之一。而中都失守，无疑与乣军的叛乱有重大关系，这些人熟悉内情，引导蒙古进攻，常常可起到事半功倍的作用。

随着金国小朝廷的南迁与中都的失守，华北很多地区原先的社会秩序已经荡然无存，百姓对女真统治者的压迫与盘剥早已愤愤不平，各种怨恨情绪竟如火山般爆发出来，在动乱中制造了一幕幕触目惊心的惨剧。

惨剧的根源离不开长期积累的民族矛盾，这类矛盾很多是金国统治者推行的政策所造成。《廿二史札记》对此有一个简明扼要的叙述，大致是：金国在种人（主要指移居华北的女真人）当中设立猛安、谋克这些军政合一的组织，使之散处中原。而金世宗在位时担虑种人扰民，便尽量让各地猛安、谋克所辖之人聚集于一起居住，如果种人的土地与民间百姓的土地犬牙相交，则互换位置，最大限度地使彼此之间“各有界址”，用意深远。其后，蒙古逐渐兴起，女真军队则出现了由盛转衰的迹象。到了金章宗在位的承安年间，金国统治者为了重振士气而用各种借口掠夺民田重新分配给种人，带来了“兵日益骄，民日益困”的反效果。等到金宣宗在贞祐年间南渡，黄河以北许多地方的统治随之崩溃，遍地都是盗贼，过去恃势夺田的许多人如今因失去国家的庇护而成为弱势群体，竟被邻近的地方土著视为“血仇骨怨”，往往在“一顾盼”的短暂时间里，便“皆死于锋镝之下，虽赤子亦不免”。详情可见时人元好问所作的《平章政事寿国张文贞公神道碑》。另外，《临淄县令完颜公神道碑》也对此有所记载：贞祐二年，中原地区发生战乱，各地盗贼纷纷涌现，互相呼应，众至数十万，攻下了不少城市，官军不能制止事态的发展。盗贼们犹记昔日的括田之恨，对得益的种人睚眦而视，动了杀机。不管种人是聚集于营垒里面，还是散居以及寄寓于别人家中，无不逐一遭到攻击。盗贼们“寻踪捕影，不遗余力”，只二三日时间，便把种人“屠戮净尽，无复噍类”，甚至连死人也不放过，还出现了不少“发掘坟墓，荡弃骸骨”的极端例子。

由此可知，种人与平民杂处时“倚势虐平民”，后来，平民则“报怨杀种人”，真是冤冤相报何时了。为此，《廿二史札记》的作者赵翼总结道“可见种人之安插于河北郡县者，尽歼于贞祐时”。必须指出的是，不是所有生活于河北郡县地区的种人都在混乱中死于非命，他们当中许多人迁移到了黄河以南。因为金宣宗南渡后，或许是基于对同族的恻隐之心，从1215年（宋嘉定八年，金贞祐三年）五月起酝酿着把河北的猛安、谋克户向南徙往未被战火吞噬之地，并在同年七月实行。就这样，中都失守后不久，河北的猛安、谋克户已有百万余人（包括军人和家属）仓惶迁到了河南，从而得以苟全性命，也算是不幸中的大幸。《金史·兵志》称：“宣宗南迁，纠军溃去，兵势益弱”，无可奈何之下“遂尽拥猛安户之老稚渡河”，并“侨置诸总管府”对流亡者进行管理，非常形象地说出了这个小朝廷风雨飘摇的状态。

四　烽火燃辽

三模合、石抹明安等人围攻中都前后，成吉思汗也对其他地方的敌人采取军事行动。速不台所率的军队会合在西边巡哨的脱忽察儿辖下三千骑兵，深入垂河（今楚河）一带，搜捕蔑儿乞惕部的残余势力。而哲别讨伐篡夺西辽政权的乃蛮残余势力，追至葱岭以南地区，俘杀其首领屈出律。朵儿伯带领人马讨伐秃马惕部。术赤挥师攻击降而复叛的乞儿乞思诸部，先后转战亦马儿河（今鹗毕河）、谦河（今叶尼塞河）等处。

其中，与中原战况最为密切的是辽西、辽东局势，就在三模合、石抹明安等人奉命围攻中都的四个月后，鼎鼎有名的木华黎亦出师平辽。

木华黎出自札剌儿氏，史载其不但“沉毅多智略”，而且“猿臂善射”，能挽二石强弓，可说是文武双全，并与博尔术、博尔忽、赤老温一起号称“四杰”，俱是成吉思汗的心腹大将，历来以忠勇著称。《元史》记录了一个典型的例子，那是成吉思汗还在为统一蒙古而四处奔波时，某一日带着三十余骑行于溪谷之间，由于地势不利，遂不无忧虑地环顾左右，说道：“如果碰上敌寇，应当怎么办？”木华黎马上声称愿意以身躯捍卫其主。其后，果然有一股敌人从树林中突然冲出，射来雨点般的箭。反应敏捷的木华黎毫不畏惧地上前引弓与之对射，一下子便取得三发三中的战果，显示了出类拔萃的“骑射”本领，成功地起到了威慑敌人的作用，接着从容保护成吉思汗脱离险境。顺便提一下，木华黎的父亲孔温窟哇为了君主也同样不惜献出性命，有一次与乃蛮部作战时，成吉思汗的坐骑不幸倒毙，孔温窟哇立即献上自己所乘之马，再奋不顾身地阻击追兵，以掩护成吉思汗离开，直至战死为止。真是“虎父无犬子”，木华黎与其父一样具备忠诚的品质，而拥有这样杰出的部属使得成吉思汗在内外战争中如虎添翼。

话又说回来，如今成吉思汗重用木华黎，放手地让其独当一面，除了彼此之间存在很深的历史渊源之外，还因为木华黎在对金战争中一直有非凡的表现，比如在具有转折意义的野狐岭大战中，他身先士卒，“策马横戈，大呼陷阵”，为克敌制胜立下汗马功劳。而夺取京畿门户居庸关一役中，他也出了很大的力气，并连克涿州、益都、霸州诸城，招降史天倪、萧勃迭等人，这些出色的表现在军中有目共睹，这次被委以重任也是众望所归。

蒙古军队可谓上下齐心，斗志昂扬。相反，金国却师老兵疲，其中，驻辽部队由于饱受契丹叛军的困扰，士气极为低落。自从耶律留哥于1213年（南宋嘉定六年，金贞祐元年）以广宁为都，建立了一个国号为“辽”的割据政权后，金国统治者对此如芒刺背，屡次出兵镇压。元帅右监军兼咸平兵马都总管完颜承裕在1213年（南宋嘉定六年，金贞祐元年）的大举平叛却以失败告终。

金国岂肯善罢干休，而大批将领麇集于前线跃跃欲试，其中，完颜铁哥为东北路招讨使兼德昌军（设于长春，即今农安以北）节度使，纥石烈桓端为宣差副提控兼以同知婆速路（今辽宁省丹东以北、通化以南一带）兵马都总管的身份代行总管府之事。最值得注意的是，蒲鲜万奴奉金宣宗之命为咸平招讨使，与兼职咸平兵马都总管完颜承裕并肩作战。

蒲鲜万奴是军中一员久经沙场的女真将领，他早在1206年（南宋开禧二年，金泰和六年）就参加过讨伐南宋的战事，以右翼副都统的身份跟从都统完颜赛不大败宋将皇甫斌于溱水，并率兵截断真阳路，参与了向陈泽方向的追击行动，取得了斩首二万的战果，又俘获过千的战马以及其他牲畜，表现比较突出。就像许多在伐宋之战中立功的金将一样，他在蒙古南侵时也未能置身事外，与对手激战连场。其中最值得一提的是发生于1211年（南宋嘉定四年，金大安三年）的野狐岭大决战，当时他出任监军之职，与招讨使九斤以及主将完颜承裕一起抗击成吉思汗，结果败得很难看，让“女真满万不可敌”的神话彻底粉碎，金国国势亦随之一落千丈。然而，许多败军之将没有受到朝廷的严惩，而蒲鲜万奴与完颜承裕先后又接受新的命令，赶赴咸平镇压耶律留哥。当时，蒲鲜万奴出任的招讨使与完颜承裕出任的元帅右监军兵马都总管均为正三品，级别相当，或许是为了分清主次，朝廷不久重新对人事进行安排，设立了军事级别更高的辽东宣抚使一职，以便于节制招讨使以及隶属于元帅府的地方统兵将领。辽东宣抚使最初由完颜承裕出任，但承裕稍后又被调离岗位，改任临海军节度使，而宣抚使一职由蒲鲜万奴接任。此后，万奴便成为烜赫一时的军政人物。一蹶不振的完颜承裕最终病死于贞祐年间，而万奴仍旧在前线继续苦斗，并于1214年（南宋嘉定七年，金贞祐二年）再次进剿契丹军，所部号称“四十余万”。不料这支匆忙拼凑的部队败得更惨，在归仁县（今辽宁昌图西北）以北细河一带被对方打得大败，连咸平路也丢失了，有幸保全性命的残兵败将不得不灰溜溜地撤往东京。

金国的军事惨败让政坛进一步动荡不安，越来越多的文臣武将离心离德，安东（今辽宁丹东）同知阿怜在蒲鲜万奴作战失利后害怕受到波及，遣使求附于耶律留哥。控制了辽东州郡大部分地方的耶律留哥乘势定都于咸平，号称“中京”。在此期间，又击退金将移剌都所部的十万兵，政权益加巩固。由于契丹军早已归附蒙古，故当木华黎杀来时，双方无疑在战略上具有互相配合的性质，这样有助于颠覆金国在辽东的统治。

关于木华黎所部的出击方向，不少人提出建议。其中史天倪的意见比较中肯，他认

辽墓壁画中的契丹人物。

为金国采取“弃幽燕，迁都于汴”的战略实属“失策”。而“辽水东西诸郡”乃“金之腹心”。如果夺取大宁(即大定府，北京路的府署所在地)就可以起到“挖其喉襟”的作用，“金虽有辽阳（东京路的府署所在地），终不能保”。也就是说，只要取得北京路（今内蒙古宁城县大名城），会进一步动摇金国在辽东的统治根基。木华黎觉得这番话很有道理。

辽人石抹也先亦曾经就战略问题进行倡言，特别强调东京(今辽宁辽阳)在战略上的重要意义，形容此处乃“金开基之地”,只要“荡其根本”,中原可传檄而定。成吉思汗闻之喜悦,令其跟从木华黎出征。

对金国行政机构有所了解的人都知道著名的“一都五京”之制。一都是指中都。五京分别是上京会宁府、东京辽阳府、北京大定府、西京大同府与南京（即汴京）开封府，它们都是地方上的政治、经济中心。在中都、西京已经易手的情况下，蒙古军队如果进一步占据东京辽阳府与北京大定府，不但可以从战略上把整个辽东、辽西地区拦腰截为两半，而且让南迁的金国小朝廷更加孤立无援，是结束金国统治而必不可少的一着。

随后的事态发展表明史天倪、石抹也先等人的意见基本受到采纳，北京路、东京相继成为蒙古的重点攻击目标。木华黎指挥的军事行动开始于1214年（南宋嘉定七年，金贞祐二年）十月，他带领吾也而、史天倪、史天祥、石抹也先、移剌捏儿等将踏上征程，向着仍未被契丹人染指的北京路疾进，并以破竹之势抵达高州（今内蒙古赤峰东北）等处，守将卢琮、金朴来降。

金军在山雨欲来风满楼之际不但未能团结起来一致对外，而且内部斗争更加激烈起来。北京宣抚使奥屯襄恰巧在此前后与辽东宣抚使蒲鲜万奴发生矛盾。

事情的起因是蒲鲜万奴在1214年（南宋嘉定七年，金贞祐二年）进剿惨败之后，迁怒于东北路招讨使兼德昌军节度使完颜铁哥，因为万奴早前曾经以调整前线兵力布置为名，欲从铁哥的部属中抽走二千骑兵与三千秦州军，意图把这些士卒连同所在户口一起，统统徙往咸平，以增强当地兵力。不料铁哥拒绝接受让自己实力受削的调令，并不惜与万奴交恶，显示了拥兵自重的征兆。其后，铁哥前往上京，参与征伐蒲与路的战事，班师时适逢万奴成为新的宣抚使，竟被对方秋后算账，以“擿前不发军罪”下狱而被害。万奴做法有着推卸失败责任与泄私愤的嫌疑，因为他虽然有权节制铁哥，但像铁哥这样高级别的将领是否应该处死通常要由朝廷作最后决定，而万奴擅自行刑显然是擅权妄为。

北京宣抚使兼留守奥屯襄与宣差蒲宗五斤看不过眼，一起向朝廷参劾万奴，指责其行为反常，存在叛变的迹象。远隔千山万水的金宣宗无意深究，只是于1214年（南宋嘉定七年，金贞祐二年）十一月下诏调解道：上京与辽东都是“国家重地”，希望各地官吏“每事同心，并力备御”，就此了事。经此风波之后的万奴仍然大权在握，而妄自尊大的态度也没有多少改变，与同僚的矛盾仍旧存在。

为了防止地方出现桀骜不驯的将领，金宣宗亦作过努力，例如他曾经于贞祐年间提拔辽东宣抚副使完颜阿里不孙为权右副元帅、参知政事，在辽东路“行尚书省事”，似乎是不想让辽东宣抚使蒲鲜万奴独揽大权，因为行省与宣抚司一样，可掌握一个地区的军权大权，而行省最高长官为从一品，与宣抚使同级，正好互相牵制（金国这样做不乏先例，据《金史·徒单镒传》记载，南宋于开禧年间伐金时，金国重臣仆散揆建行省于河南、陕西，主持战事。可朝廷不放心，又委任徒单镒为宣抚使以节制陕西元帅府，实际上分掉了仆散揆的一部分权力）。

常言道“用人不疑，疑人不用”，可金廷似乎很难找到敢于放手使用的地方人才，对封疆大吏时常加以掣肘，无疑降低了地方政府的办事效率。再加上奥屯襄、蒲鲜万奴等军政要员彼此心存芥蒂，不能配合，在强敌压境之际难免左支右绌、应接不暇。

1215年（南宋嘉定八年，金贞祐三年）正月，北京之战打响，坐镇北京的奥屯襄率众于花道（今内蒙古赤峰以南）迎战由吾也而、史天祥等人率领的蒙军先头部队，失败后婴城自守，不料被裨将完颜习烈所害，而习烈随即死于乱军之中。金帅寅答虎、乌古伦在军心不稳的情况下不敢再顽抗下去，于次年春举城归附。

石抹也先察觉统帅有屠城之意，连忙制止，说道：“王师”应该以“拯人于水火之中”而自命，如果杀降，那么势必惊动未下之城的守军，逼他们死守到底，这样一来，天下何时才能平定！最终成功说服了蒙古人，让北京居民逃过一劫。不滥杀无辜的政策果然对征服者有利，石抹也先随后奉命率领部分兵力逼近兴中府（今辽宁朝阳）时，兵不血刃地拿下该地，因为兴中府民众在军事压力之下杀死守将乌里卜，并推举地方豪酋石天应为帅，然后宣布投降。稍前，锦州张鲸聚众十万，杀金节度使而自立为临海郡王，也遣使来降。而利（今辽宁喀喇沁左翼蒙古族自治县）、兴（今河北承德一带）、松（今内蒙古赤峰西南）、义（今辽宁义县）等州亦被蒙古军队掌控。

值得注意的是，奥屯襄、乌里卜等一批金将相继在镇所的内讧中死亡，反映了金国地方统治秩序正在走向分崩离析。蒙古史专家余大均为此评论道：在各地人民纷纷掀起的反压迫斗争中，“昔之强夺、冒占民田之女真地主”以及“贪暴不法的州县官吏”多数死于非命。石天应、张鲸等汉族地方豪强乘机崛起，成为了新的风云人物，以不容忽视的力量周旋在金国与蒙古之间。

北京一失，周围许多地方纷纷放弃抵抗。其中史天祥带领部属讨平北京邻近的磨云山、列崖、城子崖、楼子崖等诸寨时，比较顺利地招抚大批军民，只有西乾河、五指山等少数地方在答鲁、杨赵奴的带领下固守到底，经过大小百余战后，蒙古军才打死杨赵奴，唯有答鲁突围而逃。

虽然蒙古人经过奋战迎来了“自京以南，相继来降”的有利局面，可是金将答鲁却以惠州渔河口为隘，聚众数万，图复北疆，终于和前来讨伐的吾也而打了一场激烈的战斗。蒙古将领吾也而是“珊竹氏”人，史称生得“状貌甚伟，腰大十围”，出生于以武勇著称的家族，在对金战争中打过不少胜仗，因功被授予金紫光禄大夫以及获得北京总管都元帅之职，想不到，如今他率千余精兵进到龙山时竟然碰上了答鲁这个劲敌，互相角逐之际冷不防被对方以槊刺中胸部，随即坠于马下，幸而史天祥驰救及时，得以幸免。偶遇小挫的蒙古军队重新列队出战，最后大获全胜，获首八千级，并斩答鲁于阵中，接着又活捉了在兴州竖起反帜的节度使赵守玉。

木华黎控制了北京路后，按照既定计划，将要杀向东京，与位高权重的蒲鲜万奴见个高下。可让人意想不到的是，两人竟然没有机会交手。因为耶律留哥比木华黎抢先一步下手了。而金军亦有所准备，《金史》记载，金宣宗在这年的三月令蒲鲜万奴选调精锐部队屯于沈州、广宁，“以俟进止”，显然是想再次开战，可一交手仍然被契丹军打得大败，东京城就此失守（东京易手的时间史无明载，据专家研究，此城大约在1215年春末夏初便沦陷了），进退失据的蒲鲜万奴在混乱中丢失了妻室，真正是“陪了夫人又折兵”，只得率残部远遁，暂且避战。

既然耶律留哥已经取得东京，那么木华黎所部主力也就暂时没有必要东进了，蒙古军队这一阶段对辽作战的任务已经基本完成，下一步只需平定周围区域残存的敌对势力即可。

经过一系列错综复杂的博弈之后，主要形成了三股能够左右时局的力量，除了入侵的蒙古军与腐朽的金国军政集团之外，还有各地风起云涌的叛乱组织（在层出不穷的叛乱者当中，既有契丹人与汉人，亦有女真人，他们当中有的投降蒙古人，有的首鼠两端）。当中作战能力最强、军事素质最好的无疑是木华黎所部，因而得以招降纳叛，虎视辽东、辽西。

在此前后，降蒙诸将陆续接受了木华黎安排的职位，寅答虎受命为北京留守，石天应出任兴中府尹。根据成吉思汗的最新指示，来降的张鲸需要率领“北京十提控兵”，配合大将脱栾扯儿必等人南征未附州郡。不过，木华黎并非无条件地信任所有降将，例如他事先察觉到张鲸心存反叛之意，遂安排石抹也先出任监军，加以钳制。

果然，南征的张鲸在抵达平州时称疾，不但逗留不进，而且企图伺机逃遁，早就做好应付准备的石抹也先出其不意地将其捕捉，然后送回蒙古的大本营处理。《元史·石抹也先传》记载张鲸在成吉思汗亲自进行审讯时辩解道：“臣实病，非敢叛。”成吉思汗听后，指出张鲸要想活命，必须把弟弟张致从辽西召来蒙古做人质，这是重获信任的先决条件。张鲸表面上答应，暗中却乘夜逃跑，不料在途中被石抹也先追上，终于命丧黄泉。

张鲸之弟张致闻讯悲愤不已，杀长吏，据锦州而叛，于1215年（南宋嘉定八年，金贞祐三年）十二月号称汉兴皇帝，改元兴龙，一下子占据平、滦、瑞（今辽宁兴城一带）、利、义、懿（今辽东阜新东北塔营子屯古城）诸州以及广宁（今辽东北镇），不但企图控制整个辽西走廊，而且继续向东、西两面扩展，渗入辽河河套以及河北地区，之后，他派遣完颜南合、张顽僧为使与金国小朝廷联系归降事宜，以便争取外援。致使形势横生波折，顿时充满变数。

为了保护在辽西刚刚取得的战果，木华黎要再次披挂上阵了，他统率吾也而、蒙古不花、移剌捏儿、史天祥等将领，以数万兵力前往讨伐，让降将何实为前锋。何实本是张致的部属，当他得知张致欲叛后，自知难以成事，连忙另起炉灶，便“籍户口一万，募兵三千”，赶紧前来投奔木华黎，现在无形中扮演向导的角色，带着蒙古人急吼吼地杀回来，声威所至，州郡守军纷纷诛杀张致所署的官吏，重新归附，一路进至红罗山（今兴城、锦州之间），迫降敌将杜秀。

张致已经和金国小朝廷取得联系，并在1216年（南宋嘉定九年，金贞祐四年）六月受命为行北京路元帅府事兼本路宣抚使等职，他无畏地着手布置反攻，于七月间打下兴中府，赶跑了投降蒙古的权帅王珣，用实际行动表明了毫不妥协的态度。

木华黎深知两军决一死战的时间越来越近了，他不敢掉以轻心，苦思破敌之策。据《东平王世家》所载，这位蒙军统帅认为张致所部有两大优点，其一是“兵精”，其二是

“依险为阻”。看来，正面强行攻坚会付出不菲的代价，而智取方为上策，经过一番斟酌后，他给敌人布设了一个圈套，“欲设奇饵诱之”。具体措施是：首先命令吾也而等人攻击兴中附近的据点溜石山堡，以此为“饵”，希望能把一部分敌军主力吸引过来，达到在野战中“围点打援”的目的，从而为未来的战局创造有利的态势。

吾也而等将出发之前，木华黎吩咐道：你们急攻溜石，贼人必定派兵来援，若能出敌不意“断其归路”，便可获胜。当然，“断其归路”的任务由另外的部队承担，为此，木华黎再让蒙古不花率部秘密屯于永德县以西十里，伺机而动，以便随时能够威胁敌军援兵的侧后。

不出木华黎所料，张致得知溜石山堡遭到攻击的消息，果真让侄子张东平率八千骑兵与三万步卒，紧急赴援。蒙古不花看见敌军势大，一面以骑兵“扼其归路”，一面派人急驰回后方汇报。

木华黎不敢怠慢，与何实等人一起，连夜带着主力向前线赶来，天将晓时与对手相遇于永德以西的神水县（今内蒙古土默特右旗境内），得以和蒙古不花所部遥相呼应，形成前后夹击之势。《元史》记载军中将士至少有一半人奉命下马步战，这可能是由于对方的步卒布下了坚固的战阵，以致木华黎认为难以直接用骑兵捣毁。尽管在此之前，这名蒙古将领曾经在野狐岭决战中使用重装骑兵的战法成功突阵，但遇上战斗力比金国正规军更强的部队时，照本宣科似乎就很难奏效了。其实，敌人步兵普遍没有披挂铠甲，并非装备精良的队伍，可即使如此，仍然一度令蒙古人却步不前，这反映蒙古重装骑兵的作战能力未臻化境，难怪受现状限制的木华黎会让一部分骑兵下马，以步兵的方式作战。

蒙军的攻势开始后，何实身先士卒，携同一大批人步行着冲锋，卖命地“挺身陷阵”，殊死拼杀，一时未能得手。督战的木华黎见机而作，专门从麾下选择数千“善射者”，命令他们射击敌军里面那些没有披挂铠甲的步兵，果然起到了立竿见影之效，把敌人阵脚打乱。蒙古骑兵在时机成熟时“齐进”，一举告捷，当场打死张东平，斩获敌军首级一万二千八百余。

这次战事中，蒙古骑兵需要步兵的协助才能取得最后的胜利，显示这支军队的战法更加丰富多彩，逐渐告别了单纯依赖骑兵作战的年代。

神水之役后，乘胜拿下开义县的蒙古人在耶律留哥所部契丹军的配合下对锦州形成了合围，把损兵折将的张致困于城内。守将张太平、高益等人奉命出城迎战，又惨败而归，阵亡几千，而溺死者更多。

在持续一个多月的攻防战中，金国始终没有派兵来援，迟迟未能打破困局的张致埋怨部下没有竭尽全力，陆续捕杀败将二十余人。这种做法让一位名叫高益的将领胆寒不已，不得不先下手为强，带领部分哗变的士兵捆绑着张致，出城投降。

张致伏诛后，盘踞广宁、懿州的刘琰、田和尚等人亦降，木华黎不想继续让这类反复无常的“叛寇”生存于世上，便下令除了“工匠优伶”之外，“悉屠之”，以儆效尤。

蒙古人忙于平叛，金军同样手忙脚乱地打起了内战。就在木华黎席卷辽西之际，蒲鲜万奴悍然挑起内部争端，又在辽东引起了新一轮的腥风血雨。他由于此前的丧师失地而害怕受到朝廷的处罚，暗中盘算着割据一方。自从金宣宗南迁后，朝廷对辽东地区的控制力度已经一日不如一日，使得万奴更加坚定地我行我素。

内战爆发之前，万奴在1215年（南宋嘉定八年，金贞祐三年）上半年与契丹军作战时一度呈现起色，北取咸平、东京之后又占领沈、澄（今辽东海城）诸州，由此得到了东京部分猛安、谋克的支持，因为这些人对南迁的金国小朝廷不满，便自发地在辽东拥护一个军事强人，希望能够早日结束混乱局面，重新过上往昔风光的日子。胜利的消息传到南方时已经迟至同年十月，《金史·宣宗本纪》有“辽东宣抚司报败留哥之捷”的记载。然而，金国小朝廷似乎不知道万奴此时此刻已经停止了对契丹人的军事行动，因为这位枭雄在野心的驱使下掉转了进攻方向，出动步骑九千往东杀过来，于1215年（南宋嘉定八年，金贞祐三年）三月侵入婆速路境内，正式发动了内战，想方设法扩大势力范围。金同知婆速路兵马都总管纥石烈桓端调兵遣将，尽力堵塞敌人的前进之路，而裨将温迪罕怕哥辇经过奋战，挫败了对手入侵的图谋。

四月，万奴转而北上，进扰上京城（今黑龙江哈尔滨以南）。谁知军队因遭到金都统兀颜钵辖的奋力阻击而毫无建树。此后，万奴派遣偏师直扑望云驿，出动数千人鏖战于三叉里，又分别受挫于金都统奥屯马和尚、夹谷合簕等人的部队。到了五月，连大宁城也被金都统温迪罕福寿攻下了。不肯罢手的万奴在九月间亲自统兵出宜风（辽阳府属县）及易池（即汤池，今辽宁盖县以北）等处，与纥石烈桓端战再较高下，仍旧溃败而归。

由于屡战屡败，一些人对万奴失去信心，与之分道扬镳。奄吉斡、都麻浑、宾哥、出台、答爱、颜哥、不灰、活拙、按出、孛德、烈邻等十一猛安投降了金国地方驻军，纥石烈桓端从中挑选人员补充自己的部队，策划着组织反攻。

然而，到了十月，政治形势又起了新的变化。《金史》与《元史》均记载万奴干脆采取破釜沉舟的举动，惊世骇俗地独树一帜，自称“天王”，国号“大真”，建元“天泰”（史学界还有一种说法，即万奴叛金是在正月，由于蒙古人的入侵致使辽东与中原音讯不通，让身处汴京的金宣宗直到十月底才得知这一消息，具体时间是在接到辽东宣抚司击败留哥的捷报之后）。他这样做或许是为了增加部属的凝聚力，以便对付纥石烈桓端。

陷入内战的金军自然不能全力防御在辽西纵横捭阖的木华黎，再接再厉的蒙古军队平定张致后连拔苏、复、海、盖诸州，兵锋进一步越过辽河，无时无刻地吞噬着金国在辽东的残余领土。形势大好之际，谁知节外生枝，耶律留哥所部竟然发生了内乱。

事情的起因与女色有关。原来，契丹军当初攻破东京时曾经俘虏万奴的妻室，而将领可特哥看中了万奴的妻子李仙娥，意图迎娶。但耶律留哥不赞成，彼此产生嫌隙。不久，围绕着政权的建设问题又有了新的矛盾，耶厮不等人劝留哥称帝，实际想摆脱蒙古的统治，重建大辽政权。然而，留哥或许吸取了张致叛蒙而遭到镇压的教训，不顾众人的恳求，坚决反对另起炉灶的主张，并声明自己始终恪守当年与蒙古将领按陈那衍结盟时的承诺，绝不会食言，为此甚至一度称病不出，从而引起很多部属的不满。

留哥继续我行我素，与其子薛阇携带金币九十车与金银牌五百等大批贵重礼物前往蒙古朝觐，以示忠心。成吉思汗承认留哥为辽王，当得知契丹在辽东与辽西控制的户籍达到六十余万时，便欲派三百蒙古人去征三千契丹壮丁为质子军。

留哥唯命是从，除了让自己的儿子薛阇留下来做人质

南宋《胡骑春猎图》中的契丹人物。

之外，还让大夫乞奴、安抚秃哥陪同三百蒙古人上路。临行前，他以“悖法尤甚”为名，特别要求把万奴的妻子拘来蒙古查问究竟。企图占有万奴之妻的可特哥闻讯后，恐惧不安，遂与耶厮不等人联手举行叛乱，要将征兵的三百蒙古人杀死，可是忙乱之中竟让三人逃脱。

与蒙古为敌的契丹军四处转战，在东京已经被万奴重新夺回的情况下，遂于1216年（南宋嘉定九年，金贞祐四年）年底夺取澄州，共推耶厮不为帝，国号辽，改元天威。政权成立的七十余日间内讧不断，温迪罕青狗叛变归金，耶厮不为部下弑杀。丞相乞奴只得出任监国，成为草台班子的新首脑。

这时，得到成吉思汗支持的耶律留哥引导数千蒙古军前来问罪，夺回部分亲属以及二千户，再向东追击，渡过辽河，招抚懿州、广宁等处，徙居临潢府，重振声威。

避战的乞奴率数万人越过鸭绿江，侵入了邻国高丽，占据朔宁等处，与行元帅鸦儿分军民为左右翼，分别屯于开（今辽东凤城）、保（今朝鲜义州）等州之间，接着与跟踪而来的金盖州守将众家奴所部发生一连串的冲突。这股狐奔鼠窜的契丹残军在转战的过程中接二连三地发生了兵变，乞奴被金山所杀，而金山自称国王，改元天德。不久，统古与杀金山而自立，喊舍又杀统古与而自立，一时间乱哄哄闹得不可开交。

喊舍曾经一度攻打高丽首都，受挫后退保江东城，一直撑到了1218年（南宋嘉定十一年，金兴定二年）年底，最后遭到耶律留哥所部数万兵马以及高丽军队的包围，在走投无路的情况下自刎而死，残部被徙往临潢之西楼（今内蒙古赤峰巴林左旗一带）。

跟随耶律留哥前往高丽作战的除了蒙古兵之外，还有蒲鲜万奴的部属。这是怎么回事呢？起因是木华黎所部于1216年（南宋嘉定九年，金贞祐四年）秋歼灭张致后进入辽东，斩金盖州守将众家奴，威胁到万奴的地盘，而金宣抚蒲察移剌都等人亦率部卷土重来，突入了咸平，从而让四面树敌的万奴更感朝不虑夕。为此，他于同年十月投降蒙古，并愿意以其子帖哥为人质，故为日后出兵配合耶律留哥作战而埋下伏笔。

其后，木华黎所部由于要执行经略中原等更重要的任务，遂没有追击退入高丽的契丹叛军，而是撤走了。万奴亦无意留在原处，率十余万众东徙，史书记载他一度避入海岛，接着于1217年（南宋嘉定十年，金兴定元年）活动于鸭绿江一带，与金兵在大夫营发生战斗，然后转入女真故地，计划进攻金国上京，并在四月间攻打婆速路，邻国高丽畏其强大，助粮八万石。

此时，金国已于1217年（南宋嘉定十年，金兴定元年）四月先后设立了速婆行省（以阿里不孙行尚书省元帅府于速婆路）与上京行省（以蒲察五斤权参知政事，行尚书省、元帅府于上京），希望有助于统一事权。

过去主持婆速路军政事宜的纥石烈桓端多次战胜过万奴，可惜现在已经调往邳州。上京行省的人事同样出现了很大的变动，蒲察五斤奉命入朝，留守肇州（今黑龙江省肇源县附近）的将领江山亦想脱离险境而另谋高就，金辽东兵势益弱。已升为尚书右丞的蒲察移剌都更加桀骜不驯，早就和蒲察五斤发生过权力争端，并在军中肆意妄为地干出了贩卖战马、违规杀人等一系列不法之事，他在蒲察五斤离开之后也滋生去意，矫称被朝廷所召，擅自放弃驻地而撤往汴京，金宣宗在米已成炊的情况下皆不再追究。随着这一批军政要员的陆续离开，金国地方政府的内部倾轧进一步激烈起来，就连反正的温迪罕青狗也被阿里不孙找借口杀死，与青狗约为兄弟的金将伯德胡土随即复仇，于1217年（南宋嘉定十年，金兴定元年）九月谋害了阿里不孙。伯德胡土不久亦一命呜呼，被权左都监纳坦裕与监军温迪罕哥不霭等人设计除掉。

由于金国地方要员大多数一如既往地各行其是，整体仍旧处于失控状态，不但遭受攻击时互相观望，甚至有人愿意做万奴的内应，《金史·梁持胜传》记载，万奴在兴定初已经计划不再经略咸平路等处，转而东进，远徙濒临大海的曷懒路（范围包括今朝鲜咸镜南、北道以及延边图们江流域），这样做或许是想尽量避开咄咄逼人的蒙古军队，由此可知万奴企图攻击的目标绝不仅仅限于婆速路。这个方案尚未实施便在内部引起了很大的非议，咸平路宣抚司经历官梁持胜极力反对，为此而跑到上京，希望寻求上京的军政要员支援。不过，上京行省已经发生人事变动，蒲察五斤于1217年（南宋嘉定十年，金兴定元年）年底调任辽东行省，接管政事的太平早与万奴沆瀣一气，他只在表面上称赞梁持胜为忠臣，其实心中不以为然，只是安排持胜为左右司员外郎，以敷衍了事。

金军既然已是一盘散沙，万奴的部队便罕遇对手，占领了婆速路，其后出乎意料地没有立即直扑曷懒路，而是向北进军上京。

和万奴暗中勾结的太平又在大真军迫近时乘乱焚毁宗庙，予以响应，同时囚禁元帅承充，欲控制军权，以图谋不轨。左右司员外郎梁持胜与提控咸平治中裴满赛不、万户韩公恕等人秘密约定要杀太平，期望成功后再推举承充为首，共同讨伐万奴。不料事泄而俱被害。

在没有遭到多大抵抗的情况下，万奴控制了上京，杀死了拒绝投降的同知上京留守事温迪罕老儿等人。其后又以开元（双城子，位于今俄罗斯乌苏里斯克）为都城，国号亦被人称为“东真”（一说“东夏”）。

南迁的金宣宗了解到万奴确实叛国时已经鞭长莫及，唯有寄望地方政府能够处理，他敦促升为辽东行省平章的温迪罕哥不霭联系高丽进行讨伐。然而金军实力不足，高丽自顾不暇，联合作战之事落了空。至此，几经波折的东真国终于取得了一块得以长期经营的地盘，范围北抵混同江一带，南面与高丽接壤，东至金恤品路（今俄罗斯乌苏里斯克），西

金代持国天王像。

金国在辽东的统治疆域在大动乱中支离破碎。参与争霸的各路人马之中，耶律留哥由于对成吉思汗保持恭顺态度而得以保住权力与地位。其他那些与蒙古军队唱对台戏的人大多没有好下场，汉人张致，契丹人耶厮不、乞奴、金山、统古与、喊舍皆先后一一覆没，很好地说明了这一点。叛服无常的蒲鲜万奴之所以能在东海的一隅之地苟延残喘，是因为蒙古正集中力量经略中原，需要蒲鲜万奴牵制金国上京、辽东二行省的残余力量，因而囿于形势一度承认其独立的地位。

总之，所向无敌的木华黎取得了极大的战果，他强行用武力把金国疆土从中剖开，分为南北两截，致使辽河两岸的金军残余势力不得不由海路与南迁的金国小朝廷进行联系。从此以后，金国小朝廷基本丧失了返回故土的可能性。

达今张广才岭附近，总算完成了占有曷懒路的战略目的。当成吉思汗派兵协助耶律留哥追击避入高丽的契丹叛军时，归附蒙古的万奴亦出师助战，令完颜子渊统领两万女真军，为围歼契丹叛军首领喊舍出了不少力。

五　抱残守缺

黄河以北地区经过蒙古军队的洗劫之后满目疮痍，当时出任太常卿、行尚书六部事，专门负责后勤供应的侯挚曾经在奏章中进行过描述：“大河之北，民失稼穑，官无俸给，上下不安，皆欲逃窜”，而在战争中溃散的士卒还乘机剽掠，到处是一片民不聊生的景象。由于大批百姓逃亡，很多土地无人耕种，昔日的良田如今变得草莽茫茫，狐兔出没。其中，河东两路在屡遭兵革后，经济生产一时未能恢复，即使有些劫后的幸存者愿意开垦播种，由于缺少耕牛而显得力不从心。“数罹兵乱”的山东、河北地区也“遗民嗷嗷，实可哀恤”，许多地方不但田无所收，甚至连仓库亦空空如也，以致发不出军饷。

陕西地区的情况虽然比河东、山东、河北等处要稍好一些，但毕竟遭到过西夏与蒙古的军事骚扰，不少州县蒙受损失，局面不容乐观。再加上大批河北难民流入，经济负担同样比较重。

全线转入防御的金国小朝廷现在极为仰仗尚未被战火波及的河南，也绝不会就此放弃整个黄河以北地区，还企图继续经营残破不堪的河东、山东、河北，而陕西作为河南西面的屏障，在战略上亦不应受到忽视。在此前后，金国选派一批得力大臣到各地镇守，其中，胥鼎以河东南路兵马都总管、权宣抚使的名义坐镇平阳（今山西临汾），兼知府事，而辖区内的太原、潞州等处则屯驻重兵设防。仆散安贞奉命为山东路统军安抚使。仆散端为左丞相兼都元帅，行省陕西。侯挚为权本路兵马都总管，前往河北路，行省事于东平。

金国小朝廷迁到汴京后内部人事起了新的变化，在皇太子守忠突然身故的情况下，另立守礼为新的皇太子，掌握枢密院事。金宣宗把刻有“抚军之宝”的大印授予皇太子，以示隆重。当时枢密院掌管天下之兵，而诸道又设行枢密院，以致枢密院的军权竟然超过尚书省，后来甚至出现了省官不得干预军事，院官独自把持话语权的事。这种情况在一些官员看来是不正常的，例如陈规在1216年（南宋嘉定九年，金贞祐四年）给朝廷的奏书中说：“军旅之务，专委枢府（指枢密院）”，而尚书省干脆“泛然不问”，以免负责任，这种反常现象是省官在军事不利的情况下为了避嫌而使用的保身之计。他建议把“军伍器械、常程文牍”之类的日常事务交由枢密院处理，至于“战守大计”以及“征讨密谋”等战略决策，则需要“省、院同议可否”，方可实行。可是朝廷没有积极加以纠正。

朝中重臣术虎高琪继续秉政，并于1216年（南宋嘉定九年，金贞祐四年）年底任尚书右丞相，《金史》称此人“自为宰相”之后，“专固权宠，擅作威福”，与参知政事高汝砺互相唱和，其中“高琪主机务，高汝砺掌利权”，施政时“附己者用，不附己者斥”，恣意横行，使朝纲受到很大的扰乱。对于恢复失地，术虎高琪似乎信心不足，只盘算着“以重兵屯驻汴京以自固”，而“州郡残破不复恤”。这种拥兵固守河南的思想一度影响了朝廷不少人。

由于河南没有受到蒙古铁骑的蹂躏，朝廷格外重视这个栖身之处。比如旱、蝗等自然灾害在南迁之初频繁发生，对黄河南北的农业收成造成严重影响，金国统治者不顾河东、河北地区的饥荒，决定不择手段地优先保证河南的粮食供应，于1215年（南宋嘉定八年，金贞祐三年）八月立法，规定欲运“河南粟麦”到黄河以北的商人，先要向官府交纳十分之八，并“严禁私渡”，企图以此压抑“贩粟”的风气。因为那时候迁到河南的除了河北的大量军户，还有无数扶老携幼而从山西、河东等处逃来的难民，故河南的物资确实到了供不应求的地步。

这种有失公平的做法受到前线官员的非议。侯挚坦言：“河朔饥甚，人至相食”，观、沧等州粮食奇缺，一斗米可值银十余两，“殍殣相属”的惨状随处可见。因而奉劝金宣宗停止执行恶法，因为天下一家，河朔之民亦皆是赤子，岂可坐视不救！胥鼎也上书力争道：河东地区“多山险”，和平时期即使在夏、秋收获的季节，粮食物资仍然不够用，需要陕西、河南“通贩物斛”进行接济。何况战乱频繁，不但务农之民比以往要少，而且在天旱的情况下，更加不可能自给自足。就以解州屯军为例，仅有一月粮储而已。现在朝廷在陕州大阳渡、河中大庆渡等处设立关卡，禁止粟麦过河，恐怕会使得黄河以北的军民不安，有可能因此而产生“内患”。故此，他劝朝廷“听其输贩”，“以纾解州之急。”这些非议声使得金宣宗不得不改辕易辙，取消了有碍商人贩运的法规。

然而，金国在中原的统治依旧忧患重重，除了存在被蒙古推翻的可能性之外，还受各路起义军的严重威胁。由于金国的政治日益腐败以及加重对民众的剥削与压迫，社会矛盾变得空前尖锐起来，各地爆发的起义此起彼伏，而活跃在山东、河北地区的红袄军（因许多人身穿红袄为标志，故有时称）名声远扬，令地方官吏闻之色变。在初期的起义领袖之中，最有名的是杨安儿，此人乃益都县人，无赖出身，以贩卖鞍材为业，因被市井之辈呼为“杨鞍儿”，遂干脆改名叫杨安儿。早在金章宗执政的泰和年间，山东游民乘朝廷伐宋之机相聚剽掠，杨安儿参与其中。当州郡官吏以剿、抚并用的手段对付时，杨安儿亦因之受到官府的招安，先后出任刺史、防御使等职。就在蒙古军队于1211年（南宋嘉定四年，金大安三年）大举南下逼近中都之际，金招兵千余人，号“铁瓦敢战军”，以唐括合打为都统，杨安儿为副统戍边。但杨安儿进至鸡鸣山而止步不前，不久逃归山东，与张汝楫聚众竖起反帜，劫掠州县，杀掠官吏，山东长期纷扰不安。

当金国君臣于1214年（南宋嘉定七年，金贞祐二年）决策南迁之后，蒙古军队重新南下，使得黄河以北的社会秩序更加混乱。在战争中，不但蒙古劫掠人口为奴，金军也干着同样的勾当，掠夺了不少良民家属为驱丁，金廷虽然下令军队要释放这些人，可是不能杜绝这类事情的发生。许多奴婢和驱丁为了改变悲惨的命运，想方设法进行反抗，不少人愤而参加了起义军，进一步助长了起义军的声势。

各地风起云涌的起义队伍

不断地吸纳志同道合者，风风火火地攻城略地，逐渐发展至数十万众，与金军到处较量。过去有份括田而现在又来不及南迁的女真军户及其家属，无论散处于何处，都有可能被一些曾经失去田地的起义者所追杀，遭屠戮的女真人比比皆是。

金国小朝廷没有任由起义军为所欲为，布置出兵围剿的措施，山东路统军安抚使仆散安贞就此一跃而成为红袄军的最大对手，他奉命率部进至益都讨伐杨安儿，获捷于城东。杨安儿在撤退途中招降了盘踞莱阳（今山东掖县）的徐汝贤和登州（今山东蓬莱）刺史耿格，声势复振，遂设置官属，改元天顺，意图与金国分庭抗礼，并乘势拿下宁海以及进攻潍州等处，与活动在山东其他地方的起义队伍互相呼应。

仆散安贞没有就此罢休，下令沂州防御使仆散留家、安化军节度使完颜讹论为左、右翼，督部于1214年（南宋嘉定七年，金贞祐二年）七月间进至昌邑以东，攻击徐汝贤所部的十万之众。两军转战三十里，损失数万人的起义军最终失利而丢弃大量军械逃遁。其后，金军再于辛河破敌众四万，抵达莱州。在强攻一时难以得手的情况下，仆散安贞派人诈降入城为内应，然后使用里应外合的办法一举克城，阵斩徐汝贤，招降耿格等人。接连丧师失地的杨安儿突出重围后曾经派出使者欲经海道前往辽东联系耶律留哥，可惜被金军截杀，他为了躲避山东行省李霆辖下三千花帽子军的追击，计划乘舟入海逃往即墨，可是当时金国已悬赏千金取其脑袋，故舟人欲斩之以献，致使遭到袭击的杨安儿坠水而死。

与杨安儿同时并起的刘二祖、张汝楫、李思温等其他起义首领仍然出没于山东淄、沂等州。金国于十一月间宣布赦免这些人，并下令在前线讨伐的金将乌林答所部班师，以示诚意。刘二祖没有接受朝廷的招安，结果在1215年（南宋嘉定八年，金贞祐三年）二月重新受到攻击。仆散安贞派遣提控牙虎带（即纥石烈牙吾塔，或称纥石烈牙忽带）出战，连破巨蒙以及马耳山等据点，杀刘二祖所部四千余人，降其众八千，招降胁从百姓三万余人。不久，宿州提控夹谷石里哥同奉命进攻大沫堌以及附近的起义军水寨，又转战大小峻角子山等处，先后杀获了数以万计的人，最终俘斩刘二祖。可是，起义浪潮没有就此沉寂，1216年（南宋嘉定九年，金贞祐四年）二月，杨安儿余党复扰山东，但仍然打不过仆散安贞、蒙古纲、完颜弼等金将，相继损失九万人，另有三四万人归降。其残余势力在李全、国用安、时青等人的率领下时不时聚集起来进行“寇掠”，皆穿上“红纳袄”以便互相识别。因而这些红袄军就像扑不灭的红色火焰一样，始终令女真统治者伤透脑筋。就像《金史》所言：自杨安儿、刘二祖败死后，“河北残破，干戈相寻”，根本未能恢复元气。

虽然红袄军活跃一时，可金国统治者明白真正有能力颠覆自身统治的不会是这些以乌合之众为主的部队，而是虎视眈眈的蒙古大军。为了与来自塞外的游牧将士抗衡，最好的办法之一就是重建骑兵。自从金国设立于桓州一带的群牧监遭到成吉思汗的突袭而损失了大批马匹之后，金军骑兵的实力一落千丈，而以骑兵为主的传统作战方式亦因势利导地改为以步兵为主。

有意发奋图强的金宣宗相继设置了典牧司与圉牧司，试图重新养马，可是黄河以北硝烟未息，而黄河以南不是培育良马的理想地方。因为金代的黄河决口频繁，洪水经常泛滥成灾，让河南的许多良田沙

金代的《昭陵六骏图（局部）》。

化，甚至成为盐碱地，从而严重限制了植被的繁茂生长。由于缺乏充足的水草，难以大量牧养马匹。再加上金国小朝廷南迁后，赋税来源“皆仰给于河南”，正想方设法开辟农田以增加收入，也不可能把过多的耕地划为牧地，因而难以恢复旧时的养马规模，只能另外再想力法。为此，金宣宗与朝臣术虎高琪讨论马政时提到过向西夏购买马匹的问题，虽然两国过去曾经进行过这类交易，但如今时过境迁，不知对方肯不肯继续这类商贸往来？术虎高琪自知两国关系由于西夏军队时常入境扰掠而处于全面战争的边缘，故没有正面答复，只是转移话题，说“木波（指羌族）畜马甚多”，可以和这个位于陕西边界的吐蕃部落进行交易，同时再括取缘边其他部落的马匹，也会有不少收获。金宣宗对此有不同意见，因为把缘边部落的马匹尽数括取回内地之后，一旦边境有事，必定难以应付。术虎高琪回答称河南镇防军队有二十余万，预计“可得精骑二万”，足用应急，言下之意是广开马源的办法有限，只能继续吃老本。无可奈何的金宣宗只好说一些妥善牧养之类的场面话，就此了事。

另外，两人在1214年（南宋嘉定七年，金贞祐二年）十一月还曾经讨论过军械问题，宣宗问：官府部门所制造的兵器往往不可用，此是谁的罪过？高琪回答：“军器（指军械）美恶在兵部”，而材物与工匠则分别由户部与工部负责。宣宗督促其严加整治，以免坏事。由此可知金国对兵器质量的监管存在不少弊端，这反映了其军政腐败的一个侧面。

虽然中都随着金国小朝廷的南迁而更换了主人，可战争还远远未有停止的迹象。金国小朝廷南迁后接纳过多位蒙古使者，可谓打打谈谈。成吉思汗亦曾命使者诏谕金宣宗“去帝号为河南王”，并献上河北、山东未下诸城，作为罢兵的条件。金国君臣不从。

在这段时间里，成吉思汗于1215年（南宋嘉定八年，金贞祐三年）从辽东抽调石抹也先、史天倪、石抹孛迭儿、张鲸等人协助脱栾扯儿必南征，想不到引发了张鲸、张致兄弟的叛乱，不得不兴师动众平息。尽管如此，史天倪、石抹孛迭儿等人继续经平州南下，转战河北、山东，先后拿下大名、洺州等处，只有在攻击真定等少数地方时，因守将拼死抵挡而未能得手。此外，据《金史·宣宗本纪》记载，蒙古军队还从七月起夺取济源县（今河南省济源）、平州、彰德（今河南安阳）、兴州（今河北承德市西南滦河镇一带）、大名以及应州等处。攻势持续到1216年（南宋嘉定九年，金贞祐四年）正月，此前放弃的曹州又被重新占领。

河东路继续硝烟弥漫，蒙军于1216年（南宋嘉定九年，金贞祐四年）初连略霍（今霍县）、吉（今吉县）、隰（今隰县）三州之后，再动用步骑六万围困平阳，急攻了十余日，因遭到金河东南路兵马都总管、宣抚使胥鼎的顽强抵抗而撤走，至少损失了一万三千余名协助进攻的降军，可是到了二月，游牧军队又卷土重来，一度围攻太原，拿下霍山诸隘，以骤来骤去的方式掳掠不休。

由于蒙古军队主力骤来骤去，以掳掠为主，故一些地方的金军在对手离开后有机会重新收复失地。同知观州军州事张开在二月收复河间府沧、献等州及其十三属县。三月，恩州（今河北清河县西城关乡）、邢州（今河北邢台市）被沧州经略副使张文等人收复。到了七月，昭义军节度使必兰阿鲁带又收复威州以及获鹿县（今河北鹿泉市）。

为了守住黄河以北的残存疆土，金国一些前线将帅可谓殚精竭虑。其中胥鼎经营河东路的辖区时采取了“汰冗兵，省浮费，招集流亡，劝督农事”等具体措施，比如有四千戍卒扼守于霍州回牛、夙楼岭诸要塞，到了农忙时节，除了留下部分人员担任斥候之外，其余的全部遣归务农，等到传来开战警报再应征，希望凭着这类的灵活办法渡过难关。当时，河东驻军收编了许多蒙金战争爆发后自行组建的义军，这些人龙蛇混杂，战斗力参差不一，因而朝廷计划进行整顿，将之分为上、中、下三等，汰劣留良。可这时候进行裁军难免会引起前线将领的反对，驻于潞州（今长治）的必兰阿鲁带就发出了不同的声音，上书自称早在1215年（南宋嘉定八年，金贞祐三年）已经淘汰过一批冗兵，剩下来的都是经受过“血战”考验的可用之士，他们“上下既亲”，当中又有不少父子兄弟，在故土作战时能够“自相赴援，各顾其家”，显得齐心协力，因而切不可强行分为不同的等级。否则，将士在打乱编制的情况下恐怕互相配合得不再默契。他向朝廷保证辖下部队不会虚耗“国家粮储”，况且潞州以北即为异境，部队日常备战，事务繁多，而分为上、中、下三等，那些居于中、下者，必定全部“气挫心懈而不可用”，容易为敌所乘。必兰阿鲁带的话有一定的道理，而且朝廷下达这个指令时正值夏季农忙之际，以农民为主大量义军将士现在已“各散归田亩，趋时力作”。假如立即征集他们归队参加整顿，来回往返必定需要不少日子，难免会耽误农事，以致影响军粮储备。理由既然如此充分，朝廷有时也不得不作出让步，允许那些固持己见的前线将领维持原额兵马不变。

蒙古人不会任由金国在剩余的地盘里养精蓄锐，除了窥伺河东路等之处，对陕西也搞了不少大动作，在入秋后按惯例开战，于八九月间攻击延安、坊州（今黄陵）。金宣宗以签枢密院事永锡为御史大夫，领兵赴援陕西。可形势依然动荡不安，经略使奥屯丑和尚在代州与敌人作战时阵亡。

蒙古在陕西频繁活动引起了金国君臣的高度重视。因为金迁都汴京后，北面可凭着黄河天堑固守，而西面的崤山、熊耳山、伏牛山又与向东延伸的秦岭相连，这些崇山峻岭天然地形成了一条让蒙古骑兵难以轻易逾越的防线，然而，这条防线并非无隙可乘，其中最令人担心的是黄河与崤山之间存在一条由陕西进入河南的狭窄通道，必须严防死守才能高枕无忧。这里素来是兵家必争之地，在古代历史的不同时期分别筑有函谷关、潼关等军事据点扼守险要，以腰斩联系陕豫之间的通道。现在，陕西的蒙古军队极有可能会取道潼关突入河南，在这个有利于骑兵纵横驰骋的开阔地上展开新一轮的杀戮，因而刚刚退到汴京的金国小朝廷为了能站稳脚根不能不对这个非同小可的战略问题予以极大的关注。

坐镇平阳的胥鼎已经看出了端倪，他给朝廷上疏，称最近侦察得知“北兵（指蒙古兵）”驻于同、耀地区（渭水以北的洛水流域一带），可能会对“吾东西往来之路”造成不便，遂委派河中经略使陀满胡土门领军赴援。如今敌军势必叩关（指潼关），不但要攻河东、陕西，还要进取河南。因而陕州行院及陕西邻境俱要加以提防，并建议朝廷诏令河南行院统军司制定“御备之策”。

鉴于形势紧急，金国命令出任潞州元帅左监军之职的必兰鲁带率部守御潼关，并让商州经略使、权元帅右都监郭仲元驻军于潼关以南的卢氏，以互为犄角，同时在周围的商州诸隘口布控，因为金宣宗已经指出“商、虢”等处与潼关“实相连属”，一起形成河南的屏障，绝对不容疏忽。

不过，必兰鲁带等人的部队还未到达指定位置，蒙古军就发起了突袭。《圣武亲征录》记载三模合率万骑由西夏进入陕西腹地，八九月间结束了攻击延安、坊州的军事行动之后，于十月渡过渭水，经京兆等处向潼关猛扑过来。

这时，上百万的河北女真军户已经迁到了河南，再加上各地驻军，金国小朝廷完全可以在潼关以东纠集几十万人应急，兵力上处于绝对优势。

令人诧异的是，上万蒙古骑兵好像完全不把兵多将广的对手放在眼里，毫不顾忌地向潼关涌去。他们敢于这样做，显然知道缺乏马匹的金国部队在机动能力严重受限的情况下很难迅速集中主力进行野战。事实也是如此，人多势众的金军正处于分散防御的状态，从而给予了蒙古军队各个击破的机会。

然而，要想突破金军预设的坚固工事谈何容易！蒙古人在森严壁垒的潼关之前却步了，既然正面强攻难以得手，主帅三模合遂果断绕道潼关以南的禁坑（今陕西潼关县以东一带），出其不意地向守军背后发起突袭，打死西安军节度使泥旁古蒲鲁，控制了潼关，打开了由陕西进入河南的门户。

蒙古军夺取潼关的战术竟然与过去夺取居庸关的战术如出一辙，这表明守军完全没有吸取过往的教训。但是在金国的将领中，也有不少头脑清醒者，郭仲元就是其中之一，由于潼关失陷得过于快速，他来不及参战了，只是从卢氏急赴潼关附近的商州等处，以防有更多的关隘失守，并在事后给

金代流星锤（黑龙江省博物馆收藏）。

朝廷的奏书中痛心疾首地分析道：敌人过去攻打中都的要害居庸关时，“由小岭、紫荆绕出”，让我军腹背受兵，“卒不能守”。而近日攻打潼关又重施故技，“由禁坑出”，终于图谋得逞，因而提醒朝廷除了要重视关隘要塞的正面防御之外，还应选出精兵分守侧翼据点，以免重蹈覆辙。

汴京的门户潼关既然已经失守，金宣宗便采取亡羊补牢之策，命令参知政事徒单思忠提控镇抚京师，移剌周剌阿不屯关、陕，并调河东行省胥鼎所部渡河牵制来犯之敌。尽管尚未知道敌人的下一步行动计划，可是京城守军已奉命紧急动员，增加城防器械，采取“多凿坎爁，筑垣墙”的办法对原有的工事进行加固，以防万一。

胥鼎得知黄河以南告急的消息，敦促潞州元帅左监军必兰阿鲁带领军一万，孟州经略使徒单百家领兵五千，急趋潼关西南的蓝田、商州，加强防御，其后，自己亲自率领精兵从距离汴京一千五百余里外的平阳回援。可是，这样又打乱了金军原先的战略布置，让河东的兵力更加薄弱。必兰阿鲁为此向朝廷“陈河北利害”，称：如今忻（今忻县）、代（今代县）地区已撤去戍兵，而“太原帅府众才数千，平阳行省兵亦不多”，河东、河北之势，本来全赖潞州，在潞州驻军即将离境赶往蓝田、商州的情况下，他希望朝廷“复置潞州帅府”，增派别的部队到当地担任戍守任务。

显然，金国欲抽调大量主力围堵攻破潼关的敌军，甚至连河北兵力为此捉襟见肘也在所不惜。然而，蒙古军队没有在潼关周围攻城略地，而是由山道向东疾进，据《建炎以来朝野杂记》所载，他们在途中“遇山涧”等障碍时，“辄以铁枪相锁，连接为桥以渡”。就这样，克服重重困难，连破嵩（今嵩县）、汝（今汝县）等郡，一路向金国小朝廷的所在地赶来。从卢氏赶赴商州等处的郭仲元所部查明敌情后，亦步亦趋地赶往嵩、汝，然而晚了一步，对手早已经不见影踪。

金军各路勤王之师似乎总是慢了半拍，东进蒙古军队如入无人之境，竟然直抵汴京以西二十里的杏花营。

当蒙古人尚滞留于嵩、汝之际，汴京之内便已经炸了锅，待阙台院令史高嶷上书称：敌人如今已渡过潼关，如果不积极应付，必定导致更深重的祸患，因而要求重臣术虎高琪亲自挂帅，以安抚人心。可朝廷没有回复，实际是否决了高嶷的意见。御史台在蒙古人兵临城下时亦建言：敌军逾潼关、经崤、渑等处“深入重地”，已“近抵西郊”，对手知道京师“屯宿重兵”，故没有“叩城索战”，只是以游骑“遮绝道路”，而另派偏师“攻击州县”，以图逐渐困死京师。假若我军一意凭城固守，那么过去中都遭遇的危机又将重见于今日，何况如今汴京城内的“公私蓄积”比不上中都的百分之一，故臣等为之“寒心”。纵容敌人从京城周围分遣兵马攻打附近的州县，这种短视的行为就像是把焚烧“腹心”的火焰拨到“手足之上”，身体同样会受伤。因而台臣认为，解决困局的方法是以陕西兵“扼拒潼关”，再与右副元帅蒲察阿里不孙所部“为犄角之势”，以便截断蒙古人的退路，静待时机瓮中捉鳖。然后在京城之内选拔十多名“勇敢之将”，各自付与数千精兵，随时观察蒙古人动静，伺机出击，“且战且守”，与之周旋。同时朝廷要谕告河北驻军，亦以类似方法对待敌人。对于御史台的这些建议，术虎高琪以台臣“素不习兵”为借口，坚持认为其“备御方略”不可行。这位权臣一如既往地集结重兵屯驻汴京“以自固”，对周围州郡所受到的破坏则听之任之。

事后看来，金国御史台的官员的确存在一些误判，因为蒙古人没有困死汴京的计划，这支仅仅万骑兵力的游牧部队只是进行了一次战略试探，并乘机掳掠一番。在此期间，金国各路勤王之师逐渐逼近，其中郭仲元所部（《建炎以来朝野杂记·鞑靼款塞》把这支部队称为“花帽军”）尾随而至，抵达了汴京以西二十里的杏花营一带，勇敢地与对手对峙，挫败了敌军围困京城的意图。

蒙古军队与郭仲元所部作战不能取胜，便打算退走。可是不能从汴京以北的黄河潜渡，因为金国早已焚烧了沿岸的大多数船只，仅保留往来通讯的小舟。故此，这些游牧骑兵凭着高度的机动性迅速沿着黄河南岸向西退却，于十一月回师渑池、陕州，徘徊在潼关与陕州之间，史称“自关以西皆列营栅，连亘数十里”，在此期间击溃了金右副元帅蒲察阿里不孙所部之后，接着打败从蓝田、商州等处赶到的金军，并打伤了潞州元帅左监军必兰阿鲁。

这时，胥鼎已升为尚书左丞兼枢密副使，在前方坐镇。他仍然对金国小朝廷的安危忧心忡忡，为了防止对手卷土重来而再次迫近京畿地区，便从河东南路怀、孟诸军中抽调一万五千人，由河中入援，又派遣河中府判官仆散扫吾出率军趋陕西，合力防御。他还忧虑“北兵（指蒙古兵）扼河”，遂移檄黄河以北的“绛（今山西省运城绛县）、解、吉、隰、孟州经略司”，相约出兵以便形成夹攻。各路金军纷纷云集，大有将来犯之敌一网打尽的势头。然而大规模的战事最终没有发生，恰巧黄河结冰，蒙古人乘机由三门、集津北渡而去。

可战斗仍断断续续发生，到了十二月，平阳、大名府分别遭到袭扰，还有一股蒙古兵取道代州神仙横城以及平定承天镇诸关隘，一度攻打太原府。金国君臣手忙脚乱地调发“潞州元帅府，平阳、河中、绛、孟宣抚司兵”往援。就这样，原先准备回救河南的许多部队又纷纷掉头北上，完全是一副被敌人牵着鼻子走的模样，被动不已。同时，一路蒙古偏师掳掠山东博兴、乐安（今山东博兴县东南）、寿光等地，往东进至潍州（今山东潍坊）境内，又与守将蒙古纲的部属完颜合达在寿光、临淄交锋，骚扰一番之后才离开。

战事结束后，朝廷对相关官员进行问责时的处理方式引起了争议。例如原属陕州宣抚副使永锡指挥的同、华旧屯陕西军以及河南步骑九千余人已经转隶仆散端（当时仆散端以左丞相兼都元帅行省陕西），可是朝廷在追究蒙古兵取道陕西杀入潼关的责任时，只处罚了永锡，仆散端反而没有罪。可见有失公允（当然，永锡也是罪有应得，金宣宗让其经略陕西时曾叮嘱道：“敌兵强则谨守潼关。”可是永锡赴任后留驻渑池数日，然后前往京兆“驻兵不动”，以致潼关失守时鞭长莫及，因而事后下狱，由于从坦等宗室贵族从中斡旋，他仅被朝廷“杖一百”以及撤职了事）。又比如在渑池土濠村兵败的金右副元帅蒲察阿里不孙丢掉了随身携带的虎符，改名换姓，藏匿于柘城县，与数名亲信、亲属以及仆婢“僦民舍而居”，不久，为了躲避追捕又继续逃亡。可是，金宣宗不顾监察御史的劾奏，宣布赦免其罪。然而蒲察阿里不孙犹不知足，竟然让其子上书皇帝，企图重新做官，深刻地显示了朝政的黑暗以及赏罚的不明。

尽管饱经波折，汴京毕竟转危为安。然而耐人寻味的是，在这场刚刚结束的突袭河南之战中，来自塞外的游牧战士仅仅以万骑兵力就把数十万金军搞得狼狈不堪，如果不是郭仲元所部在京城以西获得小胜，那么“满万不可敌”的荣誉就该由蒙古人享有了。

由此可知，从河北迁来河南的百万女真军户发挥不了应有的作用。更为严重的是，往后的事态发展表明，许多人的衣食住行成了金国小朝廷的沉重负担。本来，战争虽然极大地摧残了金国在黄河以北的统治区域，但黄河以南尚未遭到什么破坏，完全可以成为金国小朝廷东山再起的基地。然而，统治者制定的政策却最终事与愿违，竟然让没有经历多少战乱的河南地区饱受经济困难的折磨，以致群情骚然。经济困难的骤然加剧与朝廷赡养女真军户的政策密切相关。

金宣宗当初决策迁往河南时，就打算携带大量女真军户随行，准备执行“守卫郡县”的任务。不过，如何解决这些人的温饱，让统治者伤透了脑筋。早在1215年（南宋嘉定八年，金贞祐三年）五月，金国君臣已经就军户南迁的问题展开讨论，而反对的声音也不少，其中朝臣高汝砺的发言颇有代表性，大致的意思主要有三点：一、南迁对猛安、谋克中的贫户极为不便，这些人被迫背井离乡，扶老携幼，长途跋涉，非常可怜；二、猛安、谋克户尽数南迁意味着国家把女真人与汉人进行区别对待，必将令黄河南北的百姓惊恐不安，也会失去民心。三、女真军人以抛弃家园为代价而前往他乡保护别人，肯定不会尽心尽力，百姓也不相信会有这样的好事。可是，金宣宗不顾反对意见而坚持要把女真军户南迁，在某种程度上反映了他对族人生存问题的重视以及刻意给予的特殊照顾，这种照顾还体现在南迁之后的具体安置政策之中。为了解决猛安、谋克户的生计，金国小朝廷于1215年（南宋嘉定八年，金贞祐三年）七月认真考虑给这些人分田分地的问题。正如前文所述，金国曾经在承安年间强行把从民间括来的田地分配给女真人，使得山东、河朔等处的“上腴之田”纷纷成为猛安、谋克的囊中之物，激化了军户与民户的敌对情绪。而到了贞祐年间，许多过去恃势夺田的女真人在金国小朝廷南渡后由于失去国家的庇护而成为弱势群体，竟被报复的地方土著“屠戮净尽”，不少地方出现了“无复噍类”的惨状。血的教训必定会引起执政者的反省，因而金宣宗现在尽量避免括取民田，而计划将官田与牧马地分配给女真人。可是，仍然难免会引起纠纷，例如不少官田已经被佃户耕种，这种做法同样可能会带来夺取民户田业的后果，《金史》记载侍御史刘元规为此毅然上书对括地进行批评，指出以前在河北、山东实施类似的政策使得“民之茔墓井灶，悉为军有，怨嗟争讼，至今未绝”，如果重复以往的弊政，必将进一步丧失民心。况且女真军户缺乏耕牛，即使得到肥沃的土地，也没有能力去种，仍然要将土地委托佃户，而收成自然比亲耕要少。至于牧地之类的荒田，所得的收益更加难以糊口。金宣宗在经济困难面前也犹豫起来，一度停止括田，还打算把南迁的军户遣返一半，等到明年春季再决定是否迁徙。然而蒙古人在同年秋季对华北地区的大肆侵扰逼得金宣宗不得不试图尽快把所有的军户迁往河南，以避其锋芒。

就这样，上百万的河北军户迁到了河南，要养活这么多人必定给官方的财政造成沉重的负担。根据高汝砺的建议，为了避免百姓失去产业，民租应该提高一倍，以弥补军粮的不足，同时，荒田以及牧马的草地仍然要分给猛安、谋克户，让其自营以增加收入。这样一来，河南的许多佃户无端要多交一倍的租，搞得怨声载道。即便如此，军粮仍然供不应求。高汝砺在同年十月给出了一个统计数据：迁入河南的女真军户近百万口，平均每人每天要给一升米，因而每年约需消耗三百六十万石，如给半额，亦需支出三百万石粟。河南官租地共有二百四十万顷，每年征粟仅仅一百六十余万石，只够每年消耗量的一半，根本满足不了女真军户吃饱喝足的要求。故此，他建议把“系官闲田以及牧马地”给人耕种，以便加倍收租，尽量渡过难关。朝廷采纳了他的建议，派右司谏冯开等人分赴各郡，按每人增加田地三十亩的原则加以落实，希望能取得预期效果。谁知一个月后，又出现了几个新问题：一是官府发现未耕的荒田与牧马地比预计中的要少，而且大多“瘠恶不可耕”，得之无用；二是少数可以耕种的土地处于“僻远之处”，通常距离人口聚居地达数百里之遥，就算分给女真军户，无论是他们亲自耕种，还是转给佃户而坐收租税，都非常不方便；三是现有的农田已经缺乏人手打理，实在没有多余的力量去耕种“草根纠结”的荒地了。更重要的是，官员在调查中发现女真军户们大多不愿意领取新拨给的耕地，因为领了地之后朝廷可能会取消发给他们的粮食配额，而他们又不懂耕种，故纷纷表示安于现状，就算朝廷仅发一半口粮，也无所谓。正如陈规所指出的，许多过惯了安逸生活的女真军户成了“游惰之人”，对“耕稼”之事不太在行，而“群饮赌博”习已成风，故讽刺其沦为了“既不能耕，又不能战”的寄生阶层。统治者本来希望这些人执行“守卫郡县”的任务，不至于空耗粮食，如今对他们的表现也不满意。

然而，金宣宗还是要尽量照顾同族，括地之策虽然一时难以实行，但仍旧发给军户一半口粮，另一半则按实价适当补充。对于那些愿意耕种荒田以及牧马地的军户人丁，官府亦不阻拦，只是禁止他们从佃户手中夺取官田。在军费日益膨胀的情况下，金国的财政捉襟见肘，可还要以“剜肉补疮”的方式供养战斗力今非昔比的大量军户，显然并非长远之计。金国统治者终于横下一条心，决定牺牲一部分权贵的利益，便以“革去冗滥”为借口，派遣监察御史等官员对所有“寓居民家”的军户进行调查，如果查出哪一户之中有冒充军户的不法之徒，则不论主客，均要严厉处置。本来，权贵之家早就存在这类现象，朝廷过去对此没有深究，现在迫于形势不得不严格执法，以致有人为此掉了性命，例如有位名叫撒各门的总领被查出庇护的冒充军户者竟达四百余口，结果被金宣宗下令杖杀。在雷厉风行的严刑酷法之下，许多人纷纷争相自首，而女真军户的人口总数一下子奇迹般地减去了一半左右，大大减轻了国家的财政负担。

即使这样，还有四十三万货真价实的军户人口嗷嗷待哺，国家为此“岁支粟三百八十余万斛”，每年竭尽一路的收入亦不足以赡养。就算在和平时期，这样做也会有这样或那样的困难，况且

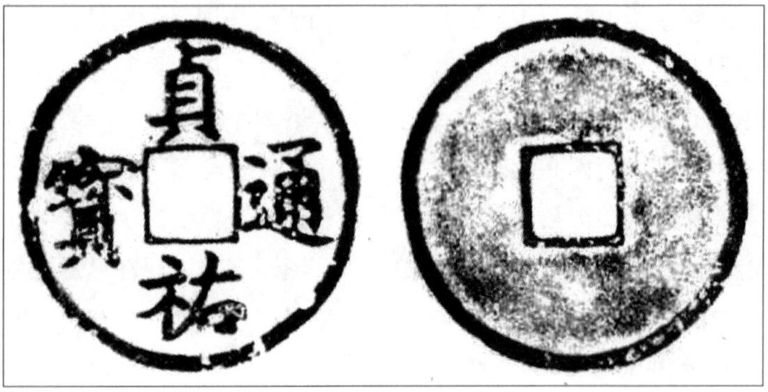

贞祐通宝。

如今战乱频繁，还远远没有平息的迹象。在“军费日急，赋敛繁重”的情况下，所需的一切“皆仰给于河南”，以致越来越多的百姓不堪重负，竟然“率弃田土，相继亡去”，出现了逃亡潮。例如《金史·食货志》记载，亳州原有六万旧户，然而“自南迁以来不胜调发”，许多人相继踏上了逃亡之路，留在原地的不到十分之一，而“砀山下邑”等处，达到了“野无居民”的地步。到后来，心急火燎的金国统治者不得不想办法招揽民众“复旧业”，许下了减免“岁租”的诺言，返乡重操旧业的人仍然未如预期。原因是在“国用乏竭”的情况下，官府规定逃亡者欠下的钱粮仍由在乡居住者代交，因而租赋不知提高了多少，故许多逃亡者不肯重返旧地自讨苦吃。

统治者因目光短浅而一度实施的弊政不但对巩固自身政权没有作用，反而加剧内部的混乱与不安。为此，陈规后来直言不讳地批评把河北军户不分良莠地尽数南迁是一个严重错误，如果当初任由他们自行决定何去何从，那么，留在河北的人必定会想办法找到避难的处所，而自愿南迁的那些人或许也有能力过上自给自足的生活，不一定会依赖官府赡养。可惜，这类事后诸葛亮的见解已经于事无补。

正所谓“兵熊熊一个，将熊熊一窝”，猛安、谋克户南迁后战斗力的下降依然与军官阶层多用“自幼骄惰”的世袭之官有关。《归潜志》对此总结时称“南渡之后，为将帅者，多出于世家，皆膏粱乳臭子”。这些人平时表现各异，其中一些世袭猛安、谋克的女真军官受到汉俗的影响，对文艺极感兴趣，“往往好文学，与士大夫游”。有名有姓的包括完颜斜烈兄弟、移剌延玉、温甫总领、夹谷德固、术虎士、乌林答肃等辈，他们皆会作诗，作品中“多有可称”。这种现象被现代一些历史学者视之为“弃文习武”的结果，是战斗力下降的原因之一。

必须指出的是，并非所有世袭猛安、谋克的女真军官都对文艺感兴趣，这个群体里面除了流行“群饮赌博”之类的陋习，还擅长球类游戏，比如完颜白撒，便以能打球著称，而护卫出身的完颜讹可，球艺亦不错，赢得了“杖子元帅”的外号。这些活跃好动的家伙肯定遭到文士的侧目而难免被讥为“玩物丧志”，他们当中一些人对文士也没有好脸色，最典型的是金将牙虎带（前文提过，此人曾经在贞祐三年二月参与镇压红袄军刘二祖所部，取得了杀、降过万的战绩），他一旦察觉军中与笔墨打交道的幕僚穿上文人式的“长裾”，动辄抽出佩刀将其衣衫截去一部分，毫不掩饰对文士的极端讨厌之情。此人外号“卢鼓椎”，意思是喜欢使用鼓椎打人，这种刚烈的性情肯定让旁人畏惧，而这种出格的行为也容易名声远扬，史称其“名满民间”，据民间传说，每当小儿啼哭，百姓便唤牙虎带的名字加以恐吓，往往可以起到令儿童止哭的奇效。

《归潜志》记下了不少牙虎带的奇闻轶事，兹摘录一二，对了解金军风气有一定的帮助。据说此公平日专横暴戾，不受朝廷控制，有一次入京，肆无忌惮地在部堂诋毁朝政，竟然连宰执亦不敢发言反驳。这是因为皇帝对其一向比较倚重，无形中产生了纵容的副作用。他又喜欢凌辱朝廷使者，凡是使者来到军中，必定强迫饮酒，假如使者胆敢推辞，便不让吃饭，使之饥肠辘辘地踏上归程。类似的事还有不少，例如御史大夫合住某次因事寄宿于军中，受到了牙虎带的盛情接宴，不但有妓女献歌于席前，入夜后又有妓女在寝室服侍。谁知等到天明，牙虎带好像鸨头一样令妓女向合住索钱，搞得场面异常尴尬。愕然不已的合住拒绝付费，牙虎带霸王硬上弓般强行搜查其随身携带的篋笥等行李，夺取缯帛之类财物，悉数转赠妓女，并振振有词地扬言：岂有官叫人做事而不给钱的？故此，朝中司农御史等官皆不敢随便进入牙虎带的驻地，避之唯恐不及。牙虎带与地方官员的关系也很差，他驻扎于宿州时，身边陪伴着数名宠爱的营妓，并时时派遣当中一人佩银符前往州郡，向地方官员索取“赇赂”。地方官员那敢招呼不周，被迫隆重其事地让自己夫人出外迎接妓女，并厚赠以钱财，以免惹祸上身。由此可知金末骄兵悍将横行无忌到了何种地步。最离奇的是，牙虎带漠视军队内部团结，对部属的态度也是恃势凌人，军中有一次聚餐，他允许属下诸将带妻室赴宴。当时，席上摆放的是猪肉、馒头，当他听说一位将领的妻子历来不食猪肉，指示手下更换食品，经过一番觥筹交错之后，便故意问那位将领的妻子：“你知道吃了什么肉吗?”其人回答：承蒙相公（代指牙虎带）把猪肉更换为羊肉，味道甚美。不料，牙虎带笑着揭开了谜底，声称刚才提供的并非羊肉，而是人肉!此言一出，无异于晴天霹雳，那位将领的妻子当场呕吐不已，并因惊恐而病卧在床，数日不能动弹。

自然会有人对这类混账事看不过眼，一位御史出面进行参劾，语重心长地在奏章中说：朝廷继续容忍牙虎带胡作非为，反而会害了他，欲“保全其人”，宜适当加以裁制令其反省。然而，朝廷最终“不能治其罪”。

《金史》对军中这种不良的风气评论道：自胡沙虎、术虎高琪相继入主中枢以来，“风俗一变”，朝廷更改了以往的“宽厚之政”，表面上显得更加“苛察”，可是不能持之以恒，反而姑息了许多坏人坏事。不少将帅鄙视“儒雅之风”，喜欢表现出“粗豪”的一面，然而朝廷驾驭不当，便会因纵容而使得将领变得嚣张跋扈。牙虎带正是在这种风气之下肆意侮辱朝臣，成了“矜暴不法”的代表性人物。从评论中可以知道，武将之所以盛气凌人的根本原因在于胡沙虎与术虎高琪开了个坏头，这两人相继在京城成功举行政变，让朝臣对拥兵自重者有所顾忌，朝政因而更加紊乱。

不过，类似牙虎带那样粗俗鄙陋的武夫，好歹保存了一些战斗力，因而对朝廷而言，还有利用的价值，既能用来镇压内乱，又可以对南宋、西夏等国军队造成威慑。然而，在重要的防御蒙古之战中，这些家伙的表现却差强人意。至于其他附庸风雅、“弃文习武”的世袭军官，就更加没有什么好称道的了。为此，监察御史陈规在1216年（南宋嘉定九年，金贞祐四年）七月上疏，沉痛地指出，如果将帅表现畏怯，那么士卒谁肯向前。部队打败仗往往是因为“庸将不知用兵之道”，而不应该以“士卒单弱、守备不严”等借口推卸责任。此外，将领们又时常接受士卒馈献的财物，因而难以制止士卒骚扰良民，也随之出现了军法废弛等现象。种种弊病已经到了非整治不可的地步，其中对部队编制的改革尤其显得迫切。

由于女真部队现在使用的编制与开国初期的情况有天壤之别，故是否适应形势的需要也成了焦点问题。回顾历史，在金太祖阿骨打起兵之初，以三百户为一谋克，十谋克为一猛安，使这类军政合一的组织单位得以规范化，不过，那时的猛安、谋克没有明确规定在战争爆发时需要出动多少兵数，只是笼统地按照“壮者皆兵”的原则行事。到了金海陵王在位的正隆年间，《三朝北盟会编》记载女真每一千户

（即猛安）有三百甲兵，每一甲兵有一至二名阿里喜（甲兵的随从，可干一些饲养马匹之类的杂务）助战，因而总人数可达到九百。《金史·夹谷胡剌传》中的史料也清楚说明这一时期每一个谋克可拥有八十人。然而，到了金宣宗南迁之后，猛安、谋克的军事编制经过不断发展已经有着与过去不同的新规定，即每二十五人为一谋克，四谋克为一千户。从其管辖的兵数来看，远远逊于以前。需要指出的是，谋克之下又有一名叫做蒲辇的助手以及五名“旗鼓司火头”之类的杂兵，真正负起作战责任的仅十八人而已。在这十八人当中，有的壮健者被头目选中干一些传递军令的事，因而一千户所统士卒不满百人，让兵力不足的毛病更加突出。相反，金军将领却冗员严重。各部队军官的数量远远超过了开国之初，自千户以上有万户、副统、都统、副提控等等，可谓“十羊九牧”，战时难免“号令不一，动相牵制”。

看来，精兵简政才是比较好的自救之道。陈规一针见血地强调，如果要在军队“裁省冗食者”，那么首先要裁减的是军官，而非士卒。除了军官冗员严重之外，还因为这些家伙“既有俸廪，又有券粮”，一日所享受的待遇足以供养数十名士卒。裁减一人，马上见效。然而，朝廷任命将帅时大多“先论出身官品”，故军中满是“门阀膏粱之子”或“亲故假托之流”，能否轻易裁减还是未知之数。

陈规并非总是针对军官，他认为士卒也要裁减一部分，因为过去与敌人作战时，金军在兵力占优的情况下经常失败，这是由于军队内部士卒“不分健懦”地混编在一起，故情况稍有不利，往往“懦者先奔，健者不能独战”而溃散。他给出的对策是让公正而富有经验的军官，对士卒进行筛选与考试，把当中“武艺出众者”单独编为一军，并增加口粮，严格训练，酌情行赏。如此，则“人人激励，争效所长”，即使懦者亦有渐渐变为“健者”的一日。

实际上，陈规所批评的军队弊病，不仅限于女真猛安、谋克部，因为这时候一些汉人军队也采用猛安、谋克的编制。自从蒙古入侵后，各地不断涌现出以汉人为主的义军，一些被统治者看中的，就赋予了正规军的编制。例如同知太原府事的古里甲石伦于1215年（南宋嘉定八年，金贞祐三年）向朝廷奏请在驻地招集义军，而金廷竟然允许这支义军使用女真军队的编制，其中，都统之职为正七品职，副统为正八品，万户为正九品，千户为正班任使，谋克为杂班。以三十人为一谋克，五谋克为一千户，四千户为一万户，四万户为一副统，两副统为一都统，另外设立一总领提控。出任这类猛安、谋克式军官的，肯定有汉人，这样就打破了过去沿用已久的惯例，不但女真以及契丹人可以成为猛安、谋克，汉人也同样能够。女真统治者把过去视为荣誉的军官称号拱手让给了被征服的汉人，或许是迫于形势而以此作为一种拉拢的手段。可这样一来，曾经与“满万不可敌”紧密相连的猛安、谋克，越发变得有名无实了。

行元帅府之类的地方军事机构早已经出现滥设的迹象，辖地的范围也逐渐减至数州、一州以至更少，让事权不能有效地统一。例如在金国小朝廷南迁之初，侯挚谈论营救中都失败的问题时就对这种现象进行过中肯的批评，称：最近设置四帅府，所统率的兵力不少，然而却不能克敌制胜，因为一处受敌，其余部队只是旁观，未尝派发一卒出援，若稍为退却，则全部弃戈逃遁，此皆“师老将怯”之故。这种现象一直未能得到纠正，随着领土的日益缩小，行元帅府反而越设越多。

此外，这一时期的军事失利还与皇帝宠信的近侍插手兵权有关，《归潜志》记载金国小朝廷南渡之后，“近侍之权尤重”。因为宣宗喜欢使用这些人为耳目，以“伺察百官”，尤其需要提到的是，军中虽然委任将帅，可朝廷往往又差遣“奉御（即近侍）”到部队，号称“监战”，令将帅“临机制变”的决策权受到这类人的“牵制”，从而经常产生“遇敌辄先奔，故师多丧败”的恶劣后果。《金史·移剌福僧传》也对此有所评论，认为一些监战官参与讨论军情时，由于不学无术以及缺乏作战经验，以致言词之间互相矛盾，可是由于得到君主的宠信，他们的过失不但受不到惩罚，反而被奉为法规，败坏了军中的风气。这些家伙平时皆选骁勇之士做自己的护卫，一旦有警，却驱使疲惫懦弱之人出战，岂能不败事？

金国能不能顺利革除军中种种弊病，还需拭目以待。在女真猛安、谋克部战斗力暂时未得到显著提升以及乣军频繁叛乱的情况下，金国小朝廷开始倚重各地涌现的义军。这些义军有的由地方豪强组建，有的由官府招募，战斗力参差不齐，而“花帽军”就属于当中的佼佼者。这支军队的主将是中都人郭仲元，他在蒙古入侵河南时赴援汴京，取得了罕见的胜利，以此证明自身卓尔不群的实力。他的军旅生涯始于大安年间，应募入伍后数立战功，于1215年（南宋嘉定八年，金贞祐三年）升至永定军节度使，并被金国统治者赐姓为完颜氏，此后青云日上。尽管与仲元一起从军的郭阿邻以及中都宝坻人氏李霆等人亦因表现突出而获此殊荣，然而最出类拔萃的还是被时人呼为“郭大相公”的郭仲元，史称其“沈毅有谋，南渡后最称名将”，而辖下之兵有着“花帽军（又称花帽子军）”这个与众不同的称号。对于义军这类非嫡系部队，金国在加以利用的同时又防止其坐大，因而会采取种种手段整顿。郭仲元所部就曾经被朝廷分为三等，上等“备征伐”，中下等负责“戍守”汛地，而懦弱者皆罢去。金国统治者虽然迟迟难以大刀阔斧地对臃肿不堪的女真嫡系军队进行缩编，但对义军的顾忌就没那么多了，即使这样做会导致兵力有所减少，可经过精简之后的部队还是有助于战斗力的提升。

不过，“花帽军”的实力与蒙古军相比存在一定的差距，而金国整军备武需要时间，暂时未能训练出战斗力更加强悍的队伍。

形势仍然持续恶化，除了蒙古在晋、陕等地一直企图吞噬金国的残余领土之外，西夏也经常在西北跃跃欲试。金国为了避免扩大事端，对此持忍让态度，既严禁边将主动挑衅，又于1214年（南宋嘉定七年，金贞祐二年）八月诏有司移文责问西夏，希望能够和平解决矛盾，可未能如愿以偿。西夏军队继续进攻庆原、延安、积石州（今青海贵德西）。金兰州翻译程陈僧在十一月勾结西夏企求占据州城举行叛乱，但图谋被边将用武力挫败。从1215年（南宋嘉定八年，金贞祐三年）正月起，西夏连犯武延川、环州、积石州、安乡关，使得金宣宗不得不认真考虑举行反击，却被陕西宣抚司阻止，主要理由是西夏军队来去无常，没有在金国境内长驻的意思，况且金地方驻军兵力不足，装备缺乏，难以西伐。更重要的是，“沿边地寒，春草始生，未可刍牧”，而两国交界处“无烟火者三百余里”，综上所述，不宜轻举妄动。这样的靖绥之策不可能解决问题，西夏仍旧在边境骚扰不休，并于四月出兵阻止金国继续镇压程陈僧的叛军，又在九月奔袭西关堡以及第五将城，遭到金万户杨再兴的抵御。战事持续到十月不但未能停歇下来，反而有扩大的迹象，西夏分作两路进犯，不过，入侵保安（今志丹）、延安等处的东路军相继被都统完颜国家奴等守将击败。西路军却攻打临洮，在渭源堡俘虏陕西宣抚副使完颜胡失剌。金国连忙调整人事布置，而尚书左丞相仆散端就是在此期间兼都元帅，行尚书省于陕西，此外，河北西路宣抚副使田琢也在十一月自浚州调兵入陕，经过众人的努力，终于扭转了形势，绥德克戎寨与绥平的守军均击退来犯之敌。不久，又在临洮获胜，知府兼本路兵马都总管陀满胡土门以数千兵力守御半月，清除城里的西夏内应之后，再发起夜袭，破夏军八万于城下。次年四月，西夏的葩俄族总管汪三郎率众降金，献羊千只。金国通过审讯在来远镇俘获的间谍，得知西夏计划联合南宋发起进攻，便令陕西行省加强戒备，并改变以往被动防御的战略，改为主动出击，此后，金元帅右都监完颜赛不在五月派兵焚毁西夏修建的羌城界河桥，“俘馘甚多”。蒙受损失的西夏在六月间致书金宣宗时不再使用金国的贞祐年号，而是标明本国的定光年号，这意味着两国名义上的藩属关系即将成为历史，金国亦为此而拒绝接受西夏的牒书。同月，金军再攻西夏，庆山奴率一路兵出怀安寨，环州刺史完颜胡鲁率一路兵出环州，攻略其边境。提控完颜狗儿、元帅左监军乌古论庆寿、完颜赛不分别在阿弥湾、安塞堡、结耶觜川、车儿堡取得小胜。十一月，西夏四万余骑围攻定西不克，金将赤盏合喜、杨斡烈在作战中斩首二千级、俘虏数十人以及八百匹马，还缴获一批军械。仗打到这个地步，意味着金夏战争已全面爆发，金宣宗在十二月与皇太子商议讨伐西夏，决定加大反击的规模，由左监军陀满胡土门、延安总管古里甲石伦攻打盐、宥、夏州，庆阳总管庆山奴、知平凉府移剌答不也攻威、灵、安、会等州。然而，这项决定尚未实行便遭到朝臣把鲁胡的反对，他以攻打会州为例，认为可能需要一个月时

西夏黑水城出土的西夏人物之像。

间才能完成任务，为此必须耗费“米三万石、草九万称”，同时还要动员十余万民夫运输。万一战事迟迟未能分出胜负，花费的人力物力更加惊人，恐怕会超过陕西的承受能力。如今正值农忙，岂可抽调十余万民夫随征。何况就算夺取会州，也不一定有利，因为还要留兵戍守，可粮草仍旧要由陕西供应，使得劳民伤财在所难免。因而建议只派部分军队于定西、巩州地区，以“护民耕稼”，等到敌人防备松懈时，再相机夺取不迟。金宣宗被这番有理有据的言辞说服，取消了大规模的反击。

边境仍处于战争状态。1217年（南宋嘉定十年，金兴定元年）正月，三万西夏军队配合蒙古军队转战金境，在经宁州（今甘肃宁县）撤还时，被金将庆山奴邀击而大败。金宣宗想再接再厉，便诏令河东行省胥鼎抽调三万五千兵，交付陀满胡土门讨伐西夏，但胥鼎不赞成在国内千疮百孔、哀鸿遍野的情况下讨伐西夏，指出仅仅是蒙古已经难以应付，假若南宋再“乘隙而动”，则后果不堪设想。金宣宗不得不又一次取消了西征的军事行动。尽管花帽军将领郭仲元主张攻打西夏，而金国在此期间也接纳西夏降人，可远在京城的小朝廷经过权衡利弊之后，最终没有向西夏发起大规模的攻击，把矛头转向了南宋。

六 两线作战

金国计划在1217年（南宋嘉定十年，金兴定元年）向南方的南宋发起大规模进攻，可同年上半年，北方的蒙古仍然动作不断，除了在正月出动部分人马会同西夏军队一起骚扰金境，并于宁州（今甘肃宁县）与金军发生冲突之外，还袭击了观州（今河北阜城附近）。此外，忻州、代州在二月，新城（今河北高碑店讪新城镇）、霸州在三月，沔城县在五月亦分别受到攻击，被游牧部队打死的金将有任福等人。同年夏天，蒙古将领察罕所部破金监军夹谷于霸州。辽西也爆发战事，山贼祁和尚乘木华黎所部返回中原时占据了北京，但随即被史天祥所部讨平，而金将巢元帅成为俘虏。不久，史天祥又于兴州的车河一带消灭上万的抗蒙武装。不过，蒙古诸部在北方各地零敲碎打的军事行动未能影响金国南下的决定。

讨伐南宋是金国小朝廷的重大战略决策，其主要意图之一是为了开辟疆土，《归潜志》称金国小朝廷南渡后，以“河南、陕西地狭”，“将取地南中”。当时力主南征的朝臣也有私心，术虎高琪欲染指兵权，遂力劝宣宗伐宋，而这位重臣历来对恢复河北不是很在意，却支持把精兵布置于河南，以“苟且岁月”。据《金史·兵志》称南渡之后的金国小朝廷“尽以河朔（泛指黄河以北）战兵三十万分隶河南行枢密院及帅府”，一旦作出南下的决策，是很容易就能纠集一批人马踏上征途的。一些人对伐宋也充满信心，例如《大金国志》记载直学士孙大鼎就曾

金骑马武士塑像。

经说过："吾国兵较北（指蒙古）诚不如，较南（指南宋）则制之有余力。"虽然朝中有很多人反对，可是在主战者的不断怂恿之下，战争越发不可避免，而南宋拒绝交纳岁币就成了导火线。

南宋是在朝臣真德秀的建议下拒绝向金国交纳岁币的。此前，真德秀与董居谊等人于1213年（南宋嘉定六年，金贞祐二年）欲出使金国，但因蒙古侵金等原因未能入境，真德秀看出内忧外患的金国正处于顾此失彼的状态，遂建议停止向其交纳岁币。可淮南转运判官乔行简反对这样做，指出新兴的蒙古锋芒逼人，恐怕将来

南宋文武官员塑像。

会危及南宋，为了防患于未然，不如姑且继续交纳岁币，让金国成为阻止蒙古南侵的屏障。乔行简的意见得到了右丞相史弥远的支持。然而，太学生却群起而攻之，同伏于临安丽正门外，要求朝廷处斩乔行简以谢天下，迫于舆论的压力，南宋不得不采取激烈的外交政策，从这一年起不再交纳岁币。为此，金国不止一次派人到南宋督催，但均未能解决问题。两国关系也随之紧张起来，到现在终于成了金国兴师动众的一个借口。

1217年（南宋嘉定十年，金兴定元年）四月，金元帅左都监乌古论庆寿、签枢密院事完颜赛不等奉命经略南边。女真统治者既然没有能力恢复北方的失地，便希望能够在南方开辟新的疆土，如果成功，无异于在绝境中杀出一条重获生机的血路。

完颜赛不所部号称“十万”，进入宋境后于信阳得胜，斩首八千，生擒统制周光，获马数千以及牛羊五百。接着于陇山等处击破拦阻之敌，然后渡过淮河，攻略中渡店，拔取光山、罗山、定城等县，连破光州（今河南潢川）两关，再斩首万余，夺得不少牲畜以及财物。乌古论庆寿也于五月间在泥河湾告捷，斩首三千级，获马四百匹、牛三百头以及一批辎重。不久又败宋兵七千于樊城县。

面对盛气凌人的金军，南宋地方军民四处组织抵抗。榷场官盛允升在光州中渡镇殉职，鄂州、江陵府副都统王守中引兵前往樊城应战。枣阳、光化军（今湖北光化以北）等处也纷纷转入防御。宋宁宗的反应比较快，于四月诏令江淮制置使李珏、京湖制置使赵方、四川制置使董居谊等在前线督师的要员酌情“便宜行事”。很快便传来佳音，钤辖王辛于光山县安昌砦取胜，杀死金军统军完颜掩。在各地的封疆大吏之中，赵方的表现犹为积极，亲自进驻襄阳就近指挥，并命统制扈再兴、陈祥与钤辖孟宗政增援枣阳，同时给光化、信阳、均州增兵，以互相呼应。扈再兴、陈祥与孟宗政等人在进军途中伏击了从团山方向杀来的金军，顺利抵达枣阳后，配合守将赵观里应外合，一举打退了入侵者。另一路宋军在刘世兴的率领下败敌于磨子平，解了随州之围。其后，光化等地的警报也逐渐消除。此时正值麦熟时节，一些地方的驻军及时派兵出城保护百姓收割，以做好坚壁清野工作。南宋还策划了反攻，曾经于五月抽调人马突入颍州（今安徽阜阳）境内，焚掠一番然后离开。而涟水县也在此期间攻下来了。

各路金军在南下的过程中难偿所愿，在五月间陆续撤回。战后，统帅乌古论庆寿被怀疑隐瞒部队的伤亡人数，一度被金宣宗下令拘押并遭到审问（此人后来获释，改任镇南集庆军节度使）。

南线的战事没有就此停止，宋宁宗在六月间颁发诏书正式宣布伐金，出兵攻打了东海、泗州、灵璧、海州等处，双方大小战斗不断，战火蔓延至石湫、涟水、确山、蔡州等处，各有胜负。

就在金军大批部队被牵制在南线的时候，北方的成吉思汗没有抓住这个有利时机集中全力挺进中原，而是相继派遣部分人马执行西征等军事任务，因为西北地区仍然存在各种各样的敌对势力，需要分兵应付。在此期间，一系列军事行动陆续展开，例如速不台奉命搜捕蔑儿乞惕部、哲别攻打逃入西辽的乃蛮残余势力、朵儿伯清剿秃马惕部、术赤打击降而复叛的乞儿乞思诸部，等等。

不过，成吉思汗没有完全放弃对中原的经略，他在1217年（南宋嘉定十年，金兴定元年）八月高调下诏，封木华黎为“太师国王”，而所赐的誓券之中，以黄金刻印“子孙传国，世世不绝”的文字。之所以这样隆重其事，就是为了赋予其重任，让这员勇将能够放手角逐中原。因为成吉思汗准备以太行山为界，自己负责经略太行山北面地区，而太行山以南则委托木华黎全权处理。至此，蒙金战争进入了新的阶段，如果把此前的六七年战事视为蒙金战争的第一阶段，那么，从现在起，战争就已经进入了第二阶段，而前后两个阶段的主要区别在于，侵金蒙军的直接指挥者由成吉思汗变成了木华黎。

前文已经提到过，成吉思汗建国后大规模分封时，除了把一部分千户授以蒙古宗王之外，其余的基本编入左、右两翼军内，分别由左、右翼万户统率。木华黎作为左翼万户，管辖着三十七八个千户，可谓人多势众。但是，由于成吉思汗意图进行规模空前的西征，不可能把左翼万户辖下的所有千户都留给木华黎，史载这位蒙古大汗从弘吉剌、亦乞烈思、兀鲁、忙兀、札剌儿等五“投下”之中抽出部分人马组成“探马赤军”，准备让他们追随木华黎经略中原。所谓“投下”，包含着“食邑”、“采邑”等意思，在这里可解释为蒙古大汗的领民以及部下，而五“投下”，当然是指弘吉剌、亦乞烈思、兀鲁、忙兀、札剌儿等五部。按道理，从五部之中抽出的人马应该叫蒙古军才对，可为什么又起了“探马赤军”的怪名

蒙古军人在战斗。

呢？为此，众说纷纭，著名汉学家伯希和见解颇有代表性，他认为“探马赤”一词源于唐代的“答摩支”与辽代的“挞马”，其含义最先是扈从，后来转意为前锋。据此似乎可以认为，由于五部之人骁勇善战，经常当仁不让地肩负起前锋的任务。不过，“探马赤军”绝非仅仅是前锋军这么简单，根据波斯史学家拉施都丁的定义，这支部队的成员来自诸部的各个千户与百户，并将被“派赴某地区长期驻扎”。这个经典的定义是解开“探马赤军”之谜的重要钥匙，因为蒙古人过惯了“逐水草而居”的游牧生活，不愿意长期固定在一处地方担任镇戍任务，所以常常想方设法逃避军役，或者以自己的私属人口充任，或者将这样的辛苦差事推给犯有过失之人，由此渐渐导致“探马赤军”内部成分复杂，既有蒙古人，也有色目以及汉人等外族人，尽管这类部队有时会被人们称为蒙古军，可是与正规的蒙古军比较起来，仍有不少的区别。难怪有人认为，“探马赤军”主要由处于蒙古社会底层的隶属民组成，这支部队成立之初军心不太稳定，不少士卒忍受不了镇戍之苦而私自逃返草原，为求重新过上游牧生活而混入民籍。

值得一提的是，弘吉剌、亦乞烈思、兀鲁、忙兀、札剌儿等五部首领没有参与经略中原的行动。木华黎辖下诸将之中，主要有按察儿、孛罗、肖乃台、不里海拔都儿、阔阔不花等人，他们很多出自塔塔儿、克烈部等被征服的部落，而地位与军中勋臣相比也要低一些。

“探马赤军”的将士之中，有不少人的妻儿子女仍旧留在原部落，甚至连军官的立功受赏以及替换也要知会原先的领主，可见这支队伍的组建虽然在某种程度上可以打破诸部之间的壁垒，但队伍内部的将士依然与蒙古本部存在难以割切的联系。

木华黎“建行省于云、燕，以图中原”。《圣武亲征录》、《史集》诸书记载其部队编成如下：弘吉剌部三千骑、亦乞烈思部二千骑、兀鲁部四千骑、忙兀部千骑、札剌儿部及带孙（木华黎的弟弟）辖下的二千骑、汪古部万骑、火失勒部千骑，共约二万三千。这点兵力当然不能与麇集于黄河南北的数十万金军相比。但是，与之并肩作战的还有由吾也而、秃花等将所率的契丹、汉军等部队，共约有八万人，因而总兵力超过了十万。

此外，还有一些技术兵种随征，其中尤其引人注目的是炮手，因为“攻城以炮石为先”，理由是“力重而能及远”。《元史·唵木海传》记载木华黎南伐时，成吉思汗特别命令一位叫做唵木海的炮手陪同出征，还不忘淳淳叮嘱道：“攻城用炮之策甚善”，如果能充分发挥这种长技，则“何城不破？”唵木海因而立即被授以金符，成为“随路炮手达鲁花赤”，并从军中选出五百余人练习发炮技术，史称“后定诸国，多赖其力”。

综上所述，木华黎的大军里面，多数是降附的契丹、汉人。需要指出的是，成吉思汗此前派遣大将脱栾扯儿必率部分人马南征未附州郡，而随征的史天倪等人攻打了平州、真定、大名等处之后，即将与挺进中原的木华黎会师于燕南。

由此可知，在木华黎即将展开的军事行动中，由契丹、汉人等异族组成的部队将发挥前所未有的作用。蒙古人敢于放手使用大量收编的杂牌部队，显然与金军在黄河以北的实力进一步削弱与关，因为金国出于讨伐南宋的需要，已从北方抽调大批兵员南下。

金国虽然在南方开辟了一条新的战线，但悬而未决的战事让其陷入了南、北受敌的险境。不过，最让金国君臣担忧的还是北线，随着秋天的到来，黄河以北危机四伏。地方上的镇守大臣已经各就各位。仆散端以左丞相兼都元帅行省陕西。河东仍由胥鼎主持大局。行尚书省事于河北的本来是侯挚，可他为了招讨红袄军，此时已经以尚书右丞的身份建行省于东平。此外，河北地区还有东路兵马都总管移剌铁哥的部分驻军以及苗道润、张开、武仙等几股由地方土著组织的“义师”，其中苗道润势力较强，曾经被朝廷委任为中都留守兼经略使，“先后抚定五十余城”。张开则收复河间、沧、景等处。而武仙盘踞于威州一带。至于山东，统军安抚使是镇压红袄军有功的仆散安贞。完颜弼则为山东西路宣抚使、知东平府事。由于朝廷认为完颜弼行事不尽如人意，故调整人事布置在所难免，本来欲从河北徙往济南的蒙古纲为此转往山东，出任山东路统军使兼知益都府事等职。在此期间，田琢亦由陕西迁往山东，出任西路转运使。

金国的镇守大臣一面准备迎击入侵的蒙古军，一面四处镇压红袄军。侯挚给朝廷的奏书称官军在临沂、费县等处讨伐数万“红袄贼”，济南、泰安、滕、兖等州亦“土贼并起，肆行剽掠”，金将李霆奉侯挚之令率兵清剿，前后斩首千余，招降二万余党以及五万老幼。仆散安贞、蒙古纲、完颜弼也不敢怠懈，忙着对付红袄军余部。各地动荡不安，镇守大臣们深知形势险恶，完颜弼公开承认：“山东、河北、河东数镇仅能自守”，对如何应付大战信心不足。而金宣宗更关心的是河南的安危，为此专门告诫仆散安贞道：黄河沿岸担任防御任务的士卒“多老幼疲软不胜执役之人”，要其迅速调得力部队换防。

这年秋天，蒙古军队同时在河东与河北开始了大规模攻势。《金史·宣宗本纪》记载河东的隰州、汾西县、沁州（沁县）、太原、交城（今山西古交）、清源（今山西清徐）等处于九月间都遭过攻击，蒙古游骑突至雁门关一带，繁峙县豪强王兆率民来降。金国连忙在黄河沿岸筑冰墙、竖鹿角，以筑固工事。进军河北的一股人马在木华黎的亲自率领下连克遂城（今河北徐水县以西）、蠡州（今河北蠡县）。而中山府（今河北定州府）、新乐县（今河北新乐市承安镇）与磁州（今河北磁县）于十月失守。在此期间，投靠蒙古的王义等地方豪强武装还协助木华黎攻取了钜鹿（今河北巨鹿县）、铭州（今河北永年县城关镇）等地。蒙古军也付出了一定的代价，石抹也先在攻打蠡州北城时身先士卒地攀登时，中石而死，时年四十一岁。当时，蒙古人在河北的统治秩序并不稳定，清州监军王守约与平州推官合达俱以城叛，共同密谋经海路逃回金国的控制区域。史天倪奉命追击，在乐安与叛军作战，杀死王守约，生擒益都行省忙古，斩首万级。

金军基本龟缩于各个据点之内，一味守御。冬天来临时，木华黎经大名府（今河北大名）进入山东，取得了益都（今山东青州）、淄（今山东淄博）、登（今山东蓬莱）、莱（今山东莱阳）、潍（今山东潍坊）、密、滨、棣（今山东惠民）、博（今山东聊城一带）、沂（今山东临沂一带）诸州。所向披靡的蒙古军亦分兵攻略，例如一股为数四千的队伍在何实的率领下取“燕南、齐西”之地，连攻邢州、赵郡、魏郧、博关，袭击了“曹、濮、恩、德、泰安、济宁”，一路势如破竹，然后直薄潍州与木华黎的主力会师。留在河东的部分蒙古将士于十一月继续攻打太原、潞州，打死金都统马甫。

金国相当一部分兵力被南

线的宋军牵制，对北线的战况有点难以兼顾。不过，木华黎所部兵力有限，暂时不可能吞并整个黄河以北的疆域，甚至连所取得的城池也未能一一分兵把守，因而被乘隙反扑的金军夺回了一些地方。蒙古军队岂肯善罢甘休，又忙不迭地抽调人马前往争抢，致使太原与沂、密诸州处于反复拉锯的状态。

事态的发展越来越清晰地表明金国已经在战略上陷入南、北两线作战的泥潭。西夏不失时机地乘火打劫，于这一年的五月出兵大北岔，被金都统纥石烈猪狗击退。金宣宗感到难以同时和蒙古、南宋以及西夏开战，便欲与西夏讲和。大臣们意见不一，屯于延安的右都监庆山奴上奏称西夏“决不肯和”，因而不必浪费时间与之打交道。可金国从俘虏中得知西夏国王亦有议和之意，并曾经诫谕将士不要进犯金边境。据此，宰臣认为就算有议和的希望，边防的军备亦不宜松懈，金宣宗深以为然。然而，两国仍未能重修旧好，战事继续进行，西夏军队突入黄鹤岔，被金右都监完颜闾山击败后，再围羊狠寨，与都统党世昌作战。奉命赴援的都统夹谷瑞夜袭西夏军营，解开了羊狠寨之围。但西夏军队还在附近驻扎，未肯撤回。不久，金左都监白撒发抽调定西精锐人马，并在龛谷副统包孝成所部的配合下，击退来犯之敌。同年八九月间，总押李公直与都统罗世晖分别在安定堡马家平、克戎寨打退骚扰的西夏兵。看来，金夏边境一时没有停战的迹象。

为了摆脱左支右绌的困局，金右司谏兼侍御史许古于1217年（南宋嘉定十年，金兴定元年）十月劝宣宗与南宋议和，以最大限度地集中力量与蒙古人周旋。可遭到术虎高琪与高汝砺的反对而难以实行。仍然不断有朝臣为此不屈不挠地上书，集贤院咨议官吕鉴的奏章认为：金国在南边屯兵数十万，自唐（今河南唐河）、邓（今河南邓县一带）至寿（今安徽凤台）、泗（今安徽泗州）一带，沿边居民逃亡殆尽，就连许多士兵亦加入了逃亡的行列，呈现一派“人烟绝少”的萧条景象。他自称曾在息州（今河南息县）榷场任职，当时“每场所获布帛数千匹、银数百两，大计布帛数万匹，银数千两”，可是对宋战争爆发后贸易中断，再也不能获利。因而总结道：“军民有逃亡之病，而国家失日获之利”，绝非长久之计。并建议朝廷应该乘“隆冬沍寒”这个便于金军骑兵驰骋的季节，抓紧时机与南宋达成和议，否则等到明年春暖，想在有利的条件下议和就更加困难了。但朝廷没有采纳，术虎高琪叱之为“狂妄无稽”，将吕鉴调职陕西行省备任使。胥鼎虽然也抽调部属介入征宋的战事，可他在同年十二月向朝廷痛陈伐宋之非，大致意思是：（一）昔日泰和年间讨伐南宋，在“太平日久，百姓富庶，马蕃军锐”的背景下犹以议和告终。如今蒙古兵大举进犯，天下长年累月动荡不已，我国“军马气势”，仅为过去的十分之一。器械之类的物资亦在战乱中损失甚多，民间差役繁重，百姓疲惫不堪，因而贸然兴师动众，尚未与敌人接触而自己方寸自乱。（二）西夏、蒙古得知“王师（指金军）”南征，必定乘隙而至，虽有潼关、大河之险而不足恃，很容易造成“三面受敌”“首尾莫救”的严重后果，到时悔之晚矣。（三）宋国自从泰和年间议和之后，“练兵峙粮，缮修营垒”，已经十年了。我国迁都汴京，距离宋境越来越近，彼必“朝夕忧惧，委曲为防”。一旦得知王师“已出唐、邓”，必定坚壁清野而徙民渡江，止留空城于前线，使我军一无所得，徒自浪费军

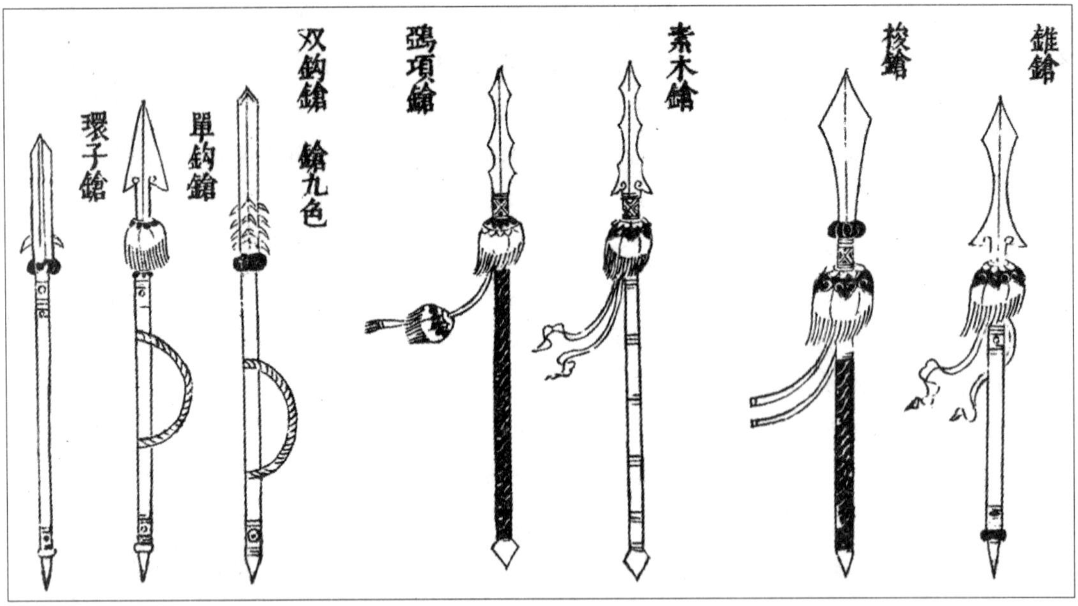

各种枪。

费，得不偿失。（四）现在我军“皆山西、河北无依之人”，此外还有一些招抚的逃兵以及从蒙古军中叛回来的“胁从者”，大抵以乌合之众为主，不能保证作战中得胜。虽然夺得宋国的城池，然而“内无储蓄，亦何以守？”这些乌合之众“深入敌境，进不得食，退无所掠”，便会逃遁，并啸聚于一起成为腹心之患，不可不防。（五）发兵征讨南宋，不一定做得到“因粮于敌”，而依赖后方供应，又“民力”不足，难以征集百姓随军运输物资，稍有不慎，沿边局势更加混乱，如果宋人暗中招募乱民为向导，乘我国不备而发起突袭，则“内有叛民，外有勍敌”，难以善后。（六）如今春季将至，正是农耕的时候，倘若南下的士卒迟迟不还，“必违农时”，以致耽误北部边境的防御大计，到了秋季时蒙古若按惯例入寇，就会非常被动。正确的施政措施是，选择得力将士，分布于边境附近州郡，敌人骚扰则追击，敌人离去则耕田，尽量储蓄粮食物资。这样一来，“士气益强，民心益固”，而“国用丰饶”，自然可以“恢廓先业，成中兴之功”，到那时，区区一个宋国又何愁不平！然而，术虎高琪在一片反对声中依旧强硬地宣称：“大军已进，无复可议。”总之铁了心地要把征宋之役进行到底。

唐、邓、蔡州行元帅府已于十一月奉诏伐宋，陕西行省胥鼎奉命分兵由秦（今天水）、巩（今陇西）、凤翔三路而进，加入战团。

各路金军分头而进，其中郭阿邻、完颜白撒分别从秦州，巩州盐川镇（今甘肃陇西一带）出击，攻宋天水军（驻军位于今甘肃天水镇）等处，并共同拿下皂郊堡（今甘肃天水镇西南）。完颜讹可、纥石烈桓端等金将也接连于防山、光州、信阳、棋盘岭、龙门关诸处作战。完颜赛不于1218年（南宋嘉定十一年，金兴定二年）正月破宋人于铁山及上石店、唐县。同时，牙虎带经临淮赴援泗州，大破围城的八千敌兵，其后攻略盱眙一带，于青平击败七千宋军。回师时又在连塘村，斩首千余级，俘五十人，获马三十五匹。

宋军想方设法于1218年（南宋嘉定十一年，金兴定二年）正月进行反击，但在淮北作战失利，统领李雄韬、陈皋被俘，而攻打泗州的行动也无功而返。到了三月才有了起色，利州统制王逸等率官军与忠义民兵收复皂郊堡等处，打死了留守的郭阿邻。不料，意外突然发生了，在出动十余万兵力攻打秦州时，沔州都统刘昌祖因判断失误而传命退师，并解散忠义民兵，结果全军溃败，大散关守将弃关而逃。而乘机反攻的金军重占了大散关、皂郊堡。

金军不顾伤亡，于四月从河南、陕西分路继续出击。完颜赛不所部号称“十万”，杀向枣阳。宋京湖制置使兼知襄阳府赵方早已令孟宗政、扈再兴等将镇守此地，双方进行了一场历时三月，大小共七十余战的惨烈战事。守军沿着城池四周挖壕，在壕外四面布置部队，而工事附近用绳索捆绑警铃，铃响则狗吠，戒备异常森严。孟宗政出厚资招募壮士，时不时乘隙发起突袭，打得金军狼狈不堪。扈再兴则让手下在夜晚秘密散布铁蒺藜于地，然后伺机故意佯退，致使追兵往往误踏地上的铁蒺藜，“十踣七八”。屡次受挫的金军集结兵力攻击一点，向城池东隅猛冲，直薄南门北角，孟宗政、扈再兴等人“各当一面”，大战数十合，令对手不能越雷池一步。宋军增援陆续来到，其中随守许国所部已进驻附近的白水（今湖北枣阳境内），与城中鼓声相闻。守将乘机出战夹击，金军奔溃而回。

金将当然不愿意承认在枣阳的失败，并自我标榜先后打败宋军三四万，毙敌数千人。可是掩饰不了在前线撤退的事实。

从枣阳之战可以看出南宋在各地的抵抗越来越顽强。各路金军也不轻易罢手，迁为同知临洮府事的乌古论长寿与提控洮州刺史纳兰记僧于四月间分兵伐宋。长寿由盐川镇而进，先后在马头山、荔川寨、八斜谷等处打破敌兵的阻拦，拔取宕昌县，转战至西和州（今甘肃西和）一带。不久，三千木波兵前来协助宋军作

宋代《武经总要》中的铁蒺藜等兵器。

战，并在城外河畔布阵抵御，但遭到金军的猛烈攻击而退却。宋军退回城中坚守不出，长寿遂撤返，在此役中总共“斩馘八千，获马二百余、牛羊三万，器械军实甚多”。纳兰记僧亦在洮州铁城堡屡败宋人，得胜而还。

最值得注意的是，吐蕃部落木波竟然公开协助宋军，这对金国小朝廷来说又是一个不祥之兆，因为金军缺乏战马，需要从木波购买，绝对不希望彼此关系破裂。然而，从1217年（南宋嘉定十年，金兴定元年）八月起，木波便进犯金国洮州地区，到现在又协助南宋作战，已俨然敌国。双方闹翻可能与金国官吏处置不当有关，据《金史·张行信》记载金国官吏在陕西边境收购马匹时举止乖张，不但压价，有时还仗势强夺，遂与木波失和，此后难以重归于好。同样缺乏战马的南宋则笼络木波，《宋史·崔与之传》称宋廷移檄茶马司，许其在边境与吐蕃人增加贸易量，以“给细茶，增马价”的方式购买更多马，尽量不让这些马落到金人的手里。由于南宋不惜大撒金钱、从中作梗，金军可用的战马更少了。

西和州的宋军在木波的策应下虽然一度守住了城池，可是没多久，当完颜白撒经皂郊堡、天水军、鸡公山等处杀过来时，便再也抵挡不住，而西和州连同成州（今甘肃成县）、河池县等处也相继失守。金军获得大量钱粮以及器械的同时也捣毁了宋军的不少工事。

金国讨伐南宋的行动总体上未如预期理想，又受到河朔地区蒙古军队的有力牵制，无力进一步深入。随着金宣宗于这年七月下诏奖赏“南伐将士”，大规模的行动也停顿下来。

反观北线，在1218年（南宋嘉定十一年，金兴定二年）春夏没有什么大的战事。连年激战令金国的军费早已超标，或许是因为这个缘故，有的御史以北兵的攻势已经停止为理由，要求朝廷裁汰各处元帅府、枢密院的“冗兵”，争取时间减轻财政的负担。然而接近秋高气爽之际，铆足了劲的蒙古人又有蜂拥而至的迹象，枢密院根据情报认为敌军集结于应州（今山西应县）、飞狐（今河北蔚县东南一带），即将分道南下，并判断对手的主攻方向是在陕西，而非河北。为此建议河东各路义士、士兵、蕃汉弓箭手，应于农事闲暇时候加紧训练，“以备缓急”。山东地区也不能疏忽大意，东平、单州（今山东单县）等要冲之处要坚壁清野，老百姓储存的粮食必须尽早搬迁入防备严密的城池里，而城池要修筑“近城水砦”，以加固工事。为了防止蒙古军取道陕西突入河南的事情再次发生，枢密院还特别关注了潼关等重要据点，指出这些地方可以连通陕西商（今陕西商州）、虢（今陕西宝鸡），应当命令当地帅府选拔官员“按视扼塞”，以确保严防死守。

蒙古军果然于八月出动，取道紫荆口，首先攻击了河北，与金行元帅事张柔所部相持于狼牙岭。

籍贯为易州定兴的张柔“尚气节，善骑射，以豪侠称”，他在金贞祐年间河北大乱时聚集族人于西山东流寨，选取壮士练兵御寇，而四方骁

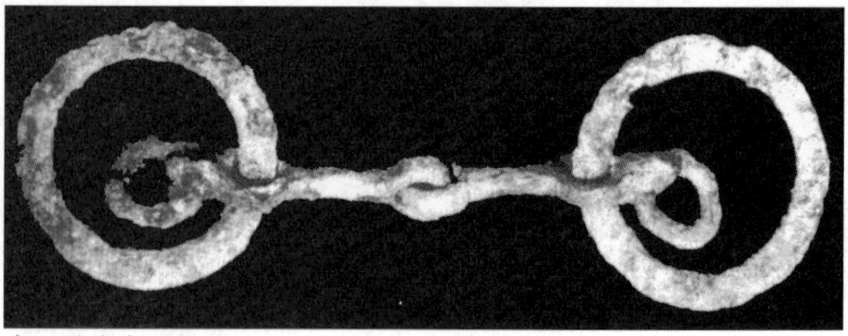

出土的金代马衔镳。

勇之士，多慕义归附，成了地方上一股不容忽视的势力，因而被较早抗击蒙古的河北义军领袖苗道润看中，接受官府的收编，参与抗蒙的战事。不过，在狼牙岭一战中，他却马蹶被擒，似乎很难逃脱身首异处的命运。谁知柳暗花明竟又重获生机，据说他拒绝向蒙军主帅下跪，从而赢得了对手的尊重，《元朝名臣事略》记载蒙军主帅当即释放了张柔，允许其官复旧职以及收拢败卒。事后看来，蒙古贵族之所以如此宽宏大量，主要动机显然是要刻意招抚更多的汉族地主武装。众所周知，由于女真猛安谋克部战斗力的急剧衰落以及大量乣军的相继叛去，各地纷纷出现的地主武装便成了金国在黄河以北极为倚重的力量，而木华黎所部苦于兵力不足，故要想顺利完成经略中原的战略任务，必须尽量争取策反这些人，从而达到一箭双雕的目的：既能分化瓦解金义军势力，又可得到一批土著协助作战。但蒙古贵族为了防止张柔降而复叛，要求其送双亲到中都做人质，无可奈何的张柔只好遵命，并以“忠孝不两全”为理由聊以自慰。

张柔自从死心塌地为新主子效命后，获得了“便宜行事”的权力，成为了独当一面的地方要员，不久率部攻下雄（今河北雄县）、易（今河北易县）、安（今河北安新县）、保诸州，由于当初提拔他的苗道润已被副手贾瑀所杀，遂以此为借口复仇，大破贾瑀所部于孔山，打死贾瑀之后，再剖其心祭祀苗道润。通过这种行为，他得以成功招集苗道润的一部分旧部曲，实力进一步膨胀。在此期间，河北其他地方的豪强武装也动作频繁，比张柔更早降蒙的王义率部连拔束鹿（今河北辛集）、深州（今河北永年县城关镇）。

内部矛盾重重的河北地方武装势力有的继续效忠于金，有的选择降蒙。张柔作为降蒙的先驱者之一，无疑成为了河北地区新的风云人物，并与敌对的地方武装势力展开殊死之战，而当中最强悍的对手就是金将武仙。武仙是威州人，或许是由于做过道士的缘故，时人以此名而呼之。他在1214年（南宋嘉定七年，金贞祐二年）招集乡兵保卫威州西山，因而归附者日众，与张柔一样，成为新兴的义军武装，被金朝委任为威州刺史兼权知真定府事等职。当张柔四处攻略，咄咄逼人之际，武仙率数万人主动来攻，欲一决高下，两人相继在完州（今河北顺平县）、郎山、祁州、曲阳、中山（今河北定州）、新乐、满城、深泽、宁晋、安平、平棘、藁城、无极、栾城等处展开一连串大大小小的较量，战事从1218年（南宋嘉定十一年，金兴定二年）底持续到1219年（南宋嘉定十二年，金兴定三年），最终胜出的是张柔，他在董俊等部的配合下辟地千余里，致使“深、冀以北，真定以东三十余城”以及“缘山反侧鹿儿、野狸等寨”相继降附。尽管张柔曾经在一月之内与武仙所部连战十七次，取得“每战辄胜”的骄人战绩，可是未能彻底歼灭对手，自身部队亦有损失。就连他本人也不止一次受伤，例如在与武仙部将葛铁仓战于新乐时，他面颊中箭，折掉了两颗牙齿，而在满城之战中，他同样被流矢射中，所幸的是，每次均有惊无险地取得了最终的胜利，不久因功升为河北东西等路都元帅，获得了“拔都”的称号。

但木华黎没有在河北监督张柔作战，因为这员蒙古军统帅于1218年（南宋嘉定十一年，金兴定二年）率步骑数万自西京经太和岭（雁门关）转战河东了，连取代、隰等州后，接着于九月份在太原打了一场硬仗。金守将是知太原府事、元帅左监军乌古论德升，此人已于前一年和来攻的蒙古军交过手，当时城外的道路被对方切断而补给困难，他出兵屡战，终于打通了粮道，事后得到“迁官一阶”的奖赏。如今木华黎卷土重来，乌古论德升毫不踌躇地再次上阵与之见个高低。

战斗打响后，蒙古军仗着兵力的优势把城池团团围了数匝，随行的石抹查剌、石抹孛迭儿等外族将领辖下有大量负责攻坚的“拔都军（即八都鲁军）”，这些敢死队自然责无旁贷地打头阵，经过一番厮杀，成功突破了壕垣。

太原眼看不保，乌古论德升连忙下令修补工事，敦促守卒竖立木栅拼命抗拒，为了鼓舞士气，他不惜倾家荡产而捐出资产，以银币及马匹打赏部属。然而，敌人还是企图从损毁的城池西北隅拥入来，金军只得把一辆辆的车推到防线的缺口，目的是堵塞通道，可是遭到抛石机与弓箭的猛烈射击，以致守陴者在“矢石如雨”的城垣不能站立。入侵者不顾一切地发起一波又一波的猛攻，终于攀登上了城头。精疲力竭的乌古论德升知道这座守御了数年的城市避免不了沦陷的命运，他抢在蒙古人的前头赶回府署，与姑姑、妻子作最后的会晤，然后三人相继自杀而亡。

前线一系列失利的消息令身在后方的金宣宗着急不已，他马上采取放权措施，允许主持枢密院的皇太子在处理紧急军务时自行决策，因为如果事事请示自己，有时难免会贻误战机。同时，他没有信心确保汴京安然无恙，竟然下令朝臣们讨论迁都海州的可行性。海州濒临南海，若小朝廷移驻于此，很容易让人误会存在潜逃海上的计划，显然会带来扰乱人心的后果。况且，战局暂时尚未糟糕到非迁都不可，因而侯挚以“不便”为由加以谏止。

太原攻防战期间，部分蒙古游骑袭扰太原西北的岚州（今山西岚县），但在当地军民的“悉力捍御”之下，未能得手。木华黎没有再理会岚州等少数负隅顽抗之地，而是乘胜南下，连下汾州（今山西汾阳）、孝义县（今山西孝义东南）、绛（今山西新绛）诸州，打死节度使兀颜讹出虎、元帅右监军纳合蒲剌都、参议官修起居注王良臣等人，迫近平阳。而平阳这个重镇即将展开又一场血战。

自从胥鼎于1217年（南宋嘉定十年，金兴定元年）离开平阳移镇陕西并于同年年底率兵由秦、巩、凤翔三路伐宋之后，取而代之的是李革。李革乃进士出身，曾经做过参知政事，蒙古军于1216年（南宋嘉定九年，金贞祐四年）攻破潼关，他自认为“执政失备御之策”而上表请罪，被朝廷调职为绛阳军节度使，其后代替胥鼎成为新任知平阳府事以及负责河东行省事宜，在这个关键的岗位上，他有所表现，例如太原未失守之前，由于屡经战乱而粮食不足，他果断“移粟七万石”加以救济。又比如宣差粘割梭失于1218年（南宋嘉定十一年，金兴定二年）视察河东时，发牒文于行省要求厉行坚壁清野之策，为此必须尽快毁掉许多田地里未熟的“晚禾”。李革表示反对，上奏称：今年“雨泽及时”，秋收指日可待。假若毁掉耕田之禾，老百姓对此将难以忍受，不利于稳定人心。这个体恤民情的意见果然得到了朝廷的支持。

此外，权元帅左监军、行元帅府事从坦也在城内协守。他在蒙古军队即将到来时给朝廷上奏，声称河东郡县此前纷纷失守显然与“屯兵少、援兵不至”的缘故有关。如今太原已破，敌军必将攻打平阳。而平阳乃“河东之根本，河南之藩篱”。可是行省所能掌握的兵力却不满六千，因而乞请朝廷合并怀、孟、卫诸州人马，增强潞州兵力，同时调泽州、沁水、端氏、高平诸军“并山为营”，声援平阳。只有这样做，才可以“救倒悬之急”。

然而，从坦这篇奏文在十月份递交，金国小朝廷尚未来得及采取应变措施，蒙古军队已经于同月包围了平阳。守军虽然不足六千，仍奋勇地多次出外迎战，可惜寡不敌众，提控郭用在城北濠垣厮杀时被擒，不屈而死，士卒亦“旬日间伤者过半”。而向吉、隰、霍三州征调的援兵，迟迟未至。战局不利逐渐令军心动摇，裨将李怀德縋城出降。经过苦战而奠定优势的蒙古兵终于从城东南方向冲了过来。

城中残余的将士恳请李革立即上马，争取时间突围，但这员金国大臣眼见大势已去，叹道：“吾不能保此城，何面目见天子！”他驱散左右，毫不犹豫地选择了自杀。从坦也在城破后自尽殉国。

史载木华黎得到这个重要据点后，以前锋拓拔按察儿统蒙古军（很可能是探马赤军）镇守，并以义州监军李廷植之弟李守忠为权河东南路帅府事，有长期经营的打算。

太原与平阳相继易手让金国有尽失河朔之地的可能，屡经血战的蒙古军亦暂时停止进攻，转入休整。

在蒙古军队转战河朔地区而拼命南下的同时，金军也拼命南下。本来，深受两线作战困扰的金宣宗意图结束南线的战事，于十二月派开封府治中吕子羽等为使者，赴宋讲和，可在被拒绝之后，他便以仆散安贞为左副元帅，权参知政事，行尚书省元帅府事，大张挞伐，打算以武力逼宋屈服。

就在金军南征已经箭在弦

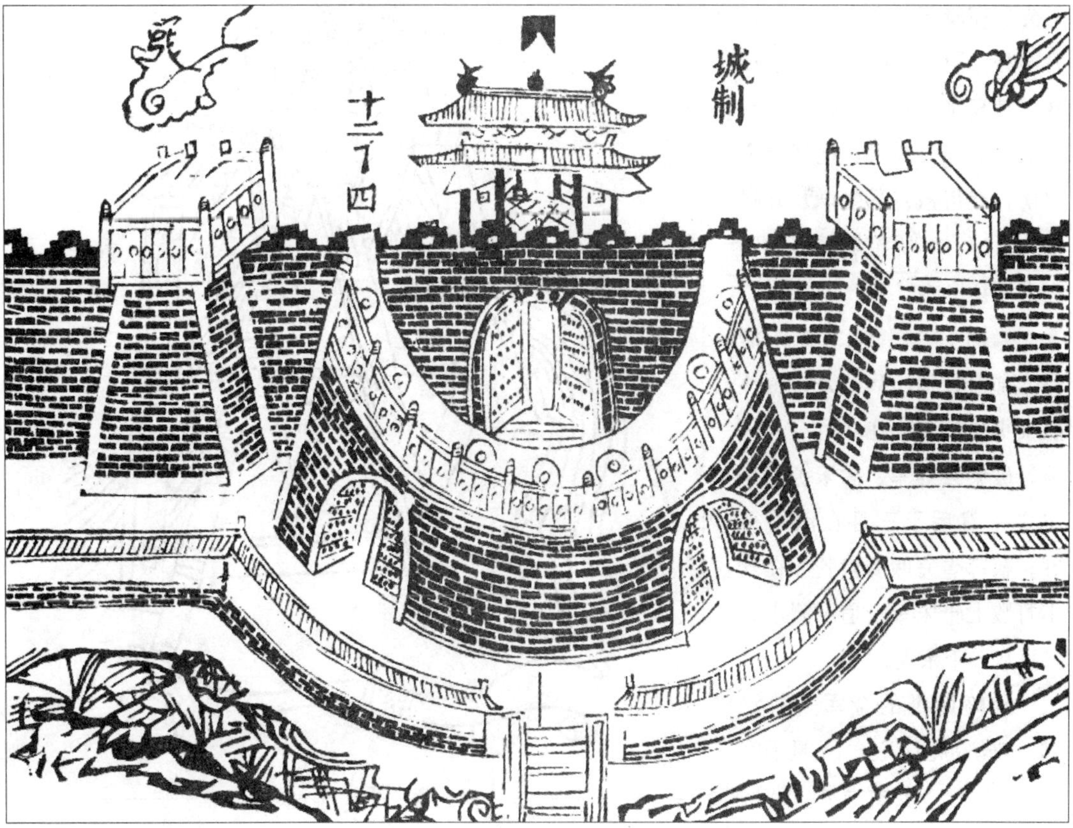

宋代城制。

上的时候，金国小朝廷于1219年（南宋嘉定十二年，金兴定三年）正月间得知北线局势存在变数，攻占太原等处的蒙古军有席卷河北地区的意图，故金宣宗连忙召集百官商议，打算制订一个“备御”的“长久之计”，意图抽调更多人马应付北线的战事，这样一来，南征的战事存在半途而废的可能。恰巧从南线传回伐宋的捷报，使他更加坚定了两线作战的决心，因而在防范木华黎的同时，指示各路金军放胆继续南攻。

牙虎带已从这一年的正月起先后在濠州（今安徽凤阳）香山村、滁州作战，拔取小江寨、辅嘉平山寨，打死宋统制王大篷等三万余人，捉到万余俘虏，夺得数百马牛以及万斛粮食。三月，提控奥敦吾里不在上津县告捷。

当时，唐、息、寿、泗行元帅府分道出兵三万，由仆散安贞指挥，亦在二月进入宋境，破梁县等军，擒宋统制李申之，然后于三月在涂山得胜。权都事完颜胡鲁剌冲在安丰打败七千宋军，追至淝水，又歼敌二千余人。

经略两淮的金军来势汹汹，攻击范围广泛，先是围攻了安丰军（今安徽寿县一带）与滁、濠、光三州，成功阻击南宋江淮制置使李珏派来救援的部队，之后分兵四出，自光州进犯黄州（今湖北黄冈）的麻城；自濠州进犯和州（今安徽和县）的石碛；自盱眙军进犯滁州的全椒、来安以及扬州的天长。真州的六合等处也成了打击目标。淮南地区百姓纷纷渡江避乱，而金军数百游骑甚至南下至东采石的杨林渡（今安徽和县以东），建康（今江苏南京）大震。

右副元帅完颜赛不所部也在二月从白石关传回捷报，杀守军千余人，“获铠仗千计”。到了三月，又于老口镇七口仓等处与敌人作战，夺取小鹘仓，“获粮九千石、兵仗三十余万”，并败三千宋军于石鹘崖。

河南蔡州行元帅府右都监完颜合达从三月起鏖战于梅林关、马岑堡、麻城县，擒宋统领张时、干办官郭守纪等人。

可抛射火药球的火炮。

凤翔行元帅府左都监完颜白撒攻破凤州，兵锋直指武休关之后，于三月连克虎头关、七盘子、鸡冠关、褒城县、兴元（今陕西汉中）、抵达洋州（今陕西洋县）。宋将吴政在黄牛堡（今陕西凤县东北）战死，四川制置使董居谊见势不利，逃离利州（今四川广元）。

为了堵截各路金军的南下之路，南宋边境许多驻军可谓不遗余力，而枣阳又成了双方争夺最激烈的地方。

金帅完颜讹可率数万步骑而兵临城下，与孟宗政等宋将再战一场。守军早已有所准备，用袋子装载糠、沙等物覆盖在楼棚周围，以作障蔽，又预先将水蓄入瓮中，再一列列排好，准备防火。不少新募的炮手跃跃欲试，史称一炮可以“辄杀数人”，令来犯之敌难以轻易靠近。那时宋朝已经掌握了火药制造技术，可以生产火药球等燃烧性火器，使用抛石机来发射。不过，这种新式兵器仍需进一步完善，而抛石机抛射传统的石弹时，威力也很大。

志在必得的金军首先选出二千精骑，号称“弩子手”，拥着云梯、天桥等攻城器械，向城池冲过来。另外又招募山中挖矿的矿工不分昼夜地在城下掘土企图破坏城防工事，同时遣人运送茅、苇等物冒死放置于圜楼等外围的城防工事之下，欲放火焚毁。孟宗政等人随机应变，主动拆毁城垣邻近处一些多余的楼阁，以免被对手利用，而城垣破损之处也修建了战棚，不让敌人攀援而上。城中士卒沿着城防工事挖掘深坑，目的是方便尽早发现敌人的地道；一旦在深坑之中发现敌人穿凿的洞口，立即施放毒烟与烈焰，同时用风囊等器具鼓风入洞进行熏烘。

地道里面金军为防窒息以湿毡遮面，更加奋力挖土，四处扩展地道，想破坏圜楼的地基，期待能出现地陷楼塌的效果。

形势不容乐观，迫于无奈的孟宗政在圜楼附近的要冲处堆放木柴等易燃品，准备情况危急时就点燃，以烈火阻止敌人前进。而从守卒之中精心挑选出的一批勇士，排列阵形，用长枪劲弩为武器，欲舍命拦截金军精锐部队的冲击。若能争取时间重新完善防御工事，就更稳妥了，因而孟宗政打算在圜楼附近新筑宽达百余尺的偃月城，希望能够和城垣互为犄角，形成双重保护的作用，他不辞劳苦，亲自到现场监督，指挥役夫深挖坑道、加固工事，竟然奇迹般在短短的五日之内完成施工。

金军使用地道攻城的办法难以奏效，只得一味强攻，许多精心挑选出来的强壮兵丁身披重铠、毡衫，甚至连头颅也戴上铁制面具，拼命向前冲。由于宋军烧起了途中摆放的易燃品，故金军攻城士卒在身上洒满了水，再覆以冰雪，力争能够顺利越过封锁线。他们一波接一波地涌来，动用对楼、鹅车等攻坚器械，抬着云梯经西北圜楼强行登城。但遭到守军用长戈等兵器的阻击，不少人被刺中喉咙而坠，葬身于熊熊烈焰之中。

督战的金将为了防止有人擅自撤退，到前线压阵，挥刀强迫士卒冲锋。可在这场从日出打到日落的残酷厮杀中，他们不但死伤累累，而且梯、

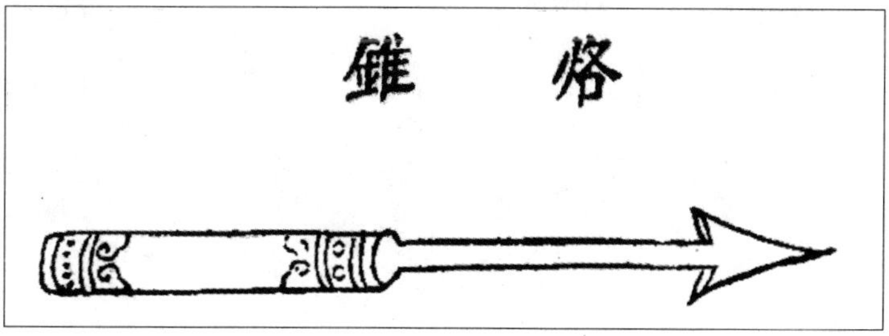

点燃火器的烙锥。

桥等攻坚器械尽数在战斗中损毁，也始终难以突破对方的防线。

其后，金军改变了战法，采取顺风放火的方式，飞抛点燃的脂、革等物，试图焚烧守军的战棚，并乘势强渡壕沟，但依旧未能得偿所愿，经过十数次矢石相交的激战，阵亡的人数已经过千，其中精锐弩子手占了十分之七八，死者里面包括都统等军官。不久，风向逆转，这本来不利于金军放炮，可是炮手在愤怒情绪的支配下，反而放了更多的炮，不过击中目标的寥寥无几。为了取胜而绞尽脑汁的完颜讹可始终顿兵于坚城之下，束手无策。

出任京湖制置使兼知襄阳的赵方在后方坐镇时运筹帷幄，以解枣阳之围。他判断敌人空巢而来，针对性地制定了“避实击虚”之策，命令宋将许国东出唐州，扈再兴西出邓州，并以方范监军，方葵殿后，彼此协力，直捣敌巢。

从光化出师的扈再兴驻于三尖山，拔取顺阳县，打败金人的反攻，再与许国并进，攻略唐、邓地区，焚其“城栅粮储”，以扰乱敌境。坚守枣阳的孟宗政让屯兵八十余日的金军一无所获。当赵方知道敌人气势已竭，乃适时召扈再兴、许国等将回师增援枣阳。

扈再兴到达战区后分别与对手战于瀼河、城南等处。他首先故意诱敌渡濠，等对方半渡之时再反击；然后又令守坝者佯退，当金军争相向坝拥来时，则出兵奇袭，打得敌军纷纷坠于水中。死战不退的金人搬运土、石填于城下，以图一逞。扈再兴以牙还牙，招募敢死队戴上铁制面具，身披毡衫，严阵以待，随时与之硬碰硬。

由于援兵陆续到来，宋军士气大振，孟宗政出城，与扈再兴等将夹击敌人，并组织

明代书籍《大宋中兴演义》中的宋军。

夜袭，突入金营，杀败三万敌军，让对手横尸遍野，而缴获的牛马、辎重等物不可胜数。完颜讹可弃帐而走，灰心丧气地离开了枣阳这个伤心之地。

让人感兴趣的是，《宋史·孟宗政传》记载金军在枣阳之役中出动了头戴铁制面具、身披重铠、毡衫的精兵，这让人不禁回想起金国崛起之初名闻遐迩的“铁浮屠”部队，这类重装步兵在南征的攻坚战中正好派上用场，故给参战的宋军留下深刻印象，甚至扈再兴所部也组建了同类部队之对抗。那么，金军之中大名鼎鼎的“拐子马”是否也一样重出江湖了呢？当时一位叫做吴泳的文人在《鹤林集·边备札子》里面的一段话，提供了一些有用的线索。书中称“敌之长技惟在于马”，而长江、淮河“边面率多平旷”，“敌马易于驰骤”，为此，各个时期的宋军将领都想方设法与敌骑周旋。而到了南宋中期，“毕再遇、扈再兴之徒犹能募敢死军，用麻扎刀以截其胫”，也就是说，无论是开禧年间与金军作战的毕再遇，还是嘉定年间的扈再兴，都使用麻扎刀砍马脚的方法，因为这样做对付重装骑兵很有效。上文提过，抗金名将岳飞曾经在绍兴年间用麻扎刀砍马脚的方法对付金军拐子马，而扈再兴在数十年后继续沿用这种战法，说明策划南征的金宣宗极有可能派出了“拐子马”之类的重装骑兵。这类骑兵虽然在北线战绩不佳，但在南线还是能够派上用场的，毕竟不是所有的宋军都像扈再兴的部队那样经受得住严峻的考验。

除了枣阳之外，南线的其他战场也一度打得非常残酷，例如金将完颜白撒、移剌粘何等人攻克武休关、兴元这些地方后军纪不佳，“所下城邑多所焚掠”，胥鼎为此上书，恳请朝廷谕告前线帅臣，所得城不要随意加以“焚掠”，务必采用“慰抚”的手段，以示秋毫无犯，希望能对敌军起到怀柔的作用，达到“不攻自下”的效果。金宣宗对此表示同意。胥鼎又认为白撒所部可以乘胜取蜀。但金宣宗的看法有所不同，这位皇帝指出即使能够侥幸得蜀，亦没有把握守得住。并毫不讳言重新开战只是为了对宋人“渝盟”的行为进行报复，而并非“贪其土地”，只要能够尽快促进和议就可以了。这一番言论深刻揭示金国由于实力不够已经改变南下拓土的初衷。

不过，金人还是存有“分道入蜀”的企图，在攻陷武

南宋《中兴四将图》中的岳飞。

休、兴元等地后，又陷大安军（今陕西宁强大安镇）。沔州都统制张威应利州路安抚使丁焴的要求援蜀，派遣部将石宣、董炤在湫池堡、白环堡御敌，当金人犯成州时，张威自西和退保仙人原，先是在金斗镇获胜，然后又派部将石宣奇袭大安军，与金国留驻部队较量。当时金国专门选择“两齿健马”从征，而精兵亦有三千人，可是在厮杀中，这支好不容易拼凑的精锐骑兵竟然被宋军歼灭，将领巴土鲁成为俘虏。金军残部得知败讯后宵遁。据《宋史》记载，张威所用的兵器很有特色，就是一杆号称“紫大虫”的木棓，其“圜而不刃，长不六尺”，正好破甲，在战斗中挥舞着此物掠阵，对金军的重装骑兵威胁较大，而他亦因功成为南宋有名的良将。

最后，金将完颜白撒在奏书承认部队“涉险阻数千里，士马疲弊，未得少休”，实际逐渐停止了军事行动。

宋军在淮西亦举行了反击。此前，李庆宗、石珪以及张春等将在濠州一带作战不利。京东路总管李全、忠义总辖季先所部分别从楚州、涟水来援，在嘉山击破金军的阻挡，于三月分别到达天长、盱眙等处，形成鼎立之势，与敌军对峙。不久，李全及其部将鹿仙在涡口（今安徽怀远）袭击了正欲渡过淮河的牙虎带所部，致使金兵溺死数千，还俘虏不少人。接着，又在化陂湖得胜，追至曹家庄而还。

必须提一下李全的出身，他生于潍州北海，素来以“弓马趫捷”而著称，因善使铁枪，获得“李铁枪”的外号。当蒙古军突至山东，李全便与仲兄李福纠众揭竿而起，不久便加入红袄军大起义的洪流中。这时红袄军著名领袖杨安儿已死，万余残部尊奉其妹杨妙贞（四娘子）为主，并称之为“姑姑”，率众来附的李全与杨妙贞在磨旗山会师，彼此结为夫妇，共同抗金。此后，李全连破邹平、临朐、安丘等地，逐渐成为继杨安儿之后又一位红袄军的著名领袖。他不但拒绝金国的招降，还积极配合宋军作战，所部于1219年（南宋嘉定十二年，金兴定三年）三月在涡口这些地方阻击金将牙虎带等人，又立新功。这个例子证明宋朝招抚红袄军诸部的策略确实发挥了应有的作用。

由于前军进展不顺利，牙虎带于三月回师，不过，他在给朝廷的报告中声称撤至濠州时击败八千宋军以及获马百

金代《昭陵六骏图》中的马匹。

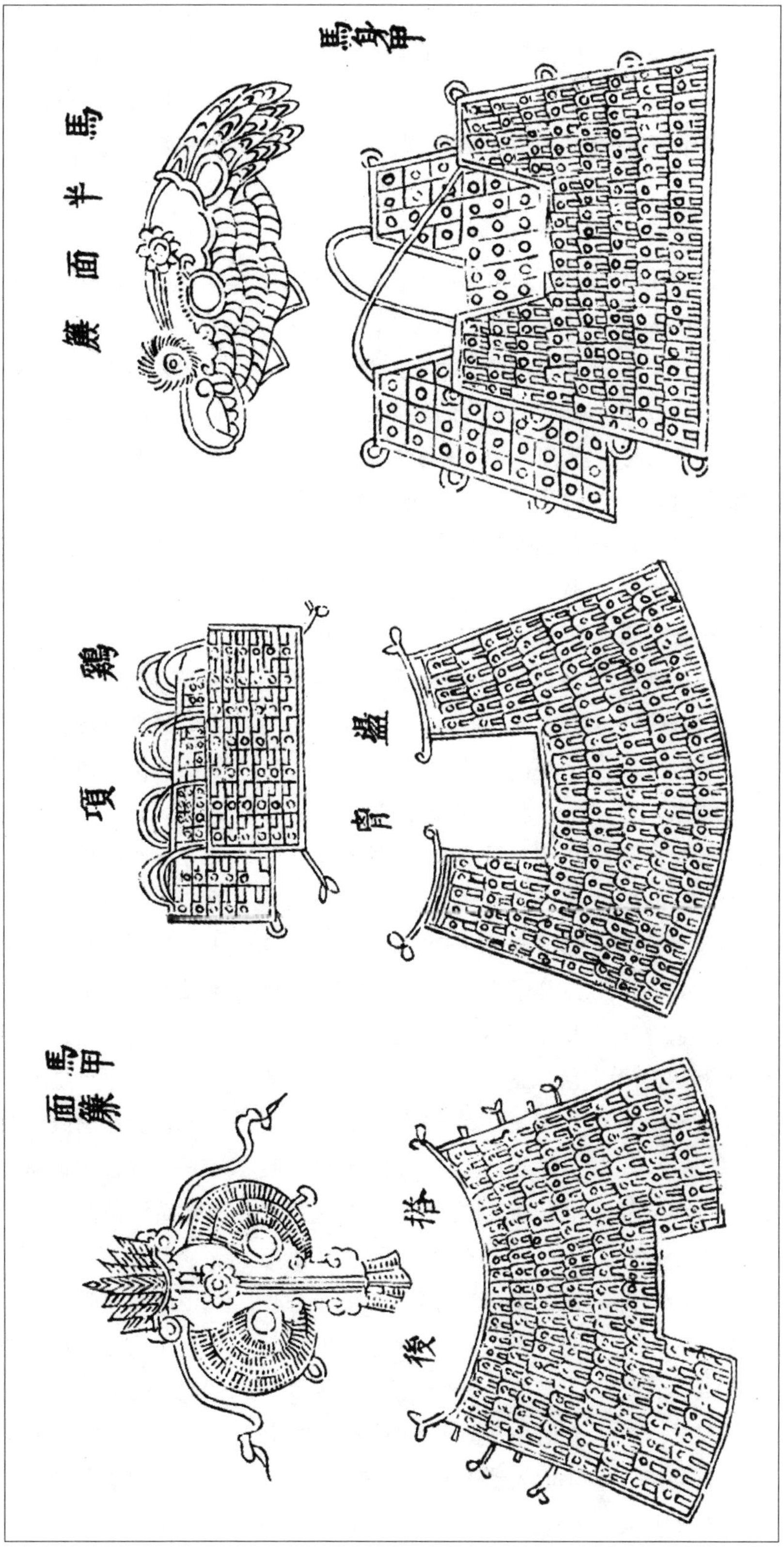

骑兵马甲。

余匹，颇有虽败犹荣的意思。此外，金将完颜赛不、完颜合达等人均不再发起攻势，而仆散安贞所部于四月接近长江北岸，亦奉命班师。

四月之后，两国于陕西、河南等处还发生了一些战斗，但毋庸置疑的是，金军的这一次南征又以受挫而告终。一些人为此受到指责，例如仆散安贞劾奏了牙虎带，因为这员将领挥师至楚州附近地区时，不听行省节制，动辄擅自进兵，显得桀骜不驯。更严重的是，由于那一带的宋军采取坚壁清野，避免出战之策，致使金军在野外抢掠不到足够的补给品，士卒们疲乏不堪，出现“饿死相望”的骇人景象，影响了作战计划。同时受到劾奏的还有随军的参议官纥石烈胡失门，原因是他没有及时矫正牙虎带“不奉诏约”的错误行为。但金宣宗没有认真追究牙虎带的责任，而纥石烈胡失门事后只是改调为同知彰德府事，就此了事。

南线干戈未息，北线的战事又激烈起来。蒙古军于1219年（南宋嘉定十二年，金兴定三年）八月重新活跃，连下武州（今山西武寨县一带）、合河县（今山西兴县一带）、东胜州（今内蒙古托克托县），打死军事判官郭秀、县令乔天翼与节度使伯德窳哥等人。金国随即命胥鼎领兵赴河中备战。

由于蒙古军队主力一般不会分兵把守劫掠过的城池，这就给予了金国收复失地的机会。而河东地方武装首领郭文振、张开、胡天作、赵益等人的表现最为活跃。例如当时以辽州为据点的郭文振乘乱招降太原东山二百余村，召集七千壮士，实力大增，因而向朝廷建议“直取太原”。同年十月，金宣宗任命活动于泽州、潞州等处的张开为权元帅左都监、郭文振为权元帅右都监，并行元帅府事，会同坚、台州之兵，共同策划反攻。

驻兵于榆次重原寨的寿阳令赵益奉郭文振之命率众随征，在夜色的掩护下登上城楼，斩馘一些守卒。金军就这样于十月间轻松取得了太原城，缴获了一批战利品。战后，赵益因功升太原治中，复擢同知府事、兼招抚使。

在此前后，河东地方武装首领胡天作也收复了平阳。

木华黎对太原、平阳等地的丢失没有马上作出反应，也许是在兵力不敷使用的情况下，他对这些饱受战火摧残，暂时榨不出多余油水的地方提不起大动干戈的兴趣，只是把目光投向尚未攻取过的地方。在山东，一路偏师突入单州境内，而在山西绵上（今山西沁源县附近）一带，蒙古人也活动频繁。

到目前为止，山西仍然是木华黎的主攻方向，他在这年秋季以石抹孛迭儿率部出云、朔，攻打岢岚；以谷里夹打为元帅达鲁花赤，率部等攻拔石、隰、绛诸州，从征诸将有史天倪、史天祥、刘伯林、石抹查剌等。其中，绛州发生了比较激烈的攻防战，由于此地的团楼“甃以石”，异常坚固，难以强取，故史天倪让辖下的敢死队在团楼旁边挖地洞，破坏其建筑基础，导致团楼因地陷而倒塌，绛州随即被攻破。金行元帅府事、工部尚书粘割贞战死。此后，木华黎所部的攻势一直持续到次年正月，又在好义堡击毙了金霍州刺史移剌阿里合等人。黄河以北地区的烽火经久不息，蔓延至河南似乎只是迟早的事，以致精神紧张的金宣宗在三月间又一次提议把首都从汴京迁往距离黄河稍远一点的睢州，以暂避风头。奉诏前往视察京东城池的治书侍御史蒲鲁虎返回朝廷后认为此时贸然迁都并不妥当，此议乃止。

据《元史》所载，河东地区至此相继有“八十余城”易手。毫无疑问，石抹孛迭儿、史天倪、史天祥、刘伯林、石抹查剌等人的部属在城池攻防战中的表现要胜于蒙古军队以及探马赤军。无独有偶，正如前文已提到过的，张柔、董俊等人也于同一年在河北辟地千余里，夺取真定等三十余城，深刻地反映了随着战争形势的转变，契丹、汉人等外族将士有了更多的用武之地，从而在一系列攻坚战中大派用场。

滥杀无辜的事仍有发生，例如绛州因顽强抵抗而在失陷后遭到屠城。然而蒙古军队中的部分将领还是有意识地采取一些安民措施，比如参与攻打潞、绛以及闻喜诸州县的刘伯林，就竭力反对个别官员提出的要把闻喜之民迁往天成的计划，理由是不可在“北地丧乱，人艰于食”的背景下加重百姓的负担，他还下令部曲将所获的万余俘虏全部释放，这有利于地方生产的恢复。

河东重镇纷纷被战火吞噬，致使扼守蒲津渡口的河中彤云密布，笼罩着一片紧张的战争气氛。此地控制着山西与关中之间的重要通道，历来是兵家必争之处，当初金宣宗酝酿着把首都迁离中都时，甚至有朝臣建议迁往这里，理由之一是“河中背负关陕五路”，“南阻大河（黄河）”，前面又有绛阳、平阳、太原三大镇，位置易守难攻。尽管金国小朝廷最终选择迁往黄河以南的汴京，可是仍然在河中屯驻重兵把守。现在，绛阳、平阳、太原三大镇相继受到战火摧残，河中更加突显其重要性，虽然蒙古军队没有马上来势汹汹地扑向这里，但围绕着这个地方进行血腥争夺已是大势所趋。

金国同时在两线跟蒙、南宋交战已经应接不暇，可西北边境仍持续受到西夏的骚扰，葭州、龛谷分别在1218年（南宋嘉定十一年，金兴定二年）五月以及七月遭到攻击，到1219年（南宋嘉定十二年，金兴定三年），临兆也被围攻了三个月，幸而守将措施得当，肃清了城内的奸细，并夜袭敌军营垒，赢得了防御战的胜利。此外，西夏军队还攻破通秦寨，然后自葭卢川退走。金华州元帅完颜合达所部亦举行反击，经安塞堡进至隆州，打败二千西夏兵，遂攻州城，克其西南，不久撤还。

金军到处树敌，疲于奔命。当初力主南征的术虎高琪自然要为错误的政策负上一部分责任，而他在朝中党同伐异、徇私舞弊的行为越来越成为众矢之的，其中，平章政事完颜守纯（金宣宗的二儿子）欲纠集右司员外郎王阿里、知案蒲鲜石鲁剌、令史蒲察胡鲁等人，密谋告发术虎高琪，因消息提前外泄，导致计划暂时搁置。尽管术虎高琪逃过一劫，然而在朝中的地位岌岌可危，随后，他由于家庭内部矛盾而被政敌找到把柄，竟然戏剧性般倒了台。起因是术虎高琪暗中指使一位叫赛不的奴仆杀害与自己产生嫌隙的妻子，然后再归罪于赛不，企图以杀人灭口的方式达到“弃卒保帅”的目的。可惜纸包不住火，事情败露后，对术虎高琪久已不满的金宣宗终于获得了铲除这名重臣的借口，便在1219年（南宋嘉定十二年，金兴定三年）年底依法将其处死。术虎高琪虽死，但其生前许多错误的决策却为祸不浅，其中屯精兵于河南而漠视河朔地区的做法，造成的后果也非常严重。当蒙古军队一年又一年地在北线纵马疾驰时，迫于形势的金国小朝廷不得不改辕易辙，推出了封建九公的新对策。

本来，金国小朝廷南迁后有鉴于正规军没有保全黄河以北地区的把握，遂寄希望于纠聚乡兵自保的土著豪强。这些在战争中发展壮大的地方军事势力大多曾经效忠过金国，故早就有朝臣顺水推舟地提出要对这些军事势力的领袖进行分封，试图假以重权，让这些人辅助朝廷，各保一方。可是亦有反对的声音，高汝砺的看法就比较有代表性，他在1217年（南宋嘉定十年，金兴定元年）十一月的奏书中提到这一问题，大意是：假若对这些地方豪强进行分封，那么这些人就会自行任用“州县官吏”，擅自征收“民户税赋”，这样一来，辖下土地辽阔者日益强大，而地盘狭窄者则日益衰弱。久而久之，弱者必定皆被强者合并，随着强者实力的扩大，朝廷要想再从其控制范围内夺回土地，肯定非常困难，同时亦难以操纵这些羽翼渐丰的家伙。昔日唐朝把河朔土地分授诸叛将，历史已经证明此乃“护养孽萌以成其祸”的错误行为，可为今日之“大戒”。不如姑且命令各地的行省以羁縻之策等办法“多方牵制”这些地方豪强，使之不得任意妄为。等到日后“边事稍息”，国力逐渐恢复，这些家伙就不足为患了。

高汝砺的担心并非没有道理，当时不少土著豪强已经被金国授予很高的官职，这些人表面宣布效忠，实际上形同割据，并且互相展开军阀混战，如果为了笼络这些人而进一步实施封建之策，必定会对中央集权造成不利影响。然而金宣宗迫于形势，不得不考虑采纳封建之议，因为战争持续到1219年（南宋嘉定十二年，金兴定三年）时，河朔局势空前严峻，而且蒙古也想办法以优惠条件招徕中原的土著豪强，归附的除了张柔、严实之外，还有繁峙的王兆、刘会，中山的李明，赵州的李瑀，邢州的武贵，威州的武振，磁州的李平，洺州的张立，平遥的梁英，忻州定襄的周献臣等等，他们的表现虽然没有张柔、严实那么抢眼，但对增强蒙古军队的实力还是起到一定的作用。

就连南宋也不惜用高官厚爵招徕华北地区的割据势力，为此，金御史中丞完颜伯嘉感叹道：“宋人以虚名致李全，遂有山东实地。”基于上述原因，金国小朝廷为了调动地方土著豪强抵御蒙古的积极性，只好使用封建的非常手段了，并于1220年（南宋嘉定十三年，金兴定四年）二月正式实施，其中：

沧州经略使王福被封为沧海公，辖地有清（今河北清县）、沧、观州（今河北武邑一带）、盐山、无棣、乐陵、东光、宁津、吴桥、将陵、阜城、蓚县。

河间路招抚使移剌众家奴被封为河间公，辖地有献（今河北献县）、蠡（今河北蠡县）、安（今河北高阳一带）、深州、河间、肃宁、安平、武强、饶阳、六家庄、郎山寨。

真定经略使武仙被封为恒山公，辖地有中山、真定府（今河北正定）、沃（今河北赵县）、冀（今河北冀县）、威、镇宁、平定州、抱犊寨、栾城、南宫县。

中都东路经略使张甫被封为高阳公，辖地有雄、莫、霸州，高阳、信安、文安、大城、保定、静海、宝坻、武清、安次县。

中都西路经略使靖安民作为苗道润的旧部属，在苗道润死后带领其众，现在被封为易水公，辖地有涿、易、安肃（今河北徐水县）、保州、君氏川、季鹿、三保河、北江、矾山寨、青白口、朝天寨，水谷、欢谷、车安寨。

辽州从宜郭文振被封为晋阳公，辖区有河东北路。

平阳招抚使胡天作被封为平阳公，辖区有平阳、晋安府，隰、吉州（胡天作请求以晋安府之翼城县为翼州，以管治垣曲、绛县，并置平水县于汾河之西，金国小朝廷皆一一准许）。

昭阳公张开被封为上党公，辖区有泽、潞、沁州等地。

山东安抚副使燕宁被封为东莒公，辖区有益都府路。

这些受封者的权力很大，除了统领本路兵马，还可以“署置官吏，征敛赋税”，而“赏罚号令”亦得以便宜行事。此外，金宣宗又规定如果受封者能够收复附近的州县，也可将之并入管辖范围。不过，他们不能把爵位传给兄弟或子孙，这是金国小朝廷为了防止尾大不掉的措施。相反，归附蒙古的汉将们可以享受“世袭”这项惠及亲属的待遇，故此，有些人基于家族的长远利益而坚定地站在新主子一边。更重要的是，蒙古人对归附者规定了交纳人质、助战，由蒙古征缴税赋、设置长官等具体的义务和安排，因而驾驭能力比金国更胜一筹。

总之，“九公封建”这个重大政治措施的实行意味着蒙金双方对河朔地区的争夺已经达到白热化程度。

七　你死我活

中原战事如火如荼的时候，成吉思汗却开始了酝酿已久的西征中亚，而直接的导火线是发生了一件严重的涉外事件。

事情的起因涉及中亚古国花剌子模，这个国家位于阿姆河下游一带，建都于玉龙杰赤（今土库曼斯坦库尼亚乌尔根奇），其国王摩诃末妄自尊大，存在向东扩张的野心，对蒙古国的动静非常关注，曾经派遣使团前往已被蒙古军队占领的中都，对中原的战况有一定的了解。当时成吉思汗尚没有征服西亚的具体计划，故对花剌子模比较友好，与之保持商贸往来，以互通有无。1218年（南宋嘉定十一年，金兴定二年）春，一支共有四五百名回回人的商队带着蒙古军队从战争中掳掠的金银财富来到花剌子模边境城市讹答剌进行贸易时，竟然被贪图财物的摩诃末杀死，唯有一名骆驼夫幸免于难，逃返蒙古报信。这一事件激怒了成吉思汗，立即派遣使臣到花剌子模问个究竟，谁知为首的使臣亦被摩诃末杀害，其余的则被剃掉胡须，驱逐出境，使得两国关系彻底破裂，战争一触即发。

成吉思汗鉴于形势的变化，断然推迟灭金之役，决定西征。由于花剌子模拥有约四十万军队，而且经济实力

生活在蒙古草原上的牧民。

雄厚，故这位蒙古大汗不敢轻敌，准备率主力亲自讨伐。

此前，速不台奉命搜捕蔑儿乞惕部、哲别攻打逃入西辽的乃蛮残余势力、朵儿伯清剿秃马惕部、术赤打击降而复叛的乞儿乞思诸部，各路蒙古将领均已于1218年（南宋嘉定十一年，金兴定二年）间基本完成任务，先后班师。其中，速不台等人甚至在执行军事任务时与摩诃末所部发生过冲突。经过将领们的努力，西征的通道已经打开，特别是转战于西辽境土的哲别所部，共有三万兵力，可以就近配合西征。跟随成吉思汗一起出征的除了大部分蒙古嫡系部队之外，还有大量契丹、汉军。虽然有的穆斯林史家声称这支军队达到六七十万人，但据学者估计，真正的人数不会超过二十万。木华黎没有随征，仍旧率部分人马经略中原，矢志不移地对付金国。

金国在北线的威胁没有解除，南线的军事压力也越来越大。1219年（南宋嘉定十二年，金兴定三年）十二月，宋京湖制置使赵方为了防止金国再度进犯，决定先发制人，命许国、孟宗政、扈再兴等将率兵六万，分别出师邓、唐等地。宋军的作战方针是“毋深入，毋攻城”，只注重破坏金国境内的地方保甲组织，以及乘机“毁其城砦，空其赀粮”，这种打法与蒙古军队在北线进行的掳掠性攻击颇有相似之处。杀入敌境的宋将处处告捷，孟宗政进破湖阳县，擒敌千户赵兴儿；许国派遣部将耶律均战于比阳，戮金将李提控；扈再兴闯入了邓州境内，攻破高头，败金军步兵五千以及骑兵五百，焚其积聚。随后，唐州一带的战斗逐渐升温，直插唐州的扈再兴所部来到三家河，打退了出城迎战的二千金军骑兵以及七千步兵，一路追至城下，歼敌大部，斩金将从义，在包围唐州的同时又分兵搜捕周围残敌，捉获了金副统军广威将军衲挞达，并把敌人的“髑髅”敛集起来堆成一座“人头堠”，以扬军威。

经过一番焚掠之后，各路宋军陆续撤回。战事一直持续到1220年（南宋嘉定十三年，金兴定四年）初，金军组织反攻，企图袭扰樊城，可在宋军的严阵以待之下无隙可乘，无功而返。毫无疑问，宋军的一系列反击取得了卓著的成效，就像《宋史·孟宗政传》所记载的：“金人自是不敢窥襄、汉、枣阳。”

同年四月，淮东制置使贾涉传檄中原，招谕山东、两河豪杰反金，宣布若有“以地来归”以及“反戈自效者”，则朝廷“裂地封爵无所吝”。宋将李全也积极四处招抚山东各地的义军，以瓦解金国在当地的统治。

总之，金国小朝廷对南宋开战不但远远没有达到预期目的，反而在对方的反击之下越来越被动，真是得不偿失。北线也在四月至六月间混战不断，孟州（今河南孟县）、岚州（今山西岚县）、兖州、大名、开州（今河南濮州）、东明、长垣等处均遭受到蒙古部队不同程度的袭扰。预示即将发生大规模的战事。

不过，木华黎这一次的主攻方向不再是河东，也不打算向河中开进，而是把矛头转移到了侧翼的河北，决定打击麇集于此地的大批金国武装势力。

值得注意的是，这时河北政局已经出现了变动，此前行省事于东平的金臣侯挚在1218年（南宋嘉定十一年，金兴定二年）原本计划迁行省回河北，可为了招讨红袄军仍不得不继续滞留于山东地区，显得顾此失彼。金宣宗害怕侯挚难以兼顾各地局势而分散兵力，打算将其部分权力转移给邳州行省。到了1219年（南宋嘉定十二年，金兴定三年）七月，

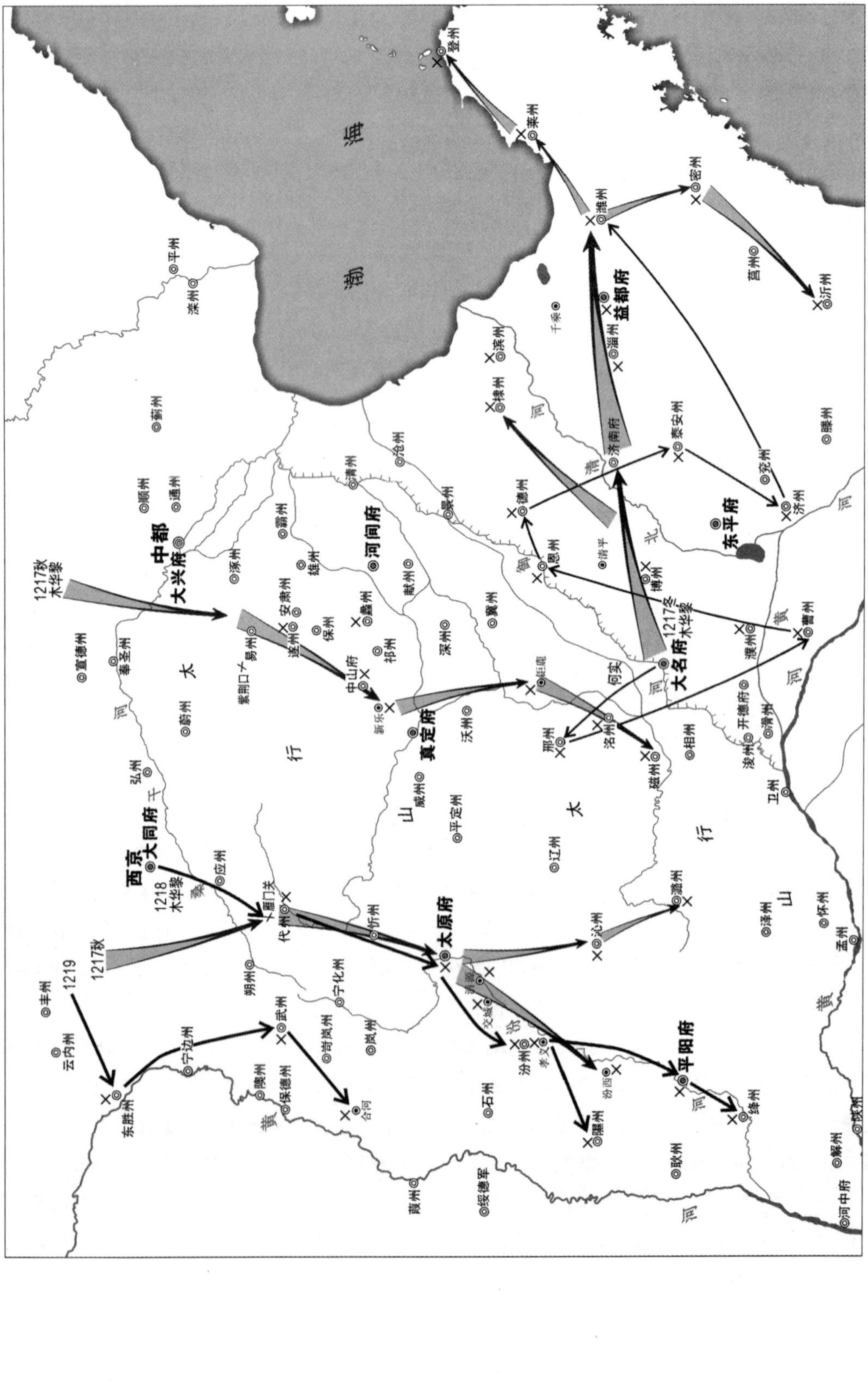

木华黎经略中原（1217—1219年）。

朝廷干脆新设立了“汴京东、西、南三路行三司”，诏令侯挚居中总领政事，此后，河北行省实际已经取消。而在金国新晋的九位封建主中，有五位的地盘在河北，分别是沧海公王福、河间公移剌众家奴，恒山公武仙、高阳公张甫、易水公靖安民。河北行省虽然不再发挥作用，可金国小朝廷希望这些异姓封建主能起到中流砥柱的作用。在接受金国爵位的九人当中，无论财富，还是军队，都以武仙为“最盛”（郭文振、张开与胡天作虽然收复过太原、平阳等处，可实力与武仙相比仍有一定的差距。武仙本来于兴定三年受到张柔、董俊等人的攻击而丢失真定，后来因得到金国更多的支援而打败董俊，现在得以复据真定），一时之间在抗击蒙古的战争中成了众望所归的人物。

谁知，金国小朝廷实施新的“封建”之策刚过几个月便受到了重大挑战，发生了武仙背叛事件。事情的起因是木华黎于1220年（南宋嘉定十三年，金兴定四年）八月率部队进入河北真定地区，即将与极受金国小朝廷重视的武仙决一死战。战前，木华黎安排史天祥攻城，史天祥请示道：强攻恐怕“戮及无辜”，不如进行招抚，倘若无效，再加兵未迟。得到木华黎的准许后，天祥亲自入城与武仙见面，并“谕以祸福”，终于说服武仙出降。

武仙此举是迫不得已，他虽然在金国所封建的九公之中实力最为雄厚，可是与木华黎所率的蒙古军队主力相比仍然远远不及，故不得不选择投降，这样做无疑会给金国所倚重的封建之策带来消极的影响。

武仙降蒙后没有受到应有的重视，只是成为史天倪的副手，而史天倪则为河北西路兵马都元帅、行府事，负责镇守真定。本来，蒙古将领吾也而建议史天祥守御真定，但被木华黎以“天下未定”，智勇之士不可擅离左右为由否决了，不过，史天祥还是因功升为左副都元帅。

蒙古军队在河北的行动起到了敲山震虎的作用，有效地威慑了山东的一些地方武装势力。山东历来是红袄军活跃的地方，自从红袄军领袖李全归附南宋之后，到处招抚各处的义军，进一步动摇了金国在山东的统治。转任金山东东路转运使兼权知益都府事等职的田琢于1219年（南宋嘉定十二年，金兴定三年）被手下张林所驱逐，随后因背疽发作而病卒，而张林接着归附了李全，以青、莒、密、登、莱、潍、淄、滨（今山东滨县）、棣、沧、宁海、济南等十二州降宋。

被金国封为沧海公的王福在此前后于乐陵、盐山等处与红袄军残部以及归附张林的叛将张聚作战。到了七月，活动于益都一带的张林加入战团，致使实力不济的王福再也打不下去，只得龟缩于沧州等处，显得势穷力蹙。由于外援断绝，王福企图弃地南奔，但被手下诸将阻止，便干脆投降了张林。

活动在济南境内的严实也出身于乘乱起兵的地方武装，他最初被金国任命为官，不久也步张林的后尘降宋，以致一时之间，山东很多地方名义上成为南宋的疆土，令金国的统治区域更加支离破碎。但是南宋没有能力驾驭这些割据一方的武装势力，一旦形势有变，这些首鼠两端的归附者难免改换门庭。事实正是如此，就在武仙降蒙的同一个月，严实经过观形察势，决定另投明主，遂果断“籍彰德（今河南安阳）、大名、磁（今河南磁县）、洺（今河北永年县东南一带）、恩（今山东武亭县）、博、滑（今河南滑县东南一带）、濬（今河南浚县一带）等州户三十万”归附木华黎，让蒙古人兵不血刃地获得大片土地，而他本人亦因此被授予金紫光禄大夫，并行尚书省事。

冬季到来后，蒙古军队继续前进，来到滏阳（今河北磁县），屯兵于邢西遥水山下。守御此地的是武仙之兄武贵，他仍旧效忠于金国，出动万人列营于山上，企图固守到底。奉命打头阵的史天祥携带百余精兵，由狭窄陡峻的山间小道攀援而上，起到了出敌不意的奇效，为迫降武贵而立下首功，以致武仙在事后惊叹史天祥“若有羽翼”，竟履险如平地！不久，邢、磁、相三州也相继易手。

转眼到了十月，被金国封为易水公的靖安民想乘乱抢占更多地盘，出兵至矾山，夺取檜车寨。蒙古军队立即抽调人马乘虚而入围攻靖安民所居的山寨。守寨的提控马豹等将为了自保，挟持靖安民的妻子儿女以及寨中老弱出降。在外作战的靖安民及其部众闻之方寸大乱，许多将领打算投降以保全家属，但靖安民与经历官郝端不肯听从大多数人的意见，最终被哗变的乱兵杀害。

河北局势演变至此，使得金国在河北地区的封建之策受到重大挫折。在分封于河北的五个异姓封建主中，恒山公武仙与沧海公王福相继降敌，易水公靖安民又死亡，剩余的河间公移剌众家奴，高阳公张甫实际已经难成气候，对木华黎所部没有什么重大威胁了。

木华黎不断收降纳叛，势力如雪球般越滚越大，而他的眼光已经从河北转向山东，在分出一部分兵力由蒙古不花率领前往卫、怀、孟等河北未下诸州的同时，自己带着主力东向济南，此举让金国小朝廷所在的河南地区受到更加严重的威胁。

金宣宗对此已有切身的体会，早在木华黎屯军真定期间，他为了拯救危局，便在九月对军制采取一些革新措施，鉴于许多地区设置的元帅府过滥，以致兵权分散，遂新增了“总领元帅府”这一级别更高的职位，希望能纠正一些元帅府各行其是、互不统摄的弊端。首个“总领元帅府”驻于归德（今河南商丘一带），辖下有寿州（今河北献县）、陈留（今河南开封县一带）两镇之兵，兵权得到一定程度的集中。当木华黎挺进济南，金国便作出了更大的反应，不惜打一场近年来极力避免的野战。

金宣宗敢于一反常态，调兵遣将准备野战，原因可能是在数年的较量中已经对木华

金代的铁蒺藜与铜骨朵。

黎所部状况有所了解，似乎察觉到对手的军队里面有很多是降附的契丹、汉人，故铤而走险，计划与之在野外大战一场。如果能够重创木华黎所部，那么就成功瓦解了这路蒙古军在河朔的攻势，而西征的成吉思汗一时又鞭长莫及，难免会让金国赢得宝贵的喘息之机，以期能东山再起。

当时，屯兵于黄陵冈的金军号称二十万，欲拦截蒙古军去路，当得知木华黎已带着部分轻骑作为先头部队取道林州等处杀向济南，便派遣两万步兵前往济南驱逐来犯之敌。

木华黎临危不惧，首先以五百轻装上阵的精兵阻击开向济南的金军，再率领随后赶到的主力部队直薄黄陵冈，发现大批敌军早已沿河排列于北岸，摆出决一死战的姿态。

据《元史》记载，木华黎观察敌情后，说了一句意味深长的话："此不可用长兵，当以短兵取胜。"意思是不能让骑兵挥舞戈矛之类的长兵器突阵，而应该下马与敌人短兵相接！本来，久经沙场的木华黎对重装骑兵强行突阵的战法并不陌生，而在1211年（南宋嘉定四年，金大安三年）的野狐岭大决战中，正是他率精锐部队"策马横戈，大呼陷阵"，首先捣毁了金军的阵营。可现在，他却踌躇不前，不打算故技重施，竟然打算使用变通的办法，让骑兵下马作战。至于这样做的原因，各种史籍虽然没有明确记载，但最大的可能性是对蒙古骑兵的突阵能力缺乏信心。其实，木华黎这种反常的做法此前已见端倪，在1216年（南宋嘉定九年，金贞祐四年）的辽东神水县之战中，他曾经命令军中一半骑兵下马步战，同样也与骑兵难以直接捣毁敌人战阵有关。

金军步兵似乎拥有拦截重装骑兵的能力，而对于相应的战术亦早已有所了解，在不久之前的南征中，金军骑兵遇上扈再兴等南宋将领的部队时，就被对方采用麻扎刀砍马脚的方式打击，故不可能不会留下印象，如今依样画葫芦加强类似队伍的建设也并非不可想象。

不过，重装步兵虽然可以拦截重装骑兵，但却受到轻装步兵的有力挑战，因为站立于地上的轻装步兵可以比骑兵更有效地保持重心，并在足力、腰力的协助下拉开强弓劲弩，以远距离射箭的办法杀伤对手。

富有作战经验的木华黎自然会采取适用的办法克敌制胜。当战事开始后，抢先发起攻击的蒙古军队果真一齐引弓射箭，用遮天盖地的箭雨压制对手。在此前的神水县之战中，通过弓箭手掩护步兵冲锋已经被证明是行之有效的，如今木华黎已经胸有成竹，他亲自下马督战，指挥手下步行着冲锋陷阵。

蒙古军队的一系列举动让金军将领应接不暇，他们最初看见对方下马作战时可谓求之不得，因为金军缺乏马匹，故愿意使用步战的方式决一胜负，可是想不到仗打响后，却在对方的死打硬拼之下手忙脚乱，防线竟然被摧枯拉朽般捣毁了，以致不少人在溃逃中掉入河里溺死。

金军统帅在侥幸心理的驱使下策划的黄陵冈之战又一次证明其野战能力未有显著提高，不但骑兵不足恃，连步兵也技不如人。出任经略使的前线将领乌古论石虎虽然得以脱身，但同年十一月二日被金国小朝廷以"战阵失律"之罪按军法处置。

木华黎在战争中一再展示高超的应变技巧，他重用步兵破阵的思想已经在神水县之战崭露头角，而到了四年后的黄陵冈之战，他又把步兵的作用提升到前所未有的高度。这反映重装骑兵在军中的地位有下降的趋势，不过，这种变化暂时没有对战事造成什么不利的影响。

其后，木华黎马不停蹄地挥师攻打楚丘（今山东曹县东南）。这座小而坚固的城市尽管"四面皆水"，但蒙古军队以"草木填堑"，得以顺利越过障碍而直抵城下。刚刚归附的严实率部做敢死队，抢先登城，迅速攻拔。其后，连破单、胜、兖三州，接着包围东平。

东平的地理位置比较特殊，正如金翰林待制抹捻阿虎德在后来所说的：朝廷南迁后"恃大河（指黄河）以为险"，而"大河以东平为藩篱"，对此地的重要性进行了一个简明扼要的概括。这时，驻于东平的宣抚使完颜弼已死，蒙古纲奉命徙知东平府事，并任行尚书省等职，率部在城内据守。此前，原来在山东主持大局的仆散安贞已经转赴南线负起征宋之责，而地方守御重任主要依靠蒙古纲、燕宁、田琢三人，他们"相依为辅车之势"，史称"山东虽残破，犹倚三人为重"。可惜田琢如今已经病卒，要想力挽狂澜只有依靠蒙古纲与燕宁了。燕宁虽然在1220年（南宋嘉定十三年，金兴定四年）与武仙等九人一起获得分封，成为东莒公，号称管辖益都府路，但真正苦心经营的主要军事据点是天胜寨，这个益都附近的险要之地正好与东平遥相呼应。现在当东平告急之际，燕宁自然不会置身事外，赶快率部驰援，与蒙古纲、元帅右监军行枢密院事王庭玉等人一起，集中力量共同保卫东平。

由于守军齐心协力的顽强抵抗，蒙古军久攻不下。木华黎竟迁怒于在一线指挥的大将吾也而，欲以"不尽力"为由加以严惩。史天祥认为攻坚并非蒙古将领所长，主动请缨代替吾也而履行攻城任务。木华黎大喜，亲自把一副皮甲以及自己所穿的铁铠赏给史天祥，为其壮胆。然而，就算跃跃欲试的史天祥带领部属卖力"鏖战不已"，可碰上东平坚固的防御工事依然裹足不前。木华黎知道手下诸将已经竭尽全力，再打下去也是徒劳，因而及时让人传达停止攻城的命令，并以金鞍、名马赐与史天祥，以示安慰。

东平攻防战就这样告一段落，金廷于1221年（南宋嘉定十四年，金兴定五年）正月二十五日收到了山东行省传来的捷报，举朝兴贺，蒙古纲、王庭玉、燕宁均因功而获得"各迁一阶"的赏赐。看来，金军只要放弃野战而转入防御，还是能在北线顶一阵子的。

在东平一时难以夺取的情况下，蒙古军主力只得北撤。但木华黎没有带走所有人，还留下梭鲁忽秃率三千人在城外监视，因为作为身经百战的统帅，他敏锐地觉察到还有转败为胜的机会，故在临走前对严实说了一番话，很好地表露了自己的想法，大意是东平城内粮食不足，当守军吃不饱饭，必然弃城而走。为此，他留下严实准备善后，令其出任权山东西路行省之职，并告诫这位新晋的地方要员道：日后得城，要记得"安辑百姓"，不要滥施暴政，以免坏事。

河北、山东闪烁着刀光剑影时，西北也战云密布。此前，西夏军队于1220年（南宋嘉定十三年，金兴定四年）二月进犯镇戎，又于四月袭扰金境，在鹿儿原、新泉城等处作战。金元帅庆山奴反攻宥州（今内蒙古鄂托克前旗东南城川古城），围神堆府，取得"斩首二千，俘百余人，获杂畜三千余"的战绩。同年八九月间，西夏突然拿下会州，迫降金刺史乌古论世显，然后又相继攻击了龛谷、定西、绥平寨、安定堡等处，夺取了西宁州，但转战定西期间被金将乌古论长寿击退。

宋军主动介入西夏与金国的战事，南宋新任四川安抚

南宋《中兴瑞应图》中的南宋军队（一）。

使安丙于八月与西夏约定在西北夹击金国。利州统制王仕信首先奉四川宣抚司之命引兵从宕昌出发，赴熙（今甘肃临洮）、巩（今甘肃陇西）等州，与入侵金境的西夏军队会合，其后，诸将分道进兵，统制质俊、李寔引兵出下城，沔州都统张威出天水，利州副都统程信出长道（今甘肃西和以北地区），兴元副都统陈立出大散关，兴元统制田冒为宣抚司帐前都统出子午谷，金州副都统陈昱出上津（今湖北郧西西北）等处，相继攻克来远、盐川镇，同时在定边城击破一股来援的金军。然而，宋军内部一些将领对这次军事

南宋《中兴瑞应图》中的南宋军队（二）。

行动信心不足，例如张威就认为："金人尚强，夏人反复，未可轻动"，并在途中下令"所部诸将毋得擅进兵"，流露出消极的思想。最后，尽管程信、王仕信成功率部与西夏军队会师于巩州城下，但攻城不克，因为号称二十万的西夏军队对攻城采取敷衍的态度，只打了几天便罢手。故此，徒劳无功的程信等人撤往秦州等处，而夏人也自安远砦退师。在此期间，金军亦对皂郊堡进行反击，与沔州统制董炤等人进行了交战。彼此互相对峙，处于犬牙交错的状态。到了十月，程信再邀西夏军队共同进攻秦州，在得不到确切答复的情况下只得自伏羌城班师，而前线诸将亦皆罢兵。事后，安丙追究作战不力的责任时，不分青红皂白将王仕信处死于西和州，并以张威"不进兵"为由，解除其军职。

不管怎么说，西夏与宋军对金国的威胁都远远比不上蒙古军队。而金国君臣在木华黎率领主力班师后舒了一口气。接下来，他们不顾山东东平等处尚被留守的蒙古军队所威胁，又在1221年（南宋嘉定十四年，金兴定五年）正月讨论防御西夏以及准备惩罚南线宋军等事。当时，宋将李全在淮东制置使贾涉的支持之下经盱眙渡过淮河，攻克泗州西城，打死金提控王禄，并从盱眙搬来大量粮食以及守城器具，打算长期镇戍。因而金宣宗下诏诸兵集于蔡州，准备伐宋。

重披战袍的仆散安贞于1221年（南宋嘉定十四年，金兴定五年）二月奉命从息州等处出师，经七里镇，相继在净居山、保山寺、洪门山、黄土关等处击破阻击的宋军，遂入梅林关，拔取麻城县。南下的金将牙虎带率部在泗州打了一场硬仗，先是在城外的野战中击败宋军，打死统制赖兴，然后出动云梯与冲车攻城。守将李全最终支撑不住而弃城逃遁，城内的粮食、器械等物资悉数落入敌手。

仗打起来后，光州、五关、团风等处警报频传。不久，金军以十万众进迫黄州、蕲州等地，分兵四处掳掠州县的同时又遣偏师进犯汉阳军，安庆告急。宋帝下诏淮东、京湖诸路救援淮西，而沿江制置司应该加强长江的防控，同时令权殿前司职事冯榯督部进驻鄂州，京东忠义都统李全率兵支援蕲、黄地区。

在仆散安贞进犯淮西之际，枢密完颜小驴屯军于唐州为后继。京湖制置使赵方声东击西，打算出其不意地派人先攻唐州，以破坏对手的反攻计划，因而指使扈再兴、许国等将带领枣阳、桐柏两地的镇守部队出击。扈再兴不负所托，又于唐州得胜，斩金将小驴，围其城五匝，就在眼看快要攻克的时候，却在三月间传来了黄州、蕲州失守，知州事何大节、李诚败死的消息，因而不得不奉朝廷之命撤围转而救援淮西。许国亦退还鄂州。

贾涉也紧急派遣李全驰援，以翟朝宗等将为后继。李全到达久长镇，与扈再兴以及赵范、赵葵所部互为犄角，和金军周旋。

金军这次出师表面上气势汹汹，实际无力深入。例如牙虎带所部于三月经团山、贾家等寨进逼濠州以及西掠定远时，由于粮食补给困难，至涡口而还。而仆散安贞因亦经淮河撤返。

扈再兴所部乘机在蕲州灵山袭扰了班师的金军，并在许国、李全派来的援军的配合下，击溃敌人，追逐六十里，擒其监军合答。

屡次在南线兴师却徒劳往返的仆散安贞即将迎来末日，他与金宣宗早已存在的矛盾逐渐激化了。《金史·宣宗纪》记载宣宗早在1219年（南宋嘉定十二年，金兴定三年）二月与太子讨论南征将帅时，就慨叹"天下之广"，却找不到合适的统军人选，“朕安得不忧？”然而，仆散安贞这时已经奉命为南征统帅，上述言论反映了宣宗对仆散安贞的极不信任。现在，宣宗开始公开批评仆散安贞南征期间实施的政策，起因是仆散安贞攻克蕲州后没有诛杀所获的七十余口宋宗室人员，同时，优待数万俘虏，以为己用。宣宗为此猜忌不已，竟对身边的宰臣道：这些俘虏难道不“思归”吗？意思是不杀此辈，将有隐患。后来，宣宗又怀疑仆散安贞优待宋室人丁与优待宋军俘虏的行为是意图留后路，以便日后战局不利时叛金投宋。到了六月，这位皇帝在身边近侍的唆使下终于决定处死仆散安贞，主要的罪名除了对宋朝俘虏处置不当之外，还指责其在策划南征时横征苛敛致使“凋敝民力”以及贿赂内侍等等。

金军在南线的战事打得不顺手，北线的东平也岌岌可危。木华黎虽然已经班师，可他临走前的判断非常准确，东平城内已经严重缺粮，或许是因为这个原因，燕宁在东平攻防战结束后便于四月间离开，可在撤返天胜寨时竟然被留在山东战场的蒙古军队打死，致使东平守军益感势单力薄。为此蒙古纲给朝廷上奏请求“移军于河南”，以免独木难支。金宣宗慌忙诏百官商议，有不少朝臣同意蒙古纲放弃东平，例如御史大夫纥石烈胡失门认为：“金城汤池，非粟不守”，而东平作为一座孤城，既缺乏粮食，又没有能够及时应援的部队，万一失守，则“官吏兵民俱尽”，损失更加巨大。故“徙之河南，以助防秋”的确为可行之策。翰林待制抹捻阿虎德的看法是：假若弃守东平，那么藩篱一失，则黄河之险不足恃。如今蒙古纲已经失去防守的信心，朝廷宜选用愿意固守的将士以及官员，“付与兵马铠仗”，继续在黄河以北坚持下去。在众议纷纭的情况下，枢密院建议采纳纥石烈胡失门的意见，把东平的“楼橹廨舍”全部焚毁然后将所有军人南迁。然而事关重大，沉吟不决的金宣宗不敢独断，下令再议。到了五月三十日，枢密院使用折衷方案，允许东平守军南迁，让蒙古纲改兼静难军节度使，带领女真、契丹、汉军等五千人，另建行省于邳州。而留下元帅左监军王庭玉率剩下的部队屯于黄陵冈，行元帅府事。

其后，东平守军南迁时遭到城外监视的梭鲁忽秃所部的邀击，被斩七千余级，蒙古纲带数百骑终于杀出一条血路，狼狈逃遁。

严实等人入城后按照木华黎临走前的吩咐，“建行省，抚其民”。此举是蒙古经略中原政策逐渐转变的标志之一，因为这支军队先前攻下的许多城邑未曾派人长期镇戍，故金军得以乘隙收复失地，现在木华黎吸收教训，专门留下军队镇守东平，致使金国屯于黄陵冈的驻军不能像以往那样卷土重来，而山东的失陷基本已成定局。就像正史称的：自此之后，金国的“山东不复能守矣”。

蒙金两军在东平对峙期间，北方其他地方也硝烟未息，例如天井关于1221年（南宋嘉定十四年，金兴定五年）正月遭受一股蒙古军的袭扰，其后，木华黎的弟弟带孙率偏师迟迟未能攻下洺州（今河北永年县一带），幸而得到石天应的及时支援而得以克城。

严实等土著豪强相继降蒙引起了连锁反应，盘踞于益都地区的宋京东安抚使张林也于这年的十一月归顺蒙古，被新主子任命为行山东东路益都、沧、景、滨、棣等州都元帅府事。之后，宋涟水忠义军统辖石珪也从淮南前往野狐岭联系投降事宜，并如愿以偿地成为济、兖、单三州总管。

木华黎招纳南宋叛将的做法必定会对蒙宋关系造成不

利的影响。此前，蒙古曾想方设法通好与金国有“世仇”的南宋，于1213年（南宋嘉定六年，金贞祐元年）派遣主卜罕等人出使。他们虽然受到了金国的拦阻，但还是有三名蒙古人突破重重障碍于1214年（南宋嘉定七年，金贞祐二年）来到钟离县北岸吴围铺一带，当这些人准备渡淮进入宋境时，不料却被南宋守臣遣返。据《建元以来朝野杂记》的记载，遣返的理由是“不奉旨不敢受”。此后，蒙古多次派遣郝和尚拔都等使者与南宋洽谈，都没有取得外交成果。显然，那时南宋君臣对蒙金战争采用置身事外、静观其变的态度。不过，金国悍然于1217年（南宋嘉定十年，金兴定元年）伐宋时，南宋加快了向蒙古靠拢的步伐，并于1221年（南宋嘉定十四年，金兴定五年）四月派苟梦玉为使者，前至西域铁门关觐见成吉思汗，以增进彼此的了解。事后，成吉思汗派人陪同苟梦玉回国报聘，显示出友好的态度。与此同时，淮东制置使贾涉派遣都统司计议官赵珙前往木华黎在河朔地区的行营，也受到热情的接待。其后，木华黎派遣主卜罕到淮东制置使报聘。这说明双方在共同与金国为敌这一点上具有一致性。不料，就在苟梦玉觐见成吉思汗的同一年，木华黎竟然使用挖墙角的手法，招降了宋京东安抚使张林与宋涟水忠义军统辖石珪，等于给正在升温的蒙、宋关系泼了冷水，让彼此原本存在的戒备之心更难消除了。

尽管如此，种种迹象显示金国还将继续陷入内外交困的处境，难以摆脱两线作战的不利状态。

由于北线屡战屡败，金国打算收缩兵力以及作出适当的让步以换取和平。金宣宗表示愿意尊成吉思汗为兄，并派遣乌古孙仲端为使，于1220年（南宋嘉定十三年，金兴定四年）乞和，而蒙古在这一年也派遣塔忽等人使金，可最后还是谈不拢。次年七月，乌古孙仲端又出使蒙古，与西征的成吉思汗在回鹘会面。《元史》记载成吉思汗对远道而来的金使说了一番话，大意是：我一向要求“汝主（指金帝）”授我河朔之地，而“汝主”则为“河南王”，然后“彼此罢兵”，可是遭到拒绝。如今木华黎“已尽取之”，使得河朔之地“既为我有”，仅“关西数城未下”而已，只要将其割付给我，而“汝主”又愿意成为河南王，方可议和。显然，这个苛刻的议和条件让金国无法答应，乌古孙仲端只能黯然归去。

木华黎自山东退回塞外就开始选择下一个攻击地区，继河东、河北与山东等处之后，陕西也劫数难逃。这年秋季，驻于天德（今内蒙古呼和浩特白塔附近）的木华黎已经策划入陕事宜。

陕西虽然也被蒙古与西夏侵扰过，但是所受到的损失比河东、河北、山东要小得多，而金国在当地的统治仍然比较巩固。女真统治者出于保卫河南的需要，对潼关以西的防务极为重视，调集大量部队准备堵截进犯的蒙古人。所有的一切都显示，木华黎经略中原的战事将要达到前所未有的激烈程度。河中这个战略枢纽地点扼守着蒲津渡口，是河东进入

山西襄汾金墓出土的军人砖雕。

关中的必经之道，似乎就快首当其冲，成为血肉横飞的厮杀场所。

没想到蒙古人绕道而进，避开了河中，于1221年（南宋嘉定十四年，金兴定五年）八月由东胜州渡河开入西夏，准备向陕西突进。这次迂回行动得到了西夏的支持。夏主曾在这一年二三月间袭扰搜嵬堡、来羌城，如今又打算出兵五万配合木华黎作战，可谓志在必得。

这时，奉金国之命行省于陕西的仆散端已于1217年（南宋嘉定十年，金兴定元年）死去，这个地区的政治制度也逐渐产生了变化，在1219年（南宋嘉定十二年，金兴定三年）间分设了东、西两行省，分别是京兆行省（或关中行省）与平凉行省，而金国小朝廷认为这样做可以更好地保卫河南。同年，刚刚结束讨伐南宋的完颜白撒征尘未洗，便行省事于平凉，此后，又与入境骚扰的西夏军队在定西州等处交锋。如今，当木华黎大张旗鼓地杀过来时，平凉行省与京兆行省同时受到波及。

金国已经任命把鲁胡为权尚书右丞、左副元帅，行尚书省、元帅府于京兆，在前线统筹战守诸事。把鲁胡在这一年的三月间上书朝廷指出陕西防区军事机构存在的弊病，因为他发现诸州郡设置的元帅府竟然多达九个，每处部队不过三四千人，而且里面“长校猥多”，人浮于事，起到了“虚糜廪给”的副作用。故提出了精简的建议，除了延安、凤翔、巩州等边隅重地之外，德顺、平凉等处多余的军事机构应该撤消。至于“河南行院、帅府”这些机构，同样只应该保存边境以及黄河防线的一些重要镇驻地点，其余“亦宜罢之”。上述建议获得了朝廷的认可。

陕西金军虽然筹备着对叠床架屋般重复的机构进行精简，但仍阻止不了绕道入境的蒙古军队，葭州迅速易手。当时，随木华黎出征的有吾也而、蒙古不花、石天应、史天祥、移剌捏儿、田雄等将，其中石天应认为应当留下部队镇守此地，他对木华黎说“西戎（指西夏）虽降，实未可信”，而此州位置处于金、夏两国之要冲，不但民众“健勇”，而且“仓库丰实”，再加上黄河流过附近区域，地势险要，假若被敌人利用，会对我军造成诸多不便，故宜命将领镇守，并“多造舟楫”，以备不时之需。木华黎表示赞同，当即授石天应为陕西河东路行台兵马都元帅，让其以五千劲兵留守葭芦，以防万一。

石天应果然在驻地制造舟楫，修建浮桥。尽管军中不少将领认为黄河“水涨波恶”，所有的努力恐怕徒劳无功，但他仍然毫不动摇，还警告一些反对者不要再试图阻止，否则必“断其舌！”等到浮桥架好后，诸将无不心悦诚服。

金葭州提控王公佐潜伏于城池附近的山区，招集了二千余名残兵败将计划反攻，想伺机焚烧石天应所部架在黄河上的浮桥，可是手下缺少兵器、铠甲，没有克敌制胜的把握，因而向元帅府这个上级指挥机构要求增援，在遭到拒绝的情况下又恳请元帅府派兵护送当地老幼“稍徙内地”，亦迟迟得不到回应，以致人心涣散，恐惧不安。

由于金军普遍士气低落，更多的地方保不住了。绥德、保安等处相继失陷，只有延安进行了顽强的抵抗。

延安之战于十一月爆发，守城的是元帅右都监兼知延安府事完颜合达、征行元帅纳合买住等人，此前，他们刚刚在安塞堡附近击退了西夏军队的骚扰，想不到一波未平、一波又起，蒙古军队经绥德一路冲了过来，距城三十里驻扎。

蒙古不花以三千骑兵前

往城池附近侦察，发现列阵于城东的三万金兵虽然人多势众，但存在轻敌之心，便回来向木华黎建议明日正式会战时可先派小股部队以“佯败”的方式诱敌，然后再以“伏兵取胜”。

木华黎同意用计智取，他在夜半时分率主力衔枚疾进，神不知鬼不觉地埋伏于城东十五里处的两个山谷之间，布下了一个口袋。而蒙古不花于次日率小股部队扮演诱敌的角色，进至城下时不等交手就乱弃鼓旗于地，掉头就走，等到追击的金军进入事先布置的口袋里，伏兵立即四处冲出，在震天动地的鼓声中“万矢齐下”，《元史·木华黎传》记载蒙古军队大胜，斩首七千级，获马八百匹。

野战不利的完颜合达被迫带着残部退回城里坚守。木华黎率领吾也而、移剌捏儿等将一鼓作气团团围住了城池，似乎克城只是指顾之间的事。然而，蒙古人先后动用三万兵力围攻了十余日，始终未能突入城中，就连吾也而亦被箭射中右股，血洒前沿。

无计可施的木华黎只得分兵南下洛川等地，游骑甚至骚扰潼关、京兆。其中，打得比较激烈的是十二月间发生的鄜州（今陕西富县）之战，金保大军节度使完颜六斤、权元帅右都监纥石烈鹤寿、右都监蒲察娄室、遥授金安军节度使女奚烈资禄皆战死。此外，坊、丹（今陕西宜川县一带）等州相继易手。

蒙古军队在陕西延安等地的围困行动一直持续到1222年（南宋嘉定十五年，金元光元年）二月才无可奈何地结束了。

在此期间，数十万西夏军队分道寇掠龛谷、鄜延诸城，行省事于平凉的完颜白撒分兵应付，同时另外派军救援大通城等处，并经溪哥路，入西夏境内抄略。延安守将完颜合达等也抽兵经环州前来配合。金军先后在踏南寺、大通城等获胜，驱逐了进犯西夏军队，因塞外气候寒冷，缺少饲养马匹的牧草，遂回师。其后，完颜白撒向朝廷上奏，自称与延安守将完颜合达、纳合买住等人对近段时间的局势进行过讨论，认为：河北郡县俱已残毁，陕西、河南亦受过敌军的抄掠。而此前东、南两路敌军联合进攻鄜延地区，不少城邑失陷，惟有延安孤城仅得以保全。假若今秋敌人再度杀回来，势必长驱直入。虽然京兆、凤翔、庆阳、平凉各城已经增派军队，可全部是步兵，而且城与城之间相去甚远，仓促之间难以应援，倘若关中诸镇支撑不住，则河南亦不得安宁。如今两路敌军已远去，应该乘此间隙夺取南宋蜀、汉，此实乃国家基业“万全之计”。从奏书中看出，完颜白撒对南宋的态度极为强硬，他参与过伐宋的军事行动，故不足为奇。不过，牵一发而动全身，金宣宗不敢马上作出决定，只是令枢密院加紧商议。然而，西夏始终发挥着牵制作用，在之后的几个月时间里又与金国在永木岭、宁安寨、神林堡、质孤堡等处断断续续地爆发冲突，故金军伐宋的计划不敢轻易实施。

战后，陕西政局发生了新的人事变动。把鲁胡由于在蒙古军队入侵期间屡次向朝廷请兵，让金宣宗感到厌恶，竟被改调为知河中府事权安抚使，而完颜合达则因功升迁为元帅左监军、参知政事等职，行省事于京兆，正式把持了陕西军政大权。

在此前后，河东也不平静。蒙古军曾经于1219年（南宋嘉定十二年，金兴定三年）攻下过隰州，金国其后收复失地，但到了1221年（南宋嘉定十四年，金兴定五年），这个地方又被木华黎派出的一支部队拿下。事后，留合丑奉命率部分人马屯于石、隰之间。

1222年（南宋嘉定十五年，金元光元年）五月，隰、吉（今山西吉县）、翼（今山西翼县）等州聚集了更多的蒙古军队，在按察儿的统率下，将拒战的讹可、时全等金将打得大败，并侵入荣、解之境。此前，潞州也在同年三月被严实夺取。由于河东的战况同样牵涉陕西，以致完颜合达忧心忡忡地上奏朝廷道：如今已是暑天，敌人“犹无回意”，且将蹂躏我国境内所种的禾麦，倘若如此，则“河东之土非吾有也”。这些言论反映了时人已经看出蒙古军尝试长期霸占河东土地的企图。但蒙古人没有毁坏庄稼，反而鼓励民众务农，这种行为更让金国臣子担心，例如郭文振于六月在奏书中说道：“河朔受兵有年矣”，敌人一向皆“秋来春去”，如今已经盛暑却迟迟不回，还采取“不嗜戕杀”以及“恣民耕稼”等新措施，“殆不可测也”。

到了秋高马肥时，蒙古军队的活动愈加活跃，有部分人马进驻晋安（今山西新绛）、冀州。而被金国封为上党公的张开亦乘乱收复泽州。整装待发的木华黎即将出手了，他先令蒙古不花引兵出秦陇，以虚张声势，然后于七月间亲自率大兵取道云中，攻击了孟州四蹄寨、把部分寨民迁于州城，接着连拔晋阳义和寨、三清岩，又入霍邑山堡等处，将其民众迁往赵城县。

太原尚未完全恢复元气，竟又一次被推上风口浪尖，在八月面对蒙古人暴风骤雨般的攻击。守将赵益督兵极力防御，当知道城池就要失陷时，乃放火焚烧府库，以免被敌人缴获。最后，又沉符印于井，在自尽之前还不忘把老婆先杀了，由此可见早已抱着与城共存亡的决心。

本来，晋阳公郭文振、上党公张开的地盘分别处于河东北、南两路，完全可以积极配合赵益抵御敌军，可是这两人关系不睦，以致互相拆台。例如张开曾经以厚利引诱郭文振的手下，虽然由此招揽了不少见利忘义者，但与郭文振却势如水火。又比如太原在较早之前遇到饥荒时，金宣宗曾诏令辽、潞等地分出部分粮食赈济太原饥民，张开竟敢抗命不从，金国小朝廷亦对之无可奈何。由此可知，太原迅速失守的原因之一是地方军阀各行其是。

木华黎虽然重新得到太原，在军事上又再取得骄人的战绩，可兵力不足的缺点始终存在，为了集中力量作战，便不可能面面俱到、分兵把守各地，这就给予了金军乘虚而入的机会，就在太原变换主人的同一个月，金将移剌众家奴、张甫等人伺机收复了河间府。但胜利的天平始终倾向于蒙古人，到了九月，各路人马陆续夺得荣州胡壁堡（今山西万荣县西南一事）、临晋（今陕西临镇）等处。青龙堡（今山西吉县一带）在十月成为下一个攻击的目标，平阳公胡天作带领部下据守堡内，有孤掌难鸣之势，金国连忙调遣古里甲石伦、张开、郭文振等将救援，但这些将领互相猜忌，在弹平寨以东三十里处遇到阻击，便不再前进。协防的知府事术虎忽失来、总领提控王和等金将自知大事去矣，各自率兵归顺蒙古人，然后反戈一击，一齐涌到青龙堡外声言要索取留在城中的妻儿子女，致使城里人心惶惶，军民不战而溃。

胡天作被乱兵擒拿，押出城外成为俘虏，违心选择了投降，为蒙古人招抚怀、孟之民。远在河南的金国小朝廷由于信息不灵，仍命胡天作的儿子胡定哥继承父位，当胡天作投降的消息传回，胡定哥不得不自缢而死。不久，胡天作被张开、郭文振等人成功策反，但欲逃离济源这个栖身之地时却被蒙古人察觉，以致为此丢了性命。天作虽死，平阳公这个“封建九公”制度下的爵位仍在，只是后来改由行平阳公府事史咏出任。

在这段时间发生的战事中，最惹人注目的是石天应移军河中的举动。自从这位汉将平定陕西葭、绥之地后，就把注意力集中到了河中地区。史载他在某一日谒见驻军汾水以东的木华黎，认真听取了上级的“进取之策”后，回来对手下这样说：听说河中一带皆“平川广野”，可以驻军，有利于进一步“规取关陕”，诸君意下如何？有的手下谏阻道：河中虽然是用武之地，但南有潼关，西有京兆，这两处皆屯驻不少金军，是不可忽视的隐患。同时直言不讳地指出，就算拿下该地，可当地民众新附，人心不一，不利于日后防守，如果派部队留守该地则“恐贻噬脐之悔”，意思是在金军的反扑之下可能会付出重大代价，因而继续留守葭州才是稳妥之举。可石天应仍然坚持自己的意见，说道：葭州连通鄜州、延安，现在鄜州已平，假若将来得到西夏军队的配合，延安犹如掌中之物。由此可知鄜、延两地到手只是时间问题，将来肯定会把留守葭州的部队调往别处。况且国家最在意的地方是河南，葭州“路险地僻，转饷甚难”，不便于经略整个关内地区，也自然会延迟进军河南的日期。相反，河中虽然受到潼关，京兆两镇的潜在威胁，然而“北接汾、晋，西连同、华”，地广五千余里，户口达到数十万，假若以此为据点，“起漕运以通馈饷”，则关内地区可“克期而定”，关内既定，那么就可以觊觎黄河以南地区了。这一席话充分说明石天应在听过木华黎的教诲之后，坚定不移地准备夺取河中，他预感到一场恶战将要来到，慷慨激昂地说：我“年垂六十，耄耋将至”，一旦“卧病”于床笫时听说后生之辈立下功名，则死不瞑目。并掷地有声地说：男儿当死于战阵以报国，这是“吾志！”

就这样，扼守蒲津渡口的河中由于控制着河东与关中之间的重要通道，终于成为了双方角逐的新场所。

同年九月，石天应开始向河中进军，尚未到达目的地，已经传来了好消息，原来河中府万户孙仲威缺乏坚守的信心，决定投降蒙古，于十月八日捕捉安抚使阿不罕胡鲁剌，据城而叛。然而，还没有等石天应所部入城，金陕西行省已经派遣人员平息了叛乱。之后，河中府判官，权河东南路安抚副使侯小叔在城池即将被围的情况下镇定自若采取应变措施，掩护郊外农民入城，尽量落实坚壁清野之策，并散家财奖励将士，以鼓舞士气，决心要坚持到河中解围的时候，并因表现出色而于十二月一日升为权元帅右都监，得以便宜从事。

石天应不依不饶地继续布置围城事宜。侯小叔依旧矢志不渝，处死了临阵动摇的提控吴德与表兄张先等人，准备决一死战。金国对河中这个战略要地的防御非常重视，都监讹论奉枢密院之命专门前来与侯小叔商议战守大计，没想到，就在侯小叔出城与讹论会晤之际，石天应在城中内应的接应下轻而易举地夺取了河中府。

许多人都想不到，这个兵家必争之地几乎兵不血刃地换了主人。木华黎得讯后召见石天应道：蒲津渡口为河东要害，把守此地“非君不可”。乃以石天应为权河东南北路陕右关西行台，节制平阳李守忠、太原攸哈剌拔都、隰州田雄等将。并迫不及待地命令石天应制造浮桥，计划接济渡河的蒙军主力部队，安排妥当后，木华黎率部渡河连拔同州（今陕西大荔）、蒲城，径自直趋京兆，打算克期席卷关内地区，如果能够成功达到目的，那么就可以作为攻打河南的跳板了，而金国小朝廷的覆灭似乎也指日可待。

金国君臣深知河中府的重要性，紧急调集十万军队筹备反攻，而侯小叔驻兵乐李山寨，静候时机。

石天应及时察觉到金军潜伏于中条山一带，有随时发难的可能，便派遣骁将吴泽率五百兵出东门，预先埋伏在城外交通要道旁边的两谷之间，还特别叮嘱道：等来攻的敌军通过一半时，即击其侧翼，以便让其“腹背受敌”。

谁知吴泽虽勇，却存在嗜酒的缺点，竟然在当天傍晚饮得酩酊大醉，卧倒于林中不省人事，根本不知道敌人已经乘机由间道静悄悄地杀了过来，并出其不意地直抵城下。

当时石天应所部夺取城池不久，缺乏守城器具，而那些刚刚降附之人见势不妙，争相缒城而下，呈现树倒猢狲散之势。

蜂拥而至的金军在夜半时分攀城而上，焚烧楼橹，闪烁的火光顿时照彻城中。

坐镇城里的石天应望见城头火举，知道敌人已经杀进来了，只得奋身与之角逐，而混乱中追随在左右者仅四十余骑。众人皆骂吴泽误事，然而事到如今已无可挽回，其中有人劝石天应西渡黄河暂避，石天应叹息：以前有人谏阻我南迁之举，我一意孤行来到此地，又因守不住而放弃，真是不光彩。太师（指木华黎）纵然不怪罪于我，又有何面目见同僚！今日惟有一死而已，你们好自为之吧。言毕，追兵逐渐四面围拢过来，石天应血泪纵横，力战至午间，最终惨死于双市门。

侯小叔于1223年（南宋嘉定十六年，金元光二年）正月一日入城后，缴获了对手遗弃的大量辎重以及马、牛等牲畜，并指挥部下烧毁横架于黄河的浮桥，把这条从河东到陕西的交通要道拦腰截断。

不过，已有不少逃脱的残兵败将提前一步渡过了黄河，例如石天应的弟弟石天禹与儿子石佐中在城池即将失守时拼命左冲右突，他们发觉有的敌人因久战而出现松懈情绪，冷不防抢夺其斧，用力劈开一条血路，奇迹般溃围而出，跑到木华黎的行营报信。

噩耗传来，木华黎对爱将之死痛惜不已。由于部队正全力经略陕西，一时难以班师，只好采取权宜之计，派出数千蒙古军跟随石天禹与石佐中返回河中复仇。

事实上，木华黎所部在陕西的军事行动并不顺利，因为蒙古军队的作战意图已被金国将帅看穿。早在1222年（南宋嘉定十五年，金元光元年）六月，行省事于京兆的完颜合达就向朝廷上奏，宣称从捉获的多个间谍口中得知蒙古军队已与西夏约定，即将由河中、葭州等处入侵陕西。为此，他以秋季就快来临为由，建议朝廷宜预有准备。并担忧地指出：如今陕西地区所驻的重兵分别由两个行省（即京兆行省与平凉行省）控制，然而从京兆到平凉的距离有六百余里，万一敌人截断其间的通路，则京兆容易陷入孤立。故应该预先让平凉行省的完颜白撒领军东下京兆，以便集中力量协防，一起保卫潼关与陕西，等敌人撤离后再退回原驻地。这个建议得到金宣宗的批准。

由此可知，现在假若强行攻打京兆，无异于啃硬核桃，不但难以下咽，弄不好连牙齿都崩掉几个，果然，史载“长安（指京兆）城坚”，木华黎难以打下，在不得已的情况下，乃分遣麾下的兀胡奈、太不花等将率六千人马留下来屯守监视，再另派按赤那率部分军队前往潼关方向警戒，而自己统领主力继续西进。

十一月三日，同州在蒙古军的攻势下失陷，金定国军节度使李复亨、同知定国军节度使讹可皆自尽而亡。其后，蒙古不花奉木华黎之令率部属为前锋，在本月下旬作为先头部队即将出击凤翔。

凤翔位于陇山以西，是从东面通往京兆的咽喉要地，又可北控大散关，截断其往来秦川的道路，《读史方舆纪要》称之为“关中心膂，长安右辅”，具有“可耕可屯，宜战宜守”的特点。它是金国防范西夏与南宋的军事重镇，蒙古人要想拿下，非大费周章不可！

当时，坚守城池的是升任知凤翔府事的郭仲元与兵马都总管判官马庆祥等人。战前，马庆祥计划带部属出外执行清野任务，由于此去凶多吉少，便在临行时找来画工为自己绘制肖像，欲付与家人留念。为此，身边有人劝告道：君方壮年，为何做这种不祥之事？然而马庆祥不愿意多作解释，只是含糊其词地回答：你不懂。次日出城后，一行人马行到浍水附近竟然真的与蒙古军队派出的先锋不期而遇。马庆祥见势不利，且战且退，眼看就要靠近城池之际，却被敌军截断了归路，他自忖不能脱身，与随行的骑兵一起奋勇死战，直到携带的箭已射尽，也始终突不出对手布下的数匝包围圈。蒙古军队欲进行劝降，出动大批骑兵围绕在马庆祥四周缓缓而行，可是不管怎么样劝说，都是徒劳无功，最终只能将之杀死。事后，郭仲元伺机派人出城寻觅马庆祥的尸体，再运回城内，安葬于普门寺东面。

金国小朝廷认为驻于凤翔城内的乃是孤军，不足以防御，便下令左监军石盏合喜率部紧急增援。石盏合喜不负所托，乘敌人尚未形成合围之际迅速入城。仲元欲让合喜担任前线总指挥。合喜虽然是女真人，却以大局为重，毅然把军权让给汉将，推辞道：“公（指郭仲元）素得众心，不必以官位见让。”两人齐心协力，一直在城内坚持下去。

木华黎与移剌捏儿、刘黑马（刘伯林的儿子）等将已经相继来到了战场，他为了确保得胜，又一次征调西夏军队协助作战，以致总兵力号称“数十万”，牢牢地围困着凤翔。据称攻城部队“东自扶风、岐山，西连汧、陇”，数百里之间“皆其营栅”，以致城外几乎人满为患，并于十二月十六日开始不断发起凶猛而急促的进攻。

西夏武士木版画（甘肃武威地区博物馆藏）。

随着战事拖延下去，守城的将士恐怕谁也不敢担保万无一失。郭仲元只能尽力而为，他身先士卒，拼命抵御，为了鼓舞士气，遍谕城中将士道：凡是立有奇功者，不拘一格马上升迁，意思是不等朝廷批准，立即授予四品以下的军职。其中，同知临洮府事郭虾蟆奉赤盏合喜之令“总领军事”，作战尤其用力，表现特别出色，有一次，他陪同赤盏合喜巡城时，突然发现壕沟之外出现反常的情况，一个敌将竟无所顾忌地坐于胡床之上履行指挥之责，似乎一点儿也不担心自己的性命会受到威胁，这显然是因为其位置处于普通弓箭的射程之外，故敢如此托大，而容貌间亦毫不掩饰对金军守卒的蔑视。赤盏合喜指着这个妄自尊大的家伙对郭虾蟆说：你能射中此人么？郭虾蟆测量了一下远近距离，回复道："可以。"言毕立即持弓耐心地进行瞄准，等到敌将无意间举起手肘时，刻不容缓地射出一箭，果然命中其腋下，将之击毙。毙命者是西夏人，他的死对同僚造成了极大的震撼，其他的西夏将领产生了厌战情绪，由此判断凤翔必定不能攻克，遂在没有通知木华黎的情况下，率众先行撤退，大大减轻了金军的军事压力。

郭虾蟆恐怕事前未必会想到区区一箭竟然会产生这样大的影响，但可以肯定的是，这样非凡的战绩绝非侥幸取得，史称郭虾蟆"平时发矢"，总是习惯于射击敌人的腋下，因为这个部位一般没有受到铠甲的掩盖，所以成为绝佳的打击目标，由此可知，那时的金军非常重视使用远程兵器狙击敌将，部队里面也不乏这类型的人才。值得一提的是，擅长射箭的郭虾蟆却并非出自女真嫡系部队，《金史》记载他的贯籍是会州，世代为"保甲射生手"。本来，金国户口制度规定地方老百姓以家为单位互相联合作保，防止藏匿盗贼、奸细，到了金末，官府又把民间的保甲组织编为军队以应急，而郭虾蟆就是其中一分子。其后，郭虾蟆与其兄郭禄大一起应募入伍，在西北边境镇戍。郭禄大于兴定年间因功获得同知平凉府事、兼会州刺史等官职，并被女真统治者赐姓为颜盏，得以跻身军官行列。这兄弟俩素来以善射著称，某一次与进犯的西夏人在会州打仗时，禄大遥望敌阵，发现一些敌将不但没有隐蔽起来，反而大摇大摆地四处活动，这些家伙无论是身上还是胯下的坐骑，皆披挂着金衣，恰好成为耀眼的目标。他没有错过这个难得的战机，马上在二百余步之外弯弓射击，先发的一箭取得了致命的效果，正中一员敌将的喉咙，而随后发出的一箭奇迹般贯穿了另一员敌将的两只手之后，又牢牢地钉入了树中。一下子，让前线的敌人惊骇不已。遗憾的是，尽管金军拼命御敌，可是实力过于悬殊，会州最终还是被攻破了，而禄大、虾蟆兄弟俩也成为了俘虏。不久，禄大在逃亡时被杀，而郭虾蟆脱身后仍然受到金国的重用，现在得以凭着过去与西夏人打交道的宝贵经验以及出类拔萃的射击技艺在保卫凤翔之役中再立新功，因积功而得以升为通远军节度使。

在一个多月的攻防战里，蒙古军队千方百计想找到突破口，就连大将移剌捏儿也赤膊上阵，甚至因此在厮杀时被流矢射中左臂，无奈官兵始终却步于坚城之下，一筹莫展。更离谱的是，厌战的西夏军队已经在没有打招呼的情况下自行撤走。此情此景，纵使是雄心万丈的木华黎亦不禁流露出消极情绪，《元史》记载他对随征诸将叹道："吾奉命专征，不数年取辽西、辽东、山东、河北"，可谓"不劳余力"，不料攻打延安、凤翔等处，皆屡攻不下，难道这是"吾命将尽"的预兆么？不得已，他退而驻兵于渭水以南，派遣蒙古不花南越牛岭关，掠南宋凤州而还。

凤翔于1223年（南宋嘉定十六年，金元光二年）二月二十六日解围后，郭仲元连忙向朝廷奏报擅自升迁将士之罪。金宣宗不但没有怪罪，反而对其进行嘉奖，并对守城将士因功而获得的职位一一予以追认。郭仲元此后也平步青云，升至兵部尚书，史称其"沈毅有谋，南渡后最称名将"，他统率素负盛名的花帽子军先后在汴京与凤翔两次保卫战中有出色的表现，史册留名是当之无愧的。

此外，完颜合达相继在延安、京兆两次保卫战中让木华黎受挫，而在随后发生的凤翔之役中，他因策应有功又受赏，成为另一位熠熠上升的将星。

木华黎在陕西作战屡逢

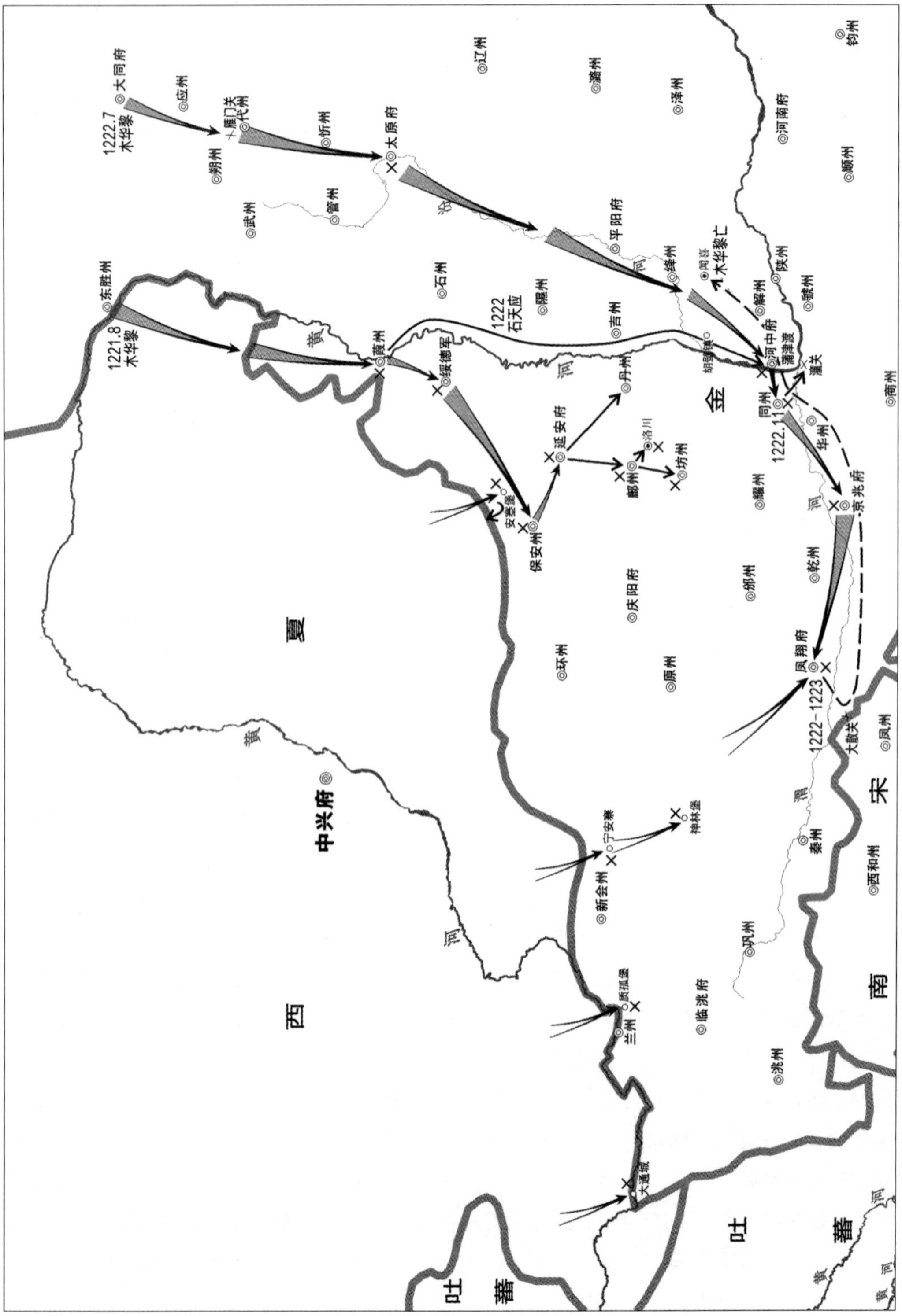

木华黎经略陕晋（1221—1223年）。

强敌，欲退回河东。在此期间，河中地区由于控制着山西与关中之间的重要通道，又爆发激战。此前，木华黎已派出数千蒙古军跟随石天禹与石佐中返回河中复仇。这股人马会合先锋元帅按察儿所部，号称十万，于1223年（南宋嘉定十六年，金元光二年）正月包围了河中。

金总帅讹可命令提控孙昌率兵五千救援，枢密副使完颜赛不亦派遣李仁智率兵三千前来参战，两路军队均已推进至城外待命。侯小叔处变不惊，与城外援军相约以鸣钲为号，准备发动夜袭，内外夹击敌人。谁知当守军出城迎战时，孙昌、李仁智两路人马却因怯战而按兵不动。孤立无援的侯小叔被迫收拢部众返回，坐困愁城。敌人发起的攻势越来越频繁，城内守御的一些将士眼见不是办法，提出了弃城而退回中条山的建议，侯小叔难以决断，只是秘密派遣经历官张思祖溃围而出，欲向汴京告急，但时间已经来不及了，不久，城池于二十四日被攻破，侯小叔在乱军中下落不明。

金军残部烧毁城内庐舍后，向中条山方向突围。蒙古部队在先锋元帅按察儿的带领下进行邀击，取得了斩首数万级的战果。据《元史》记载“逃逸者仅十数”，因而不排除攻城者入城后滥加屠戮的可能性，这样做当然是为了替石天应报仇。

几经波折，蒙古军队重新控制了这个战略要地。木华黎所部终于得以从蒲津渡口返回河东，就在搭造横跨黄河的浮桥期间，木华黎还不忘抽调部队攻下河西的十余堡寨。转眼又是三月，部队主力终于渡过河，踏上了归程。回师至闻喜县时，积劳成疾的木华黎卧床不起，他自知大限已到，召其弟带孙到跟前留下最后的遗言，自称为了国家的大业而“擐甲执锐”，东征西讨了四十年，现在没有别的遗恨，只恨汴京未拿下。并叮嘱带孙等人要完成未竟的事业。其后，木华黎死去，享年五十四岁。

八　新旧交替

在木华黎所部经略陕西期间，金国仍然不忘组织对南宋的大规模进攻。自从金南线统帅仆散安贞于1221年（南宋嘉定十四年，金兴定五年）六月被诛杀后，前线战事仍时有发生，宋军曾经出兵攻击过平舆、褒信等地，金宣宗为此耿耿于怀，经过一番准备之后，他于1222年（南宋嘉定十五年，金元光元年）二月派遣元帅左监军完颜讹可行元帅府事，节制三路军马南伐，另外又命令同签枢密院事时全行院事，为完颜讹可的副手。值得注意的是，时全出身于红袄军，在杨安儿、刘二祖等起义军领袖相继败死后率部降金，如今被金国小朝廷委以重任。不过，时全有一个叫做时青的侄子，此人过去也参加过红袄

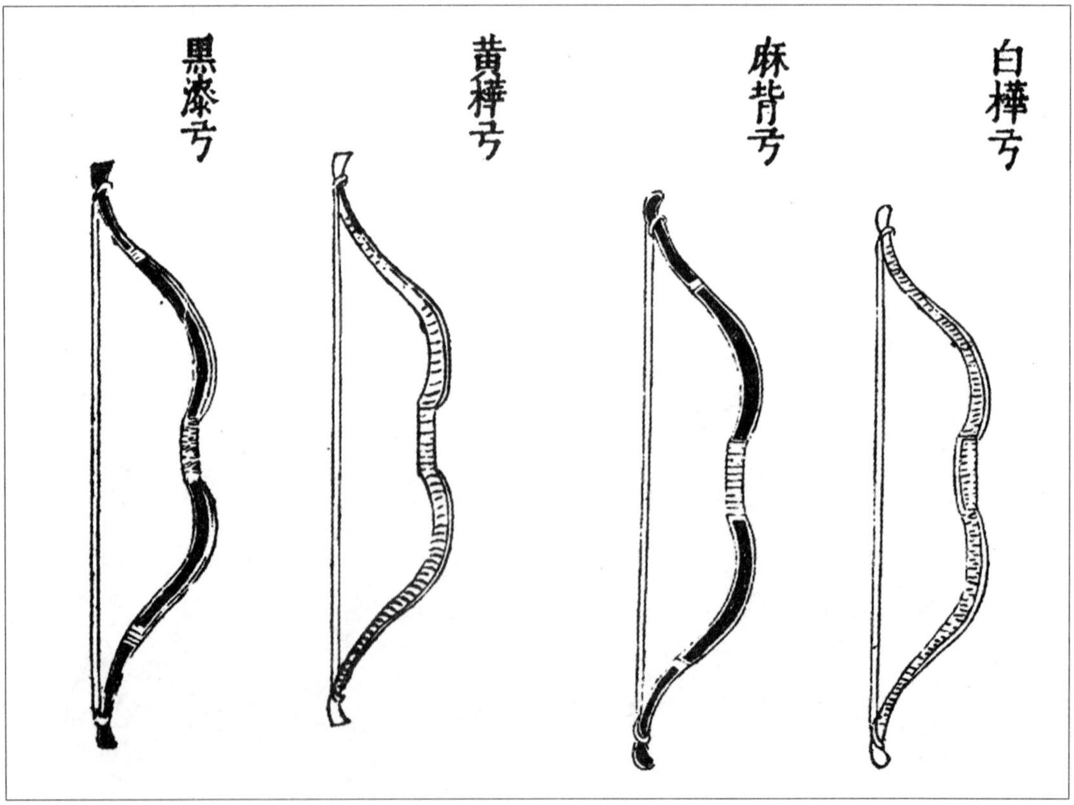

各种弓。

军，但最终归附了南宋，曾经镇守过淮南等地。当南线战火重燃时，叔侄俩各为其主，难免存在沙场碰头的可能。

这次军事行动的任务之一是抢粮。金宣宗下诏称：敌人的物资、粮食可取而不能夺取，那是讹可的罪过，取得物资、粮食后却不能运回来，则是时全的罪过。

金军出师后，在完颜讹可、时全的指挥下经颍、寿等地渡过淮河，先后进攻高塘市、固始县等处，打败庐州守将焦思忠的部队。宋军想方设法于三月间举行反击，攻略确山县刘村等地。

前进途中，金军从捉获的俘虏口里得知时青已接受南宋诏令，正率兵赶来，欲拦截时全所部。时全为了避免授人以柄，隐匿其事，没有上报。

这次南征又像以往那样虎头蛇尾，后劲不足的金军于五月间班师，回到距离淮河二十里的地方将要渡河时，却突然停止北返。因为时全为了夺取更多的粮食，竟然矫称得到密诏，要“诸军且留”，抢收淮南之麦。尽管完颜讹可与一些将领对冒险滞留于淮南的举动顾忌重重，可由于军中许多人相信了时全的话，亦无可奈何。

金军就这样停留了三日。完颜讹可觉得不太对劲，对时全说：如今淮河河水比较浅，河道也狭，可以迅速渡过，否则颇多变数，因为时值暑天，一旦下起大雨，河水便会暴涨，到那时，假若敌人乘机调集重兵从后面偷袭我方，全军

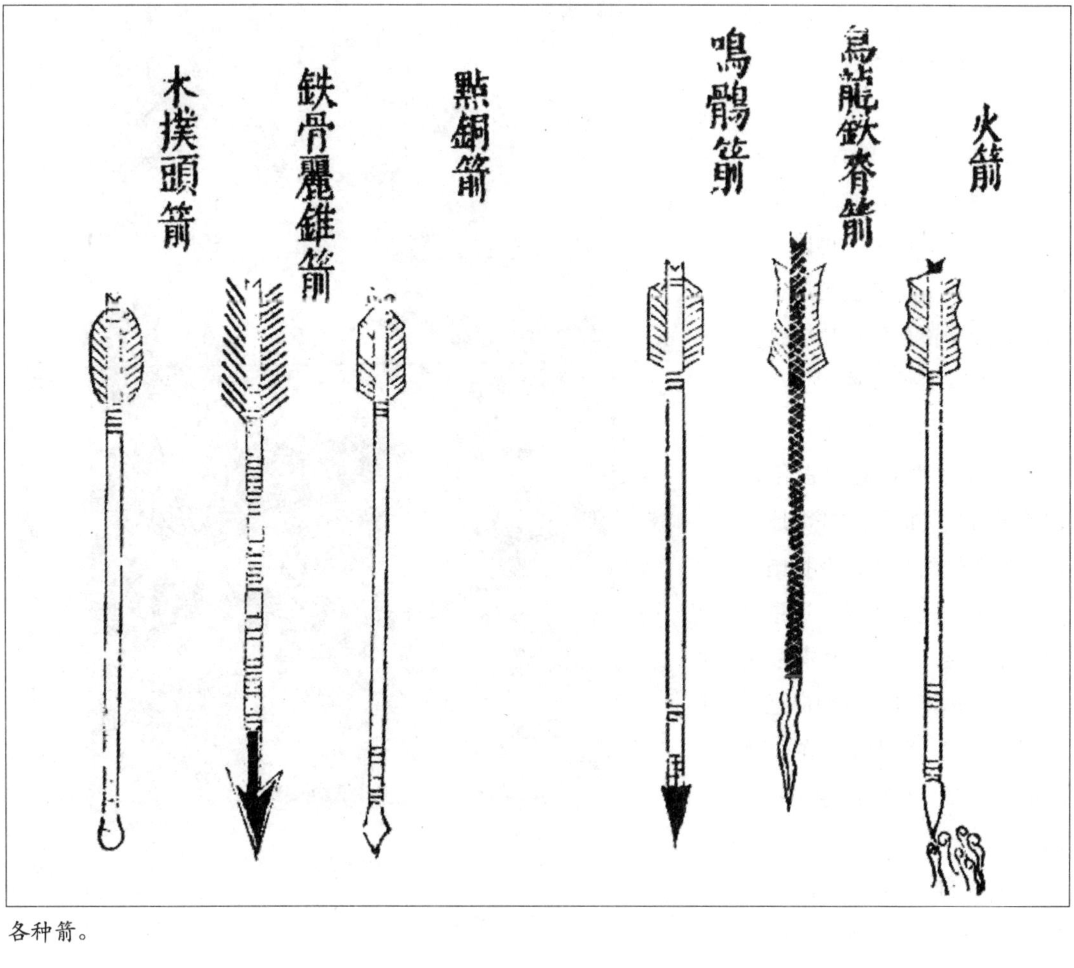

各种箭。

将很难完整地撤回来。可是这个意见被时全拒绝。随征的从宜达阿、移失不、斜烈、李辛等将认为完颜讹可的话有道理，言谈中也流露出对现状的不满情绪，但立即遭到时全的怒叱。虽然完颜讹可是全军名义上的统帅，但时全扬言要照皇帝的密诏办事，众人投鼠忌器，不敢再多言。

当天夜里，真的下起了大雨。次日，淮河河水顿时暴涨。惶恐不安的金军全都顾不得抢粮了，只想尽快搭桥过河，可惜太迟了，竟然在宋军乘势发起的突袭之下全线溃败，四处逃窜。

淮河上搭起的浮桥也在混乱中遭到毁坏，时全等将得到轻舟的及时接济，得以优先过河，普通兵丁就没有这么好运了，死于南岸的比比皆是。《金史》夸张地宣称“士卒皆覆没”，损失异常惨重。

金宣宗事后追究责任，诛杀了矫诏的时全，并派遣官员招集溃散的兵丁以及抚恤阵亡将士，以收拾残局。这是金国最后发起的一次大规模南侵，仍然逃不过失败的命运。此后，尽管两国时常在边境交战，但激烈程度已经大不如前。

北线自木华黎辞世后一度变得平静起来。按照蒙古之例，经略中原的部队将以木华黎的儿子孛鲁为继承人，然而孛鲁去西域晋见成吉思汗一时未返，故此，带孙负起了统辖大军的责任，并暂缓了对金国的进攻。集结的蒙古大军开始陆续退回原驻地，例如按察儿退保平阳，刘黑马回屯绛州，但不少地方没有留下大队人马驻守，就连河中地区也弃如敝履，被金将完颜赛不于五月四日率兵重占。在此前后，汾西县、荣州（今山西万荣县）、霍州、洪洞也被金国收复。

木华黎直到死时，仍未能完成经略中原的战略任务。那么，成吉思汗的西征又进行得怎么样了呢？这位蒙古大汗带领术赤、察合台、窝阔台、拖雷等儿子以及一大批得力助

长期转战西域的蒙古军队。

手，于1219年（南宋嘉定十二年，金元光三年）春踏上了西征之途，在也儿的石河度过夏天，等到秋季来临，抵达花剌子模境内，发起了全面进攻，经过一系列激战，相继夺得讹答剌（今哈萨克奇姆肯特齐穆耳一带）、不花剌（今乌兹别克布哈拉）、撒麻耳干（今乌兹别克撒马尔罕）等处。花剌子模国君主摩诃末损失惨重，仓皇逃往巴里黑（今阿富汗马扎里沙里夫一带）暂避，但在追兵的威胁下又转移到宽田吉思海（今里海）的一个岛中，于1220年（南宋嘉定十三年，金元光四年）底死去，由儿子扎兰丁继位。

负责追击的哲别、速不台等人虽然未能捕杀摩诃末，可在长达数年的时间里沿着欧亚大陆不断西进，途中很多地方在蒙军铁蹄的践踏下都成为一片废墟。这股人马陆续抄掠了波斯（今伊朗）、谷儿只（今格鲁吉亚）、干扎（今阿塞拜疆基洛瓦巴德以东）、沙马哈（今阿塞拜疆舍马合）等地，接着又奇袭分布在太和岭（今高加索山脉）北麓的阿速人，掠过钦察地区（今里海以北的伏尔加河与乌拉尔河一带），闯入斡罗思（范围大致包括今伏尔加河以西的基辅、莫斯科一带）南部，蹂躏了斡罗思人，兵锋直达克里米亚半岛。其后于1223年（南宋嘉定十六年，金元光二年）底经亦的勒河（今伏尔加河）以及里海、咸海北部地区而东归，与主力会合。这是蒙古军队首次打进东欧，具有重要的历史意义。

留在西域继续与花剌子模残部较量的成吉思汗于1220年（南宋嘉定十三年，金元光四年）秋重新发起攻势，连克玉龙杰赤以及呼罗珊地区（今阿姆河以南）诸城，然后辗转作战两年多，最终在申河（今印度河）消灭了扎兰丁的大部分军队。但蒙古军队未能杀死或俘虏扎兰丁，因为后者带着少数人逃往印度苟延残喘。

至此，西城各地基本平定，成吉思汗任命花剌子模人牙剌瓦赤治理各城，同时派驻达鲁花赤（意思是“镇守者”）进行监管，为班师做准备。

然而，成吉思汗统领的大部队一时未能赶回来，因而令金国在木华黎死后获得难得的喘息机会，有机会抓紧时间调整防务，晋阳公郭文振先后奉命驻军于孟州、卫州，权平阳公史咏驻军于解州，此外，石壕店、渑池、永宁县各屯兵数千人。

就在木华黎死的同一年，金军依然在南线有所动作。从这一年的六月起，到十一月为止，牙虎带、女奚烈蒲乃、术甲剉只罕等将先后在淮南、寿州、南阳、桃园、淮阳、邳州等地与宋军发生断断续续的冲突，提控术虎春儿战死。西北会州在十一月也发生了战事，金巩州行元帅府向朝廷传达击退西夏军队的捷报。

战乱不息的金国在十二月间出现了一件震动朝野的大事，就是金宣宗病逝。原来的皇太子完颜守忠及其子已经于

金代古画中的战马。

1215年（南宋嘉定八年，金贞祐三年）相继死于汴京，朝廷改立三子完颜守绪为皇太子，引起二子完颜守纯的暗中不满。如今金宣宗死后，完颜守纯竟有争立之意，但皇太子完颜守绪及时作出反应，分遣枢密院官员撒合辇以及东宫亲卫军官移剌蒲阿召集三万多将士屯于东华门街，形成威慑之势。当一切部署妥善，完颜守绪指使四名护卫把完颜守纯监禁于近侍局，而自己即皇帝之位于金宣宗柩前。

不难看出，完颜守绪能够成为皇帝，确实与京城之内部分将士的拥戴有关，其中出任亲卫军总领的契丹人移剌蒲阿出力犹多。据记载，在金宣宗病逝前后，当时身为皇太子的完颜守绪亲自来到移剌蒲阿的住所“扣门求见”，令其召集军队“以备非常”。守绪事后亦公开承认移剌蒲阿的功劳，并曾经对近臣说：如果不是移剌蒲阿的辅助，我哪里会有今日！因而在登基后赏功酬劳时，授之为“同知睢州军州事，权枢密院判官”，从此，这位君主凡是“军国大计”，多听从移剌蒲阿的意见。而同签枢密院事撒合辇亦拥立有功，同样得到了极大的信任。

新老交替的顺利完成，金国即于明年改元正大，史称完颜守绪为金哀宗。

金哀宗上台伊始，国内局势严峻，几乎到了山穷水尽的地步。不但领土日蹙，而且经济濒临崩溃。朝廷于此前为了渡过难关，不惜饮鸩止渴地滥发货币，当旧币贬值、便发行大面额新钱取代，由此陆续出现了“贞祐宝钞”、“贞祐通宝”、“兴定宝泉”、“元光珍货”等新钱币，甚至不惜制定法律，强行限制白银在市场的流通，以保证大面额钱币的应用。倒行逆施的经济政策引起了各地商家的抵制，以致发生罢市抗争的事件，在政局持续动荡的情况下，主政者不得不作出让步，放宽了对白银交易的限制。出于筹集经费的迫切需要，朝廷无所不用其极，既对流亡入河南的难民征税，又在重臣胥鼎的建议下公开卖官鬻爵，允许民人以钞、粟交换官职，加剧了吏治的败坏。种种苟政已经是积重难返。

部队内部军纪废弛的现象愈演愈烈，比较典型的例子是1223年（南宋嘉定十六年，金元光二年）八月发生在邳州的一起兵变。蒙古纲自东平移行省于邳州后，由于管理部属严格，信赏必罚，按照规定执行军法时得罪了一些地方驻军士卒，从而酿成了激变。同年八月，邳州从宜经略使纳合六哥等人公开发难，率领百余人冲入行省官署，杀死蒙古纲及其僚属，据邳州而反。金国小朝廷为了息事宁人，竟然颠倒事非，把责任全推给已死的蒙古纲，同时又给六哥等一批叛将升官，企图以此招抚叛军，只是得知六哥等人无意归附时，才出兵镇压，平定了历时两月的兵变。依靠武力上台的金哀宗具有“夺长而立”的嫌疑，故对军队的一些违纪现象也不敢怎么严加整顿，难免为时人所侧目，例如《归潜志》认为新皇帝登基后，“骄将多难制不训”。

尽管金哀宗在刚上台颁布的诏书中称要“述先帝之遗志”，遵照国家已有的“定制”行事，可许多人还是期待这位新君主能够改辙易途，调整金国过去一些错误的内外政策，希望能出现起死回生的奇迹。金哀宗确实欲采取得力措施以挽回颓势，例如他刚上台就果断贬谪秘书监、权吏部侍郎蒲察合住与左司员外郎泥旁古华山等酷吏出京，成功取得了相当一部分士大夫的拥护。在此期间，丞相高汝砺、平章政事把鲁胡先后死去，故哀宗又及时起用了一批主张抗蒙的朝臣，下令致仕的张行信复出为尚书左丞，而在陕西屡立战功的完颜合达则奉命权参知政事、行尚书省事于京兆、兼统河东两路，保卫凤翔获胜的赤盏合喜亦拜参知政事、权枢密副枢。此外，枢密副使完颜赛不为平章政事，权参知政事石盏尉忻为尚书右丞，太常卿李蹊为翰林承旨兼权参政，等等。

值得一提的是，因年老而致仕的胥鼎重新复出，进封为英国公，拜平章政事，行尚书省于卫州。金哀宗为此专门谕告道："大河以北，卿皆节制"，显然是看中了胥鼎过去曾经长期主政河北的履历以及能力，故委托以恢复河北的重任。胥鼎不辱使命，赴镇后凭着自身的威望招抚流亡军民，果然"来归者益众"。

不容讳言，新的人事任免并非尽善尽美，也不能让所有人满意，但还是保障了中央政权在新时期的有效运作。

至于对外政策方面，金哀宗除了坚持抵抗蒙古入侵之外，对南宋与西夏则作出了善意的姿态，以免继续陷入三面受敌的不利状态。其中，与南宋达成和议尤其迫切，除了在军事与经济所面临的困境外，还与防范蒙古入侵的战略有关。《金史·完颜合达传》记载早在金宣宗还在世时，一名叫做奥敦阿虎的使者北上与蒙古人和谈时，曾经亲眼目睹对手指着地图发出赤裸裸的威胁，扬言要避开金军重兵把守的陕西商州等地，转而绕道南宋兴元攻击金国小朝廷所在的河南。这种避实击虚的打法威胁极大，金宣宗得报后在余生忧愁不已。如今，金哀宗刚即位便与群臣商议，急着要与南宋讲解，以尽量防止蒙古有机会迂回宋境入侵。基于上述种种原因，金国主动停止了南线的军事行动，于1223年（南宋嘉定十六年，金元光二年）六月，派遣重臣移剌蒲阿率兵至光州张贴榜文，谕告南宋边境军民不再"南伐"之意。到了次年九月，金哀宗的态度更加明确，并面谕朝臣完颜素兰、陈规，说道：若宋人骚扰边界，我军以"轻骑袭

宋宁宗。

之”即可。意思是不主动扩大作战规模，希望这种自我克制的做法能促使南宋统治者幡然醒悟，早日通好，以便让老百姓能够休生养息。接着，朝廷命令宿、泗、青口一带的巡边将士，不得擅杀越过淮河的红袄军，以免激化矛盾。这时，宋宁宗已于稍早之前去世，宋理宗在权臣史弥远的拥立下登基，但对金国的善意未能作出积极的反应，南线还是时常干戈不断，例如金军在光州、寿州等处与宋军发生过冲突。金国还在1225年（南宋宝庆元年，金正大二年）十一月接纳了自楚州叛宋来归的忠义军夏全，而献楚州城投降的王义深、张惠、范成进等四人，也被女真统治者封为郡王。

虽然金哀宗作出了不少努力，却迟迟未能让南线偃兵息甲，但单方面停战的行为还是在一定程度上缓和了与南宋的紧张关系。事实上，南宋曾经在1223年（南宋嘉定十六年，金元光二年）派遣苟梦玉再次使蒙，讨论过两国联合伐金之事。可是当金哀宗对南宋采取善意态度后，南宋必定会重新评估“以蒙制金”的迫切性，出于对蒙古扩张政策的重重疑虑，南宋君臣最终中止了与蒙古的使聘交往，这使得金国的战略环境大为改观。

此外，金国的和平外交如愿以偿地得到了西夏的响应。此时西夏处境微妙，这个国家在1223年（南宋嘉定十六年，金元光二年）出兵十万配合木华黎攻打金国凤翔时，由于将士伤亡以及厌战等原因，没有通知蒙古人便撤了军，因而在事后被蒙古遣使问罪。恐惧不安的西夏君主夏神宗为此传位于子德旺（史称夏献宗），而自己为上皇，可这种委屈求全的做法并没有带来息事宁人的效果，成吉思汗在同年年底已经有意攻击西夏。据《金史·西夏传》，金延安、庆原元帅府在此时欲乘蒙古与西夏交恶之机讨伐西夏，但主持陕西两行省的白撒、合达等人经过权衡利弊，加以制止。然而，金国与西夏在边境仍旧时不时发生摩擦，金陇安军节度使辖下将士因只顾举行宴会，疏于防范，竟被西夏人掠走五千余百姓以及数万牛羊杂畜。

次年，成吉思汗以西夏国主“阴结外援，蓄异图”为借口，要求提前返回中原主持军政大局的孛鲁率部讨伐。奉命行事的孛鲁便于九月攻克银川（今陕西米脂西北一带），杀夏军数万，俘其监府塔海，掳掠牛羊等牲口数十万，但因兵力不足，没有进一步深入，只是命蒙古不花等将扼守要隘，自己引军而还。配合作战的史天祥在贺兰山作战时因被对手射中面额而负伤。

虽然改辕易辙的夏献宗企图联络漠北的抗蒙势力以牵制虎视眈眈的敌人，但为时已晚。这些年来，西夏饱尝了与蒙古人结盟的苦果，自从国家执行附蒙攻金政策以来，由于军队战斗力不强并未能从金国境内掠得多少财物，相反，国内百姓因忙于征发以致贻误了生产，造成了经济衰退的严重后果，所得的利益抵偿不了所受的损失。《金史》评论得好：两国战争“十年不解，一胜一负，精锐皆尽，而两国俱弊”。如今西夏主政者变更的同时也涉及政策调整，更加容易在外交上达成政治交易。尽管金国此前多次重修旧好的希望均落空，可现在迫切想进行和议的金哀宗及时摆出了低姿态，表示愿意放弃宗主国的名分，不再认为西夏是藩属，而与之结为新型的兄弟之国，结果与久战疲惫的西夏成功举行了谈判，于1225年（南宋宝庆元年，金正大二年）九月取得共识，迅速恢复了双方的友好关系，结束了旷日持久的战事，并在边境重新进行贸易往来。

这个外交成果来之不易，金国遂在十月份把和西夏修好

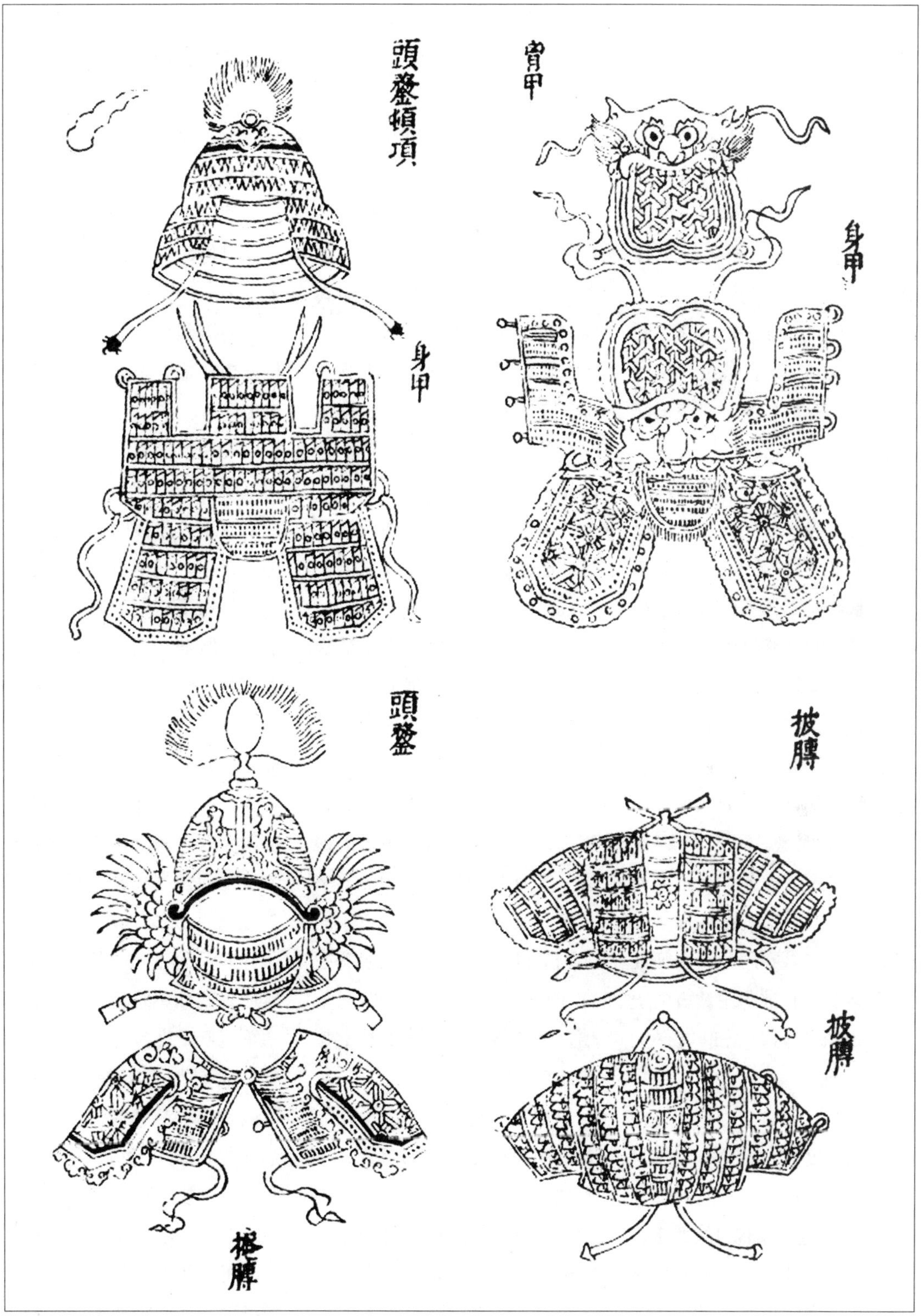

各种铠甲。

的事诏告天下。

西北取得的外交突破以及停止执行大规模伐宋之策，令金国得以集中更多的人力、物力于北线。蒙古没有放松对金国的压力，例如孛鲁出征西夏期间，还不忘分兵何实，令其攻略汴、陈、蔡、唐、邓、许、钧、睢、郑、亳、颍等处，取得了一些战绩，总计枭首一千五百余级，俘获工匠七百余人。

与金国的外交突破相反，蒙古不但与西夏兵戎相见，而且与南宋的关系也进一步变坏。原红袄军领袖彭义斌（被南宋授予大名路总管）不满足于强占金国辖区的土地，竟在1222年（南宋嘉定十五年，金元光元年）起与蒙古人争夺山东、河北的领地，夺取了严实辖下不少地盘，并于1224年（南宋嘉定十七年，金正大元年）夏天攻略真定地区。其后，这支军队在恩州（今河北清河县以西）被归附蒙古的史天倪所部拦阻，被迫退保大名。

但是，蒙古在当地的统治仍然存在变数。因为一起镇驻于真定地区的史天倪与武仙关系不睦，两人虽然相处数年，却积下不少矛盾。武仙害怕会遭到史天倪的暗算，早有弃旧图新之意，而金国小朝廷听到风声后让枢密院出面秘密以牒文进行招抚，彼此暗中打得火热。如今史天倪与彭义斌对峙时，武仙难免会在后方干一些心存不轨的事。

当恩州获胜的史天倪于1225年（南宋宝庆元年，金正大二年）年初回师时，得知武仙的部分手下擅自占据西山腰水、铁壁二寨，他恐有不测之忧，遂出兵尽行掩杀这些有违军纪的骄兵悍将。武仙对手下的死恼怒不已，但表面不动声色，只是秘密加紧策划叛乱，为此故意摆下鸿门宴，邀请史天倪。

此前，王守道等将已提醒史天倪要对武仙多加防备，就连史天倪的家人亦加以劝阻，可是自视过高的史天倪不以为意，轻率赴宴，结果为武仙所害。这样一来，真定附近的郡县从二月起纷纷落入武仙的掌控中，唯有继续效忠蒙古人的左副元帅董俊率孤军在永安拒守了一年时间。由于祸起萧墙，蒙古在河北地区的统治顿时动荡不安起来。

史天倪死时，部属群龙无首，因而像炸了窝的蚂蜂，禁不住一阵忙乱，马上溃散了不少人。史天倪的弟弟史天泽正护送母亲返归北京，闻讯马上赶了回来，在王守道等人的协助下采取亡羊补牢措施，在满城等处招揽许多旧部，打算复仇。监军李伯祐奉命前往孛鲁之处请求增援。

孛鲁得报，正式委任史天泽为都元帅，让蒙古将领肖乃台率精甲三千赶赴与之会师，共同对付武仙。武仙留在孛鲁军中为质的弟弟闻变后慌忙潜逃，当跑到紫荆关时即被蒙古将领撒寒追上杀死，妻儿子女成为俘虏。

飞速而进的肖乃台首先包围了中山，等到武仙部将葛铁枪率万余人来援时，再撤围迎击于新乐，并伺机发起夜袭，彻底打垮了这股敌人，活捉葛铁枪，缴获一大批辎重。恐惧不安的中山守将不战而逃。肖乃台等人随即克中山、略无极、拔赵州，以迅猛之势抵达野头，与史天泽兄长史天安的部属会合，齐心协力地把武仙驱逐至西山抱犊寨。据《秋涧集·史天泽家传》记载，这支军队到六月间已经收复了真定。然而，武仙不甘就此认输，暗中策划着反攻。

武仙与史天倪、史天泽等人发生混战期间，南宋前线驻军也出现了动乱。一直以来，南宋政府官员对红袄军这些归附武装不免流露出歧视之意，而一些本来是义军领袖的降将确实存在野性未驯、难以驾驭等缺点，因而彼此相处的过程中常常互相猜忌。矛盾在日积月累之下，慢慢地促使内部产生分裂，演变成互相割据的局面。其中，活动于楚州一带的李全虽然在抗金时立下不少功绩，可是逐渐变得野心勃勃，他为了扩张个人势力，对其他源自红袄军的归附武装产生了觊觎之心，通过玩弄权术的办法除掉了季先，又吞并了石珪、张林等人军队，形同军阀。当许国接替贾陟出任淮东制置使后，便与桀骜不驯、不听号令的李全发生了公开的争端。李全唆使部将刘庆福在楚州发动兵变，迫使无力镇压的许国自缢而亡。

越发肆无忌惮的李全于1225年（南宋宝庆元年，金正大二年）五月间企图攻略东平、恩州等处，因而和彭义斌的关系紧张起来。同样出身于红袄军的彭义斌对李全的分裂割据行为有所不满，纠集部属进行突袭，击败李全及其部将刘庆福，缴获战马二千匹，同时招降了李全的一部分人马，实力进一步壮大起来，遂有把蒙古势力驱逐出真定之意。为此，与背叛蒙古的武仙打得火热。《宋史·李全传》宣称彭义斌“降金将武仙，众至数十万”，似乎有点夸大其词，但两者一拍即合，却是毋庸置疑的事。

形势对彭义斌比较有利，他显得意气风发，在致书沿江制置使赵善湘时宣布计划平定李全，然后自己转战河北，并建议南宋盱眙、襄阳等地的驻军转战河南，以恢复神州。然而，这个作战计划未能得到上级的积极响应。李全为了自保，亦贻书制置司，反过来诬蔑彭义斌欲叛，在双方各执一词的情况下，南宋朝廷暂时没有马上表态。彭义斌得不到朝廷的明确支持，停止了对李全的行动，专注于向北拓地，欲与蒙古人及其仆从军一较高下。此前，木华黎不但于1221年（南宋嘉定十四年，金兴定五年）使用挖墙角的手法，招降了宋京东安抚使张林与宋涟水忠义军统辖石珪，而且在次年转战陕西期间派部分人马南越牛岭关，掠南宋凤州而还，这些过分的所作所为相当于进行战争挑衅。如今彭义斌自告奋勇地与蒙古人争地盘，南宋朝廷自然不会尽力制止。

早在这年四月，彭义斌的部队已经攻击严实所部，其后又包围了东平。困于东平城内的严实向真定一带的蒙古军队求援，谁知援兵迟迟不至，而城中粮食已尽，不得已，乃与彭义斌讲和。彭义斌欲凭借严实之力夺取河朔，因而刻意笼络，表态愿意以兄事之，又允许其继续统领麾下残余部众，以示宽宏大量。这样一来，严实就是继武仙之后又一位背叛蒙古的汉将，有迹象表明，在木华黎死后的一段时间里，不少汉人地方武装势力似乎对蒙古人在河朔地区的继续统治能力产生了怀疑。

趁热打铁的彭义斌打算在六月与武仙联合作战，重夺真定，进一步撼动蒙古人在河朔地区的统治根基。

刚刚占领真定的肖乃台与史天泽等人为保住地盘不得不全力以赴，分兵扼于赞皇，以阻击武仙，然后，召集主力迎战彭义斌。大队蒙古骑兵在汉将赵天禄、石天禄、王珍、王玉等人的配合下，向东平、大名一带杀过来。

彭义斌正想施展浑身解数与之一较高下，谁知竟被暗算，遭到了严实的突然袭击。原来严实当初投靠彭义斌只是权宜之计，当蒙古大军压境之际便原形毕露，秘密命令帐下之兵准备反戈一击，没用多久，终于以里应外合的方式协助蒙古人取得了胜利。

事穷势蹙的彭义斌在内黄（今属河南）五马山战败后，用破釜沉舟的劲头放火焚山，以此表示战斗到底的决心。史天泽派遣五十精锐士卒在前摧锋陷阵，自己带着铁骑紧随其后，生擒了彭义斌。义斌面对敌人劝降时厉声回应：我乃大宋之臣，况且河北、山东，皆是宋民生活的地方，岂能成为别人的臣属！遂不屈而死，其残部在王义深等将的率领下归附了李全。

在此期间，武仙没有轻易放弃重夺真定的念头，并企图招徕更多的志同道合之士，然而在招抚驻军于宁晋东里寨的王玉时，却遭到了拒绝，他出兵把寨子包围了数匝，杀死王玉的儿子王宁寿。王玉带领数骑突围而出，追之不及的武仙为了发泄怒气，尽发其“先世二十七冢”，以致“弃骸满道”。

经过一番准备，重夺真定的计划在1225年（南宋宝庆元年，金正大二年）下半年开始了，武仙首先派遣一批由间谍、死士组成的精干队伍秘密进入城中，潜伏于大历寺，并成功策反城里一批有异志的水军为内应。待到时机成熟，内应们在夜间悄悄打开南门，让武仙的部队乘虚而入，占据了城池。肖乃台、史天泽等人被打得措手不及，仅带着数十步卒在混乱中逾城而出，往东奔至藁城，求援于董俊。

董俊不敢怠慢，急忙调数百精锐士卒连夜前往真定救急，这点兵力当然于事无补，不过黎明到来后，许多溃散的军人自行归队，因而声威得以复振，很快便在反攻中扭转了险恶危急的局势，驱逐了武仙所部，捕捉三百余名叛乱者，重新控制了整座城。一些蒙古将领事后憎恨城里居民，要以“从贼”的罪名杀掉万余人以立威，幸而肖乃台、史天泽等人以“民为贼所胁”等理由力争，才得以及时制止滥加屠戮的行为。

为了巩固真定的统治，蒙古驻军一方面修缮城池、招集流民，以稳定地方秩序，另一方面在王玉等将的配合下围剿武仙所部，先后攻击了赵州以及夺取西山抱犊寨、蚁尖寨、马武寨等处，继而相、卫等地亦降。此外，张柔、何实等将亦参与了讨伐武仙，其中张柔派遣骁将乔惟忠等率千余骑赴战，之后又令乔惟忠、宋演、聂福坚经略彰德、青、魏等处。而何实率五千人攻下了邢州，事后奉孛鲁之命镇戍于此。

屡战不利的武仙只得逃往汴京，投靠金国，而一批残余的党羽在赵贵、王显、齐福等人的统率下仍旧出没于太行山区故垒之中，时不时骚扰一下蒙古人。

总而言之，这一场波及山东、河北许多地区的战乱，让没有直接出兵的金国小朝廷得以抓住机会休生养息。中原地区的蒙古驻军自木华黎死后基本停止了咄咄逼人的战略攻势，令金国君臣一度弹冠相庆，然而这种情况不可能永久持续下去，因为成吉思汗就快返回了。

蒙古西征大军已于1224年（南宋嘉定十七年，金正大元年）从西域班师。不过，术赤所部早前已经接受了新的任务，经忽章河下游北进，继续经略钦察草原东部，一直向西扩张至札牙黑河（今乌拉尔河流域）。他后来死于1227年（南宋宝庆三年，金正大四年）初，继位的是其子拔都。

历时六年、轰轰烈烈的西征结束了。成吉思汗于1225年（南宋宝庆元年，金正大二年）二月返回蒙古哈剌和林之后，下一步的动向成了人们热切关注的焦点。因为他所统率的大军已经被公认为战斗力最强悍，无论前进到哪一个地方，都免不了一片刀山火海。

但成吉思汗没有像一些人预料的那样向金国发起刻不容缓的攻势，而是直接将矛头指向了与金国和好的西夏。他于1226年（南宋宝庆二年，金正大三年）春以西夏接纳仇人亦剌合·桑昆（乃蛮部屈律罕的儿子）不送质子等理由为名

内蒙古出土的铜铠甲。

兴兵，亲自统兵攻取黑水（今甘肃金塔以北）等城，夏天到来时，一面避暑于肃州（今甘肃酒泉）以北的浑垂山，一面派遣人马四处抄掠，攻取甘（今甘肃张掖）、肃等州，同时对一些地方进行了屠戮，《元史·昔里钤部传》记载了肃州被攻克时的惨状，仅有一百零六户幸免于难。凌厉的攻势在秋季依然继续，蒙古军队夺取西凉府搠罗（今甘肃武威以东）、河罗（今甘肃景泰）等县，一路逾越沙陀，进至黄河九渡，占领应里（今宁夏中卫）等县。这时，四十六岁的夏献宗因忧惧而死，继位的是其侄南平王晛，为了阻止敌人在境内横行无忌的杀戮，这位新君主刚上台不久便于十一月间孤注一掷地策划了一次决战。西夏将领嵬名令公率领主力来援助被战火波及的灵州（今宁夏吴忠以北），根据《元史·察罕传》的记载，这支援军的数目达到十万，与蒙古军队隔着黄河对峙。《史集》描述此战时写道："在哈剌－沐连（黄河）地方有许多湖，湖面全部冰封了。成吉思汗站在冰上，下令发箭射敌人的脚，不让他们从冰上过来，敌人们应弦而倒。"由此不难知道，蒙古游牧大军凭着技高一筹的箭术奠定了优势，接着便渡过河去把对手杀得尸横遍野。据说，毙命于战斗中的西夏人为蒙古人的三倍，至于西夏军民在这新一轮战事中的损失总数，则为蒙古人的十倍。故此，成吉思汗认为西夏君主"遭受这样大的失败，往后再也没有什么力量了，于是就不再注意他了"，其后，驻跸于盐州川（今陕西定边）过冬，并重新把目光投向金国。事实也是这样，屡受重创的西夏已经没有剩下多少人马了，重要据点亦只剩下一个孤立的中兴府，很难再有什么作为。

就在成吉思汗带领主力征伐西夏时，山东发生了比较激烈的战事。自从彭义斌死后，李全得以招揽许多活动于山东、淮西的忠义军，在山东进行剽掠，尽管他不信任南宋朝廷，但为了获得粮饷补充，仍然以宋臣自居，并企图乘蒙、金在河朔较量之机从中渔利，无形中威胁蒙古在中原的统治。1226年（南宋宝庆二年，金正大三年）三月，蒙古军队终于对李全动武了，出兵围攻其在山东的据点青州，经过大小百余战，逼其婴城自守，然

在中原攻城的成吉思汗部队（《马可·波罗游记》插图）。

后在城外筑起长围，意图瓮中捉鳖。

李全所部在城内苦撑到底，粮食耗尽后，杀牛、马等牲畜度日，到后来，甚至发生了人相食的悲剧。在此期间，李全不止一次派人缒城而下，向南宋求救，然而援军始终未至。

蒙古陆续增兵，同年九月，郡王带孙率部至前线，而孛鲁也于十二月引兵到来。李喜孙奉命入城招降，但被李全部将田世荣所杀。守军在次年三月曾经尝试突围，可未成功，拖延到四月便再也熬不下去了，史称“军民数十万，至是余数千”。穷途末路的李全欲自杀却被手下所救，众人经过商量，最终选择了投降。

李全被困于青州期间，其留守楚州城内的部众处境不妙，既遭受朝廷的猜忌，又发生内哄，有的投降金国、有的投降蒙古，还有的在混乱中死亡。而南宋先后任命刘琸、姚翀为淮东制置使，但他们到前方之后均未能控制局势，最终都在乱兵的威胁下逃了回来。有鉴于此，南宋朝廷只得以当地动乱频繁导致“遣帅必毙”为理由，撤销了在楚州所建的淮东制置使，把楚州改为淮安军，视之为安置降众的羁縻州而已，此后的防御重点也从淮水往后移至长江一线，这意味着南宋对北方的进取政策遭受了严重的挫折。

成功降服李全的孛鲁一反秋季出师的常态，于炎夏时节率兵攻略金国，占领滕州，斩首三千余级，获捷后令石天禄镇守。同时，他又命令先锋元帅肖乃台以及课课不花等将屯于潍、兖、沂、莒等地，以防范南宋。千户按札亦统军驻于河北，以防备金军。等到山东局势再次稳定下来，孛鲁便于九月率主力班师。

蒙古各路大军在西北和山东动作频繁。金国也曾经尝试举行局部反攻，而攻击的目标是对手兵力薄弱的河东。移剌蒲阿于1226年（南宋宝庆二年，金正大三年)八月收复曲沃以及晋安，打死蒙古守将刘亨安。到了十一月，蒙古人打到中兴府的消息传来，明眼人已经看出西夏危在旦夕，金哀宗深感唇亡齿寒，连忙召见陕西行省官员和驻于陕州、灵宝的完颜讹可、虎牙带这两位总帅，让他们到汴京商议西北防卫之事，并授予陕西两行省等地方封疆大吏以很大的事权，指示凡是在军事行动中，三品以下官员听其赏功罚罪。为了调动地方驻军的积极性，哀宗再以二十五万两银犒军，希望重奖之下出勇夫。

成吉思汗对金国的异动没有等闲视之，他知道西夏的灭亡只是时间问题，因而仅留下部分人马继续围困中兴府，自己从1227年（南宋宝庆三年，金正大四年）初开始率主力渡过黄河，进入金境，连攻积石州（今青海循化撒拉族自治县）、临洮、洮州（今甘肃临潭）、河州（今甘肃临夏）、西宁等处，打死金总管陀满胡土门等人。斡陈那颜奉命拔取信都府（今河南冀州）。

蒙古军队迅猛的攻势一波接一波。在此期间，成吉思汗曾经遣使到南宋提出借道进攻西夏的要求，遭到回绝后采取报复措施，派出人马于二月间从洮州地区攻入南宋境内的利州路，接着阶州（今甘肃武都）、西和州等处烽火连天。宋将麻仲、马翼等人战死，四川制置使郑损惊慌失措，弃守沿边的大片土地而退保内郡。游牧骑兵乘胜南下至文州（今甘肃文县）石靴关一带，到七

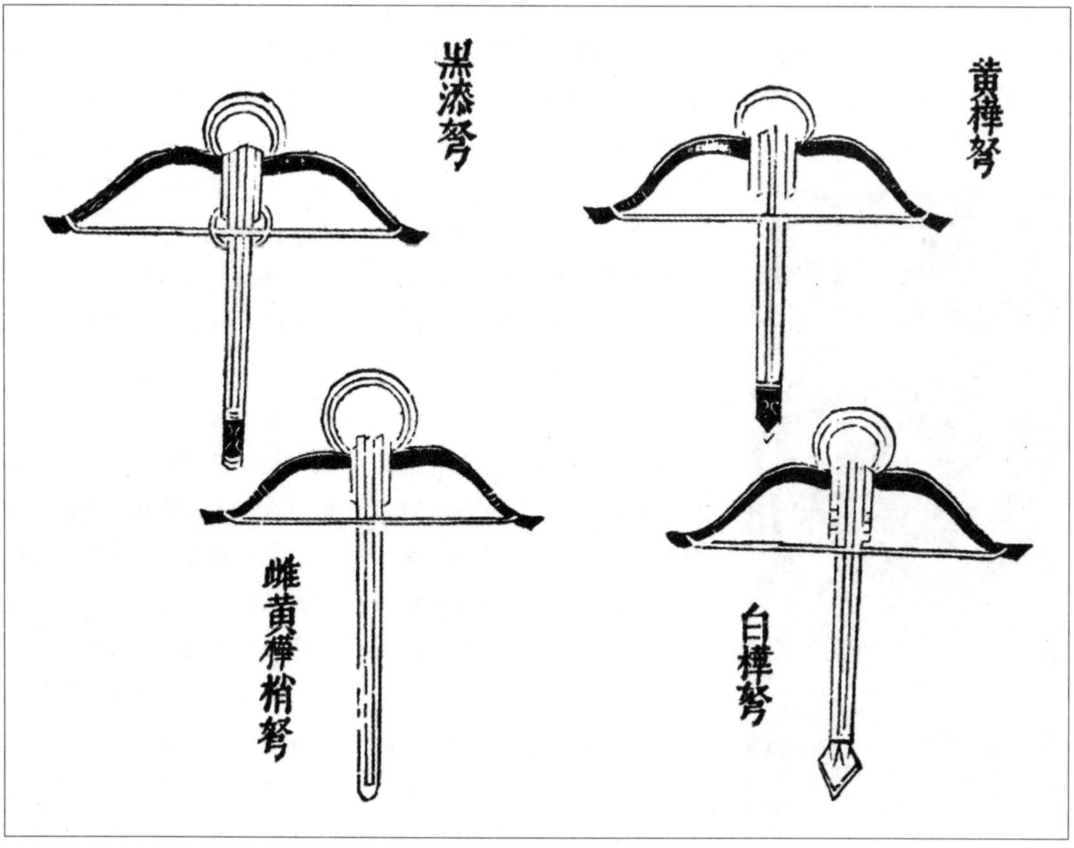

各种弩。

月始北返。这是蒙古针对南宋的第一次大规模的军事行动，兵锋所至，阶、凤、成、和与天水等五州饱受摧残，蜀地大震。在宋蒙关系处于破裂的状态下，南宋君臣仍不敢布置反击，采取了忍让的态度。

攻击南宋的只不过是蒙古军队的偏师，而主力仍执行伐金任务。金国统治者知道无力阻止蒙古大军在西北的进攻，只得仍旧沿用避实击虚的取巧办法，试图在河东还以颜色，发挥一些牵制作用。继收复曲沃、晋安之后，移剌蒲阿、牙虎带于1227年（南宋宝庆三年，金正大四年）二月进占平阳，活捉知府李守忠（又名李七斤），获马八千。

金代戎服人物(山西汾阳金墓出土砖雕)。

李守忠的兄长李伯温正镇戍于青龙堡，他在平阳失陷的情况下仍旧选拔骁勇之士在驻地拒守到底。可是，青龙堡守卒逐渐抵挡不住如潮水般涌来的金军，越来越多人丧失了斗志，乘夜潜逃，甚至有个别动摇者竟然伺机打开水门，把敌人引入了堡内。在堞楼督战的李伯温见部队已经失控，便拔剑尽杀家属，投尸于井中，然后自杀。《元史》记载了此人惨烈的自杀过程，他把一柄长刀插入楼柱，而锐利的刀刃穿透柱子，露出柱外。自己再抱紧柱子，让刀刃刺入心脏，血流如注。随后登楼的金军目睹李伯温“抱柱如生”，屹立不倒的景象，“无不嗟叹”，颇为佩服。

值得一提的是，重新归附金国的武仙也出了一次风头，于五月间袭取太原，在内应的配合下，一举从东门突入城内。

太原守将是攸哈剌拔都，他本是渤海人，原名叫兴哥，世代务农，以善于射箭而著称乡里，因机缘巧合在战乱中归附了经略辽东的木华黎，并凭着战功得到蒙古统治者的欣赏，获得赐名为攸哈剌拔都。当他肩负起留守太原的重任时，又连取孟州陵井寨、忻州清泉寨等处，彻底扫清了太原周边地区的金国残余地方势力，进一步巩固了防务。可是安稳日子还没过多久，便惨遭内部的奸细出卖，以致现在被远道而来的武仙逼入了绝境，不得不在城陷前夕面对前所未有的生死抉择。他喟然叹息道：真定史天倪、平阳李守忠与隰州田雄，在过去皆守不住驻地，我如今又丢掉了太原，“将何面目见主上（指成吉思汗）及国王（指孛鲁）乎！”言下之意似乎是感慨军中多位汉将表现不佳，难免会被骁勇善战的蒙古人轻视，而他对这个涉及尊严的问题仿佛很在意，竟不惜决心以死明志，遂对蜂拥而至的敌人呐喊道：我的家属可以任由你们俘虏，但我本人“誓与城同存亡”，随即战殁于阵。

可惜，金国在河东的行动未能有效牵制成吉思汗，西北战局的不利状态仍然没有什么大的改观。从三月起，蒙古人已经着手布置攻打金国德顺府（今宁夏隆德县）事宜。四月，成吉思汗抵达龙德，亲自指挥前线将士进攻。当时德顺府内没有正规军，只有八九千义兵、乡兵之类的地方武装，防守力量比较薄弱，难怪《金史·爱申传》为此评论道“大兵（指蒙古军队）举天下之势”来攻，城内人人自危。德顺节度使爱申以及进士出身的摄府判马肩龙等人明知不可为而为之，硬是想方设法率兵抵抗了一百二十昼夜，最终因“力尽”而亡，城池才被攻破。

成吉思汗这次进攻可谓排山倒海，其声势超过木华黎生前在陕西的历次军事行动。左支右吾的金国地方官员越来越缺乏信心，因而陕西行省在五月间向金国小朝廷献上三策：上策是金哀宗亲征，中策是进驻陕州稳住陕西人心，下策是放弃陕西而力保潼关。金哀宗皆不采纳，似乎只是希望陕西各地官员各守汛地，能拖多久是多久，同时，他又采取议和的老办法，于六月任命前御史大夫完颜合周为议和使与蒙古联络。结果，完颜合周和过去的多位使者一样，无功而返。

国难关头，一些金军将领有所表现。元帅左监军杨沃衍就是一个好例子，《金史》称蒙古军队长驱直入之际，“关辅千里皆汹汹不安”，此情此景，智者亦无妥善对策。但杨沃衍所部往来于邠、陇之间，伺机出击，竟然“屡战屡胜”，令敌人“猝不能东下”。史书中的“屡战屡胜”，估计是一些小胜仗，可仍然对拯救危局起了一定的作用。

其后，基本掌握主动权的蒙古军队攻打了巩昌、秦州等城。避暑于六盘山的成吉思汗在夏季刚结束便匆匆来到清水县西江，似乎准备一鼓作气直捣金国小朝廷所在的河南，但选择的路线并非沿着京兆直插潼关，而是作了别出心裁的改动。为此，史学家屠寄在《蒙兀儿史记》中分析道：假若成吉思汗“次清水之说”准确无误,那么显示其离开六盘山后将“南指秦、凤”，“欲假道宋以伐金”，也即是使用迂回的战法，打算避开金国重兵把守的潼关，把尖刀插在其侧后的软肋上。而蒙古军队在此前的二月间派遣偏师突入宋境，预先已有所准备。

七月，一股蒙古军队自凤翔扑向京兆，关中大震。金国紧急下达签民为军的命令，实际无异于总动员。官府四处劝告富民入城以自保，百姓亦要做好“避迁”的准备，简直是一片风声鹤唳。

突然，政治局势发生了巨变。踌躇满志的成吉思汗在这个节骨眼上竟在病榻上一卧不起，以致蜚短流长，经久不息，一些光怪陆离的说法甚至被后世之人乐此不疲地传播着。但不管怎么说，戎马一生的成吉思汗大限将至，《史集》记载他在最后的日子里表现有点反常，对一些财物变得毫不吝啬，慷慨地向身边的人散发着金国为乞和而送来的一大盘珍珠。这些珍珠又大又圆，非常罕见，大营中每一位耳朵穿孔的人都获得了一颗，以致许多侍臣为此而匆忙在自己的耳朵上穿孔，以便领赏。尽管如此，盘中还是剩下了不少珍珠，成吉思汗干脆吩咐把剩余的珍珠全部掷出去，让人们随意捡拾。就这样，许多珍珠丢失在尘土里了，过了很长时间，还有人在那里寻找珍珠，盼望能从地上拾到这些稀有的宝物。

钱财这些身外之物容易抛弃，可这位君主对军政大事始终未能释怀，《元史》记下了他临终前留下的重要遗言，大意是：金国精兵在“南据连山，北限大河”的潼关，难以遽破。如果使用“假道于宋”的办法，由于“宋、金世仇”的缘故，那么宋国必然能准许我军从其疆域中通过，这样一来，我军就有机会避开潼关，绕道抵达唐、邓地区，然后“直捣大梁（指汴京）”。金国急切之间必征潼关驻扎部队回援。可是数万敌人千里赴援，肯定会“人马疲弊”，即使到达目的地，亦不能作战，被我军打败是必然的事。由此可知，他虽然因未能亲手毁灭金国这个心头大患而深感遗憾，但是希望后人能够夺取最终的胜利，以慰自己在天之灵。

对于困守中兴府而垂死挣扎的西夏君臣，他同样不打算轻易放过。《史集》称他临终的话是："我死后，你们不要为我发丧、举哀，好让敌人不知我已死去。"之所以这样做，是因为西夏君臣早前已经流露出投降的意思，而被围困半年的中兴府由于粮食消耗殆尽等原因再也坚持不下去了，在即将取得胜利的前夕，绝不能让对方知道蒙古大汗已死，以免产生变数。为此，成吉思汗特别耐心地交待部属："当唐兀惕国王（指西夏君主李睍）和居民在指定时间从城里出来时，你们可将他们一下子全部消灭掉！"后来，部属们果然按照他的命令，秘不发丧，直到西夏君臣从城里出来后，将之全部杀死。中兴府的居民也屠戮了一部分，幸亏察罕等臣子力谏，才保全了不少百姓的命，西夏至此灭亡。

一代天骄成吉思汗就这样壮志未酬，撒手人寰，他轰轰烈烈的一生结束于这一年的七月，病逝的地点是萨里川哈老徒行宫。死后，由幼子拖雷监国。

至此，前后四年间，陆续退出历史舞台的有木华黎、金宣宗、夏神宗、宋宁宗、成吉思汗、夏献宗、李睍等显赫一时的风云人物。史载成吉思汗病逝几个月后，继承木华黎之位的孛鲁也于1228年（南宋绍定元年，金正大五年）正月因"趋赴北庭"哭丧时，哀伤过度而离开人世。蒙古与金、宋等国在动荡不安的岁月中完成了新老交替，随着这一系列大人物的辞世，由木华黎经略中原开始的蒙金战争第二阶段也宣告落幕，而旷日持久的战争也即将进入决定胜负的最后阶段。

九 哀兵必胜

金国急需整军备武，因为原有的部队难以适应新的形势。

女真嫡系部队过去主要实行兵民合一的传统兵制，可如今猛安、谋克户由于充溢着纨绔子弟等原因早已腐朽，处于积重难返的状态，无论怎么样整顿都难以重振雄风。而官府常常以“签兵”的名义不分良莠地强行征召汉民以及其他异族的壮丁入伍，部队因滥竽充数的现象过于严重而大失水准。在此期间，也有一些新部队登上了历史舞台，比如1219年（南宋嘉定十二年，金兴定三年）七月，朝廷征“邳、海等州”义军以及“胁从归国而充军者”，组建“决胜军”以应急，原则上每人发给土地三十亩，有余力者可增至五十亩，除了享受免去“差税”的待遇外，还每日“支粮二升”，遗憾的是，其表现仍不尽如人意。就算是具有一定战斗力的花帽子军，由于成员来源复杂（当中包含着招集而来的义军与归降的红袄军等等），因而稍有不慎便很难获得主政者的充分信任，并最终被朝廷拆分，使得一部分将士与主帅郭仲元脱离了隶属关系而转战其他战场，后来，由于上下猜忌等种种原因，又有不少人走上了叛乱的不归路。比较典型的例子是1217年（南宋嘉定十年，金兴定元年）四月，一股花帽子军作乱于山东滕州，金廷不得不下令调兵镇压。《金史·惟镕传》亦记载，山东西路曹、济地区在贞祐年间曾经有“花帽贼”活动，可见牵涉的地方不少。这些原本被寄予厚望的部队不但没有充分发挥抵御外侮的作用，有时反而会危及金国的统治。

为了得到真正能征善战的人才，统军者因势利导地改用了新的方法进行招揽，打算另外组建得力的部队重振声威，而新部队的组建方式与其他历史悠久的部队相比，又有所不同。比如募兵制相应得到了更多的重视，因为这种制度有利于将民间的壮健者招募当兵，并通过定期发给薪酬等方式，尽量使之脱离农业生产而成为职业军人。募兵制在金中期已经开始实行，例如金世宗在位的大定年间，由于猛安、谋克部内贫富悬殊，以致一些贫困者为了筹集资金服兵役而倾家荡产，因而有人提出按各户的财力进行征税，以招募骁勇善战之士从军，实际是在征兵的基础上兼用募兵法。此外，地方还采用招募方式成立了“射粮军”、“边铺军”等部队，一般负责维持地方秩序，但在蒙古入侵后的贞祐年间，这类制度在更大的范围内得到推广，例如田琢在1214年（南宋嘉定七年，金贞祐二年）进驻蔚州期间，就曾经积极募兵，在较短的时间内得到二万人。其后，名扬一时的忠孝军也是这种制度的产物。

“重赏之下，必有勇

夫。”金国出于组建忠孝军的需要，竟然不惜重本以优良的待遇吸引人才。以1225年（南宋宝庆元年，金正大二年）为例，忠孝军将士的薪俸原则上是别的部队的三倍，正如《金史·兵志》所说“增月给三倍它军”。尽管统治阶级在此之前也曾经募过兵，但如此慨慷大方还是罕见。当然，由于财政捉襟见肘，这样高的薪俸有时未必能够全额发放，可金国小朝廷往往会千方百计地尽量优先保障忠孝军的供应。

忠孝军建成后，设立的官职有总领、提控、都统、万户、千户，成为了金国的正规武装力量。这支部队是金哀宗即位之前在掌管枢密院时成立的，从此，无论是兵源的增补还是军需调配都由枢密院负责。金哀宗登基后仍然时常通过枢密院过问忠孝军的事。此外，行尚书省、行枢密院、行元帅府等机构在必要的时候，亦能够调动忠孝军应急。

不同凡响的忠孝军就这样横空出世了。据专家研究，这支军队约组建于1216年（南宋嘉定九年，金贞祐四年）至1223年（南宋嘉定十六年，金元光三年）间，军队内部人员杂乱不一，若按民族成分来分，主要有汉人、回纥、乃蛮、吐谷浑、羌人等；若按地域来分，则有的生长于中原、有的来自漠北与西域。但他们当中许多人都存在一个共同点，就是曾经以“被俘”、“被掠”以及“被迫协从”等种种耻辱的方式而屈服在蒙古军队的铁蹄之下，后来又想方设法摆脱对方的控制，冒着生命危险逃入金国境内，因而或多或少具有对蒙古人的怨恨情绪，正可被金国小朝廷所利用。

这些反正者过去的身份无论是军还是民，他们若想加入新组建的忠孝军，应当符合入选的条件，而主要的标准是必须善于“骑射”。经过选拔，“骑射”技艺最优秀的就可以成为忠孝军中的一员，而技艺稍逊者则成为“合里合军”。对于合里合军，《金史·兵志》作过说明，即是由于欲从军的反正之人过多，遂另外组织一支军队，其待遇为忠孝军的一半，如果当中那些射艺不精者经过一段时间的练习后达标，仍可以“试补忠孝军”，故而合里合军实际相当于忠孝军的后备力量。此外，又有名叫“亲卫马军”的部队，其将士乃“旧时所选”，如今经过训练后再加以“阅试”，从中选择“武艺如忠孝军者”，共得五千人，同样属于精锐部队。至于其他不合格的人员，全部去做步兵。

此后，凡是出征作战，以忠孝军居前，马军次之，无异于把好钢用在刀刃上，以克敌制胜。

自从正大年间对骑兵进行改编之后，队伍里面的“鞍勒兵甲一切更新”，将士们配置的都是质量上乘的军械，并且个个拥有“从马”，也就是说，军中每一人的坐骑都不止一匹，可见机动能力格外出众。朝中老资格的将、相对此有所评论，认为在昔日国家全盛之际，骑兵队伍里面马匹的数量可能与今日差不多，但各种军械的“坚固、完整”程度则比不上。时人免不了会将各个时期的精锐部队比较一番，而结论自然对现在的骑兵推崇备至。既然存在着这样理想的骑兵队伍，那么“中兴之期”似乎是指日可待了。

根据兵种的划分，拥有“从马”并且“骑射”出众的忠孝军，显然擅长轻装骑兵的打法，故应当看作轻装骑兵。那么，过去拐子马之类的重装骑兵如今为什么不再得到女真统治者的注重呢？原因之一是其在战场上表现差劲，比不上蒙古的同类兵种。另一方面，亦与兵种之间互相克制的经验教训有关，铁的事实已经证明，游牧民族的轻装骑兵正是金军重装骑兵的克星，正如前述，重装骑兵经常在披挂重型铠甲的情况下携带着近战兵器执行任务，最擅于在野战中强行突阵，而步兵阵营常常成为他们绝佳的袭击目标，不过，由于重装骑兵的战马驮载了沉重的装备，故前行的速度普遍比飘忽不定、来去如风的轻装骑兵要慢，当重装骑兵与轻装骑兵为敌时，总是很难贴身近战，显得一筹莫展。相反，轻装骑兵完全可以利用灵活机动的特点刻意与重装骑兵保持一定的距离，然后尽量使用弓箭赢取胜利，因为重装骑兵身上披挂的重型铠甲会限制射箭速度，所以在对射时往往落于下风，容易成为靶子。由此可知，装备相对简陋的轻装骑兵虽然突阵能力稍逊一筹，但只要运用得当，发挥特长，完全能够战胜重装骑兵。

就此而言，金国要想与北方的游牧军队抗衡，办法之一是“以其人之道还治其人之身”，在本国军队内部大力发展轻装骑兵，因为这个兵种在克制蒙古重装骑兵的同时又可牵制蒙古轻装骑兵。尽管蒙古重装骑兵由于在神水县与黄陵冈等战事中的表现未如预期理想，致使军中的地位有所下降，可蒙古军队历来擅长轻装骑兵的打法，游牧将士驾驭着漫山遍野的战马，凭着机动灵活等优点，一如既往地在广阔的河朔地区纵横驰骋，执行着长途奔袭、四处掳掠之类的任务，发挥着不可替代的作用。如今，金国统治者苦心孤诣地组建了同样精锐的轻装骑兵，因而极有可能在未来的战场上与久负盛名的蒙古轻装骑兵进行决战。

金国从中兴之主金世宗执政期间开始，就已经宣布要维护女真人的民族特色，朝廷要求猛安谋克户平日勤练武艺，不要废弃传统的骑射本领，可是这么多年过去，无论哪一个

金代雕塑中的军人。

在位的统治者，所作的努力都最终事与愿违，而女真嫡系部队始终未能重振雄风，此时此刻，为了尽早建立一支能够与北方游牧骑兵抗衡的部队，统治者不得不把目光投向了回纥、乃蛮、吐谷浑、羌人以及契丹等异族人士，这些人虽然不一定仍旧像先辈一样过着游牧生活，但是由于各自源于游牧民族，应该或多或少保留着“骑射”等传统习俗。其中乃蛮人更是多次在漠北与成吉思汗的部队进行过反复较量，可谓久经沙场。当然，汉人等来自农耕民族的战士如果武艺出众，同样也会受到青睐，得以有机会成为忠孝军的一分子。不过，金国即使能够成功组建一支精锐的轻装骑兵，但由于受到战马缺乏等因素的掣肘，在人数上肯定不能与蒙古轻装骑兵相比，因而战时必定需要步兵的大力配合，故组建精锐步兵也成了刻不容缓的事。

金哀宗对步兵历来亦很重视，《金史·兵志》称他在1225年（南宋宝庆元年，金正大二年）提议从诸路选择精兵，直隶于枢密院。首先设置的是六员总领，再分路拣阅兵丁，进行合并。每位总领统率上万人，当部队的影响力已经逐渐扩大时，又把总领之名改为都尉，官居四品之列。要想出任该职，必先曾经拥有掌控帅权的经历，因而元帅府、行枢密院的官员虽然自恃身份，可也不敢轻视这些都尉。这类都尉的人数后来达到十几个，分别叫建威、虎威、破虏、振威、鹰扬、虎贲、振武、折冲、荡寇、殄寇、果毅、安平、宁远、先节等等。故此，直隶枢密院的兵力总数达到了十几万。《金史·赤盏合喜传》称部队成员皆“强壮矫捷，极为精练”。其中，步卒携带的“器甲粮糗”重达“六七斗”，仍能一昼夜行军二百里。综上所述，这支精锐步兵队伍的整体战斗力绝对不会输于蒙古步兵，因为游牧民族赖以成名的是骑兵，下马步战本非其强项，而蒙古军中步兵也主要由各地收编的仆从军组成。

在此期间，金国小朝廷又招集燕、赵的亡命之徒组建忠义军。此外，又有“亲卫骑兵、武卫、护卫”以及“选外诸军（意思是选出精锐后，由剩余的人组成的队伍）”等林林总总的部队，数量达到二十余万。连同忠孝军以及诸都尉部队，金国的总兵力达到了四十万以上。经过一番不遗余力的整顿，金军步骑兵的作战能力得到一定程度的提升。

蒙古与金国的战事在成吉思汗死后仍未停止，河朔地区的蒙古军队于1227年（南宋宝庆三年，金正大四年）十二月攻入商州，掳掠了硃阳、卢氏。次年四月，征行都元帅梁英奉命讨伐占据平阳、太原等城的武仙等人。战事一直持续到夏天，奉命至关陕以南行元帅府事的金将完颜仲德，其任务是增强小关以及扇车回等要点的防御，当他与前任奥屯阿里不办理完毕交接手续正举杯祝贺时,不料蒙古兵突然杀到，不得不弃地东奔。而陕西泾州（今甘肃泾川以北）也遭受袭扰，连金国在庆阳的粮道也一度被阻断。

接着，频频得手的蒙古军直闯大昌原（今甘肃宁县西南大昌乡一带），正巧碰上枕戈待旦的忠孝军。在前线主持战事的完颜合达询问军中诸将谁愿做前锋？提控完颜陈和尚马上站了出来表示愿意从命，因为他早有准备，并已沐浴更衣，以示必死的决心，当擐甲上马后，便头也不回地督部迎战，大有壮士一去不复返的气概，竟然奇迹般在当日以四百骑兵大破八千敌人，让对手在相当长的一段时间里不敢再在陕西肆无忌惮地横行霸道，有效地缓解了金国在西北地区的军事压力。这次野战的胜利非常难得，极大地振奋了金军的士气，以致前线将士人人“踊跃思战”，史称“自军兴二十年，始有此捷”。由此看来,金国一意扶持这支擅长“骑射”的队伍,确实能在关键时刻知难而上，发挥出好勇斗狠的本色。

自忠孝军组建以来，以大昌原之功为第一，金国小朝廷高调授予完颜陈和尚为定远大将军、平凉府判官，世袭谋克的官职，使其在一日之内“名动天下”。本来，忠孝军因为民族成分复杂以及成员多为被俘后逃归者，素来以“鸷狠凌突”、难以驾驭而闻名，可是身为表率的完颜陈和尚御军有方，让手下逐渐接受纪律的约束。例如，他的部队行军时所经过的州邑，除了按照规定领取补给品之外，其余秋毫无犯，而处于大街小巷之间，也没有喧闹嘈杂的声音，每到临战之际，则负起打头阵的责任，纷纷争先恐后地冲锋陷阵，其势“疾若风雨”，诸军皆“倚以为重”。如果说忠孝军是金军的精英,那么完颜陈和尚的部属就是精英中的精英，他们厉兵秣马，必定会给蒙古人制造更多的麻烦。

自从成吉思汗与孛鲁相继去世，蒙古军队对中原的经略一度处于难以为继的状态，等待新任统帅的最新指示。其后，孛鲁的爵位由儿子塔思继承，而成吉思汗的继承人到底是谁？相关人士为此众说纷纭。据《蒙古秘史》所载，成吉思汗生前就与诸子讨论过汗位的继承问题。按照惯例，长子术赤应该拥有优先的权利，可是次子察合台以术赤血统不纯为由强烈反对，因为术赤的母亲曾经在成吉思汗未发迹之前被蔑儿乞人俘虏过，其间生下了术赤，虽然母子俩后来得以重返成吉思汗身边，但流言蜚语从此始终未能平息，这当然会对术赤的继位问题造成不利的影响。察合台不同意术赤登基，自己也不方便染指大位，使得号称具有“宽弘之量，忠恕之心”的三子窝阔台成了最佳人选，成为了储君。

可是，窝阔台在成吉思汗死后未能立即接管大权，而履行监国之责的是四子拖雷。这是因为成吉思汗生前不止一次公开扬言要拖雷继承他的遗产，其中包括“营盘、帐幕、财产、国库、百姓、那颜（意思是官长）、伴当、护卫、军队”以及领地等等，而领地的范围从克鲁伦河至按台山，被视为帝国的中心，号称“中央兀鲁思”。此外，千户的数目也达到了惊人的一百零一个（这一百零一个千户可统称为“中央兀鲁思诸千户”）。拖雷得到这样优厚的待遇与蒙古历来存在“幼子守产”之俗有关，何谓“幼子守产”？《史集》作了这样的解释：“蒙古人和突厥人自古有这样的习惯：父亲在世时，大儿子们就分家出去，授予他们财产、牲畜和羊群，而留下的则属于幼子。幼子被称为‘斡赤斤’，意即关系着火和家灶的儿子。”由此可知，拖雷在成吉思汗死后一度成为最大的得益者，而一时未能即位的窝阔台反而相形见绌。

回顾历史，成吉思汗生前按照草原上分家析产的习惯分封兄弟子侄时，不过授予窝阔台五个千户数（一说四个），而封地也局限在叶迷里（今新疆额敏）、霍博（今新疆和布克赛尔）地区，表面上与当时的拖雷差不多（拖雷最初获得的千户数目也为五个，而封地在阿尔泰山附近的吉利吉思与谦谦州，与窝阔台的封地隔着阿尔泰山相邻），但如今以“幼子”身份继承成吉思汗遗产的拖雷已经今非昔比，实力不但超过窝阔台，也把众兄弟远远抛在后面，形成一枝独秀的局面，竟然从成吉思汗死时起，开始掌握监国大权。随着蒙古国的扩张，中原汉地以及河中、阿母河以西的地方，军政之权都是由大汗派遣官吏掌握，这时也由拖雷直接过问。

拖雷掌权期间颇有作为，例如当时燕京（蒙古攻克中都后，将之改为燕京路，总管大兴府）治安混乱，城里的盗贼竟敢在光天化日之下进行剽掠，甚至公然用牛车强行到一些富庶之家搬运财物，如有胆敢反抗者则“恣意残杀”。尸位素餐的地方官吏迟迟未能有效制止这类作奸犯科的行为。拖雷果断直接从身边选调人员前往治理，塔察、耶律楚材便负起了整顿吏治的责任，其中，耶律楚材对燕京的情况比较熟悉，过去亦曾经参劾过留守当地的长官石抹咸得卜。石抹咸得卜是石抹明安的儿子，在石抹明安死后袭职为燕京行省，可是他为人贪暴，恣意妄为，以致出现了“杀人盈市”的惨状。耶律楚材闻之泪下，立即上奏，请求禁止州郡长官擅自征调民间的人丁和物资，而判囚犯死刑之前必须上报以获得批准，否则作违法论处。这个合情合理的要求得到了汗廷的支持，于是，地方州郡贪暴的风气稍微收敛。如今，他奉命来到燕京，自然不会错过整肃腐败的好机会，经过一番细致的调查之后，很快就掌握了城里所有巨盗的姓名，得知这些家伙皆有来头，当中有的是石抹咸得卜的亲属，有的是世家子弟，可他管不了那么多，全部逮捕下狱再说。受到牵连的官僚贵族们忙不迭地四处托人情、跑关系，由于耶律楚材不好说话，与之一起来到的塔察便成了贿赂的对象，但耶律楚材及时对塔察晓以祸福，从而保证了司法的公正。最后，十六名巨盗被公开戮市示众，燕京百姓人心始安。

耶律楚材乃契丹人，史称其博览群书，兼通“天文、地理、律历、术数及释老、医卜”的学说，曾出仕金国，在以左右司员外郎的身份留守中都时被蒙古军队俘虏，从此凭着自己熟悉天文、占卜等学说的特长而被成吉思汗所倚重。其间，一位以善造弓而著名的工匠由于反感文人墨客，毫不掩饰对耶律楚材的鄙视，认为这样文质彬彬的读书人在国家对外用兵之际不能发挥什么作用。耶律楚材聪明地回答：“治弓”必须用弓匠，而帝王要治天下，岂可不用“治天下匠”？成吉思汗知道后极为欢喜，日益加以宠信，曾经指着耶律楚材对成为储君的窝阔台说：这是上天赐予我家的人才，以后所有的“军国庶政”，应当让其参与治理。

可是，窝阔台在成吉思汗死后的一年时间里留在霍博领地，对政局采取观望态度，迟迟没有前往“中央兀鲁思”，使得蒙古的政治局势变得非常微妙。拖雷监国期间虽然努力做出一些有目共睹的成绩，但毕竟不能无限期地把持大权，拥立新大汗只是时间问题。

继1228年（南宋绍定元年，金正大五年）的大昌原等战事后，陕、甘一带仍时常发生冲突。这时，扶持金哀宗上台有功的移剌蒲阿已升任权枢密副使，由于哀宗曾经出任过枢密使，故正式登基之后此职虚设，因而移剌蒲阿无形中成了枢密院的最高长官，在军国大事上也获得了更多的话语权。或许受到大昌原之捷的鼓舞，移剌蒲阿于1229年（南宋绍定二年，金正大六年）二月上书奏劾地方驻军作战不力，认为陕西设立的两行省没有起到应有的作用，北军（指蒙古军）在当地侵扰三年，而行省统辖的二三十万人马，“未尝对垒，亦未尝得一折箭”，那么要行省有何用呢？这番话等于批评以往的战略过分倚重凭城固守，忽略了主动出击。枢密院官员亦在朝中附和移剌蒲阿的意见，认为在未来的大战中必须动用由枢密院直辖的兵马方为妥当，显示枢密院官员对掌握的忠孝军以及诸都尉部队很有信心。金哀宗经过考虑，支持了移剌蒲阿等人的意见，召回完颜合达与完颜白撒这两位行省要员，转而以丞相完颜赛不“行尚书省事于关中”，打算适当改变防御之策，试图结束被动挨打的局面。移剌蒲阿带上完颜陈和尚以及一千忠孝军进驻邠州（今陕西彬县），观察敌人的动向。同月，《金史》记载耀州（今陕西耀县）刺史李兴在汛地因战功而受奖，表明蒙古没有放弃入侵的意图，故移剌蒲阿一直在前线呆了下去，迟迟没有撤还。

由于与金国的战争仍在进行，同时，疆土辽阔的蒙古国也需要一个得力的中央政权来协调，拥立新大汗就提上了议事日程。《史集》记载当时所有的宗王和大臣都担心“一旦发生大事，领袖和君主又未指定，国家的根基就将陷于衰弱和混乱。因此，最好尽快选立大汗”。为此，拖雷于1229年（南宋绍定二年，金正大六年）秋召集诸王以及大臣来到怯绿连河，准备在成吉思汗曾经驻跸的大斡耳朵（斡耳朵乃“宫帐”的意思）举行忽里勒台（忽里勒台的意思是“会议”）。众人如约从四面八方来到，他们首先进行了三昼夜的“游戏、聚会和娱乐”，然后再商议国家大事。根据成吉思汗的遗嘱，大汗将传给窝阔台。不过，窝阔台的态度很谦逊，公开表示拖雷是一个比自己更合适的人选，并说道：按照蒙古人的规矩与习俗，幼子乃是家中之长，幼子代替父亲并掌管他的营地和家产，而“兀那黑那颜（指拖雷）乃是大斡耳朵的幼子。他在规定和非规定的时刻日夜都在父亲左右，闻知规矩和扎撒（法令的意思）。我怎能在他活着时，并当着他们的面登上汗位呢？”窝阔台声言要让位，当然是自知实力比不上掌握绝大部分军队的拖雷。而参与集会的诸王亦议论纷纷，虽然有的人以不能更改成吉思汗的命令为理由反对，但《元史·耶律楚材》记载，大家未能达成一致的意见。在这个关键时刻，耶律楚材显然是站在了窝阔台的一边，充分抓住蒙古迷信的风俗习惯而施展自己的占卜特长，在选择的良辰吉日中劝说拖雷尽早决定“宗社大计”。拖雷有点迟疑，声称事情还没有准备妥当，可不可以另外选择吉日再作定夺？耶律楚材回复：过了今天，再无吉日。以这样的方式成功达到催促拖雷拥立窝阔台的目的。

窝阔台。

拖雷最终没有违背父亲的遗嘱，他的态度成了决定性的转折点，窝阔台就这样得以确定继承汗位的日期。耶律楚材还意犹未尽，又忙着创立仪制，并为此专门劝告窝阔台的兄长察合台，说："王（指察合台）虽然是兄，但居于臣位，按礼制应拜新君。只要王肯带头参拜，其余的人不敢不拜。"察合台觉得很有道理，等到窝阔台登基，立即率领皇族以及臣僚拜于帐下，以示忠诚，到了退朝时候，又用手抚着耶律楚材，赞叹地说："真社稷臣也。"史载"国朝尊属有拜礼"，自此而始。可见文臣的影响已经越来越大。

窝阔台于八月上台后，遵照耶律楚材的建议宣布大赦，又明言"凡是成吉思汗所颁布的诏令依然有效，保持不变"。自成吉思汗死后，金国抓住机会不止一次地派遣使者以吊唁等名义前来蒙古，实际都是为了求和，如今，这位蒙古新大汗断然拒绝，冷冷地撂下一句狠话：你的君主久久不肯投降，使"先帝"老死于戎马倥偬的生涯里，令人没齿难忘！故此，伐金成了一项铁定要贯彻到底的国策。

就在蒙古拥立新大汗的当月，前线战火重燃。移剌蒲阿等金将于1229年（南宋绍定二年，金正大六年）八月攻克了泽、潞二州，使得窝阔台刚刚上台不久就不得不面对一次军事上的失败。

这年十月，移剌蒲阿东还。留守前线的完颜陈和尚率陕西骑兵屯于钧、许，以防万一。蒙古军队果然有所动作，赤老温率部突然侵入庆阳境内，金陕西行省遣使奉上"羊酒币帛"等礼物，以作缓兵之计。蒙古亦礼尚往来，派出唐庆等人打探消息，不久又以斡骨栾为小使，径直来到陕西行省，与金国地方官员会面。

庆阳既然出现敌情，席不暇暖的移剌蒲阿便要重披战袍，在十二月间与总帅牙虎带、权签枢密院事完颜讹可一起前往救援。为了避免泄露军情，陕西行省官员扣留了蒙古使者斡骨栾，欲等庆阳解围后再予以释放。金军援兵以迅雷不及掩耳之势杀到，于1230年（南宋绍定三年，金正大七年）正月再次战于大昌原，把蒙古人彻底驱赶出庆阳地区。其后，完颜讹可屯于邠州，而移剌蒲阿扬眉吐气地与牙虎带撤返京兆。与此同时，金国进行了总动员，白华在庆阳解围后上奏建议在河南府州"签拣防城军"以协助忠孝军等正规部队，并选择秋季的农闲时节让这些人集合起来训练，而到了春季又让他们回去耕作，总之，依照古法"务农讲武"，以加强各州府城池的防务，据说这类地方军队的人数至少有九十七万，他们战斗力虽然有限，而超额的签军也会影响经济生产，可是在危机四伏的情况下，顾不了那么多了。

金国自组建忠孝军等部队以来，相继在大昌原、泽州、潞州、庆阳等处取得了一系列的胜利，多次在野战中击败了不可一世的蒙古军队，移剌蒲阿的自信心也益加膨胀起来，竟然在战后遣返滞留于陕西行省的蒙古使者时洋洋得意地说：我已"准备军马"，你们可来战斗！

这一番傲慢无礼的话被斡骨栾如实地向上报告，窝阔台闻之大怒，大张挞伐的意志更加坚决。

为了有备而战，一位名叫速哥的蒙古人在此期间奉命出使金国，以侦察其虚实。窝阔台在速哥临行前安慰道：即使此去不能安全返回，你的子孙后代亦可永保富贵。速哥当场顿首回复：臣奉陛下威命行事，就算死亡，也是职责所在，没有什么值得担忧的。正如事先所预料的那样，金国对蒙古使者保持着极高的警惕性，在渡过黄河时，竟把速哥关在船里，整整禁闭七日，才允许其登上南岸。其后，又磨磨蹭蹭地向金国陪都而进，一直过了三十天方有机会与金哀宗见面。速哥转达了窝阔台的话，建议金国每年献上岁币，就可以“转祸为福”，与蒙古“通好不绝”。金国君臣感到难以接受，有人喝令速哥下拜。速哥镇定地回答：我是大国使者，不可因此而屈服！金哀宗听后，不禁赞赏这番勇气可嘉的话，遂取过金卮斟上了酒，然后赠给速哥，同时对他说：回去告诉你的君主，如果一定要打仗，我便敢率精锐将士与之周旋，至于献上岁币之类的话，不必再提了。速哥没有再说什么，只是把手中的酒一饮而尽，然后告辞，但他在离开时故意装扮成傻里傻气的模样，把金卮藏于怀中带走，这样做的真实目的是为了迷惑敌人，好让对方的戒备之心有所松懈，因为没有人会提防一个脑袋有毛病的使者。其实，速哥外表质朴平实，而内心“沉勇有谋”，他在折返的途中默默地观察金国的“地理厄塞”，把各地“城郭”以及“人民”的强弱状况记于心间，等回到蒙古复命时便一一向上禀报。窝阔台大喜，南征的把握更加大了。

这位蒙古新大汗在此之前已为战争筹集物资，发布了如下敕令：蒙古牧民若拥有一百匹马，应上缴一匹母马；若拥有一百头牛，应上缴一头母牛；若拥有一百只羊，应上缴一只母羊。并开始设置储藏物资的仓库以及建立驿站（这类交通机构的主要作用是为政府人员往来提供方便和更加快速地递送公文）。同时，下令统计河北、西域的户籍与人丁数目，为实行赋税制度做准备，具体事务分别由耶律楚材、麻合没的滑剌西迷等人办理。上述种种经济措施对攻金无疑是有利的。此外，窝阔台还任命刘黑马、史天泽、萧札剌三人为万户，下设三十六个千户，开始逐渐统一汉军的编制。最早成为汉军万户的刘、史、萧三人各有部属以及地盘。其中，刘黑马的管辖范围包括平阳、宣德等处，史天泽的管辖范围包括真定、河间、大名、东平、济南等路，萧札剌仍旧统领黑军。这意味着，蒙古统治者对汉将在经略中原时所起的作用更加重视。不过，汉军万户要受契丹人耶律秃花的领导，因为他早就被成吉思汗任

耶律楚材。

命为太傅、总领也可那颜（大官人之意），政治地位更高。

虽然做好准备，但在1230年（南宋绍定三年，金正大七年）初仅出动部分蒙古兵袭扰京兆，因为距离秋高马肥的用兵季节还有很长的时间。窝阔台有足够的耐心在等待，他携同拖雷跑到斡儿寒河打猎，当春去夏来，又避暑于塔密儿河。其间蒙古将领朵忽鲁与金兵作战时受挫，速不台奉命增援。

秋季终于到了，窝阔台计划亲征。为此他亲自到应州拜天九日，以虔诚的宗教仪式表达不灭金国誓不罢休的决心。大军入塞后取道雁门关、欲经隰川、平阳南下，随行的有拖雷以及蒙哥（拖雷之子）等。

还没有等蒙古军队主力来到，金将武仙乘机在山西策划了一场反击，此前，他曾经于1227年（南宋宝庆三年，金正大四年）五月占领过太原，虽然很快退了回来，但还是获得了金国更多的信任，在1228年（南宋绍定元年，金正大五年）被金哀宗召见，得以复封为恒山公，置府卫州（今河南汲县）。

卫州位于黄河以北，距离汴京约百里之遥，是关系到金国小朝廷存亡安危的重要屏障。金哀宗上台后奉命行尚书省于卫州的胥鼎已在1226年（南宋宝庆二年，金正大三年）七月去世，而晋阳公郭文振于此前亦曾经徙往卫州，可是所率的部队由于打过不少败仗而实力大不如前，未能让主政者安枕无忧，如今武仙奉命复驻于此地，连同城内原有的元帅府驻军，力求牢牢地扼守这个要点，以成磐石之固。然而，卫州城内同时存在元帅府与恒山公府两个指挥机构，朝廷忧虑一旦战争来临，隶属于不同指挥机构的守军会各行其是，以致贻误战机，如果强行把元帅府与恒山公府“合二为一”，又唯恐其内部不和，为此一度命令权枢密院判官白华

狩猎的牧民。

前往卫州进行协调，以防各路军队因意见不一而出现龃龉。

当窝阔台大举进犯时，武仙突然离开驻地，于九月包围了潞州管治的上党（今山西长治）试图打乱对方的进攻节奏，果然迫使窝阔台抽调精干部队火速救援。

负责救援的蒙古将领是塔思。史载塔思自幼便与常人有异，一副“英才大略”的派头，以致祖父木华黎经常赞不绝口地说：能够完成我志愿的人，必定是“此儿”。他长大成人后，更是谈吐大方得体，每每把“忠孝”挂在嘴边，曾说：“大丈夫受天子厚恩，当效死行阵间”，以图相报，怎能安于现状，萎靡不振，隳败“先世勋业”呢？这位年轻人虽然年仅十八岁，可是已经承袭父亲孛鲁之爵，此刻驻于云中，正欲大展宏图，得令后快马加鞭赶向目的地。

武仙闻讯后机警地撤回卫州，退屯于潞东十余里之处。塔思、按扎儿等蒙古将领会同史天泽辖下汉军将之包围了一个多月，切断了城内城外的一切联系。不过，由于蒙古军队主力尚未到达，一时未能拿下城池。守军形同瓮中之鳖，唯有让人在城内的高塔举火，尝试着与外界联系。

金国小朝廷没有坐视不管，准备派遣得力将领增援卫州。稍早之前，移剌蒲阿向金哀宗建议把在朝中任职平章政事的完颜合达重新调回前线，理由是完颜合达在军队的时间比较长，对情况也很熟悉，如今前线事务繁多，非常需要这样的将才协力御敌。

移剌蒲阿之所以会要求完颜合达重返前线，可能与自己威望不高，不能服众有关。他本是契丹人，在以女真人为主的统治阶层里面显得有点另类。尽管金国的女真统治者在蒙古入侵后改变了一贯给予本族人种种优待的政策，标榜在升官晋爵时“诸色人（指异族人）与本朝人（指女真族人）一体”，以此笼络其他民族。然而，朝中不少文武要员对于一个契丹人成为前线部队统帅的事实似乎仍然不免抱有疑虑。再加上移剌蒲阿在金哀宗登基之前缺乏显赫的战绩，只是因为拥立新君有功得以掌握大权，因而人们对其指挥能力经常指三道四。例如蒙古军在1227年（南宋宝庆三年，金正大四年）年底突入陕西地区时，逆战至灵宝以东的移剌蒲阿打退敌军游骑十余人，同时俘获一人，可是捷报传到朝廷后，他受到不少人的怀疑，被视之为故意夸大战绩以及试图用欺君罔上的手段捞取政治上的好处。可鉴于其炙手可热，大多数的反对者在公开场合都噤若寒蝉。毋庸讳言，移剌蒲阿虽然作战勇猛，出生入死亦泰然自若，但有时的确存在好大喜功的坏毛病，势必招来更多的冷言冷语。据元好问的《赠镇南军节度使良佐碑》所载，就连忠孝军内部将领私下里也对移剌蒲阿颇有微词，认为他作为统帅，指挥作战却欠老成持重，曾经有一次，他带领部队一日一夜奔驰二百里，不过为了谋点小利。将士们不胜其烦，只是无人敢谏止这种不合理行为。完颜陈和尚就此问题与同僚讨论过，大意是：副枢（指移剌蒲阿）以大将军的显赫身份却经常干一些剽掠之事，今日俘虏生口三百、明日夺得牛羊一二千，这类琐事让许多士卒累得气喘吁吁，至于那些为此而战死的人尚未统计在内。他甚至言词激奋地宣称，国家数年积蓄的兵力，必被副枢毁于一旦！这些满腹牢骚的话传到了移剌蒲阿的耳里，他召集诸将举行宴会，借机在推杯换盏的时候公开质问完颜陈和尚：“你曾背后说我短长，又认为国家的兵力会被我断送，甚至将我与个别曾受国法处置的罪人相提并论，有还是没有？”完颜陈和尚镇定地把杯中的酒一饮而尽，徐徐回复“有”。移剌蒲阿见其神情毫不畏惧，可能觉得目前不方便与这员得力将领翻脸，便不再继续追究，并好语相劝，说道：“有过错应该当面指出，不要背后乱讲。”

诸如此类的事情困扰着移剌蒲阿，或许由此间接促成了他寻找得力帮手主持大局的原因之一，而女真人完颜合达久经沙场，同时作战经验丰富，因而成了一个比较理想的人选。值得注意的是，完颜合达曾经在1215年（南宋嘉定八年，金贞祐三年）六月防卫平州时因势穷力蹙而投降过蒙古人，后来又重归金国，而统治者既往不咎地加以任用。这样的履历与忠孝军里面的大量叛蒙归金者差不多，因而具有共同的语言，指挥起来相对容易一些。

就这样，完颜合达得以出任权枢密副使，与移剌蒲阿一起指挥由枢密院直辖的兵马，携同完颜陈和尚、高英、樊泽（又名夹谷泽）等将于十月一齐动身，急如星火地赶往卫州。

金国援兵到来的前一日，塔思还蒙在鼓里，他率十余骑到前沿阵地来回侦察，打算伺机对城池发起总攻，可是由于黄昏已近，不方便作战，遂将军事行动推迟至次日早晨。想不到当晚就出了事，据《元史·史天泽传》的记载，十万金国将士在夜色的掩护下神不知、鬼不觉地来到了，并于五鼓时分以三千亲卫兵为先锋，突然发起袭击。战至白天，围城的蒙古诸军已是落花流水，绝大部分将领手足无措地落荒而逃，唯独史天泽临危不惧，纠集千余人在混乱中想办法绕路攻击了金军背后，打败了一个都尉及其部队，挽回了一点面子。然而，这个小胜利改变不了蒙古人全线崩溃的事实。

根据《元史·按扎儿传》的记载，蒙古参战部队“辎重人口皆陷没”。这里所说的“辎重”，与蒙古独特的“奥鲁”制度有关，“奥鲁”原义包含着“老营”、“营盘”等意思，因为蒙古人习惯携带妻孥等家属行军，以管理行李，每当作战的时候，便把家属与行李等物留在与战场有一定距离的安全地带，由此形成了“奥鲁”的组织，这个组织同时也起到补给机构的作用，除了可以给部队输送后备兵源，还能够补充粮食、兵器、马匹等等，难怪中原人士按自己的理解视之为“辎重”，而留守在这类组织里面的人员战斗力一般不强。在这一次战事中，蒙古军队随征的“辎重人口”尽数身陷囹圄，就连前锋总帅按扎儿的妻子奴丹氏也成为了俘虏，被对手押送汴京。其后，塔思所部狼狈不堪地退守沁南。金军再接再厉，攻陷了潞州，打死主将任存。

完颜合达、移剌蒲阿所统率的部队凭着快刀斩乱麻般的动作确实起到了出其不意的效果。这是继大昌原之战后的新胜利，不但令初出茅庐的塔思铩羽而归，而且再次让刚刚成为新大汗的窝阔台脸上无光。

成功解开卫州之围的得胜之师返回后，金哀宗高调进行庆贺，亲自登上承天门犒军。完颜合达、移剌蒲阿获得“世袭谋克”等奖赏。金哀宗得知按扎儿的妻子成为俘虏，或许是出于怀柔敌人的需要，遂亲自召见，对她说：如今可以放你回去，假若能够偕同你丈夫前来归附，当有“厚赏”。这位妇人佯装答应，借此脱身北返，一去不回。

金国来之不易的战果很快便在对手的反攻中丧失殆尽。亲征的窝阔台在途中得知丢掉了潞州，于十月令万户因只吉台率部会合塔思，组织力量再度收复失地，并在乘夜追击武仙的过程中斩首七千余级。不久，蒙古军队得到史天泽等汉军的协助，在没有经过什么激烈战斗的情况下轻松地拿下了卫州。不过，按照《金史·武仙传》的说法，武仙是奉命离开卫州而徙往胡岭关（今河南济源以西），执行扼守金州路的任务。

卫州的丢失是不是意味着汴京门户洞开呢？金国君臣似乎不这样看，因为他们还留了一手，自以为找到了一处更加适合掩护汴京的地点，它的具体位置是在黄河北岸附近的宜村渡，而这一带很快就矗立起了一座距离河岸仅有数步之遥的要塞，号称“卫州新城”。史载此城被黄河围绕，“惟北面受敌”，由于城墙专门用石块等建筑材料加固，故易守难攻。金军屯重兵于此，的确时常让敌人望而却步。

金国小朝廷对黄河防线的重视程度日甚一日。据《大金国志》记载，金军“并力守黄河，保潼关”，自“黄河洛阳（原为河南府，金兴定元年八月升为中京）、孟门、析津，东至邳州陌雀镇”，在东西长约二千余里的地方设置不少军事机构与驻防部队，白天戒备森严，夜晚士卒“传令坐守”，一年四季习以为常，特别是在冬季，还专门派人“燃草敲冰”，尽量防止河道结冰，以免被敌人乘机徒涉而过。

对于潼关要塞的安全，金哀宗也非常关心，他让移剌蒲阿改任权参知政事，与完颜合达一起在潼关以西的阌乡组建了一个新的行省，这意味着一旦有敌人从潼关防线渗透进来，阌乡行省的大量驻军将在最短的时间内作出反应，堵截并把敌人驱逐出关外。

面对金国种种森严壁垒的要塞，蒙古人绞尽脑汁进行强攻，而最初选择的突破地点并非卫州新城，恰恰是潼关。

到了十一月，一股蒙古军队在名将速不台的带领下杀向潼关、蓝关一带。亲征的窝阔台随后于十二月赶来，连拔天胜寨、韩城、蒲城，经侦察得知，完颜合达、移剌蒲阿所率的金军主力正在西边守御，遂遣兵急速进击，欲与之决战。然而，完颜合达、移剌蒲阿眼见对手声势浩大，只是屯兵于潼关以西的阌乡行省，以避其

20世纪40年代的潼关东门，可北望黄河。

锐气。

蒙古军队知道潼关一带警戒甚严，一时之间只是盘旋于京兆、同州、华州之间，连破南山砦栅六十余所，到处寻找突破口。转机在1231年（南宋绍定四年，金正大四年）正月来到，速不台所部翻山越岭，不畏艰难地东进。《大金国志》记载四万蒙古人“刊石伐木”，硬是在商于山（今河南淅川县西南）凿开一条通路，迂回到达蓝关之内，攻破了潼关西南的小关后，如猛虎下山般突入了金国的腹地河南，分散掳掠的游骑四处出没，范围广达百余里，惨遭蹂躏的卢氏、朱阳等处成了重灾区，鸡飞狗跳，一片狼藉。

金潼关总帅纳合买住率领夹谷移迪烈、高英等将一边死命拒战，一边向阌乡等行省求救。阌乡行省辖下的完颜陈和尚急忙带着一千忠孝军，携同都尉樊泽的一万步兵，以最快的速度向西疾进，打得敌人连连后退，一直追至谷口而还，因而又在野战中取得了一次难得的胜利，号称“倒回谷之捷”。

据元好问的《雷希颜墓铭》所载，蒙古骑兵狼狈退走时损失惨重，尸体“填压磎谷间”，不可胜计。金军假若乘势穷追不舍，取得的胜利应当与历史上的淝水之捷相媲美，可是因军中诸将意见不一而最终放弃了追击。当时朝廷亦以穷寇勿追为便，只有监察御史雷希颜上书极力主张穷追猛打，但没有被主政者采纳。而蒙古兵狼狈向西奔逃数日，弄得人疲马倦，当他们确定没有追兵后，竟又聚结于一起袭扰凤翔，显示实力尤存。消息传回，金国小朝廷悔之晚矣。

尽管不少蒙古人侥幸重返陕西，可是仍然付出了惊人的代价。《大金国志》作了一个统计，认为这支军队在此役中，“丧万余人及马数万匹”。《元史·速不台传》也承认蒙古军队在此战中“失利”，主将速不台事后遭到的窝阔台谴责，幸而拖雷出言相助，称“兵家胜负不常”，力图帮助这员名将过关。由于速不台是成吉思汗生前辖下有名的“四狗”之一，素来以骁勇善战而闻名于世，特别是在几年前的西征中，竟然率先打进欧洲，创立了历史性的功勋，因而窝阔台只好允许其日后“立功自效”了事。

历史上的倒回谷之战与大昌原之战齐名。例如清代史学家赵翼在《廿二史札记》中评论道：蒙古崛起时，金兵“每战辄败”……二十余年的时间里，“差强人意”的战事唯有完颜陈和尚指挥的太昌原、倒回谷之捷，其余则“望风奔溃”，与“辽天祚、宋靖康”期间土崩瓦解的情况如出一辙。然而，这个说法只不过显示赵翼似乎对完颜陈和尚有所偏爱而已，并非持平之论，因为金军远没有沦落到“每战辄败”的地步，打赢的仗也不只太昌原、倒回谷之捷，凤翔、庆阳等地的守军都在血腥的攻防战中顶得住对手施加的巨大压力，而到目前为止，在战场上取得过胜利的将领除了完颜陈和尚，还有郭仲元、完颜合达、赤盏合喜、移剌蒲阿等等。古语有云：“哀兵必胜！”意思是受欺侮而奋起抗争的军队，在悲愤情绪的驱使下，必定获胜。不幸的是，具有相同经历的金军竟然遇到了空前强大的蒙古军队，因而即使满腔悲愤也不可能战无不胜，能取得几场胜仗已经相当不容易了。

十　存亡天定

短暂的喜悦未能持续多久，在倒回谷获捷的金军很快迎来了更严峻的考验。速不台在潼关一带的失败没有影响蒙古军队在陕西的行动，窝阔台指挥大队人马于1231年（南宋绍定四年，金正大八年）正月团团围困了陕西重镇凤翔。金军主力部队仍旧屯于阌乡至渑池一带，没有积极救援的举动。《金史·白华传》记载汴京城内顿时就像炸了窝，不但宰相、台谏等级别的官员对此不以为然，就连士庶亦议论蜂起，疑虑重重。金哀宗为了安定人心而表明了自己的态度，说：合达、移剌蒲阿都在等待进击的机会，假若强行督促这两人去战斗，则显得勉为其难，“恐无益”，且反而有害。话虽如此，可他终究放心不下，因为敌军自发动攻势以来，时间已经“二月过半”，正好“避其锐气，击其惰归”，可是前线各路部队为何不行动呢？不得已，他只能派枢密院判官白华、右司郎中夹谷八里门前往阌乡行省，向完颜合达与移剌蒲阿表达朝廷的疑惑。

移剌蒲阿的回复是：敌军“绝无粮饷”，要使之“欲战不得，欲留不能”，令其陷入作茧自缚的困境，言外之意是要争取不战而胜，避免轻举妄动。完颜合达言谈间则经常模棱两可，一面对军中诸将帅声称不可轻动，一面又在会见士大夫时说可以行动，旁人认为完颜合达过去被移剌蒲阿参劾过，因而对被君主所宠的移剌蒲阿存在畏惧之心，不敢与之诘抗，只会摆出见风使舵的姿态。白华等人经过观形察色，觉得完颜合达与移剌蒲阿一样，皆有畏战之心，便又在私下里询问完颜陈和尚、樊泽、定住等随军将领的意见，三人都说：其他人以为敌军人困马乏，应当乘机进攻，这种想法是错的。又指出对方人多势众，其动向难以捉摸，我方是“真不敢动”。由此可知，移剌蒲阿断言蒙古人因粮饷而陷入困境的说法只是敷衍朝廷使者而已，其实金军处于情报不明的状态，没有放手一搏的把握。

几经波折，白华等人才将调查情况上奏，金哀宗获悉后失望地说：我早已知前线将领怯战。遂立即给完颜合达、移剌蒲阿等人下达命令，称：凤翔被围已久，恐怕守军力不能支。行省应当领兵出关，取道华阴、华州等地，以数日的时间与活动在渭水以北的敌军阻击部队周旋，想方设法把包围凤翔的敌军主力引诱过来，这样可以舒缓一下凤翔守军的燃眉之急，我方也达到了掣肘的目的。

君命难违。完颜合达、移剌蒲阿无可奈何之下，只得抽兵开出潼关二十里，进至华阴境内，与渭北敌军交了手。据《元史·睿宗传》记载，蒙古军队的阻击部队作战不利，窝阔台、拖雷亲自率部迅速来援，逼退了完颜合达等人。

金军原计划持续几天的救援行动仅一天就匆匆忙忙地结束了，并于当天晚上全部收兵入关。消息传回后方，白华为之“仰天浩叹”，金哀宗亦再无对策。数天后，凤翔的末日就来临了，而失陷的具体时间是在四月一日。

其实，窝阔台这次亲征的规模非比寻常，随行的有拖雷、蒙哥（拖雷之子，多年以后出任蒙古大汗）以及阿勒赤歹、口温不花等一批宗王贵戚。由于实力悬殊，即使阌乡行省的驻军竭尽全力严格执行金哀宗的出援计划，也很难解开凤翔之围。

凤翔易手之后，顿失门户的关陇地区危在旦夕，而京兆无疑会成为蒙古大军的下一个打击目标。为了避免城内守军遭受覆灭的命运，完颜合达与移剌蒲阿决定把驻扎于那里的牙虎带所部以及居民迁往河南，仅留下庆山奴率八百士卒看守。

回到河南的牙虎带于五月进至阌乡，这无疑有助于加强当地的防御，说明金军吸取了潼关在不久之前被速不台突破的教训，力图在阌乡行省布置更多的兵力，以应付潼关方向随时出现的警情。由此可知，金军在京兆地区的徙移行动与不久之前撤离卫州旧址的所为如出一辙，反映了军政要员们企图收缩防线，只想最大限度地力保黄河沿线以及潼关等要隘。

蒙古统治者知道暂时很难突破潼关一线，便另谋他策，此前经略凤翔期间，由于战场与南宋的利州路接壤，故派部分人马在作战期间进入宋境，于1230年（南宋绍定三年，金正大七年）十一月从宝鸡南下至南宋凤州城下，留下一封书信便离开，试图与南宋驻军联系，希望得到南宋的协助。到了1231年（南宋绍定四年，金正大八年）正月，蒙古使者搠不罕来到武休关，和四川安抚制置使桂如渊的代表谈判，正

宋代的拒马木枪，可拦截战马。

式提出了借道以及索取粮食“二十万斛”的请求。桂如渊为了维持辖区的稳定，不想节外生枝，一方面告诫诸将不得擅生事端，另一方面敷衍蒙古使者，采取让汉中官员筹备物资“以犒鞑师”等让步措施，以尽量避免兵戎相见。

此前，蒙古已经有绕道宋境突入河南的打算，降人李邦瑞为此从1230年（南宋绍定三年，金正大七年）起先后三次出使南宋，可前两次竟然被南宋官员拒绝接纳，最后一次于1231年（南宋绍定四年，金正大八年）动身，经蕲、黄地区前往目的地，但南宋故意派遣身份低贱者来迎接，李邦瑞为此发了怒，将之驱逐，南宋才不得不改变态度，命相关官员迎接。《宋季三朝政要》记载他此行的任务是计划说服南宋君臣，让蒙古军队绕道入境攻击金国，具体的方向是“假淮东以趋河南”。然而，南宋犹豫不决，因为两国关系大不如前，在东边的山东半岛以及江淮地区等处均存在利益冲突。自从依附南宋的李全于1227年（南宋宝庆三年，金正大四年）五月在青州降蒙之后，被南宋安置于淮安等处的原红袄军各头目也发生内讧，时青在混乱中死去。就连投靠南宋的花帽子军将领张惠也由于缺乏粮饷等原因而重新归金，使南宋对北方的进取政策遭受更多的挫折。蒙古乘机觊觎起南宋的国土来。李全一方面讨好蒙古贵族，誓言要消灭南宋以示忠诚，因而获得了山东、淮南行省事务的权力，得以重返淮安招集国用安等旧部；另一方面，又利用南宋权臣史弥远的侥幸心理假意归顺，以首鼠两端的态度从南宋获取粮食等补给品，到了1230年（南宋绍定三年，金正大七年）年底，他终于图穷匕见，突然攻打扬州，但被淮东安抚副使赵范与提点刑狱兼知滁州赵葵辖下的步骑兵击败，并战死于平堂山（今扬州西北）。乘胜北上的宋军重新收复了盐城、淮安、盱眙等处，迫使李全的遗孀杨

史弥远。

妙真逃去淮北。显赫一时的李全所部就此元气大伤。蒙古企图借李全之力染指南宋国土的计划也暂时未能得逞。更重要的是，就在李邦瑞出使期间，游牧士卒正在四川兴风作浪，加剧了彼此的紧张关系。但南宋官员斟酌损益之后，没有一口拒绝蒙古绕道淮东的要求。《元史·李邦瑞》记载他得以完成任务，“如约而还”。

这时，经陕西凤翔南下的一路蒙古军队又进入了宋境，由于和南宋地方驻军沟通不足，已经发生了冲突。游牧骑兵一遇到阻挠便立即强行突进，使用武力开路。因为按照蒙古人的理解，与南宋“和好”就意味着南宋自愿“投拜”，所以对方必须听从号令，不能阳奉阴违，而成吉思汗此前于1227年（南宋宝庆三年，金正大四年）挥师杀入宋境也是基于同一思路。可正如宋臣李鸣所指出的，南宋绝对不愿形同“臣妾”般“投拜”蒙古，两国之间应该平等交往。双方观念的差异由此导致了冲突。仗一打起来，蒙古军队迅速取得优势，攻破了大散关，于三月中下旬在马岭堡歼灭数千地方守军，接着又在四月二十七日攻占凤州，一路杀向华阳，于五月上旬顺利到达武休关。不久，分兵屠洋州，围兴元，攻陷兴元西南的沙窝，呈现不可阻挡之势，致使无力抵挡的南宋军民先后死伤数十万。在此期间，部分蒙古军队突入南宋利州路掳掠，宋将曹友闻在秦家坝等地击退来犯之敌，但西和、仙人关、七星关、同庆府（今甘肃成县）、杀金坪却陆续失守，统制赵章等人战死。

经过一番试探，蒙古人认定取道宋境是可行的。窝阔台于五月避暑于官山（位于今内蒙古卓资县以北的灰滕梁一带）九十九泉期间，与诸王聚会研究灭金的下一步对策。其中，绕道攻金成为热门话题。李邦瑞根据攻克凤翔所导致的形势变化又向拖雷提供了新的建议，大意是：金国君主迁往汴京，所恃的不过黄河、潼关之险而已。假若大军“出宝鸡，入汉中”，不用花一个月的时间就可以迂回到达唐、邓地区。金国之人知道后，岂有不认为我军是从天而降的！拖雷深表赞同，遂在研究灭金对策时将之转述于窝阔台。窝阔台大喜，认为这个计划与成吉思汗临终前留下的灭金之策不谋而合，对诸王大臣说：拖雷的言论真是“赛因（意思是好极了）”。事实正是如此，北临黄河的潼关要隘，南与华山、嵴山、熊耳山相连，然后再向北延伸至秦岭，处处是崇山峻岭，大部队难以轻易通过，因而比较好的办法是绕道宋境，经秦岭与大巴山之间的汉中地区，沿着汉水及其支流而进，最终可长驱直入南阳盘地，这样就能够巧妙地避开壁垒森严的潼关防线，从侧翼直趋汴京了。

据此，蒙古国筹备已久的全面进攻已是箭在弦上，并形成了兵分三路的布置，按照正式拟定的计划：窝阔台统率中路军自怀庆府河内县以北五十里的碗子城南下，抢渡黄河，指向中京方向；斡陈那颜统率左路军由济南而进，如果顺利的话，应该可以按照李邦瑞与南宋的约定，绕道淮东突入河南；拖雷统率右路军自凤翔渡渭水，过宝鸡，入小潼关，取道宋境而沿着汉水而下，直趋汴京。三路兵马约定在明年正月会师于金国首都。

在这三路兵马中，左路军主要由河朔地区的汉族军阀组成，实力最弱，只能发挥局部牵制作用。拖雷的右路军实力最强，其在中路军与左路军的掩护下能否顺利通过宋境而迂回到金国的侧翼，成了灭亡金国的关键一着棋。当然，南宋愿不愿意借道给拖雷的右路军也是胜败的重要因素。

蒙古统治者已经管不了那

么多，一声令下，三路人马陆续行动起来。

拖雷的右路军备受关注，随同其出征的蒙古将领有失吉忽都忽、朵豁勒忽、野里知给歹、土薛、夔曲涅、速不台、失剌斡忽勒、脱不合、按竺迩、札剌等，汉军将领有郭德海、奥屯世英、薛塔剌海、贾塔剌浑、刘黑马、田雄、梁瑛等。如云的将帅相继到达指定位置，集结后驻于洋州、兴元一带，跃跃欲试。

搠不罕再次扮演使者的角色，于十月十七日带着一队人马来到钙州（今陕西略阳），欲继续商谈“假道”、“借粮”事宜，正如《鹤山集》收录的《郭正孙墓志铭》所载，此前有蒙古骑兵进入南宋境内“纵骑焚攻，出没自如”，试图施加压力以迫南宋就范。不料这种行为惹怒了南宋地方驻军，反而把搠不罕推上了绝路，致使这位使者在钙州（今陕西略阳）青野原被宋统制张宣的部将冯泽以诈降的手段诱杀。

使者被杀对蒙古国而言是一件极为严重的事，昔日成吉思汗就是以此为借口西征，灭掉了花剌子模，现在，拖雷闻讯后不由分说地把搠不罕死亡的责任全部归咎于南宋，恨声责骂道：彼（指南宋）昔日让苟梦玉来与我国通好，如今自食其言，干出了“背盟”的事。因而督部发起更猛烈的攻势，进行报复。蒙古右路军已经分为东、西两路，东路继续驻于洋州、兴元，西路由担任先锋的按竺迩所率，向大散关方向扑过去。由于宋军已经提前烧毁了栈道，按竺迩绕道两当，经鱼关（即鱼关寨，今陕西略阳鱼洞子乡）奔赴钙州，于十月二十日攻城，打死都统、知州杨起。

蒙古人还不打算收手，又策划攻入川北，另遣偏师由钙州于二十四日前往大安军，拿下该地后再翻越鱼鳖山，沿途拆屋制筏以抢渡嘉陵江，经八关堡、葭萌（今四川苍溪县北）等处进陷阆州，略地至四川南部而还，共破城寨一百四十。四川安抚制置使桂如渊难以抵挡，向后奔逃，辖区一时风声鹤唳。直到十一月

南宋四川石窟雕塑。

间，四川地区的蒙古军队才返回兴元、洋州一带，与主力部队会师。

蒙古右路军与南宋爆发的战争肯定会影响迂回金国侧翼的计划，因而难以保证按时与其他部队会师。中路军在窝阔台的亲自率领下也雷厉风行地出动了，于九月进至河中，意图拔取这个黄河以北的重要据点。

留守京兆的金将庆山奴仅有几百兵力，得知蒙古人步步逼近的消息，忙不迭地以“粮尽”为由弃地东归河南，导致金国在陕西的地盘急剧缩小。而河中作为从河东进入陕西的跳板，其重要性进一步下降。

不过，金国一些臣子还是不想眼睁睁看着河中失守。其中白华的意见比较有代表性，他为此专门在奏书中作了一番剖析，声称根据侦察所知，拖雷所部的人马有四万，窝阔台所部的“行营军”有一万，因而最好是集中兵力与窝阔台所部作战。理由如下：如果调兵南下到汉水流域抗击欲经此地入境的拖雷所部，那么行军的时间需要半个月，故不如“径往河中”，因为金军沿河驻屯着守御部队，只需一日时间便可渡河，作战得胜的机会也更大。拖雷所部即使进至襄、汉地区，当得知窝阔台所部失利，必定“迟疑不进”，由此，金国腹背受敌的局面或许会有所改观。

从白华的奏书可以知道金国早已经对蒙古绕道宋境入侵的意图了然于胸，但不主张匆忙抽兵南下防御，认为当务之急是守住黄河防线。金哀宗认为白华的分析很有道理，不禁喜形于色。不久，出兵陕西地区进行戒备的完颜合达也为此事进了一个奏帖，而看法亦与白华差不多，哀宗阅后更加高兴，便把身处中京的移剌蒲阿这位重臣召来，商讨此事，以作最后决定。

不料，移剌蒲阿在奏对时却对集中兵力驰援河中的计划有不同意见，只是说窝阔台所部的前锋忒木泬将出冷水谷口，应当首先予以防范。金哀宗对移剌蒲阿避重就轻的态度有点不耐烦，要他明确回答是否应该出兵河中。

移剌蒲阿不得已，开始谈了自己的真实看法，指出拖雷所部兵马虽多，可是良莠不一，而窝阔台所部人数虽少，但以精锐为主。意思是两相比较，后者才是劲敌。接着，他又断言北渡黄河增援河中的计划一旦执行，可能会面临失利的危险。因为窝阔台必定会将辎重屯于平阳之北，而率精锐部队隐藏于百里之外，同时故意放金军过河，然后截断金军的归路以便进行决战。显而易见，这样的事假若真的发生，后果堪忧。

金哀宗看见心腹大将的意见与自己相左，大失所望，当即表示这个问题“不须再论”，要移剌蒲阿返回陕州视察防务。

移剌蒲阿还不甘心，建议把在陕西地区戒备的完颜合达召回来参与商讨。这个想法得到了副枢赤盏合喜与白华的支持。金哀宗遂把完颜合达叫到了京城，先令其与枢密院等官员商议，然后再晋见。想不到完颜合达或许是慑于移剌蒲阿的权势，竟然完全改变了支持出兵河中的态度，转而一味附和移剌蒲阿的意见。无可奈何的金哀宗最终取消了抗击窝阔台的计划。而完颜合达、移剌蒲阿返回陕西前线后，派出部分兵力进至冷水谷，但没有打什么仗又撤回来了，为此，史籍评论他们的行动只是“奉行故事”，虚与委蛇而已。

窝阔台统率的中路军从十月三日起对河中进行了猛烈的围攻。城内守军虽然有三万之众，不过，许多是以“签军”等方式纠集而来的老弱之辈，因而整体作战能力并不强。负责守御的两位统帅均叫完颜讹可，他们都是护卫出身，为了进行区别，人们把其中一个叫做“板子讹可”，这个绰号源于他把宫中使用的牙牌错认做木板，从此成为笑谈；另一位叫做“草火讹可”，起因是此公每次擒得贼人，都喜欢用草点火烧灼，故有是称。这两位将军抢在蒙古军队来到之前做了一些加强防御的措施，并首先将城池截为两半，然后把所有的人员集中起来守卫其中的一半，以此舒缓兵力不足的困境。当蒙古军正式发起强攻时，完颜合达、移剌蒲阿等人碍于形势，令元帅王敢率上万士卒前来增援。故此，城池坚守一段时间不是问题。

蒙古中路军在河中打得如火如荼，迂回到秦岭以南的右路军也没有虚耗光阴，拖雷不敢随便改变与窝阔台共同制定的灭金计划，因而在适当的时候中止了与南宋的战事，又准备与南宋地方官员议和。降人李邦瑞与按竺迩奉命前往兴元对守御当地的宋制置使桂如渊晓以利害，指出：宋国既然与金为世仇，为什么不和我军合力“一洗国耻”呢？如今我军欲借道南、郑，由金、洋抵达金国的唐、邓地区，执行灭掉金国的军事计划。这样做不但对我方有利，对宋国也是同样有利的。

桂如渊深知来者不善，暗忖来犯之敌不会轻易撤退，不如干脆放其过境，将这股祸水引向金国，遂答应资助一部分粮食，并愿意派出向导引领蒙古人东进。

经过一番波折，蒙古右路军如愿以偿地于十一月顺利通过了兴元地区。兵不血刃地逾越饶峰关（今陕西石泉），经金州（今陕西安康县）、房州（今湖北房县）、竹山疾进。这是一次艰苦卓绝的进军，尽管桂如渊等南宋官员曾经资助过部分粮食，可是蒙古军队许多时候仍然饥肠辘辘。《史集》记载“拖雷汗忍受了途中的艰难并缓慢地行进……他们没有粮食，便吃起死人、倒毙的动物和干草来了。他在山岭和草原上战斗着前进”，一路坚持着向前。其后，在房州东北的武当山又打了一仗，而《元史·睿宗传》宣称蒙古前锋三千人在此大破金兵十余万。这种说法过于夸张，因为早有历史学者指出武当山属于宋境，估计部分南宋驻军与蒙古前锋发生过冲突，后人编写史书时竟然以讹传讹地将之描述成了一场蒙、金大战，显然与事实相去甚远。种种蛛丝马迹表明蒙古与南宋之间仍处于貌合神离的状态。

金国小朝廷一直密切关注蒙古右路军的动向，当拖雷所部明火执仗，大摇大摆地于十一月越过饶峰关、由金州东下时，邓州的金国驻军立即派遣骑兵向汴京飞驰而去，及时把情报送到处理军政大事的中枢机构。金哀宗在日暮时分接到省院官员的入奏，叹了一声：事已至此，怎么办？他身边的官僚认为北军（指蒙古军）甘愿冒“万里之险”，旷费时日，方才得以进入武休关，可以说是辛苦到了极点，因而献策道：如今之计，我方应当以兵屯于“睢、郑、昌武、归德及京畿诸县”，另以大将守卫“洛阳（即中京）、潼关、怀、孟”等处，严加防备，而京师积粮达数百万斛，也可以支撑不少时日，同时，命令河南州郡“坚壁清野”，不能入城暂避的百姓要疏散至山区，“聚保山砦”，当这些措施一一落实之后，敌人的“深入之师”势必陷入“欲攻不能，欲战不得”的困境，而到了“师老食尽”时，不用我军攻击便自动撤退了。毫无疑问，这是一种尽量避免野战的凭城据守之策，它虽然暂时保得住一些城市以及据点，可是，广大的城郊以及乡村必定满目疮痍，在蒙古骑兵铁蹄的肆意践踏之下，农业生产也会遭受重大破坏，不但令金国捉襟见肘的财

宋军服饰。

政雪上加霜，而龟缩入城池、据点里面的金军长此以往也会因缺衣少食处于难以为继的状态。那时，不少人对此有着清醒的认识。例如隐居于嵩、洛山中的著名学者杜时升，早在正大年间就曾经指出：蒙古大批人马集结于秦、巩之间，若“假道于宋”，经襄、汉一带而突入“宛（今河南南阳）、叶（今河南叶县）”地区，则“铁骑长驱势如风雨”，而河南境内没有“高山大川”予以拦阻，金国的统治肯定呈现土崩瓦解之势。对于蒙古军队绕道入境将产生的严重后果，金哀宗亦心知肚明，在与左右言谈之间竟唏嘘不已，说：南渡至今已经二十年了，境内的老百姓“破田宅、鬻妻子”以供养士卒。可敌人来到时，总数超过二十万的我国军队却不能迎战，只是“徒以自保”而已，那么即使京城获得保存，又“何以为国”呢？天下人又会怎么样评论我！这位皇帝自言经过深思熟虑之后，得出了“存亡皆受天命限制”的结论，现在所能做的惟有不辜负百姓就可以了。遂果断诏令完颜合达、移剌蒲阿等人率部南下，屯军于襄、邓地区，准备以破釜沉舟之势和拖雷决一死战。

至此，移剌蒲阿心仪的南下作战之策终于得以实现，而河中也自然置之度外了。

窝阔台亲自指挥的围困河中之战一直打到十一月，蒙古军队的攻势一波接一波，越来越急促。他们在城外建筑起高达二百尺的松楼，可俯瞰城里，同时还使用堆土山、挖地道等方式连续不断地突击。

守军“日夜不休”地殊死抵抗，即使城池西北的楼橹等工事俱毁坏殆尽，士卒们仍坚持了半个月，直到筋疲力尽才让潮水般涌过来的敌军攻入了城中。拒绝投降的草火讹可被捕杀。板子讹可率三千败卒从水路夺船而逃，追兵在北岸鼓噪不已，不但发射出如雨点般的矢石，而且在数里之外的河面上横向排布着战船进行拦截。幸而金军的船中装备有一种叫做“震天雷”的爆炸性火炮，遂接二连三地发放，在燃起的熊熊火光中，他们观察到敌人用来拦截的船上并没有几个人，因而乘机用力劈开船只，一溜烟逃得无影无踪。其后登上南岸跑到潼关，返回了阌乡。金哀宗谴责板子讹可不能殉国，用囚车将其押回陕州，用杖刑处死。

窝阔台的蒙古中路军于十二月八日方才拔取了河中这个黄河以北的重要据点，打通了河东前往陕西的道路，正欲按原定计划经陕西取道潼关向河南进军。

这时，完颜合达与移剌蒲阿已经打算暂且不管来势汹汹的窝阔台，而是专心致志地率阌乡行省的大部分驻军南进，只留下时任元帅左监军的杨沃衍及其部属守卫阌乡，与武仙所部互为犄角。而完颜陈和尚亦奉命留驻于阌乡以南十五里，以防万一。留守阌乡的诸将如能尽力辅助潼关守军防御，估计支撑一段时间没问题。

阌乡行省的大部分驻军在完颜合达、移剌蒲阿的带领下经过长途跋涉，于十二月初一南进至邓州附近，屯于顺阳这个与南宋接壤的地方。军中将帅曾经计划约南宋边防军队一起夹击拖雷所部，同时企图向南宋提出索取粮食等军需品的要求。完颜合达等将为此派遣一名叫做刘天山的提控携带着“劄付”前往南宋襄阳制置司进行商议。所谓“劄付”，是指挥的别名，金军将领傲慢不逊地采取上级命令下级的方式与南宋交往，引起了宋军将领的愤慨，连刘天山也遭到辱骂，联合作战的计划自然泡了汤。事后，金军内部的有识之士为之窃叹不已。

事实上，南宋的确在附近的襄阳屯集了重兵，而京西兵马钤辖孟珙率领一万精锐部队驻于枣阳，以防借道的蒙古人有异动，但宋军却丝毫没有配合金军作战的打算。此外，《宋季三朝政要》记载蒙古在此前后遣使向宋襄帅陈垓（即京湖安抚制置使陈晐）建议“约夹攻金”，但南宋同样不予理会，暂时保持中立。

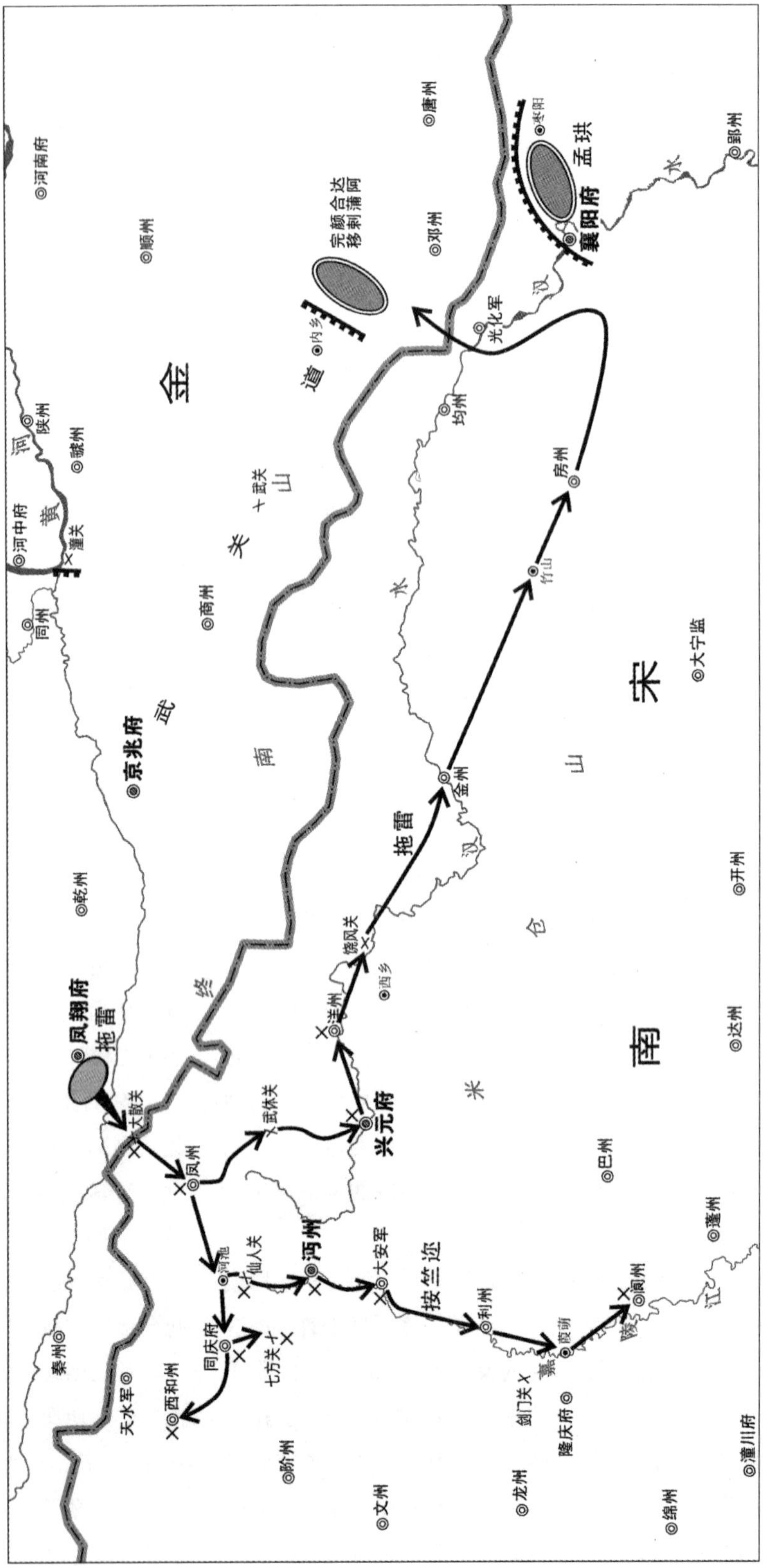

拖雷假道南宋之战（1231年）。

就这样，宋军将士只在汉水以南袖手旁观，任由蒙古人沿着秦岭与大巴山之间的通道走过来，然后再眼睁睁看着他们转往东北方向，浩浩荡荡地进至均州（今湖北均县）、光化地区。最后，拖雷带着部队于十二月十七日开始抢渡汉水，欲一举突入金国境内。

南下的金军前线诸将此前曾经紧急会商，讨论作战方案。究竟在光化地区拦截渡江的敌人，还是任由其渡过江后再战？一时议而未决。其中，重新反正的花帽子军将领张惠主张最好是拦截渡江的敌人，假若任由敌人过江，则我国腹心地区兵力空虚，难以保证不出意外。可军中主将移剌蒲阿驳斥张惠只知南方之事，对北方形势不太了解，自称此前已在裕州得到皇帝之旨，并引述圣旨中的话道：“即使敌人还在漠北，也应当前往寻求战机”，何况如今其自行送上来！言下之意是等敌人过江后再予以重创。移剌蒲阿声色俱厉的言论得到总领蒲察定住、殄寇都尉高英、樊泽等人的支持。另一位主将完颜合达专门询问郎将按得木的意见，因为按得木是北方人，了解蒙古军情。可是，按得木虽然不同意放敌人过江后再战的意见，却不能改变移剌蒲阿的想法，完颜合达亦无可奈何，以致金军在顺阳按兵不动，长达二十日。

直到从光化一带赶来的探骑报告敌军已经陆续北渡，完颜合达与移剌蒲阿才率领号称二十余万的军队在二十日晚上出发，于次日拂晓到达禹山，耐心等候着敌人到来。

进至均州、光化地区的蒙古右路军当然不会虚度光阴，早已从十七日起连续数日，由峭石滩等处采取“乘骑浮渡”以及皮囊运载等方式渡过汉水，终于实现了避开潼关防线而绕道突入金国境内的目标。拖雷随即派遣夔曲涅率千骑北上，企图尽快与窝阔台的中路军取得联系，以便协同作战。

蒙古人尚未知道一场厮杀正迫在眉睫。因为金军不但静悄悄地在附近的禹山守候，而且于二十二日抢先占据了制高点，各部队根据地形布阵，步兵屯于山前迎敌，骑兵埋伏在山后伺机而动，实际上布置了一个包围圈，无疑是想围歼明火执仗的来犯之敌。

谁知发生了意外，《圣武亲征录》记载完颜合达所部一位钦察人突然叛变，潜逃到蒙古大营，泄露了金军伏兵于邓州以西隘口的消息。这样就使得拖雷有机会提前做好准备，由于其麾下之兵不满四万，遂将辎重全部留下，只督轻骑而进，于二十三日天未亮时到达了禹山。

金军满以为蒙古人会冒冒失失地一头栽入包围圈中，根本不知道作战意图早已被对方识破。拖雷所部异常谨慎，停在山前观望，就连两名举着小旗负责前导的小卒也只是侦察，没有贸然而进。不久，蒙古军队疏散开来，形如雁翅，一部分人马远远沿着山麓而行，一下子兜到了山后，发现了埋伏在那里的金军骑兵，让金军统帅制订的伏击计划还未实行就已夭折。鉴于形势有变，完颜合达只得传令诸军不可轻举妄动，静观其变。

山麓后面的蒙古军队主动发起了试探性攻击，并分作三队，而骑兵一马当先，向前疾进，屡次三番地冲锋。金兵不得不以短兵相接的方式迎战，移剌蒲阿所在的位置成了对手重点打击的目标，不止一回遭受到袭击，幸而蒲察定住竭力抵抗，才得以安然如故。金军统帅们连忙按照事先的约定，用挥舞旗帜的方式作为远距离通讯的手段，把散处各部队的将领召来商议对策，以调整部署。为了稳住阵脚，完颜合达不得不严格执行军纪，以作战不力为由差点儿处死高英，又斩下了樊泽所部一名千夫长的

冲锋陷阵的蒙古骑兵。

脑袋，以尽量杜绝临阵逃脱的事情。而左冲右撞的蒙古军队始终找不到突破口，只能悻悻而回。

初战就这样结束了。值得注意的是，金军虽然人多势众，可是步兵占了大多数，机动能力比不上以骑兵为主的蒙古军队，因而只能暂且结阵固守。

多年以后，统治波斯等处的蒙古伊儿汗国根据先世遗留下来的史料而编撰了《史集》，其中提到了蒙古右路军绕道进入金境的战况，书中写道：拖雷到达那里时，金国皇帝的成千上万部队“已摆成圆形，站在平野对面和山的下坡，用木栅围护起来，列成战阵，等待作战。他们仗着人多，蒙古人人少，颇为自负”。拖雷见状，“便把自己的一个异密失乞－忽秃忽那颜叫来密谈，告诉他说：‘既然敌人占据了这样一处地方，摆开了战阵，我们难以同他们作战，你最好带着三百骑兵在他们附近来回驰骋，他们也许会离开原地？’”失乞－忽秃忽那颜遵命行事。可“敌人为了不使圆形紊乱和保持原来阵势，丝毫也没有离开原地……总之，他们对忽秃忽那颜和他的队伍的来回驰骋不加理睬，没有让出自己所占的地方”。故此，拖雷不得不承认只要金军“还没有离开自己的原地”，蒙古人“就不可能同他们作战”。《史集》里面的这一段文字反映了蒙古右路军虽然可能拥有一定的重装骑兵，还可以得到步兵配合，但是却对金军固守的阵地束手无策。

这是一个值得注意的转折，因为在昔日的野狐岭决战中，成吉思汗辖下的蒙古骑兵轻而易举地突破了金军的防御工事，而在黄陵冈的生死较量中，让骑兵下马步战的木华黎同样能够摧毁敌人的阵地，可如今的拖雷却在禹山对金军的营寨束手无策，这有力地证明金忠孝军以及各步兵都尉确实比起女真嫡系的猛安、谋克部要更胜一筹，所以能够在野战中立于不败之地。

围绕着禹山而进行的战斗结束后，有两名蒙古骑兵因迷路误入金军阵营而成为俘虏，经过询问，得知蒙古右路军共有七头项（指拖雷手下七员主要将领，即失吉忽都忽、速不台、土薛、夔曲涅、刘黑马、按竺迩、札剌），金军统帅们对拖雷的实力就更加心中有数了。不过，完颜合达与移剌蒲阿受到十名诈降者的欺骗，这些“弊衣羸马”的家伙用痛哭流涕诉说艰苦的办法赢取信任，在金军营内吃饱喝足，然后穿着新衣跨上刚刚到手的肥马，扬长而去。金军将士恍然大悟，知道他们乃是敌人的侦察，可后悔已经来不及了。

身处前线的完颜合达、移剌蒲阿等人在战斗的间隙仍然保持着警惕之心，他们讨论最新的情报时，特别提到敌人虽然号称三万，而“辎重”占了三分之一，故并非表面上那样强大。正如前文所述，所谓

“辎重”，即是蒙古用来管理随军家属以及行李等物的“奥鲁”组织，而留守在这类组织里面的人员一般没有什么战斗力。回顾历史，就在一两年前发生的卫州之役中，参战的蒙古诸部“辎重人口皆陷没”，连前锋总帅按扎儿的妻子奴丹氏也成为了俘虏。此时此刻，金军自然想重演昔日的辉煌，根据《史集》的记叙，在双方相持不下期间，金军将士自恃人多势众，因而“狂悖傲慢已深印在他们的脑中”，竟敢藐视蒙古军，又“说了些傲慢的话：‘我们要把这些蒙古人和他们的君主围住，抓起来，还要如此这般地对待他们的妻子。’他们想到了一些下流的事和肮脏的念头……”这些文字生动地描述了不少金军将士的思想中存在着轻敌情绪。

值得注意的是，完颜合达等人得出的数据是敌军仅有三万，比起白华当初的统计少了一万蒙古人，而当中的非战斗人员又占了三分之一。这使得一些金军将领刹那间变得更加乐观了，他们认为蒙古军队在禹山之战打不开僵局，已经粮饷不继，饿了二三日，现在应该乘其退却而展开追击。其中张惠对此尤其积极。但掌握决定权的移剌蒲阿另有看法，他原来希望在禹口隘口以伏击的办法歼灭来犯之敌，可惜遭到奸细的出卖而壮志未酬，现在不想硬拼而主张慎重行事。理由是敌人已经不可能从原路南返，因为受到汉水的阻隔，而要想北上脱离险境，没有结冰的黄河又难以涉渡，唯有继续受困于河南这个军事要地里面，势必难以安然无恙地回去，故此应该持重待机，不必急在一时，暂且不要匆忙展开追击。

二十四、二十五两日，拖雷派出人马佯攻然后又撤走，实际是企图以此引诱对手离开禹山的隘口，无奈金军仍然按兵不动，不得已，遂突然后退，秘密驻营于三十里之外。

随着敌军的远离，完颜合达、移剌蒲阿等人认为已取得禹山之战的胜利，立即向朝廷奏捷。顿时，京城之内百官争相上表庆贺。诸相置酒于官衙中畅饮，左丞李蹊甚至喜极而泣，称：如果这一仗没有打胜，则生灵涂炭，难以言状！在此之前，河南各地得知敌人取道宋境越过饶峰关后，纷纷进行坚壁清野，而惶恐不安的老百姓也打算暂避入城池以及据点里面，如今听说敌人已退，许多人都松了一口气，取消了逃难的计划。

然而，自蒙古人撤离禹山之后，金军一连数日搞不清楚对手到底去了哪里，而周围一带也搜寻不到任何宿营地以及炊烟的迹象。甚至在邓州城外往来不绝的路人也对敌人的去向说不出来龙去脉。完颜合达、移剌蒲阿与诸将商量时感到毫无头绪，以至怀疑对手是否南渡而归了。

直到二十八日，巡逻的骑兵才发现蒙古人躲藏于光化对岸的枣林里面，他们专门选择白昼作食，以免日落后出现火光暴露行踪，而夜间又不下马，完全处于枕戈待旦的状态。就连向枣林中走过来的外人，不距离五六十步绝听不见任何声音，可见隐蔽得很好。

不过，这时金军滞留于禹山地区已经差不多十天了，由于补给不足等原因难以主动发起进攻，便于二十九日启程前去邓州以取得给养，在当天上午绕到一片树林之后时与一股蒙古游骑不期而遇，两军稍作交锋即各自撤退。纷扰间，金军的辎重被一百蒙古骑兵劫走，士卒们受此挫折而在随后的匆忙回撤途中显得有点狼狈，以致队列不整，史书对此生动地描述道：“几不成列。”

正如拖雷先前所认为的那样，只要金军离开原来占据的地方以及不再保持精心设置的阵势，就可以主动对其发起进攻。当他侦察得知对手正在退往邓州后，立即指挥主力越过禹山隘口，《元史》记载“举火夜行”的蒙古军队沿着敌人撤退的方向连夜赶去，希望能够取得更大的战果。

两军一前一后地赶着路。最后，归心似箭的金军将士于当天夜里二鼓时分陆陆续续退至邓州城里，由于害怕掉队的士卒在黑暗中迷路，金军统帅下令不断鸣钟，尽量收拢四散的队伍。

等到接踵而至的蒙古人兵临城下时，金军早已经争取时间重新布置完毕，樊泽、高英分别督部屯于城西与城东，严阵以待。彼此遥相对峙，整整三日。

虽然大规模的战斗没有发生，《金史·移剌蒲阿传》却记载在1232年（南宋绍定五年，金天兴元年）正月一日发生了一件有意思的事，蒙古统军将领大咧咧地派使者前来金营索酒，而完颜合达与移剌蒲阿的表现也很慷慨大方，无条件地赠送了二十瓶。这样的琐事可以看出游牧民族不苟小节的性格以及金军将领“识英雄重英雄”的豪迈作风，但也从另一个侧面反映了蒙古军队自进入金境以来因没有掳掠到什么物资而处于窘迫状态。

对于金军来说，远道而来的敌人竟敢屯兵于坚城之下，这当然是求之不得，因而企图召来更多援军，以便集中最大力量将之一举歼灭。

到底是进是退？履险蹈危的拖雷经过权衡利弊，开始进行抉择。《史集》记载这位蒙古统帅的决策思路，他认为假如后退，“我们的军队会士气沮丧，而他们（指金军）就会更加狂妄。最好还是进向他们的君主所驻扎的那些地区和城市。若能成功，我们就可以同窝阔台合罕和主力军会合了”。显然，这次军事行动要想获得最后的成功，前提是窝阔台的中路军能够如约突入河南，否则，率领孤军深入河南腹地的拖雷，搞不好会变为釜底游鱼，随时陷入前无去路、后有追兵的绝境。可是拖雷将个人安危置之不理，竟不顾当面之敌，毅然挥师北上，踏上凶吉未卜的征途。

《史集》记载当金军看见对手“避开战斗，向别处去时”，就“喊叫了起来：‘我们都在这里，来厮杀吧！’”但蒙古主力“不加理睬地离去了”。有趣的是，金军的好战言论简直与移剌蒲阿在两年所说的话如出一辙，《金史·纥石烈牙吾塔传》记载当时刚刚在大昌原得胜的移剌蒲阿返回京兆后对滞留于陕西行省的蒙古使者说：我已准备军马，你们可来战斗！毫无疑义，这些金军将士所流露出来的自信是战争爆发以来所极为罕见的。

虽然波斯史籍与《金史》、《元史》等汉文史料有时存在某些差异，但在蒙古军队离城北上这一点上是一致的。拖雷命令札剌等人率三千骑殿后。金军担忧对手乘虚袭击京城，也决定于正月二日离开邓州北上回援。

按照《金史·移剌蒲阿传》的说法，追随完颜合达、移剌蒲阿的将领有“骑帅蒲察定住，蒲察答吉卜（又叫蒲察打吉卜），郎将按忒木，忠孝军总领夹谷爱答、内族达鲁欢，总领夹谷移特剌，提控步军临淄郡王张惠，殄寇都尉完颜阿排（又叫完颜阿拍）、高英、樊泽”以及完颜陈和尚（完颜陈和尚原本留驻于阌乡以南十五里处，现在奉命南下参战）等等。其中，完颜陈和尚、蒲察定住、夹谷爱答等人为忠孝军将领，所统的为骑兵。蒲察答吉卜、完颜阿排、高英、樊泽所辖的是金哀宗即位后重新编组与整顿的步兵。而张惠等将也以步兵为主。金军总数为二万骑兵、十三万步兵，跟在蒙古人的后面上路。

原本留守阌乡的杨沃衍所部此前曾奉旨经洛南（陕西今

县）进至商州，屯于丰阳（今陕西山阳县）一带，以加强上津的防备，与武仙所部互为犄角，其后因军情紧急亦踏上了南下的征途。驻于胡岭关的武仙随即也由荆子口（今河南淅川县西紫荆关）、顺阳（今河南内乡县以西），南下邓州。

值得注意的是，昔日河朔地区九公之中，武仙是唯一一个还活跃在战场上的人。因为易水公靖安民、东莒公燕宁、平阳公胡天作与沧海公王福在战乱中死的死、降的降，而剩余的五人之中，有四人逐渐没落，例如河间公移剌众家奴由于作战失利而转驻于高阳公张甫辖下的信安（后改为镇安），其后，两人在河间府等处屡受挫折，兵势不振，再也没有什么大的作为。晋阳公郭文振也处境不妙，当辽州于1223年（南宋嘉定十六年，金元光二年）失守后，他先后奉命移防于孟州、卫州等处，可是所率的部队早就今非昔比，以至于一蹶不振。上党公张开虽然在元光年间转战高平、泽州、壶关等处立有战功，不过在正大年间由于潞州失守而不得不迁居于汴京，史称实力受到极大的削弱，处于“部曲离散”的状态。

除了那些被战争淘汰将领之外，还有人因各种原因而退出历史舞台。例如过去名噪一时的花帽子军将领郭仲元升任兵部尚书之后，已在正大年间死去，而虎牙带于1228年（南宋绍定元年，金正大五年）五月从京兆撤返阌乡不久也染上“寒疾”而卒。

总而言之，金国已经最大限度地把大部分能征善战的军官集中在邓州一带，以便进行破釜沉舟般的决战。尽管不顾一切地调兵南下必定严重削弱黄河防线，导致门户洞开，但只要能够重创或者歼灭拖雷所部，就会挽狂澜于既倒，而重振河山也许指日可待。

各路金军会师于五朵山下（今河南南阳市北），兵力已不止十五万。初来乍到的杨沃衍快人快语地询问了禹山之战的情况，完颜合达含蓄地回答：“我军虽胜”，可蒙古军队已经北上，漫山遍野地向京城扑去。杨沃衍对此表示不满，愤愤不平地埋怨完颜合达与移剌蒲阿“蒙国厚恩”而“握兵柄”，却失去战机，不能御敌，以至放纵蒙古士卒深入国境，还有什么可说的呢？这明显是批评完颜合达等人用兵过于谨慎。

金军未能实现将敌人拦截在国境线上的初衷，只能亡羊补牢，而部队士气此时也比较旺盛，给蒙古人制造了不少麻烦。就在拖雷率部北上的次日早晨，因大雾弥漫，道路不清，竟冷不防遭到金军的袭击。双方虽然杀伤相当，但拖雷还是认为札剌没有尽到殿后的责任，以“失律”为名予以怪罪，又命令野里知给歹取而代之 。

为了迅速赶往汴京，蒙古军队主力选择了五朵山这条山路。所谓“五朵山”，是指鹿鸣、武阳、乱石、拓禽、鲤鱼等五山，《读史方舆纪要》称它们均以“高峻深险”而著名，沿途隘口不止一个，是南阳盆地直达中原的近捷通道。此外，拖雷还派遣另一路偏师于正月一日出发，由唐州等地而进，沿途既烧杀抢掠，又招降纳叛，以在金国境内制造混乱。

双方毕竟众寡悬殊，所以《史集》记载兵力比较少的蒙古人“行进时提心吊胆”，而负责殿后的三千骑兵也不断想办法干扰以及拦阻紧追不舍的金军。

有鉴于此，完颜合达等人在七日晚商议时决定乘对方骑兵明日前来骚扰之际集中力量围攻。第二天，金军故意示弱，等到殿后的三千蒙古骑兵冲过来时，再令事先埋伏的上万兵丁一拥而上，打得敌人狼狈地向南逃窜，但未能予以全歼。由于天气不好，只得冒着冷雨落宿于竹林之中，不少士卒虽然益感步履维艰，仍要坚持下去。部队一路经安皋，于十日驻营于鸦路、鲁山。恰巧此时，稍早之前投降蒙古的申、裕两州地方叛军竟然携带民夫以及驱赶着牛羊，欲来夺取鸦路以向新主子示忠，想不到等于送货上门，这一批牛羊沦为金军的战利品后正好解决口腹之需。

另一路从唐州、泌阳而进的蒙古偏师由南阳、方城等地直上，在襄城附近击败完颜两娄室等金将，来到郏县一带，和途经鲁山的拖雷所部会合只是时间问题。凡是被他们攻破的县城都形同废墟，城里积聚的粮食物资均被“焚毁无余”。但金国境内不少军民此前轻信从前线传回来的捷报，以为已经在禹山击败敌人，故未能做好坚壁清野的工作，损失惨重。这使金国追兵在途经的地方筹措补给时比以往更加困难。

就这样，两军你追我赶，一齐向东北的阳翟、钧州等地奔去。蒙古右路军始终摆脱不了亦步亦趋的追兵，迟早陷入背水一战的处境。由于没有结冰的黄河很难徒涉而过，因而一旦遭到金军重兵围困，要想从河南腹地安然脱身可谓难于登天，搞不好要像速不台在1231年（南宋绍定四年，金正大八年）年初那样硬着头皮翻越潼关以西的层峦叠嶂，用摸爬滚打的土办法强行沿着人迹罕至、荆棘满途的山脊退往陕西，可这样必定会使得部队大量减员。

拖雷经过斟酌得失，准备在适当时候杀个回马枪。忽都忽等将奉命采取诱敌措施，同时派人在夜间到金军的营地附近击鼓，干扰其休息，这一切则是为即将到来的战事做铺垫。而随军的速不台也言之凿凿地认为：“城居之人不耐劳苦”，只要不断进行挑战，令敌人疲于奔命，可战而胜之。这种袭扰战术是轻装骑兵的拿手本领，并在十二日这一天得到全面的应用，五千蒙古骑兵突然出现在沙河以北，有意挡住了北上的道路，当金军开始夺桥时，又避而不战地往西面退去，等到金军全部过了河，他们却出其不意地转移到南岸，伺机袭击在北岸安营扎寨的金军，想方设法让对手寝食难安。不过，他们假若遇上金军中的忠孝军，那么正好棋逢敌手，因为对方也以擅长“骑射”而著称。

天气逐渐变坏，黄昏时分下起的冷雨一直持续到次日早上，天空又渐渐飘起了雪。已经增至万人的蒙古军队且行且战，不停地进行骚扰。金军克服重重困难来到了黄榆店，距离钧州尚有二十五里，然而雨雪仍未停息，实在难以再前行，打算就地宿营三日，等天气好了再说。

有意思的是，根据蒙古传说而编撰的波斯史料认定雨雪天气是巫师施行法术的结果。这类故事绘声绘色地把巫法描写为和石头有关的一种炼丹术，当把各种石头取来，放入水中洗濯时，“甚至仲夏天气也会马上起风、变冷、下雪，变得满天阴霾”。而蒙古军中有个康里（属于突厥部落）人，精通这种法术，便按照拖雷之命做起法来。他所做的法术是使天先下起雨来，接着，次日在落雪的同时又刮起了寒冷的暴风雨。早有准备的拖雷下令全体参战人员穿起雨衣，三昼夜不离马背，当来到途中的一个村子后，发现居民已抛下财产、家畜逃跑，因而蒙古军队得以吃饱穿暖。各个千户的将士们奉命分别前去村里，“把马牵进屋内并且将它们盖起来”，由于暴风雨极为凛冽，因而他们暂时不想离开藏身之处。相反，这场由巫师召来的暴雨雪对金军产生了极为严重的影响，因为找不到理想的栖身之地，所以他们“不得不停留在原野的暴风雪中”挨冻，并“在三天中完全不能行军”。

流传至今的各国史籍都承认，天寒地冻的恶劣气候一度迫使敌对双方按兵不动。金军原计划准备在黄榆店宿营至十六日，谁知仅仅休息了两天，一位来自京城的近侍于十五日突然进入军营，召集诸帅宣读圣旨。金哀宗在圣旨里面命令部队立即起程班师回朝，他将在“御门犒军”，甚至承诺给将士更换“御马”，然后“出战未晚”。此外还有密旨，其中提到黄河防线不稳，有二三百敌骑已经渗透入了河南境内，由于军情危急，所以被迫将黄河北岸一些据点的驻军撤回，以收缩防线，最后还不忘提醒前线将帅应该时刻提高警惕。总而言之，朝廷的意思是放弃围歼拖雷的原定计划，希望前线的十数万军队尽快返回京城，协助防守。

完颜合达领旨后认为应该需要再就班师的具体问题商议一下，他可能看到天气尚未好转，想推迟启程的时间。但移剌蒲阿拂袖而起，说：事已至此，再议也没有用！这位皇帝宠信的权臣过去一直坚持调集重兵南下阻击拖雷所部，想不到却功亏一篑，因而显得有点失魂落魄，哪敢再违旨行事！所有的金军将士遂结束休整，离开营地,冒着严寒刻不容缓地准备上路了。

金哀宗要求前线部队紧急回援实在是万不得已，这时风云突变，形势朝着不利于金国的方向急转直下。原本寄予厚望的潼关要塞竟然形同虚设，因为刚刚攻下河中的蒙古人没有取道陕西以及潼关杀向河南，而是出其不意地东抵河清县（今河南孟当县东南一带），突然从白坡跨越了黄河。位于黄河中段的白坡东距中京四十里，史载“河有石底”，假若遇上旱年，水深不满一丈，比起其他河段要浅得多，是一个涉渡的好地点。金国开国之初，曾经以三千骑兵由此而过，直趋北宋汴梁。蒙古入侵后，被迫南迁的小朝廷对长达千里的河防极为重视，也经常担忧敌人会从白坡河段渡过，每当冬季水浅时便下命中京驻军派遣士卒戍守。只是当拖雷从邓、唐方向入境时，金军只顾调兵南下，以致对河防有所忽略。再加上那一年多雨，曾经发过大水，更容易让人麻痹大意。万万想不到就像《史集》所说的，大水“冲来了许多石头与砾石，堆积在河的一处。因此，水冲入原野，宽达一程，形成了几条支流，平静地流过”，更方便抢渡，竟让窝阔台有机可乘，先派一股精兵由此跋涉而过，然后夺取南岸的船只，一下子把大部队运载了过来，时间是在这一年的正月初七。不久，史天泽、撒吉思卜华等将分别从白坡以东的孟津、河阴等处陆续渡河，使得金国的黄河防线顿时分崩离析。

两天之后，身处黄河南岸的窝阔台与奉拖雷之命前来的夔曲涅取得了联系，马上让亲王按赤台、口温不花与木华黎的孙子塔思率领按扎儿等将，带着万余骑兵南下接应。而蒙古中路军在十三日占领郑州，招降金防城提控马伯坚，然后向新郑等处出发，像尖刀般插入了潼关至汴京之间。难怪金国小朝廷为了自救，盘算着把驻于黄河北岸孟、卫二州的军队撤回来应急。

移剌蒲阿为了替主分忧，动员部队不顾一切离开黄榆店驻地，向汴京疾进。金军将士顶着铺天盖地的大雨雪走在路上，许多人寒风侵肌、肢体僵硬、冻得面无人色，以致队形不整，几乎不像一支军队的样子。

蒙古右路军中的大量轻装骑兵本来可以按照惯例凭着机动性强的特点，使用且战且退的办法与敌人周旋，可是，时刻留意敌情的拖雷一反常态，命令全军改变打法，转而竭尽全力地阻止对手北上，这意味着一场迎头相碰的近身肉搏就快发生。但是此前的禹山之战已经证明，蒙古军队突阵能力不强，现在要想以不足四万的兵力和十几万金军打一场阵地战，正是“以己之短，攻彼之长”，在正常的情况下，获胜的机会非常渺茫。况且，以步兵为主的金军早就谋求与对手在野外以“寸土必争”的方式排兵布阵进行厮杀，因为他们即使跑得气喘吁吁也很难追得上机动性强的蒙古骑兵。特别是新组建的步兵诸都尉部队，里面成员个个在昔日号称“强壮矫捷，极为精练”，就算是擅长破阵的重装骑兵，也很难占到他们的便宜，更不用说蒙古军中的那些轻装骑兵。

然而，拖雷敢于不按常规用兵，肯定是参考了当时的气候状况而作出的决定。因为他的部队在雨雪天气中安然无恙，“寒冷对他们和牲畜没有造成丝毫损伤”，故实力得以保存。反观金军在雨雪的侵蚀之下，“由于过度寒冷，像羊群般地挤成一堆，衣服破烂，武器上结了冰”，许多人与平常迥然不同，呈现出一副孱弱不堪的样子。

不过，蒙古随军诸将还是普遍信心不足，许多人对拖雷的独断专行不敢苟同，纷纷提出建议，认为最好先等窝阔台的主力来到，再战未迟。可拖雷仍固执己见，说道：机不可失，假若让对手得以脱身并且撤入城里，再想攻击就没那么容易了。况且大敌当前，岂可将之留待给“君父（指窝阔台）”解决！遂一槌定音，下令擂起鼓来，挥师冒着雨雪行动。蒙古军队所有人都穿着用毡擀制成的雨衣，骑上了马，来到黄榆店以西五里的三峰山（此山又名“三封岭”，因山上有三座山峰，故有是称）一带进行阻击，即将把这个雨雪茫茫的世界化为一片血雨腥风。

抢先到达目的地的蒙古军队最初欲争夺三峰山下大路的控制权，他们在当头拦截金军的同时，又分兵断其退路，并砍伐大树堵塞通道，意图让对手进退失据。

为了杀出一条血路，金军士卒虽有举步维艰之势，可许多人仍然强行振作起来舍命搏杀。杨沃衍奋起争先，硬是驱使手下将士以血肉之躯摧毁了封锁线上的部分障碍物，捣开一个缺口，起到了先声夺人的作用，引领全军向前直闯。

三千蒙古骑兵尝试反攻，冷不防冲向武仙所部，可是在残酷的近身肉搏中坚持不了多久就被迫折返。武仙乘胜猛追，忽然“大雾四塞”，观察不到目标，只好遵照完颜合达与移剌蒲阿之命暂且停止进攻。等到雾散之后，发现前路上横跨着一条长阔约数里的大涧，如果当时不是受到浓雾的阻挠而继续追击的话，走投无路的三千敌骑肯定跌落涧中，尸满沟壑。

蒙古人在大路上顶不住金军的步步进逼，便转而撤往路旁的三峰山，扼守山的制高点，拼死抵抗。

完颜合达计划让完颜陈和尚督部抢占横亘在前路上的三峰山，然后再根据形势的发展进行下一步的行动。这时，金军逐渐接近了一片竹林，距离前面的钧州不过十余里，大有入城找到庇护所的希望，但却可望而不可即，因为三峰山还没有夺取，不得不依旧在山地战中纠缠不休。

围绕着三峰山而展开的激烈争夺中，蒙古军队落于下风，不得不朝山的东北、西南方向退却。金将不依不饶，继续追击，其中，武仙与高英负责攻击山的东北面、杨沃衍与樊泽则攻击山的西南面，他们的部队以步兵为主，展开尺寸必争、血流漂杵的厮杀，打得对手连连后退，将其逐往三峰山以东的一隅之地，并控制了山上的一些制高点。

金军骑兵也不负众望，陆续登山参战。按得木与张惠在山上侦察时，遥遥望见敌兵似乎有“二三十万，约厚二十里”，这显然是天气不好致使视野不良的缘故，其中有不少或许是刚刚从某些山峰上败退下来的人马。按得木对此毫不畏惧，对张惠说道：“此地不战，更欲何为？”便率骑兵万余，居高临下地从山上往下冲，再次将对方打得倒退不已。

看来，拖雷过于自负了，他原本想通过一场硬碰硬的激战把金军拖在原地，想不到竭尽全力仍然挡不住对方一波接一波的猛烈冲击，以致“伤折亦多”，就连精心设置的封锁线也被冲开了几个缺口，只得又恢复到“且行且战”的局面。而死守三峰山的做法值得商榷，因为山地战本非蒙古军队的强项，再加上让人数处于劣势的骑兵逐个争夺制高点更是犯了兵家大忌，不但全程被金军追着打，而且仅仅在一天的时间里就陷入了重重的包围圈之中。

《元史》中的速不台、雪不台（雪不台与速不台乃同一人的不同译名，《元史》编撰者误以为两人，分别予以立传）、郭德海等人的传记对此有所记叙，认为集结在三峰山一带的拖雷所部，在作战期间曾经被敌人包围了“数匝”，而蒙古“将士颇惧”，显然是难以突围而感到害怕。元末参加过编撰《金史》的张翥也对三峰山之战有所评论，相关言谈收录在《金台集》中，据说“金师三十五万来拒战”，而“我师（指蒙古军）不敌”，驻扎于三峰山的“金沟（其地不详）”，被金军包围了“数重”。这里所谓的“金师三十五万”，当然是过于夸大了，但可借此渲染其拥有的优势，以至重重围困了蒙古人。此外，元初文人郝经在《三峰山行》一诗中对蒙古人突入金境的行动作了回顾，其中咏道：“直向虎穴探虎子，既入重地宁肯还？扫境尽至欲一赌，前后百匝相回环。就中真人有天命，跃马直上三峰山。”而“前后百匝相回环”一句应当是描述拖雷所部遭到的多重围困。

处于困境的拖雷面临着全军覆没的厄运，他把希望寄托于宗教，下令军中再次举行“祈雪”仪式，祈求连降的大雪能让敌人的攻势有所迟滞；又“烧羊胛骨”占卜，结果得到吉兆。这些是否有效，或许只有天知晓了。

不难想象，如果拖雷所部惨败，将会造成灾难性的后果，甚至可能会危及渡过黄河的窝阔台，而雄心勃勃的灭金大计也随之灰飞烟灭。金国凭此胜利能够立即发挥起死回生的效果，中兴亦为期不远。

令人难以置信的是，正如拖雷所希望的那样，恶劣的天气在一段时间内真的对战局发挥了决定性的影响！根据张翥的叙述，当天“中夜”时分竟然又下起了纷飞的大雪，持续下降的气温使得金军的“戈戟弓矢冻缠”，难以施展使用，战斗力从而又跌到了一个新的低点，成为强弩之末。

事实上，这场对战事产生重要影响的大雪来得异常迅速，须臾之间，“白雾蔽空”，周围模糊不清。两军作战的战场比较广阔，其中包括许多被大雪覆盖的麻田，这些麻田经过四五次的耕耘后比较松软，在连日的雨雪渗透下更加泥泞不堪，人马践踏之处，往往泥淖深至脚胫。无数身被甲胄的金军将士连坐在地上休息一下也难以做到，只能僵立于雪中，苦不堪言。他们用来与骑兵近距离拼杀的枪槊“结冻如椽”，再加上连续数日食不果腹，即使是铁打的汉子也熬不住，越来越多的兵丁形同废人，而攻势也很难持续下去。这样一来，只能消

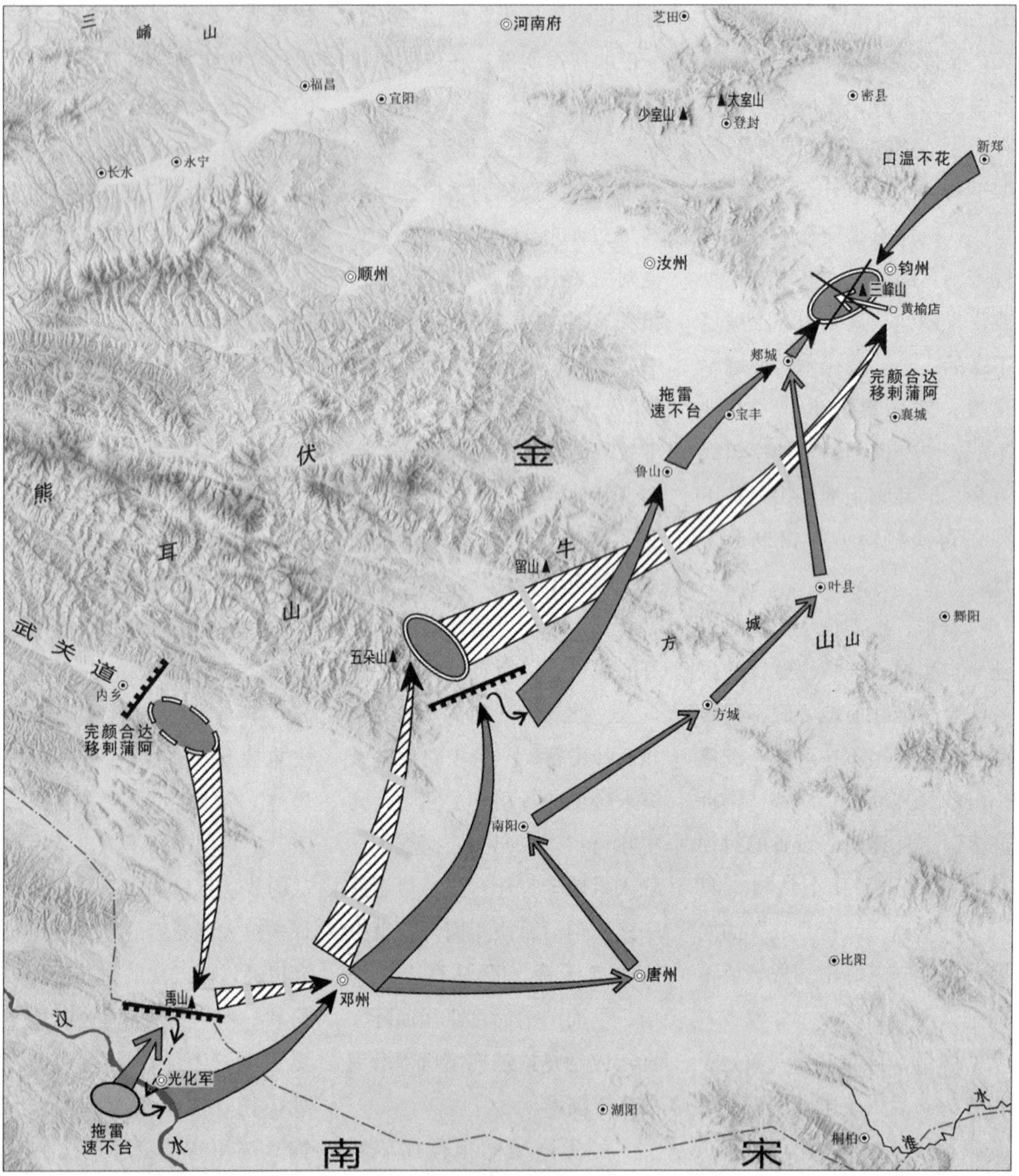

三峰山之战（1231年）。

极地对三峰山地区的敌人保持围困了。史载围困的方式主要是“沟地立军”，除了在地面上挖有沟壑，还筑起兵垒，然而，在工事里面站立的军人亦冻得浑身僵硬，双手已经不能举起刀槊。蒙古将领抄思发现敌人“营壁不坚”，遂率精骑夜袭，更让金兵“惊扰”不已。

据《归潜志》的记载，到十六日黎明时，连下的大雪已达到“没膝”的程度。虽然一部分金军将士还保持着队列，但在冰天雪地中形同摆设。就这样，金国花费大量时间、精力以及消耗无数金钱、物质而组建的十几万精锐步骑兵，还来不及充分施展所具有的特长，便在决战中受困于恶劣的自然气候，真是“千算万算，不如老天爷一算！”

坚守在三峰山的拖雷所部大多来自塞外的苦寒之地，比起中土人士更加耐寒，有更加多的御寒经验，不但保持了战斗力，而且在目睹对手萎靡不振的状态后变得“斗志昂扬”，开始着手打破金军的包围圈，就像《元史·郭德海传》所载的：“我军（指蒙古军）冲围而出”，力争主动。

在这个蒙金战争史的重要转折时刻，窝阔台派来的万余骑兵终于赶到了，他们计划与三峰山一带的拖雷所部里应外合，进行反包围，重新把金军堵截在山区附近。尽管蒙古人在会师后的总兵力仍然远远少于十数万的金军，可他们的驱寒措施更多了，时而烧烤牛羊肉为食，时而轮流休息，在养精蓄锐的同时调整了作战布置，准备迎接决定性的时刻。

金军在敌人加紧排兵布阵期间未能及时作出反应，这是疲惫至极的表现。蒙古统军将帅对此有所察觉，但出于慎重起见，他们还是没有立即强攻，而使用智取的办法，待到时机成熟时突然故意放开了通往钧州之路。

顿时一石击起千层浪，绝处逢生的诱惑让金军争先恐后地向钧州方向奔去。逃兵各自的想法不一，有的不愿意留在原地任人宰割，有的只想避开强敌，以图他日东山再起，总之，人喊马嘶，乱作一团。史书恰如其分地将之形容为“声如崩山”。

等到金军队形散乱，各路蒙古军队再进行夹击。按竺迩与塔思所率领的增援部队当仁不让地首先冲锋陷阵，他们甘冒矢石分兵四出，以挫敌锋芒，而拖雷等人随后继进，扫清残余的抵抗分子。彼此齐心协力，以少胜多地夺取了胜利，打得金军溃兵狼奔豕突。

杨沃衍、樊泽、张惠所辖的部队由于突围时互相争路，贻误了时机，再度被尾随而至的敌人重重围困，只得会同高英残部拒战于柿林村以南一带。樊泽、高英皆倒毙于乱军之中，张惠手持大枪步行奋战，至死方休。蒙古军队追奔数十里，沿途杀得“流血被道”，路上撒满了逃兵抛弃的“资仗”等物。有部分残军侥幸跑到三百里外的睢州，可又在伏兵的打击下如鸟兽散。

至于那些跑不动的金军“因严寒酷冷，像一群绵羊那样，首尾相接，挤作一团，缩头缩足犹若刺猬”，他们最显著的特征是弓刀沾满了冰雪，正处于束手待毙的状态。《世界征服者史》生动地叙述：“蒙古人不让敌人的血玷污他们的刀，而用枪矛从马背上把他们送往地狱”。重装骑兵的作战方式大派用场，不但在破阵时遇到史无前例的微弱抵抗，杀起敌人来也如砍瓜切菜般容易。另有不少人为了逃命而投入附近的河水中，因而弓箭手也有用武之地，“用一排箭矢使他们丧身”。残酷的屠杀接近尾声时，连日的雨雪渐渐停止了，接着“天气开霁”，像以往的晴天一样“日光皎然”，只是世间已经饱经战火、物是人非。

在这场大溃败中，移剌蒲阿与完颜合达一起溃围而出，藏匿于一处佛寺里面，蒙古将领郭德海追至，下命挖掘佛寺的地基，并焚烧其柱。完颜合达本想下马抵抗，但在混乱中与移剌蒲阿失去联系，遂率数百骑转而退往钧州。陆续入城的还有杨沃衍、完颜陈和尚。但武仙没有逃向钧州，他在兵戈扰攘之际带着三十骑避入三峰山附近的竹林中，后来得以脱身，沿途收拢败兵，向密县方向逃去。甚至还有败逃的金军跑到了昌武。据《金史·古里甲石伦传》记载，溃兵在三峰山失败后接踵而来，其中有位忠孝军副统入城时“两手皆折，血污满身”，州人极为忧怖，不知所措。

经过血肉横飞的杀戮，三峰山地区的大规模战事在十六日结束了。次日，率领蒙古中路军的窝阔台终于赶到了，他在周围视察一番后，公开夸奖了拖雷。拖雷谦虚地表示功劳是在“天之威”以及“皇帝之福”的庇护下取得的，闻者无不佩服其居功不傲的态度。

各路蒙古军队加紧追击溃围而出的金军残兵败将。距离三峰山不远的钧州收容了完颜合达等人，已是难逃血光之灾。窝阔台携同拖雷于二十一日杀到，命令刘黑马等将在城外挖堑进攻，很快冲入城里，捕杀了隐蔽于地窖之中的完颜合达。

城内的残余武装力量仍然抵抗，一位归附者在征得蒙古主子的同意后前来劝降，被杨沃衍拔剑斩死。杨沃衍随即自缢，从死的手下有十多个，而陈尸的寓所也按照预先的布置用火烧了个干干净净。忠孝军名将完颜陈和尚的结局在元好问撰写的《赠镇南军节度使良佐碑》中有所记载，这个威震一时的武夫等到巷战基本停息下来后，再从藏身处所走出，对过来盘问的蒙古士卒坦白了自己的身份，声言欲见其主将，以便以要事相告。因而在数骑的挟持下前往牙帐，接受对方审讯时，他承认曾经官居忠孝军总领，还率兵在大昌原、卫州、倒回谷等处打过胜仗，宣称与其不清不楚地亡于乱军之中，不如死个明白，让全天下的人都知道自己无负于国家。蒙古人欲迫降，用刀砍其脚胫，可完颜陈和尚直到脚被刀砍断为止始终不屈服，并破口大骂。接着，他的面颊被刀划破，伤口从嘴一直裂至两耳，但仍含血呼喊，至死不绝。这种壮烈的行为就连对手也表示佩服，有人把“马酒”洒在地上表示祭奠，说道：“好男子，他日再生，当令我得之。”后来，金国的使者到达漠北时，还听见蒙古人谈论此事，认为：“中国百余年，唯养得一陈和尚耳。”

完颜合达与杨沃衍、完颜陈和尚均死于钧州，但城里的蒙古人搜索不到另一位金军统帅移剌蒲阿的踪迹，因为他正奔跑在前往汴京的途中，可最终还是在望京桥为追兵所获。蒙古追兵的主将是塔思，这位木华黎的孙子从此彻底洗清了卫州之败的耻辱，并在同年七月将移剌蒲阿械送至官山。移剌蒲阿始终拒绝窝阔台的招降，声称：“我金国大臣”，应当死于金国境内！竟从容受死。

至此，一大批参加过三峰山之战的金军将领死亡了。此外，蒲察定住、蒲察答吉卜、按得木、夹谷爱答、达鲁欢、夹谷移特剌、完颜阿排等人在乱军中下落不明。捡回性命的除了武仙之外，还有等蒲察官奴、完颜斜烈等少数人，难怪史称“金之精锐尽于此矣”。而在此后的作战中，金国更加缺乏得力的战将，已经很难扭转败局了。

如果对持续至今的蒙、金战争史进行回顾，可以知道三峰山之战是继野狐岭之战后的又一场大决战。而拖雷所率的蒙古右路军在“犯兵家之所忌”的情况下却能“建万世之俊功”，原因到底何在呢？《史集》认为天落大雪起了至关重要的作用。《金史》干脆将蒙古军队的胜利归功于“天助”所致。而《元史》也记载拖雷言之凿凿地承认“天之威”是歼敌的重要因素。民间的文人墨客同样有类似的看法，例如郝经在《合答平章》一诗中就这样说：“天欲亡人不可为，六合横倾数丈雪。人自为战身伴僵，空拳无皮冻枪折”，生动地描述了金军在雪天时难以施展身手的困境。显而易见，天落大雪之所以被公认为是上天对蒙古军队的庇护，那是因为蒙古人比金人更加耐寒，并以此作为自身的显著优势而加以利用。《黑鞑事略》对此有所总结，指出蒙古军队“战宜极寒，无雪则磨石以祷天”，因此算是一种传统的战术，早在成吉思汗为统一蒙古草原而战的1202年（南宋嘉泰二年，金泰和三年）秋，他的部队在与乃蛮等敌人于阙亦坛（今蒙古哈拉哈河上流）所进行的一次战斗中，就在这种自然气候的辅助下克敌制胜，据《蒙古秘史》记载，一场洒满沟壑的暴风雪向乃蛮军队的驻地刮过去，让很多乃蛮人在道路泥泞的严寒中冻坏了手足，从而令成吉思汗所部尽享渔翁之利。三十年后，拖雷再次在金国境内重复这种打法，应该是蓄谋已久的结果，因为随军的速不台在三峰山决战之前曾经一语中的地说过：“城居之人不耐劳苦”，意思是敌人过惯了城里的舒适生活，很难像游牧民族一样长期颠沛流离于野外，只要令其疲于奔命，就可战而胜之。拖雷后来想方设法不让金军有机会进入钧州城里休息，也是这种思想的体现。特别重要的是，在三峰山决战的前七天已经下起了冷雨，其后又下起了雪，故暴风雪来临的可能性大增，或许是基于上述原因，使得一个具有气候预测经验的巫师能够比较准确地判断未来数日的天气，因而促使拖雷下定决心于十五六日在三峰山一带阻击对手，以致后世产生了蒙古人使用巫术召来大雪的种种传说。综上所述，在某种意义上存亡虽说由上天注定，但何尝不是人的行为所造成的呢！正如蒙古军队的胜利不能简单归功于严寒天气的辅助，同时也是精心策划所致。

同样，不能一味把金军的失败归咎于天气，因为这与金国最高决策层的误判有很大的关系。主要的误判有如下几点：

一、移剌蒲阿在战前讨论先打拖雷的右路军还是先打窝阔台的中路军时，认为拖雷所部兵马虽多、可良莠不一，实力要相对弱一些，误以为比较容易击败。这暴露了金军主将对蒙古传统的“幼子守产”制度的不了解，也不清楚拖雷掌管了成吉思汗的营地和家产。事实上，即使窝阔台上台后，拖雷作为幼子还拥有大批精兵良将，并率领其中许多人参加迂回宋境的行动，绝非一支可以轻视的队伍。

二、当绕道宋境的蒙古右路军开始抢渡汉水准备进入金境时，率部南下迎战的移剌蒲阿强烈反对在敌人渡河时进行拦截，自称此前已在裕州得到皇帝之旨，坚持要按其旨意等敌人过江后再予以重创。以致金军在顺阳按兵不动，时间长达二十日，坐失了御敌于国门之外的良机。

三、当禹山伏击来犯之战的计划落了空，前线金军在没有取得显著战果的情况下给朝廷报捷，使得金国境内不少军民因轻信捷报而未能做好坚壁清野的工作，以致战火蔓延至河南腹地时，遭受了更加惨重的损失。

四、金军未能坚守禹山隘口一线，反而撤回邓州，无形中给蒙古人让开了北上的通路。从此金军将领失去了主动权，就算后来亡羊补牢地驱使大批步兵在敌人后面气喘吁吁地紧追，也无济于事。因为蒙古军队以骑兵为主，速度更快。

五、在追击途中，由于严寒天气的降临，金军准备在黄榆店宿营三日，不料仅仅休息了两天，便接到要求班师回京的圣旨。移剌蒲阿不理会完颜合达等人从长计议的意见，盲目地遵照旨意冒着大雪立即动身，结果在对手的阻击下被迫滞留于三峰山一带不宜露宿的地方，在饥寒交迫中一败涂地。

由此可知，金军的每一次误判都与移剌蒲阿关系匪浅。

特别是此人先后两次在前线盲目遵照皇帝旨意，引起的后果尤其严重。他的所作所为虽然彰显出对金哀宗的忠诚，可正是这种只对皇帝负责的愚忠把十几万金国最后精锐的野战部队带往了绝路。他最后宁死不屈，把忠诚的气节贯彻到底，因而在被正史贬低的同时似乎也获得了曲笔回护，受到的评价是“蒲阿无谋，独以一死无愧，犹足取焉尔”，这种评论无疑带有纲常伦理色彩。他虽然保持了“忠臣”的节操，但同时也是“忠臣误国”的典型。

十一 争夺危城

早在三峰山大战前的1231年（南宋绍定四年，金正大八年）底，金国小朝廷已经未雨绸缪，策划从各地抽兵加强汴京防备。之后，前线各路金军络绎于途，纷纷回援，牵动全局的汴京保卫战紧锣密鼓地开始了。正所谓“疾风知劲草，板荡识诚臣”，值此危急存亡之秋，金军将士的表现各异，可圈可点。

戍守潼关的破虏都尉乌林答胡土于十二月奉旨回援，到达偃师一带得知蒙古人已经从白坡南渡黄河，不敢与之硬拼，遂改道而奔，在次年正月七日前往登封县境内的少室山，夜上少林寺寄宿。此时登

少林古刹（老照片）。

封县里的官员和百姓已迁往太平顶御寨避祸。乌林答胡土便在第二天让人捎话给县官，宣称自己的部队只是计划把家属以及辎重留于此山，以便轻装赴援汴京。县官闻讯随即下山，将乌林答胡土等人引导上太平顶御寨。谁知金军上山之后，看见山势既险固，粮食又充足，遂鸠占鹊巢，干脆久住不走，并时不时下山劫掠居民，所作所为比盗贼有过之无不及，邻近一二百里的民众深受其害。而赴援汴京的军事行动，早已被这些无法无天之辈抛到九霄云外。

渡过黄河的蒙古中路军在郑州一带攻城略地的同时又派游骑袭扰汴京。其后，金军在三峰山决战中惨败，因而汴京迟早遭到合围，金国忙不迭地收紧防线，甚至连卫州节度使完颜斜捻阿不也放弃了这个黄河以北的要塞，返回了首都。形势已经十万火急，当时行省事于徐州的完颜庆山奴亦于1232年（南宋绍定五年，金天兴元年）正月二十八日选出一万五千精锐部队，携同徐州元帅完颜兀论一起取道归德回援汴京，到达睢州（今河南睢县）时，得知义胜军总领侯进、杜政、张兴等部三千人投降蒙古，遂逗留三日不敢前进。由于顾虑蒙古人即将杀到，又打算退保归德，可是二月间行至杨驿店一带与蒙古小乃泬所部不期而遇，竟然全军溃败，完颜兀论殒阵，马蹶被擒的庆山奴因为拒降被斩断双足，最后不屈而死。惟有元帅郭恩、都尉乌林答阿督率三百余残兵逃回归德。而防备疏松的临涣、睢州等处亦失守。

金军节节失利，甚至连潼关守将李平亦于正月二十日投降了蒙古。事实上，在蒙古诸路军队分别从不同途径进入河南的情况下，潼关这个门户地区的重要性已经大不如前，而审时度势的金哀宗也认为当务之急是保住首都，计划让潼关附近协防的十多万驻军回援汴京。据《大金国志》记载“潼关一带，西南边山一千余里，大小关口三十六处”，周围历来屯驻了不少部队，各营遥相呼应。李平虽然降蒙，坚守岗位的其他金军将领还有不少，作为前线硕果仅存的重兵集团，这支人多势众的队伍一旦成功返回，就可起到济困解危的作用。

统领这支部队的是徒单兀典，此人于1232年（南宋绍定五年，金天兴元年）正月奉命行省事于阌乡，以代替南下备战的完颜合达与移剌蒲阿，负责潼关以东地区的防务，并在关陕总帅徒单百家的协助下，干了一些实事。例如，坚决贯彻坚壁清野的命令，把县、镇的人丁迁入大城，而靠近山区的居民也要避进附近的山寨。至于“粮斛辎重”，则统统运到陕州（今河南西陕县）保管，使之成为另一个稳固的据点，以便在潼关失守时成为阻止敌人东进的前哨阵地。当一切布置妥当后，他们却接到了撤防回援的命令。

徒单兀典唯有顺应时势，召集潼关总帅纳合合闰、秦蓝总帅都点检完颜重喜、安平都尉苗秀、荡寇都尉术甲某、振武都尉张翼等人，带领十一万步兵与五千骑兵，尽撤秦、蓝地区诸关隘的守御部队，陆续从虢州（今河南灵宝）入陕州，摆出回援的姿态。

当时，同、华两州以及阌乡一带还储存着数十万斛军粮，人们为此还专门准备了关船二百余艘，打算运载着顺流东下。不料突然传来蒙古人即将杀到的消息，风声鹤唳的金军在来不及运载粮食的情况下全部空船而下，以致一无所得。灵宝、硖石等处的仓库存粮也被紧急动员起来的民夫运往后方，然而在途中遭到蒙古游骑的杀掠，损失惨重。此外，潼关、阌乡等处的粮食则由八十艘船承担运输任务，可行到灵宝北河夹滩时被迫向在附近一带作战的蒙古军队投降。其后，蒙古将领忽鲁罕利用这批船只攻陷了当地的水栅，把聚众自保的乡民杀戮殆尽。

蒙古人得知金军焚烧以及放弃潼关一线的隘口，即派部分人马长驱至陕州，时来时去地进行骚扰。守将贺都喜擅自出城迎敌，竟马失前蹄而几乎成为俘虏。徒单兀典据此下令不许再出战，以保存实力。这段时间里，他为了扩充兵力已招募了上千人，在此前离开阌乡之际又大肆犒军，每名士卒赐给白金三两，而将校各依等级受赏，导致州城的“库藏”和“军资器械”为之一空。来到陕州，他计划搜括州民财物以补充军用，但在同华安抚使完颜素兰的力谏之下未能得逞。经过一番劳民伤财的折腾，延迟到二月七日才出发。

临行之前，一位名叫李先生的人进行劝谏，建议乘敌军主力集中于河南的机会大胆出师河北夺取卫州，目的是诱使敌人分兵北渡，这样既可以缓解京城的军事压力，又有利于金军日后的回援行动。可徒单兀典不但置若罔闻，反而大发雷霆，以泄露军机为由将之斩于市肆。

出发当日，部队里面的将士各自扶老携幼，如同举家搬迁。关中、河中等处避居于此的商贾亦带着家眷随行。此外，有许多女子为了在乱世中找到托庇而嫁给士卒为妻，在反常风气的影响之下，又发生了军人强抢民间妇人的事。当一行人马浩浩荡荡地开出东门以及南门后，却没有往东向中京方向前进，而是由州西南径直进入满是冰雪的峭山中，人为地增加了与京城的距离，此举暴露了徒单兀典桀骜不驯、无心勤王的事实，他真正的意图是南下，并选择靠近南宋边境的邓州为目的地，因为他过去做过邓州节度使，对当地情况熟悉，故决计率领十几万大军前往，希望能苟安一时。这种做法是有意避开正欲集结于汴京一带的蒙古大军，然而，南辕北辙的反常举措导致军心生变，来自葭州的刘、赵两姓元帅即日率部叛去。蒙古人闻风而动，有数百骑兵蹑足潜踪地跟在后面。第二天，金军内部益加混乱，张翼所部亦叛往朱阳，在途经鹿卢关时投降了蒙古追兵。可徒单兀典仍然一意孤行地继续沿着山路南下。此时山间积雪已经融化，路上的泥淖深及脚胫，许多步履蹒跚的随军妇女为了减轻负担不得不把幼儿弃于道旁，一时哀号之声不绝于耳。好不容易走到铁岭一带，处境又有恶化的迹象。蒙古人从中京一带抽调部分驻军经卢氏杀了过来，所至之处肆无忌惮地进行破坏，有意把所有库存的物资付之一炬，以免为金军所用，又反守铁岭，截断其归路。濒临绝境的金军士卒即使有着和敌人拼个鱼死网破的斗志，无奈在持续数日食不果腹的情况下也有心无力，许多人再坚持着前行了二百余里，更感疲惫不堪，故逃兵也越来越多。秦蓝总帅都点检完颜重喜感到前途渺茫，欲抢先投降，不料被蒙古追兵斩于马前。安平都尉苗英在混乱中死于非命，其首级亦被降将献给蒙古人。一系列的内部剧变加快了金军解体的速度，最终不战而溃。徒单兀典知道大势已去，带领纳合合闰等数十骑企图逃离险境，但还没有走出山区，便全部被蒙古追兵捕杀。此役，安平、荡寇、鹰扬、振威诸都尉部队以及西安、金鸡等处驻军基本覆没，十几万将士之中逃脱者仅百分之一二，使得蒙古人不需大动干戈就取得了一场由对方拱手相让的胜利。

逃回陕州的完颜素兰与留守的徒单百家会合后陆续召集溃兵万人，同时想办法回收被士卒遗弃的甲仗等军械，军势虽然稍有恢复，可是再也没有能力回援汴京了。

由于镇戍各地的许多金军未能如期回援，使得向汴京地区稳步推进的蒙古军愈加无所顾忌，在此前后以破竹之势连下商、虢、嵩、汝、陕等处，于二月间攻打中京。

中京本来没多少镇守的部队，幸而收容了三四千名从三峰山溃退至此的士卒，会同百余名忠孝军一起抵御，但仍不足以与来犯之敌抗衡，因为蒙古军善用抛石机发起凌厉的攻击。有资料表明提倡“攻城以炮石为先”的蒙古将领唵木海正跟随窝阔台出征河南，极有可能参加了这一战。

到了三月六日，中京终于支撑不住而失陷，留守撒合辇投水自尽。在此前后，许、郑、陈（今河南淮阳）、亳、颍（今安徽阜阳）、寿（今安徽凤台县）、永（今河南永城县）等州相继丢失，守将十伦、粘割奴申、古里甲石伦、粘合同周、苏椿等人死亡。受到战火波及的“京畿诸邑”，无不呈现出一派残垣断壁的苍凉景象。《归潜志》记载金哀宗在宫中束手无策，只是经常在众后妃之前凄怆流涕，并曾经尝试自缢，但被宫人所救，又企图跳楼，亦被左右之人及时阻止，到处充斥着天愁地惨的悲伤气氛。

蒙古大军正不断逼近，此前，京郊附近共有五十万驻军家属入城暂避。金军为了应付朝野舆论不得不派兵出外，摆出迎战的样子，以点检夹谷撒合为总帅，徒单长乐为监军，一起率步骑三万沿河巡视各渡口，行至数十里外的封丘，在未逢一个敌兵的情况下又撤还。左司郎中斜卯爱实表示不满，上奏责备这种“畏缩不敢进”的行为，请求予以军法处置，可朝廷置之不理。不久，令史杨居仁又重提主动出击的建议，认为应该乘敌远道而来立足不稳即果断迎战，可时任平章政事而主持朝政的完颜白撒反对。朝廷只是让完颜麻斤出与邵公茂率一万军民在城外“开短堤，决河水”，以巩固城防。但尚未完工便遭到敌骑的掩杀，麻斤出等人皆死于非命，生还的壮丁仅二三百人。

京城里的战备工作紧张地进行着，而楼橹等工事亦得到了重修，可是城池的范围过于广阔，周长竟达一百二十里，似乎难以面面兼顾。金宣宗生前为此费了不少心思，他鉴于京城有外城与里城的分别，故只是诏令大臣修筑里城的工事，有意缩小防御的范围。如今时移势易，朝中大臣又提出了“里城决不可守，外城决不可弃”的新观点，因为假如外城先被敌人夺取，那么里城势必避免不了“粮尽救绝”的结局，而在对方的重重围困之下，要想突围难于登天。经过商议后，大家都同意坚守外城。当时，城里虽然收拢了蒲察官奴等一批从三峰山溃还的将士，可诸军总数仍不满四万，即使把他们全部排列于京师的城墙上，命令每个人把守一处垛口，亦不能遍及城墙的每个角落，实在缺乏固守的把握。仓促之间只能想办法扩军了，而暂避入城里的大批难民成了首选的目标，据说很快就动员了二十万，每人按月给粟一石五斗，分隶于诸帅，准备御敌。金哀宗又从在京军官中抽调百余名有守城经验的人应急，与此同时，原本沿着黄河地区屯扎于京城东、西两边的两都尉以及卫州驻军等部队，亦有四万人参与防守，并随时可得到六万壮丁的配合。金国小朝廷还专门选出四千“飞虎军”分散布置于城的四面，每一面均有一千人，作为履行救援任务的预备队。这场总动员的涉及面之广达到前所未有的程度。《归潜志》记载“自朝士外，城中人皆为兵，号‘防城丁壮’”，朝廷还下令，“有一男子家居处死”。就连太学诸生这类书斋中的文人亦被编作一军，称为“太学丁壮”，专门为炮兵服务，干着搬运炮石之类的事。不过，这一大批临危拼凑的军队，战斗力极为有限。惶惶不可终日的金哀宗于三月十三日让完颜白撒、赤盏合喜等得力大臣离开府邸，分别宿于方便接受命令的上清宫、大佛寺，以防不测。

驻于郑州的窝阔台知道对手已到了山穷水尽的地步，打算彻底摧毁金朝小朝廷的老巢。但《史集》记载他没有继续留在战场，而是随后和拖雷北返，“仅留下秃忽勒忽和全部军队”负责河南的战事。也就是说，蒙古大汗虽然回去了，但蒙古军队主力还在。汉文史籍记载留在河南的将领有塔思、忽都虎、塔察儿、速不台等，而《金史·国用安传》也明确指出参与包围金国京城的共有十七头项（指蒙古军将领），比起当初跟随拖雷取道宋境入金的七头项要多得多，显示了雄存的实力。参与围城的部队除了右路军和中路军之外，可能还有左路军。据《大金国志》的相关记载，左路军应该是从徐州一带的黄河“径渡”而过，金国河防兵力不足，难以阻挡，不过，这路蒙古军队在挺进河南的战事中表现得并不起眼。

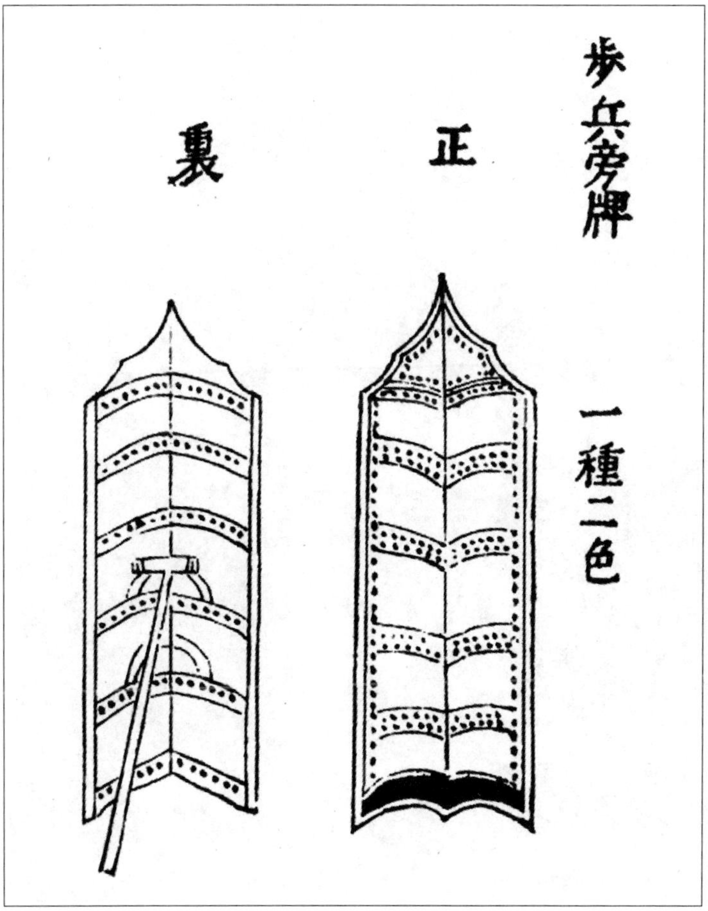

步兵旁牌。

兵临城下之前，蒙古人已于十三日派来使者谕降，而递交的国书中明确提出要索取翰林学士赵秉文、衍圣公孔元措等二十七家和归顺人的家属，此外，移剌蒲阿的妻子以及绣女、弓匠、鹰人等数十人亦榜上有名。可和议还没有谈妥，蒙古统帅速不台及其部属抵达了，并气势汹汹地向金国统治者传达口信，威胁道：你们过去所恃的惟有黄河天险与名将完颜合达。如今完颜合达已被我军杀死，而黄河亦为我方所据，你们“不降何待？”金国小朝廷本来不知完颜合达已死，还误以为他在三峰山战败后逃往京兆，金哀宗为此专门“赐以手诏”，募人寻访。可现在得知名将殉国的确切消息后，许多人不禁兔死狐悲，大为沮丧。

虽然完颜合达、移剌蒲阿的重兵集团已经惨败，而徒单兀典所部十几万人又像人间蒸发一样消失了，可金国小朝廷仍然决定死守。就在同一座城市，一百多年前曾发生过“靖康之难”，当时北宋的徽、钦二帝连同皇后、皇妃、公主以

赵秉文。

及数千名后宫嫔妃、宗室妇女成为金军的俘虏，受尽了万般的屈辱，如今谁又能够担保城里的女真统治者必定就可以避免历史悲剧的重演呢？金国自从南迁之后，许多大臣已经在新的京城建起了安乐窝，例如完颜白撒在西城修筑了一座“规模拟宫掖”的府第，里面有数以百计的婢妾，她们皆衣着金缕，妖娆多姿。就算家中的奴隶，每月的酬劳也与列将差不多。可完颜白撒尤不知足，继续追求穷奢极欲的生活。最后连皇帝都看不过眼了，专门从宫中派出使者谴责这种只顾耽于享乐而忽视恢复失地的所为。由此可对女真统治阶级寻欢作乐的行为略见一斑。

蒙古军队已经迫不及待地行动了，他们一面提出金国必须交纳人质的要求，一面筹备进攻器具。其后，还沿壕排列木栅，以薪、草填壕，使得城壕的宽度不断变窄。城里的指挥官碍于两国的和议正在进行中，不敢轻启战衅，守卒也仅仅在城上坐视而已。

鉴于双方强弱悬殊，忍痛割爱的金哀宗于十九日决定派遣一个儿子做人质。荆王子完颜讹可因此受封为曹王，在尚书左丞李蹊的护送下于二十一日前往蒙古军营。然而，金国小朝廷如此委屈求全，仍未能让对手满意。李蹊等人很快被释放回城，并回复称对方愿意接受曹王为质，但不会停止攻打京师的行动。

次日，蒙古兵四处竖立抛

金侍女立像。

石机，加紧进行围攻的布置，大有猛虎扑食的势头。这种打法沿用了唵木海一贯提倡的“攻城以炮石为先”，而不久之前沦陷的中京就曾遭受过炮石的痛击，如今汴京能否逃过这一劫呢？

二十三日，大批汉人俘虏以及妇女老幼在蒙古人的驱赶之下搬运薪、草继续填壕堑，为攻城铺路。城上的守军不想坐以待毙，终于出手了，射下如雨点般的箭镞，顷刻间，壕为之平。完颜白撒、赤盏合喜以及新任左丞相完颜赛不等多位金国大臣亲临前线督战，分别进驻京城西南隅、西隅与东北隅等处主持大局，只有东南隅未尝遭到敌人的猛烈攻击。当时许多军民以为城池危在旦夕，人心惶惶。金哀宗为了重振士气，不惜轻装简从，仅带着数骑亲自出宫，在前线四处巡视、劳军，鼓励士卒绝地反击。

为了应付即将来的大规模炮战。金军在龙德宫内制造炮石，原料采自宋太湖、灵璧假山。制造出来的成品大小各重约一斤，圆如灯球形状，如果产品不合格则以杖击的方法处罚工人，力求武器的质量有所保证。

虎蹲炮（一种抛石机）。

相反，蒙古兵使用的炮石规格不一，甚至连“破大铠（磨盘）”与“碌轴（一种轧谷物的圆柱形农具）”也派上了用场，因而这些武器的外表比不上金军的美观。不过，其装备的发射工具很犀利，在将炮石抛出时，主要依靠人力拉拽抛石机的炮梢，其中有的抛石机多达十三梢，威力不小。

两军你来我往，互相用炮石较量，打得难解难分。蒙古军队恃着数量众多的抛石机，慢慢占了上风。他们相继在城池的每个城角之外布置了百余具抛石机，昼夜不息地发射。前后不过数日时间，射出的石块堆积在一起，几乎与里城的高度一致。

汴京城上的楼、橹都是采用从故宫等大型建筑物拆下的大木所制，可就算是能用双手合抱的木料，在炮石的连番攻击下也难免破碎不堪。守卒拿马粪混合着麦秸涂于楼、橹的外面，再用绳索捆绑旃、褥等衣料固定。又取竹为护帘，而悬风板之外皆以牛皮为障，种种煞费苦心的防护，都是为了尽量提升它的抗打击能力。然而，蒙古兵改而抛射火炮，被击中的楼、橹随即四处蔓延火焰，很难扑救。

在对手千方百计的进攻下，一些城防工事遭到摧毁，但汴京仍岿然不动。这座城池的坚固程度超出了许多人的想象，据故老相传，周世宗在多年前称霸中原时曾经从虎牢关运载上好的泥土修筑此城，因而“坚密如铁”。现在城墙受过炮石轰击的地方都不过有所凹陷而已，远远达不到坍塌的程度。

攻城的蒙古军队一时难以得手，唯有加强围困措施，在壕外筑起一百五十里的围墙，同时配置了垛口、楼橹等工事，而挖掘的壕沟无论阔度与深度均达丈余，难以逾越。此外，组织了大量兵丁在城外巡逻，平均约三四十步设置一铺，每铺之内有百余人驻守。总之，围得水泄不通。

金军针锋相对地欲采取反包围措施，部分人员奉命出城乘夜劫营。万万想不到横生枝节，起因是完颜白撒在蒙古军队到达之前曾下令在城门之外加筑了一道短墙，此墙“委曲狭隘”，仅能容两三人通过，本来用意是防止敌人一拥而入地夺取城门，不料此刻起了反作用，竟然阻碍金军迅速出城执行任务。等到所有人好不容易出得城来，已经被对方察觉，奇袭的计划自然泡了汤。其后，守将使用变通的办法，一面招募上千死士，一面挖地道出城，打算由城壕而过，目的是烧毁城外敌军的炮座，并事先约定以城上悬挂红纸灯为号，灯起则渡壕出击，但同样被围城之敌发觉而前功尽弃。既然出击的行动屡次受挫，绞尽脑汁的金臣遂转而使用攻心之策，把诱降敌人的文书放于纸鸢之中，然后随风而放，待其飞至敌营上空便掐断手上的线，希望拾到纸鸢的敌人在阅读文书后能幡然醒悟，前来归附。不过效果有限，因此有人戏谑道“前日纸灯、今日纸鸢，宰相以此退敌难矣”。朝臣仍旧乐此不疲，不久，右丞世鲁下令制作一首由河朔地区旧曲编成《江水曲》，让城上守卒在静夜里歌唱，期待城下与蒙古人一起作战的汉军能够产生“讴吟之思”，以消磨其斗志。

要想凭借这些小手段退敌当然显得荒诞不经，蒙古人仍然时不时发起猛烈的进攻，其中尤以赤盏合喜所守的城墙西北隅遭受的打击最为严重。这员将领经常夸耀自己当年成功保卫凤翔的事迹，如今却吓得张皇失措，面无人色。幸亏金哀宗不顾危险在前线劳军，不但亲自授药给伤兵，而且拿出内府库存的金帛等财物打赏有功者，其所作所为激励了许多士卒，使之争相效命，故汛地暂时得以守住。

特别值得一提的是，守卒使用了一种名叫“震天雷”的火炮，它是一种装有火药的铁罐，用火点燃后“炮起火发”，其声如雷，振聋发聩，而爆炸涉及的范围超过半亩，带火的碎片甚至能穿透铁甲，杀伤力惊人。攻城的蒙古兵为此吃了不少亏，他们此前用牛皮制品做掩护，冒险潜到城下掘墙，挖开小窟后再躲藏在里面，让城上之人无可奈何。可现在金军依靠“震天雷”扭转劣势，把这种武器用铁绳捆绑着从城上放下，专门让其在敌人挖掘的小窟之前爆炸，炸得蒙古兵与牛皮皆“碎迸无迹”。另外，还有一种叫做“飞火枪”的管形火器，据《金史·蒲察官奴传》的记载，它的枪管用敕黄纸卷作十六重制成，长二尺许，里面装填着“柳炭、铁滓、磁末、硫黄、砒霜”之类，以绳子系于枪端作为引线。士卒事先把火种藏于小铁罐之内，临阵点燃引线，枪管喷出的火焰可远达丈余（一说十余步），火药烧尽后而枪筒不损。“震天雷”与“飞火枪”等新式武器应用后，进攻者不敢随便靠近城池以及攀援而上。史称蒙古兵“惟畏此二物”。

速不台指挥部属一直攻打到四月份，因徒劳无功才不得不罢手。蒙古诸部在围城期间面临不少困难，有很多士卒病死。军中历来存在的蒙、汉矛盾也使内部出现不稳的迹象，据《金史》记载，有两名分别叫阿驴、樊乔的金炮军万户在凤翔失守时被迫投降，现在跟随蒙古军队进攻京城，依旧负责抛石机的操作，他们心怀异志，故意欺骗上级道：“炮利于短，不利于长。”对抛石机一知半解的个别蒙古人信以为真，竟然将木架截去数尺，而炮梢也减去了不少，于是，“机虽起伏，所击无力”，几乎失去作用。等到蒙古人醒悟过来，这两人已逃入了城内。此外，一位参与攻城的汉将曾经在开阳门下与时任大司农的金臣侯挚秘密联系，打算内外夹击蒙古人。这名汉将就是国安用（后改称国用安），他出自红袄军，本是杨安儿、李全等人的余党，归附蒙古后为都元帅、行山东路尚书省事，但对蒙古人不太忠顺。如今，他在参与攻城时了解到蒙古军队十七头项皆在京城周围，认为如果乘其久战疲惫的良机予以重创，则金国中兴有望。可金国小朝廷对国安用并不信任，联合作战的计划就此搁置。

两军持续十几个昼夜的战事造成了严重的伤亡，据说“内外死者以百万计”。难以克城的蒙古统帅只好自找台阶下，寄语金国君臣称：“两国已讲和”，难道还继续打下去吗！金国小朝廷就驴下坡地表示愿意停战，于四月七日派遣户部侍郎杨居仁出宜秋门外，奴颜婢膝地以酒犒劳敌军。于是，蒙古人退屯于河洛一带，遥遥监视着汴京。就在同一个月，窝阔台、拖雷取道居庸关等地出塞，避暑于官山。而奉命留在战场的速不台等将没有离开河南，随时保持着卷土重来的态势。

守军竟然依靠自己的力量奇迹般赢得了京城保卫战的胜利，金哀宗事后亲自登上端门宣布宽赦有罪之人，以示广施恩泽，改元“天兴”，加以

河南焦作金墓出土的陶俑。

庆贺。除了论功行赏，又采取“罢冗员，放宫女”等新政以安抚人心。此外，还重新调整各部门的事权，于当月十六日把枢密院并归于尚书省，以宰相兼院官，而左右司首领官兼经历官。因为按照金国制度，枢密院虽然主管军事，可节制之权则由尚书省掌握。然而自战争爆发以来，旧制度逐渐遭到更改，最终导致尚书省官员竟然不能干预军事，凡事任由枢密院官员独断专行，因而往往败事。为此，一些朝臣多次建言，以为将相之权不可随便拆分，金哀宗现在下定决心将之合并。在这次政改之中，平章政事完颜白撒、枢密副使赤盏合喜、枢密院判官白华、权枢密院判官完颜忽鲁剌被罢免。

由于完颜白撒在任期间“恇怯无能”，军中一些将士埋怨其“不战误国”，公开叫嚣要将之处死。吓得完颜白撒一夕数次迁居，惶惶不可终日。而仅留任参知政事一职的赤盏合喜在失去兵权后非常不高兴，欲销毁枢密院之印泄愤，但被诸丞相劝阻。有人指责赤盏合喜与总帅撒合、参政讹出等皆是国贼，扬言“朝廷不杀，众军亦须杀之，为国除害”。迫于舆论压力，撒合饮药自尽，讹出称病不出，惟有赤盏合喜若无其事，而金哀宗亦无意过问，由此，军国大事又尽取决于赤盏合喜。

其后，发生了国安用来降的事，似乎使得金国的恶劣形势略有改善。国安用在结束围攻汴京之役后，竟在1232年（南宋绍定五年，金天兴元年）六月间乘徐、宿、邳三州金军相继内哄之机而出兵占领上述地方。可此举招来蒙古人的不满，因为蒙古大将阿术鲁早已视三州为囊中之物，故对国安用先下手为强的行为表示愤慨，断然派兵进入徐州境内，欲与之火并。恐惧不安的国安用为了自保而决定与蒙古人决裂，他清除了军中一些异己分子，召集山东诸将以及徐、宿、邳三州的主帅，匆匆举办了一场结盟仪式，发誓要归附金国。但不少将领采取首鼠两端的态度，在誓盟结束后即各自散去。百般无奈的国安用遂自行托人与金国小朝廷联系。金国小朝廷当然不肯失此良机，于七月十六日派遣使者携带金哀宗的手诏到邳州，授予国安用为“开府仪同三司、平章政事、兼都元帅、京东山东等路行尚书省事”，特封为“兖王”，又赐姓“完颜”，改名“用安”，允许其以空名宣敕，“便宜从事”。后来，国用安用这些空名宣敕封了十位郡王，即李明德、封仙、张瑀、张友、卓翼、康琮、杜政、吴歪头、王德全、刘安国。表面上，这是金国继“封建九公”之后又一次大规模的分封，可是获爵者多数是国用安的同盟者以及部曲，而“非朝命所封”，又“无大功绩可纪”，故多数人在正史中没有传记。

值得一提的是，东山再起的武仙成了金国小朝廷新的希望。此前，参加了三峰山决战的武仙本来仅以数十骑突出重围，一路经密县逃往御寨，可是没有被驻于当地的乌林答胡土所部接纳，在追兵就要赶到的生死关头，他果断舍骑步行，登上位于嵩山绝顶的清凉寺，有惊无险地避过一劫。之后，在与登封兰若寨招抚使霍琢僧秀谈话时透露心迹，声称暂时不敢返回京城，以免“一旦有急”而遭到政敌出卖，被缚送给蒙古人。不久，这批劫后余生的军人又转移到南阳留山地区休整。就这样，武仙逃命时沿着密县、御寨、嵩山、南阳留山等地旋转，以三锋山战场为圆心绕了大半个圈。《金史》记载他总共想办法收拢了十万溃军，这个数目占了三锋山参战金军的一半以上，表明拖雷所率的蒙古右路军可能只是歼灭了数万敌人，而大量散兵游勇成功逃脱后，除了部分人员流窜到中京、京师等地，如今多数归于武仙麾下。由于完颜合达、移剌蒲阿、完颜陈和尚、杨沃衍、高英、张惠等人已死，致使溃军群龙无首,反而成全了脱颖而出的武仙。因为溃兵原先的建制已被打散，所以必须重新组织起来。武仙乘热打铁地在留山以及威远寨等处进行整训，采取“立官府，聚粮食，修器仗”等措施，致使“兵势稍振”，从而与京师驻防部队一起，成为金国仅剩的两支主要武装力量。金哀宗适时把参知政事、枢密副使兼河南行省等职务授予重新崛起的武仙，准备在关键时候付与重任。

金国小朝廷虽然不遗余力地企图重振旗鼓，可还是难以挽回江河日下的局势。京城的战火刚平息没多久，又遭受瘟疫的肆虐。由于难民的大量拥入，使得疾病的传播与扩散更加方便。据专家统计，城里人口竟然暴涨至二百五十万以上，从五月起死者不断，前后持续五十日，至少死了九十余万人。昔日川流不息的繁华盛况早已一去不复返，到处都是民生凋敝的景象。

为了防止蒙古人再度围城，金国于六月间以出师为名“锢门禁”，又堵塞京城四门以及抢修工事，使守御更坚固。而和议在七月五日横生波折，《大金国志》记载蒙古人提出许多难以接受的要求，包括金国皇帝要“去冠冕、髡剔发”，“黜尊号、拜诏称臣”以及“为西京留守、交割京城”等。蒙古使者唐庆等人来到京城后出言不逊，在和病卧于御榻上的金哀宗会面时又傲慢无礼，激起了近侍的切齿之愤，竟于当天晚上被飞虎军士卒申福、蔡元等人刺杀于馆中。事后，金哀宗不但宣布赦免涉事官兵的罪行，而且加以犒赏。京师许多不明真相的百姓皆“欢呼雀跃，以为太平”，只是一些有见识者才明白和议断绝意味着大祸即将来临。

由于城内缺粮，不得不冒着削弱战斗力的危险宰杀瘦瘠的官马为食，而依靠守军自身的力量已越来越难以保住京城，金哀宗一边下令招军，一边签民为兵，同时期盼会有更多勤王之师到来。此前，他已让南阳郡王子完颜思烈行尚书省于邓州，目的是征召援兵。其后，完颜思烈便接到与武仙以及巩昌总帅完颜忽斜虎等人合力回援的诏令，诸将不敢怠慢，于七月二十七日完成集结后即自汝州往京城方向出发，途经登封城南大林时，派人前往太平顶御寨，约驻屯于当地的乌林答胡土入京。乌林答胡土难以推辞，便带着四千部属跟随思烈等人东行。

金哀宗明白只要救兵及时赶到，局面必将有所改观，遂再次任用赤盏合喜为枢密使，让其率兵一万出城接应。这路援军于八月一日来到杏花营时，得到了朝廷增派的五千兵，当次日抵达中牟故城，又与从京城运粮至此的五千壮丁会合，因而完全不必忧心粮食会供应不足。这充分表明金国小朝廷对这次接应行动的重视程度。

还没有等各路金军会师，蒙古人动手了。就在完颜思烈与武仙等人到达密县以东地区时，忽然被速不台所部拦截。武仙当即在眉山店一带按兵不动，并令人紧急和完颜思烈联系，建议其“阻涧结营”，等待滞后的部队，再伺机一起推进，不然，必败无疑。可急于赴京的完颜思烈怀疑武仙回援的诚意，准备不顾一切地前进，随行的左右司员外郎王渥认为这种铤而走险的做法不妥当，指出武仙经历了数百次大大小小的战斗，经验丰富，因而提醒完颜思烈在军事上要与武仙“共议”。完颜思烈不但听不入耳，反而怀疑王渥与武仙有染，几乎将之处死，而孤军疾进的想法也没有任何改变。当这路军队马不停蹄地继续前行时，结果于八月三日在京水遭到蒙军的袭击，不战而溃。

得知败讯的武仙马上令手下分散向留山方向而退，保存了实力。相反，乌林答胡土失败后处置不当，狼狈不堪地逃往老巢，伴随仅有二三十名残兵，其余的偏裨将领竟无一人撤回来。

屯于中牟的赤盏合喜为蒙古将领郭德海所阻，在惊慌失措之下抛弃辎重掉头而逃，一口气跑回郑门后才重新收集溃兵入城。其后，被朝廷免为庶人以及遭到抄家的处罚。监军长东亦被降为符宝郎。

至于完颜思烈，则被贬为中京留守。金哀宗在给武仙的诏令中承认完颜思烈“不知兵”，假如听从“卿（指武仙）阻涧之策”，就不会失败，并强调以后军务“一以付卿”，使武仙受到了前所未有的重视。

同月，侯挚被起用为平章政事，受封为萧国公，行京东路尚书省事。他在三千人的护送下出城就职，经张家渡而过黄河，于二十一日来到封丘时，却因被敌兵发觉不能再进。随行将士私下里计划倒戈南奔。侯挚及时察觉并加以制止，终于率全师返回京城，而建立行省以掩蔽京师的企图也无疾而终。

由于京城受到蒙古军队的监视，因而未能彻底化解持续数月的危机，以致“仓廪空虚”，朝廷公开允许卖官以敛财，同时三番四次地用各种手段从民间括粟。自蒙古人突入河南以来，地方的农业生产遭到空前的破坏，大量农民在战乱中加入了逃亡的行列，包括猛安谋克户在内的各种屯田制度亦逐渐瓦解，粮尽援绝的现状使得内忧外患的金国加快了崩溃的速度。熬到十月，女真统治者颁布了新的政策，要求自亲王宰相以下，皆只准存三个月的粮食。每户都要统计人口，人均只许留三斗，其余由官府没收，胆敢隐匿者处死。弊政使得百姓益加离心离德，亡国的迹象也更加明显。到了十一月，城里许多人再也熬不下去了，不但有将士在白昼夺取仓库的米，而且百姓之间出现了人吃人的惨况。无计可施的统治者只得打开曹门、宋门，放士民出外觅食。

本来，金哀宗已在十月间正式下诏“征诸道军”，期望驻扎于各地的部队能在十二月一日之前回援。当时京城周围实力最强的是武仙与国用安，可这两人迟迟没有行动。金国小朝廷不得不加紧督促，刑部主事乌古论忽鲁于十一月间亲自出马，到留山劝武仙尽快入京勤王。但武仙认为时机尚未成熟，故以缓期三月为托辞，拒绝立即赴京。而盘踞京城以东的国用安形同军阀，此人以往曾打着勤王的幌子欲夺取山东，累征徐、宿之兵，王德全等地方将领不予理会，彼此矛盾不断，内部罅隙不断加大。当金哀宗派遣臧国昌携带密诏前来征兵时，国用安自以为师出有名，檄令刘安国为前锋，于十一月十六日亲率三千人进驻徐州城下，要求王德全出城一起回援，但吃了闭门羹。不料刘安国假戏真做，置徐州于不顾，一路挺至宿州，会同众僧奴赴援。国用安眼见刘安国难以驾驭，便派人在临涣龙山寺将之劫杀，然后再围攻徐州三个多月，由于难以攻下，遂退归涟水，而勤王行动宣告夭折。在前线斡旋的金制使因世英眼见国用安不肯赴援，返回汴京复命，行至宿州以西时不巧遇上蒙古兵，竟死于途中。

求援受挫的金哀宗于二十日又得知河、解元帅权兴宝军节度使赵伟袭取陕州，杀死行省阿不罕奴十剌之后归附蒙古。在叛乱频仍、领土日蹙的情况下，他一筹莫展，再也想不出更好的办法保住身处的这座危城了。

十二　直捣黄龙

《宋史》记载南宋名将岳飞曾经在抗金战争中说过一句脍炙人口的名言："直抵黄龙府，与诸君痛饮尔！"后来，这个典故演变成为一个"直捣黄龙"的成语。意思是战斗到底，直至捣毁敌人的巢穴。需要提及的是，黄龙府（今吉林省长春市农安县一带）原是辽、金两代重镇，据说北宋的徽、钦二帝被金军俘虏后，曾一度囚禁于此。但是，岳飞口中的"黄龙府"，指的却是在辽宋战争中举足轻重的历史名城燕京（今北京），而著名宋史专家邓广铭根据《金佗续编》的有关内容对此早已有所考证。可见，"直捣黄龙"这个成语从诞生之初，就与真正的黄龙府无关，而后人在使用它时常常借题发挥，将之引申为攻击敌人的首都。尽管岳飞生前未能"直捣黄龙"，可是与金国积怨甚深的南宋在多年以后竟然参与了攻击金国首都的行动，最终得以一尝"直捣黄龙"的历史夙愿。这一切都与蒙古统治者的"联宋灭金"之策有关。

回顾蒙古军队于1232年（南宋绍定五年，金天兴元年）三四月间围攻汴京的全过程，就可以知道尽管出动了十七头项（指蒙古将领），不可谓实力不雄厚，可是仍却步于固若金汤的城池之前，面临着"军力减削，粮援不继"的困境，因而联系宋军助战也是水到渠成的事。

值得注意的是，蒙古政局在此期间发生变动，拖雷突然死去。《史集》对其死亡的经过记载得比较详细，起因是窝阔台从中原班师后于同年的五六月间得了重病，便依照传统的习俗把珊蛮们（指萨满教的一些巫师）集中起来施行巫术，书中写道："他们（指巫师）对他（指窝阔台）的病念了咒语，用念过咒的水洗他的病。这时，拖雷汗进去了，他极诚挚地对合罕说'长生天，如果你对罪恶发怒，那么我的罪恶比他更多：我在战争中杀的人更多，我掳走他们的妻儿子女，迫使他们的父母洒泪，如果你是为了面貌美丽、体态优雅，为了经验和技能，想把自己的奴隶带到自己的驻所去，那么，我也更相称、更为适合：把我代替窝阔台合罕取走吧，把他的病加于我吧'。"说完，拖雷"以极诚恳的祷告把珊蛮用咒语在其中洗过合罕病的那杯水，拿过来喝掉了"。"由于上帝万能，合罕复元了"，而求仁得仁的拖雷最终在路上死去，年仅四十余岁。类似的故事在《蒙古秘史》、《元史》中也有描述。虽然官书中对拖雷挺身而出代替窝阔台死去的行为大加赞颂。可还是有人对此表示怀疑，以至于猜测拖雷因卷入权力斗争的漩涡中而被秘密毒死。值得注意的是，窝阔台在拖雷死后的做法有点反常，他没有按惯例与诸王商议，便独断专行地把原属于拖雷的三个千户改授予自己的儿子阔端，由于拖雷之妻唆鲁禾帖尼强行压抑着部属们的不满情绪，让事情不了了之，但仍反映了权力斗争逐渐趋向公开化。

蒙古军队除了在中原作战，还要分兵出征辽东。窝阔台上台后派遣大将撒礼塔、吾也而等人连克盖州、宣州（今辽东岫岩）、石城等十余座城，金辽东行省葛不哥败死。毗邻的高丽也不平静，从1231年（南宋绍定四年，金正大八年）八月起冲突不断，大将撒礼塔在进军朝鲜半岛时中箭而亡。

在内政与对外作战皆问题重重的情况下，窝阔台或许是急于结束中原的战争，主动修复了与南宋的关系。此前，两国因拖雷所部“借道”问题发生过冲突，窝阔台在时过境迁后又提出重归于好。他派遣一名叫做王檝的使者于1232年（南宋绍定五年，金天兴元年）底来到南宋襄阳，与京湖制置使史嵩之面谈联合作战的计划。按照郝川事后在《与宋国三省枢密院》的说法，当时老于世故的王檝在蒙古统治者之前自称能够游说南宋降附，而进入宋境后却打着和议的幌子与宋臣磋商，这种左右逢源的做法巧妙地迎合了两国主政者的心态，从而使得双方具备结盟的可能性。其后，史嵩之也派出邹伸之为使，与窝阔台相谈甚洽。据说蒙古人开出的条件十分优厚，《宋季三朝政要》对此有所记载，书中称蒙古统治者承诺在战争结束后以“河南地”归南宋，从而促成了联合灭金的行动。必须提及的是，同书指出“国兵（指宋兵）与鞑靼国兵（指蒙古）合围燕京（应为汴京），金义宗（即金哀宗）自汴京突围”，时间是1232年（南宋绍定五年，金天兴元年）。相同的记载在《钱塘遗事》与《宋史·理宗本纪》也有。

蒙古迫切需要联合南宋军队包围金国京城，显然与兵力不足有关，因为曾经参与包围

宋代武士俑。

京城的国用安于1232年（南宋绍定五年，金天兴元年）七月倒戈降金，不但让速不台所部在河南的军事行动缺乏得力的配合，而且对归附蒙古的其他红袄军部队造成了不少困扰。例如李全的遗孀杨妙真此前活动于楚州一带协助蒙古将领梭鲁胡吐乞作战，当她得知旧部属国用安背叛后，害怕受到波及，就忙不迭退回了山东益都。由此不难理解，蒙古人需要更多的生力军填补战线的缺口，而南宋军队的及时介入确实能够发挥一定的作用。

据推测，当时参战的宋军可能以归附的红袄军为主。这些派系不一的草莽英雄虽然时常摇摆于宋、金、蒙之间，但经济资源的取得与维护，是红袄军领袖作出政治抉择的重要因素，这一点已被历史学者黄宽重先生指出过，而能否获得粮饷的补给，往往成了红袄军维持与南宋关系的晴雨表。由于南宋的经济实力远超金国与蒙古，因而只要能够保证提供粮饷，是不难招揽一批好勇斗狠之徒以为己用的。据不完全统计，汲君立、于潭、崇赟、赵必胜等曾经活跃于山东、两淮一带的一些原红袄军将领如今仍然为南宋效劳。而红袄军诸部在中原战事中绝对不容忽视，《大金国志》对此有所反映，书中在描述1232年（南宋绍定五年，金天兴元年）的情况时，写道："河南荡析，宋师瞰其南，红巾（指红袄军余部）扰其东。"而《金史·完颜奴申传》则明确提到红衲军（即红袄军）在1233年（南宋绍定六年，金天兴二年）初继续对汴京城里的军民构成威胁，表明即使发生了国用安降金之事，但蒙古人不得不仍旧与源自红袄军的部队合作，可为佐证。

南宋协助蒙古作战的队伍欲进军汴京，应取道徐、宿、邳等州，而盘踞该地区的国用安所部只是表面上示忠于金国，实际内部四分五裂，朝秦暮楚，故顺利通过并非不可能。至于汴京以东的归德一带，蒙古游骑时常在此出没，显示金国在地方上的统治渐呈瓦解，也难以组织什么力量拦截过境的敌人。

有趣的是，由拉施特编撰于十四世纪的《史集》，同样留下了有关宋军参与进攻金国首都汴京的记载："……因为在蒙古人称为南家思（即南宋人）的摩至那（这是伊斯兰教历史学家对南宋的称呼）君主与出身女真的乞台（即金国）君主之间自古以来就是敌对的，所以合罕（指窝阔台）发出诏书，要他们从彼方来援，蒙古军队则从此方与他们一起围攻南京城（指汴京）。按照诏书，从南家思开来了很多军队；朵豁勒忽扯儿必（即塔察儿）便率领蒙古军队，与他们南家思军队一起向乞台人出动；双方摆开了队伍。乞台人被击溃，躲进了南京城里。据说该城周长四十程，它有三道城墙。蒙古和南家思的军队一起从哈刺沐涟两岸围攻该城，在城墙旁边架起了很多射石机和梯子，在城墙脚下安设了带有撞城槌的纳卡卜，开始了鏖战。乞台的异密和军队眼看着城将陷落，他们便这样地考虑道：'我们的君主性格脆弱，如果我们对他讲了，他就会想得太可怕而吓死，那就什么都完了。'他们便把情况对他隐瞒起来，他仍按照他们的习俗在宫堡中与后妃们寻欢作乐。当后妃们得知城将陷落时，她们哭泣起来，阿勒坛汗（即金哀宗）问道：'是何缘故？'她们禀告了城将陷落的情况。他不相信，便登上城头，亲眼看到了这种情况。因为他无疑已失败了，便想逃跑。"

据《宋史·理宗本纪》，南宋军队配合蒙古人对汴京形成合围的起始时间是在1232年（南宋绍定五年，金天兴元年）十一月间。第二次合围汴京的行动看来并不严密。《金史》记载金哀宗不想坐困愁城，便在1232年（南宋绍定五年，金天兴元年）十二月九日不顾朝中的反对意见，打算以“亲征”的名义离开，企图化被动为主动。这个破釜沉舟的军事计划被《宋季三朝政要》等书称之为“突围”。

但到底选择什么地方作为新的驻跸之地？金国小朝廷的臣子们各抒已见。有的认为应该前往四面皆水的归德，有的认为应该前往邓州，议而未决。白华认为归德城池虽坚，可是大军久驻难免食尽，逃不过“坐以待毙”的局面，因而“决不可往”，而要到邓州，又会被屯于汝州的速不台所拦，不如孤注一掷，率主力直奔汝州，与速不台决一死战，希望能发生死中求生的奇迹。

最后，到汝州与速不台作战的意见被金哀宗采纳。由于离京的消息已经泄露，并迅速在民间传播开来，导致城里军民人心不稳，故不宜再拖。各种人事任命以及作战布置有条不紊地进行着，随征的有新任平章政事、权枢密使兼右副元帅完颜白撒，右丞相、枢密使兼左副元帅完颜赛不，右副元帅兼枢密副使、权参知政事完颜讹出，兵部尚书、权尚书左丞李蹊，元帅左监军、行总帅府事徒单百家。还有东面元帅高显、南面元帅完颜猪儿、西面元帅刘益、上党公张开、北面元帅娄室、都尉久住、副都尉王简等人。此外，果毅都尉粘合咬住、建威都尉完颜斡论、安平都尉纪纲、振威都尉张闰各以五千兵相随。而中翼都尉贺都善率军四千，总领王福胤率神臂军三千五百，左翼元帅小娄室率亲卫军一千，右翼元帅完颜按出虎率亲卫军一千，总领完颜长乐、副帅温敦昌孙率骑兵三百，郡王王义深率骑兵一百五十，郡王范成进、总领苏元孙圭率军三千以及飞骑都尉兼合里合总领术虎只鲁欢、总领夹谷得伯、纠军田众家奴等百人也一起于二十五日离开京城。

金哀宗与太后、皇后、诸妃临别时依依不舍，悲恸不已，自称不破敌誓不归还，见者无不悲怆。率剩余兵力留守城内的是参知政事完颜奴申、枢密副使兼知开封府权参知政事习捏阿不。其中，保卫里城的是都总领、户部尚书完颜珠颗。在外城东、南、西、北等四面防御的分别是元帅把撒合、术甲咬住、崔立、李术鲁买奴等人。随着皇帝的离去，整座城市暮气沉沉，到处充斥着听天由命的气氛。

一行人马在金帝的带领下于十二月二十六日经开阳门出外，没有遇到什么抵抗，接着，碰上了从巩昌赶到的巩昌元帅完颜仲德。这支孤军仅有千人，取道秦、蓝、商、邓等处前来，途中由于缺粮而采撷果、菜为食，经历无数的艰难险阻终于抵达目的地。

金哀宗由此了解到京城以西在久经战乱后“三百里之间无井灶”，已经不可能就地获得足够的补给，不得不取消了前往汝州与速不台决一死战的冒险计划。他否决了完颜仲德提出的西迁“秦、巩之间”，然后“进取兴元，经略巴蜀”的建议，决定转而往东，走一步算一步。

浩浩荡荡的队伍离京之后一路经陈留、杞县、黄城，于二十九日到达黄陵冈。完颜白撒指挥部队迫降驻于附近的两寨蒙古兵，群臣遂建议以河朔降将为前导，鼓行而入开州，取大名、东平，期望得到黄河以北豪杰的响应，或许会乘隙恢复大片失地，重获生机。副帅温敦昌孙反对渡河北上，说：“太后、中宫皆在南京（指汴京），北行万一不如意，圣主（指金哀宗）孤身欲何所为？”他还认为前往归德也不可行，因为五六个月不能回京。最好是先取卫州，方便日后回京。完颜白撒却建议金哀宗暂且驻跸于归德，理由除了有利于隐蔽行踪之外，还与金哀宗不方便在坐骑上长途颠簸有关。他毛遂自荐地表示愿意率降将渡河攻打东平，只要各军齐心合力，一鼓作气拿下这个战略要地，下一步便可集中力量经略河朔。金哀宗一度同意完颜白撒的看法，可是当执行侦察任务的蒲察官奴带着三百骑兵从沤麻冈等处返回后，这位皇帝又改变了主意，因为蒲察官奴声称卫州新城有粮可取，是一个很好的落脚点。完颜白撒仍然固执己见，辩解道：京师尚且不能守，就算得到拱卫京师的卫州新城，又能起到什么作用呢？因而力主出征东平之策。但金哀宗一槌定音，拍板攻打卫州新城。

1233年（南宋绍定六年，金天兴二年）正月初一，归德守将派出的三百余条船运载一千五百石粮，来到了前线，黄河南岸的金军乘机利用这些船只北渡，可是当过去了一部分，尚有万余人滞留于南岸的时候，蒙古将领回古乃所率的四千骑兵于次日突然追到了，并在南岸发起迅猛的攻击。金将贺都喜挥动黄旗督战，身中十六七箭，经过殊死作战，击退了敌人。

须臾，刮起了北风。金军的船只皆吹回了南岸，蒙古军乘机再次强攻，致使金军溺毙近千人。元帅完颜猪儿、都尉纥石烈讹论等人战死，建威都尉完颜讹论出力竭而降。

抢先一步抵达北岸的金哀宗观看了两军在南岸厮杀的全过程，既震惊，又惧怕，然而暂时无意南返，只是督促完颜白撒攻打卫州新城，尽管此举遭到完颜赛不与完颜仲德等重臣的反对，他仍矢志不移，仅留三千亲卫军做随从，驻于河上。而都尉高显所部的一万步兵、元帅蒲察官奴的一千忠孝军，连同行总帅府事徒单百家辖下的郡王范成进、王义深、上党公张开、元帅刘益等部，各自携带十日粮参与攻城行动，并全部由完颜白撒指挥，期望能尽快完成任务。

黄河岸边的居民得知金军北渡之后，本来做好了各种保护措施以防骚扰，他们有的堵塞家中门户，有的潜伏入洞穴里面，不敢轻易露面。然而，于四日先行出发的蒲察官奴治军有方，其部属纪律严明，所过之处秋毫无犯，使得越来越多的百姓放弃了戒心，就连老弱妇孺也从藏身之处出来，坦然自若地与金军士卒接触。想不到跟在蒲察官奴后面的完颜白撒所部竟然是一支悍戾的虎狼之师，这支从蒲城出发的部队在连续数日的行军过程中，不断纵兵四出剽掠，史称“挑掘焚炙，靡所不至”，使得沿河百姓的哭声此起彼伏，不少地方呈现“尸骸盈野”的惨状，而都尉高禄谦、苗用秀等人统率的部队甚至掠人而食，残暴的行为与塞北的入侵者相比不遑多让。

经过途中的一番折腾，金军于六日顺利到达卫州新城，打出了金哀宗的御旗黄伞，号召守军投降，竟遭到漠视。当天晚上，三千增援的蒙古骑兵突然掩杀而至，但被蒲察官奴、禾速嘉兀地不、完颜按出虎等将击败，后退六十里。

旗开得胜的金军接着发起强攻。然而，这支仓促上阵的队伍缺乏攻城器械，附近又找不到有用的替代物品，只得把枪杆捆绑在一起当作登城的云梯，徒劳无功地连攻了三日。

城上守军在将领撒吉思卜华的率领下严防死守，而河南的蒙古驻军迅速派史天泽、张柔等人从张家渡过河回援，络绎不绝地抵达卫州新城西南一带。首先到达的史天泽跃马奋戈突至城下，抬头高声勉励守卒，并通报援兵已至的消息。其后，各路蒙古军队陆续出战，尽占上风。

金军不得不在十日这一天紧急撤退，可惜已经太晚了，以致两日后退至白公庙一带时被接踵而至的追兵杀得大败，

金男侍俑。

刘益、张开死于乱军之中。

金哀宗停留在蒲城以东三十里之处期盼前方能早日传来捷报，想不到等来的却是完颜白撒弃军而逃的败讯，危急之下，他于十四日晚上四更时分携同六七名亲信狼狈登舟返回南岸，逃入归德暂避。次日，亲卫军得知皇帝已经悄无声息地离去，马上在黄河北岸一哄而散。

事后，完颜白撒收得溃兵二万余人，也于十七日回到了归德。军中将士对这次溃退非常愤慨，怨声不断。金哀宗把所有的责任推给了完颜白撒，宣布将之逮捕治罪，并把这名重臣关在狱中活活饿死。

当打着亲征名义的金哀宗从黄河以北败回归德时，京城留守军民得知噩耗，大为沮丧。《归潜志》记载城里守臣“庸暗无谋”，在此期间只知关闭城门而已。城里粮价腾升，一升米竟卖至二两银，严重时甚至连“锦衣、宝器”等贵重物也不能换得数升米。贫民敝衣枵腹、饿殍相望。至于家庭之中箱、箧、鞍、鞴等皮制品，凡是能吃的，全被人们煮食。马、牛等原本提供骑乘的牲畜，也被大量宰杀。无论是权贵之家的豪宅还是市井里的普通楼阁，这些建筑物的木材大多被拆走以烧火做饭。以致触目之处，皆是瓦砾废墟。到后来，“缙绅士女”亦落魄到要在街头行乞的地步，可谓斯文扫地。人相食等惨况不可避免地出现了，朝官、士庶等各阶层人士纷纷携同家眷，想方设法逃离这个人间地狱般的地方。

不过，京城尚未到四面楚歌的地步，因为其并非孤悬浮寄于黄河南岸，与之遥相呼应的还有中京。虽然中京本来在1232年（南宋绍定五年，金天兴元年）三月上旬失守过一次，当蒙古人撤走后，附近的金军得以重新入城。其后，守将任守真率部分人马跟随完颜思烈回援京城时战死，而城中

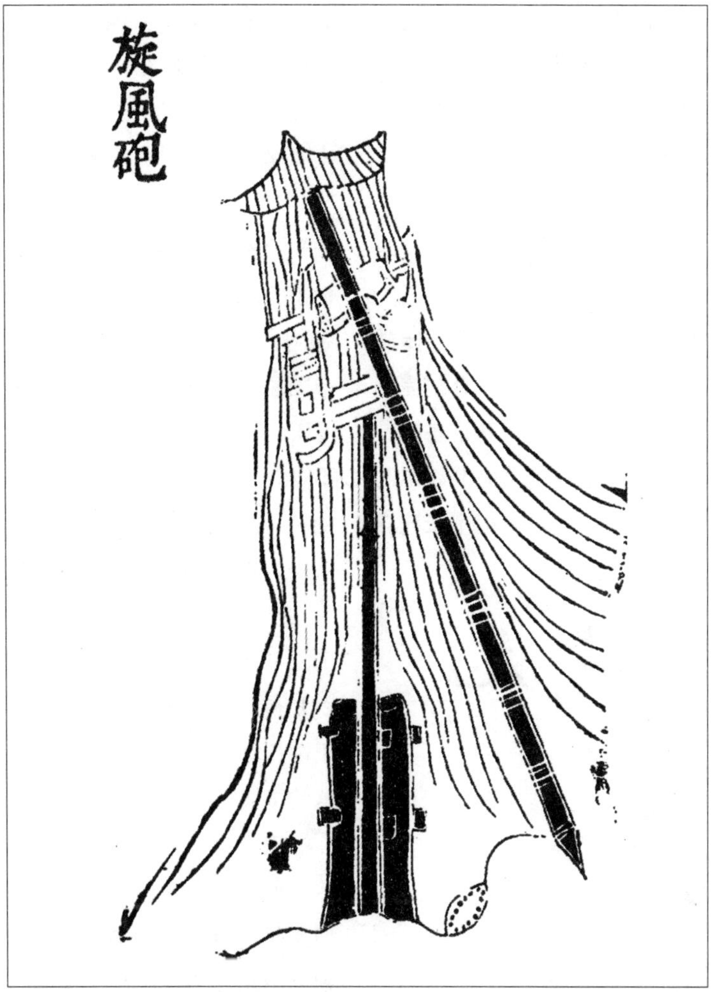

旋风炮（一种抛石机）。

只剩二千五百残兵败将苦苦支撑。蒙古军队八月间卷土重来时故技重施，在城的东、西、北三面竖起抛石机猛攻。守军以衣帛为帜，高高地悬挂于旗杆上面，而士卒皆赤膊上阵，又有五十名壮士被挑选出来作为预备队，往来接应，号称“憨子军”，史称“其声势与万众无异”。在弓矢消耗殆尽的情况下，城上军民还想办法自制远程兵器应急，他们把铜钱加工为箭镞，并细心地拾取敌军射来的箭，将之截断成四部分，由于尺寸过短，需要使用“筒鞭”等辅助器械才能发射。所谓“筒鞭”，应该是一种形似于长鞭的木筒或竹筒，由于其长度与正常的箭一样，可以搭配短箭在弓上一齐发射出去。不过，筒鞭与“一去不复返”的短箭不同，它通常有一条可以事先系在手指上的绳子，以便射出后再拉回来重复使用。此外，一种叫做“遏炮”的新式武器也创制出来了，这种类似于抛石机的东西由数人操作，抛出的大石可达百步之外，具有一定的杀伤力。守军千方百计制定的反击措施令攻城的蒙军久攻不下，被迫于十月间罢手。战后，守御有功的强伸被金哀宗任命为中京留守、元帅左都监。在此前后，回援汴京失败的完颜思烈也转移到了中京，并强令驻于登封太平顶御寨的乌林答胡土前来协助，故此，兵力得到增强的中京在一段时间里有效地屏蔽着京城。

可是，当京城里面泛起逃亡潮时，连远在归德的金哀宗也未能置身事外，竟指派亲信徒单四喜于正月十六日返回京城，欲奉迎两宫皇后到归德团聚。留在城里的人更加沮丧，普遍觉得京城已经难以改变被遗弃的命运，因为连皇帝都想争取时间把自己的亲属带到安全的地方，以免城陷后任人宰割。越来越多的守军丧失了作战的信心。

徒单四喜哪管得了这么多，只想走为上计。他陪同两宫皇后、柔妃裴满氏、令人张秀蕊以及都辖、承御、汤药、皇乳母巩国夫人等十余人，携带着大批宫中宝物于二十一日离开。虽然《金史·完颜奴申传》记载蒙古大将速不台在金哀宗离京后会同红袄军加紧围攻布置，不过，远远达不到水泄不通的地步。因而这一行人马得以顺利出城，似乎可以轻而易举地逃离险境。可是好事多磨，当他们在夜色的掩护下行至陈留时，发觉城外二三处的地方有火光亮起，怀疑遭到敌军的窥伺，又谨慎地于二十二日折返了京城，原计划准备在当天晚上再出发，但由于太后在马背上连日颠簸过于疲惫，遂未能离城，不料一场政变正在酝酿之中，从此要想离开城市已是难上加难。

京城里不少官员对金哀宗彻底绝望，聚于一起密谋政变，有人提出推立皇兄荆王为主，再以城降敌，既可拯救“一城生灵”，而且金国完颜氏又不至于绝后，乃是各得其所的好办法。可是完颜奴申与习捏阿不这两位守臣主张死守到底。省令史许安国认为应该召集百官以及城中有影响的“僧道士庶”，咨询对策。左司都事元好问把这个意见分别转达给了两位守臣。《金史》记载他在与习捏阿不商谈时指出皇帝离京后又遣使迎接两宫，致使人情汹汹，皆说“国家欲弃京城”，在这种情况下，留下来的人以死殉国并不难，但前提是要有利于“安社稷、救生灵”。否则，“徒欲一身饱五十红衲军（即红袄军）”，那么就死得毫无价值了。从元好问的这番话中，可以知道参以围城的红袄军也处于缺粮状态，难免出现以人为食的事情。

元好问。

值此生死攸关之际，“立二王监国，以全两宫与皇族”似乎是可行的，完颜奴申、习捏阿不虽然不敢承担决策的责任，但同意召集百官、士庶商议。这场由官府举办的大型咨询活动在二十二日进行，有不少人大胆陈词，其中不乏投降之论。可完颜奴申、习捏阿不仍迟疑不决，只是特别叮嘱众人不要泄露消息，因为来自归德的使者由于前行受阻，刚刚带着两宫后妃返回了城中。

正所谓：当断不断，反受其乱！两位守臣最终为此付出惨痛的代价，被一位叫做崔立的将领所杀。崔立本是上党公张开的部属，以元帅之衔留守城中，他不满现状，暗中联系韩铎、药安国等同党于二十三日率二百士卒悍然撞开尚书省衙之门，当场打死了完颜奴申与习捏阿不。其后死亡的还有点检温屯阿里、御史大夫裴满阿忽带、谏议大夫左右司郎中乌古孙奴申、左副点检完颜阿散、奉御忙哥、讲议蒲察琦、户部尚书完颜珠颗等人。尽管举行政变的人数不过三百人左右，而当时城中有很多女真将帅掌握兵权，可是皆束手听命，无一人敢出来而与之抗衡。成功举行政变的崔立在城里谕告百姓，指责刚刚死去的两位守臣“闭门无谋”，自己愿意出头，为“一城生灵请命”。众人皆称快，以为重获生机。

徒单四喜等人在政变发生之后仓促间抛下两宫后妃，携带妻子完颜氏以及部分亲信，与九十七名忠孝军骑兵一起乘乱溜出了城外，奔去归德报信，后来被责怪其办事不力的金哀宗所杀。

困于城中的两宫后妃形同俎上之肉。太后在恐怖的气氛中被迫听命于崔立，拜其为左丞相、都元帅、寿国公，把持朝政大权。接着，崔立推举卫王（指中都政变时被叛党所杀的金主永济）故太子从珞为梁王，负责监国。卫王的一些亲信、故旧也纷纷遭到平反以及获得官职。崔立又割下两位守臣的脑袋为投名状，遣人出城献给蒙古军队，准备投降。并传令“在京士庶皆割发”，以做蒙古的臣民。

号称监国的梁王不过徒有虚名而已，因为崔立已迫不及待地自称太师、军马都元帅、尚书令、郑王，这位权臣出入都按照皇帝的规格坐乘舆，称其妻为王妃，并扶植党羽，以自己的弟弟为平章政事，张颂为殿前都点检，韩铎为都元帅兼知开封府事，折希颜、药安国、张军奴均为元帅，师肃为左右司郎中，贾良为兵部郎中兼右司都事。不久，药安国由于在夜间强夺已故监军王守玉之妻而触犯禁令，被企图杀一儆百的崔立处死，于是，朝士震悚，纷纷服从号令。而韩铎在蒙古大军还没有正式入城之前，奉命讨伐钧、汝两州之间的政敌，想不到中箭而死。崔立转而以折彦颜知开封府。经过一系列适应时势的施政措施，崔立在药安国、韩铎这两位政变的主要参与者死后，仍得以控制大权。

二十七日，蒙军统帅速不台抵达了汴京南薰门外的青城。消息传到城里，崔立便穿上御衣，带上仪卫前往拜见，史称其好像对待自己的父亲一样小心翼翼地与喜形于色的速不台相处，与之畅饮一番，回城后，又把京城的楼橹等工事全部烧毁，以示诚意。

蒙古大军终于在二十八日入城。崔立已把宫内多个仓库封存起来，打算将里面的财物当作奉送给蒙古人的见面礼，同时派人搜括民间寡妇、处女，以便用来讨好蒙古兵，为此，他在次日下令禁止城中举行嫁娶活动，违者处死。在此过程中，他自己也乘机假公济私、从中得利，以蒙古人的名义把跟随金哀宗出征官吏的家属囚禁于官衙里面，“日乱数人犹若不足”。城里的贵人、富家在这场变故中深受其害，不少人被士卒以掠拷的方式勒索钱财，其中陈国夫人王氏（金哀宗之姨）以及重臣完颜白撒、李蹊等人的夫人，皆因此而惨死。

入城的各路军队做了许多无所顾忌的事，崔立不得不向蒙古人提出免于剽掠的请求；又希望能放纵百姓出城挖菜充饥。于是，在征服者的允许之下，城中居民得以到郊区采摘蓬子窠、甜苣菜、杂米粒以及收割野麦为食。

其后，蒙古军队对使者唐庆在前一年七月死于京城一事进行调查，拘留了诸宰执家属，重臣侯挚由于牵涉其中而被杀。城里的金国皇族全部关入宫中。到了四月十八日，梁王、荆王以及诸宗室贵族共五百余口被押往青城，次日全部一命归西。成为俘虏的太后、中宫、妃嫔等人则在二十日乘载三十七辆宫车经开阳门北行。另外还有大批宗教人士、工匠、绣女遭到掳掠，也要一起北徙。就连崔立的家亦未能幸免，被蒙古兵破门而入，不但掠走了一些女眷，而且搜括了不少财物。当时崔立恰巧不在家中，事后得知一筹莫展，唯有放声痛哭而已。

金臣元好问亲眼目睹城中妇女被敌军挟持北上的情形，事后留下了“红粉哭随回鹘马，为谁一步一回头”这一充满写实色彩的诗句。“红粉”用来形容金国妇女，而“回鹘”原本是西域的一个少数民族，在这里借喻蒙古军队，诗中真实地反映了女性在战争中面对暴行时的无奈。此情此景，仿佛一百多年前的“靖康之难”又在同一座城市里重演了，金国太后、中宫、妃嫔等后宫佳丽将永远离开故土，这些过惯了锦衣玉食的贵妇人从此各散东西。例如《长春真人西游记》记载，金章宗的两个妃子（分别叫徒单氏与夹谷氏），竟被蒙古人迁徙到了沙尘蔽面的漠北，在阿不罕山一个叫做“田镇海八剌喝孙（八剌喝孙的意思是城）”的地方凄楚地度过余生。

京城虽然在战乱中受过难以想象的摧残，但城中大部分人的性命毕竟还是保住了，这并非是入侵者由于崔立的屈膝来降而心慈手软，而是另有高人在幕后策划所致，这位高人就是大名鼎鼎的耶律楚材。按照《元史》所载的蒙古旧制，其中有这样的规定：凡是进攻城邑，敌人以矢石抵抗，即视为“拒命”，攻克后，必屠戮一番。大将速不台在未进入汴京之前已经遣使禀告窝阔台，宣称由于金人的长时间抵抗，致使麾下之兵死伤甚多，因而建议“城下之日，宜屠之”。耶律楚材对此强烈反对，上奏道：军中将士不辞辛苦地征战数十年，所欲得到的不过是土地与人民。假若得到的土地上没有人民，又有何用！窝阔台犹豫未决，耶律楚材不屈不挠地继续劝说，指出城里荟萃着“奇巧之工，厚藏之家”，这些工匠与财富都是蒙古缺乏的，如果进行屠戮，必将一无所获。窝阔台终于听入耳了，下诏声言克城后仅仅问罪于完颜氏，其余的人可全部赦免。据说当时相继避居于汴京的还有一百四十七万人，由此得以免为刀下之鬼。政策的及时转变深刻地揭示了蒙古统治者准备取代金国经营河南的雄心，这对经济生产的恢复与战争创伤的痊愈显然是有益的。

十三　蒙宋伐金

金哀宗出击黄河以北的计划受挫后，逃回归德休整，由于无力阻止京城的沦陷，只能坐视不顾，在当地持重待机了。为了稳定归德以东的局势，完颜仲德奉命行尚书省于徐州，他不负所托，在任上平息了鱼山总领张瓛之乱。虽然蒙古将领阿术鲁也于三月染指这一地区，不但攻打萧县，而且游骑直至徐州附近，形成新的威胁，但金国小朝廷在当地的统治还是益加巩固，而悉心经营的完颜仲德甚至在四月间伺机除掉了屡次拒绝赴援京城的徐州守将王德全，掌握了更多的权力。

原本屯于归德的部分溃军从三月间起被疏散到徐、宿、陈三州就粮，因为归德难以容纳过多的残兵败将，当地产生了粮食短缺的危机。在知府石盏女鲁欢的奏请之下，竟然连金哀宗的亲卫军也不得不出城觅食，留于身边的将士仅剩千余（其中七百人以将领马用为首，另外四百五十名忠孝军由蒲察官奴统辖）。为此，哀宗专门叮嘱蒲察官奴："女鲁欢尽散卫兵，卿当小心。"可是，蒲察官奴嫉妒刚刚升为元帅的马用，因为皇帝曾专门找马用谋事，这让官奴觉到受到忽视，以致与马用日渐生隙，并由此萌生了不臣之心，一场萧墙之祸正在酝酿之中。

恰巧在此期间，金国小朝廷围绕着何去何从的问题发起了一场大争论。起因是金哀宗身边的侍从官属在归德城内久受饥饿的困扰，遂多次以蔡州"城池坚固、兵众粮广"为由劝其南迁。但蒲察官奴过去曾经到过蔡州，认为那个地方的防御条件比不上归德，极力反对，甚至公开吓唬城里的侍从以及官僚，称："敢言南迁者斩！"引起了许多人的不满。

国用安亦介入了这场争论，并在奏书中对海州这个地方赞叹有加，认为既可以联系山东豪杰以图恢复，在必要时又能从海路返回女真人的兴起之地辽东，也是驻跸的理想之地。在金哀宗没有听从的情况下，他接着又提出北渡黄河的建议，但被女鲁欢谏止。然而，蒲察官奴为了避免南迁蔡州，表态支持国用安的意见。

就在众议纷纭之际，出任蔡、息、陈、颍等州便宜总帅的乌古论镐派人于三月十一日运来四百余斛米，并请金哀宗迁往蔡州，促使哀宗作出了南迁的决定。

蒲察官奴一心阻止南迁，甚至不惜使用武力贯彻自己的主张，便故意纵容辖下的忠孝军将士在外任意剽掠，流露出反叛的意图。金哀宗见势不妙，在亲卫军主力已经出城觅食的不利情况下仍召来侍臣欲采取防止政变的反制措施，可惜他的亲信纥石烈阿里合等人为了自保而把相关消息暗中泄露给了蒲察官奴。官奴果断先下手为强，假装与马用和解，然后在二十四日乘对方不备将其杀死。一场谋划已久的叛乱就这样开始了，忠孝军在城里乱杀一通，女鲁欢以及左丞李蹊等三百余人死于混乱之中，而丧命的将领、扈从以及庶民共有三千。郎中完颜胡鲁剌、都事冀禹锡俱投水自尽。朝中许多官员遭到囚禁，另有五十名叛军士卒把守着行宫。

失去人身自由的金哀宗不得不宣布赦免蒲察官奴，任命其为枢密副使、参知政事，兼左副元帅等职。这位沦为傀儡的皇帝从此大权旁落，不得不长驻归德。他尝暗中悲泣道："自古无不亡之国、不死之主，但恨朕不知用人，致为此奴所囚。"

形势发展至此，金哀宗连自己亲手创建的忠孝军也控制不了，更遑论其他军阀部队了，特别是人多势众的武仙，不止一次拒绝执行金哀宗的救援命令，无法无天地自行其是。

武仙自从1233年（南宋绍定六年，金天兴二年）八月赴援汴京失败而退返留山后，又打了一仗，起因是驻于五朵山一带的黄掴三合因为与武仙关系不睦，转而归附蒙古，被速不台安置于裕州地区。不久，三合抓住武仙欲扩充地盘的心理，假装反正，遣书约其共取裕州。当误以为真的武仙进至柳河，便被预先布置的伏兵袭击，只得退到圣朵寨。屡次出师不利的武仙打算在此地休整，为此与奉召前来搬兵的沈丘尉曹政发生冲突，他质问曹政为何在此前未经自己同意便在后方擅自处死裕州防御使李天祥，曹政辩解说："天祥违诏"，不肯勤王，故"斩之"。武仙怒道："今日宣差来起军，明日宣差来起军"，因此军中士卒战死甚众。自今以后无论什么人来调兵都一概

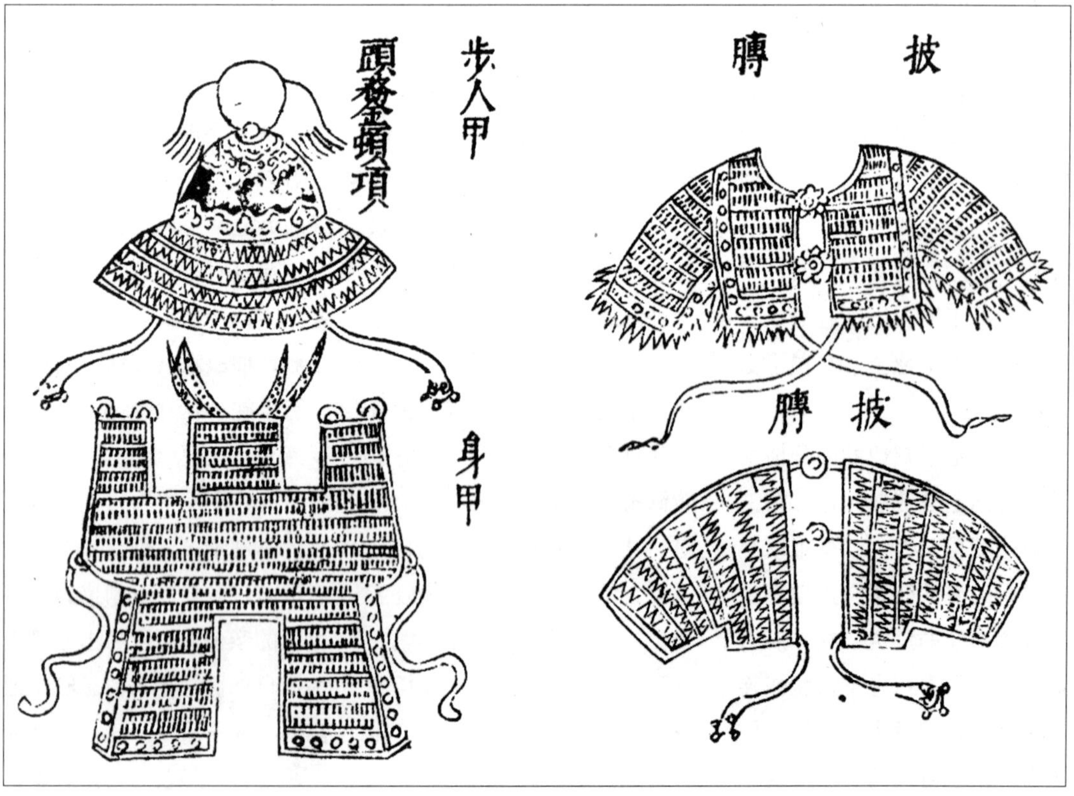

宋军铠甲。

不理，“且教儿郎辈山中休息”。又愤愤不平地说：天祥即使有罪，也要待我来处置才行！曹政回答：“参政（指武仙）柳河失利”，一时生死未明，所以才杀了“违诏”的天祥。可武仙仍然怒不可遏，叱左右夺曹政所佩银牌，将之械于狱中。由此可知，金国小朝廷已经极难约束地方军阀，但金哀宗还是接二连三地派人召武仙回援，翰林修撰魏璠为此目的也从归德赶来了，并出面招集在柳河一战中溃散的军队，这种不避嫌疑插手兵权的行为自然引起了武仙的怀疑，因而在1234年（南宋端平元年，金天兴三年）正月惹麻烦上身。当时武仙正在阅兵，军中“选锋尚十万”，实力不容小觑。魏璠旧话重提，称：“主上（指金哀宗）”日夕望公赴援，“公不宜久留于此”。武仙闻言大怒，要新账旧账一起算，差点儿处死了魏璠。魏璠只得灰溜溜返回归德。总之，武仙多次拒绝执行调兵之令，又借故害死了与朝廷使者完颜四和有联系的部将董祐，金哀宗对此均无可奈何。

不过，武仙所部由于在圣朵地区难以筹得足够的军粮，转而于三月徙往宋金对峙的边境，分散在邓州附近的新野、顺阳、淅川等处就食，投靠邓州总帅移剌瑗，同时又派遣讲议官朱概、刘琢前往襄阳，向宋制置使史嵩之借粮，由于未能如愿，与南宋正处于剑拔弩张的状态。

邓州一带除了移剌瑗与武仙互为犄角之外，还活动着一股以武天锡为首的武装力量，形成三足鼎立之势。武天锡本是邓州农夫，乘乱聚众二十万，被宋人视为边患。这支异军突起的部队连同武仙所部的“十万选锋”，再加上移剌瑗的属下，总共数十万以上，不但给南宋边境造成非常大的压力，而且与南宋战将孟珙展开了一次又一次的生死较量。

孟珙是宋金战争史上一位出类拔萃的将领，受到时人的推崇，也正因为如此，他的名字才得以被好事者写上了《尝后图》的题词中。作为孟宗政的儿子，他很早就开始了戎马生涯，并和奉金宣宗之令伐宋的金军打过仗，在枣阳等处立下一些战功。到了宋理宗即位后，又进一步受到重用，得以统率父亲的一部分旧部属。史载孟宗政生前曾经在唐、邓、蔡一带招募二万余壮士，组建了一支“忠顺军”，交由江海指挥，可是江海难以服众，京湖制置司遂改令孟珙取代江海的位置，整顿武备。孟珙没有让人失望，大刀阔斧地采取了重新调整编制等措施，将部队一分为三，把手下治理得服服帖帖。他还在枣阳一带组织人力改善水利，“溉田十万顷”，经过军民的勤奋屯种，可年收十五万石粮。又通过“官给刍粟”的方式支持忠顺军将士自行畜养马匹，使得军中的战马日渐增多。由于政绩突出，他在绍定四年间已经官至京西兵马钤辖，具备了大展鸿图的充分条件。

随着金哀宗的狼狈南迁，战火也有南移的迹象。南宋朝廷正值用人之际，可孟宗政、扈再兴等昔日的名将已经先后辞世，故孟珙当仁不让地负起御边重任，奉命戍守鄂地，由于此处兵精粮足，备战条件比起时常食不果腹的金军要更好。

根据南宋获得的情报，边境一侧的金军蠢蠢欲动，武仙、武天锡、移剌瑗等人计划迎金哀宗入蜀，为此进犯南宋光化、吕堰（今湖北襄阳东北），“锋剽甚”，企图打开一条通路。孟珙经过精心策划之后于1234年（南宋端平元年，金天兴三年）四月间毫不犹豫地出手了，他各个击破，首先把武天锡选为攻打的目标，率部迅速逼近其营垒，一鼓作气地猛攻，壮士张子良捷足先登，斩下了武天锡的脑袋。事后统计，宋军此役共获首五千级，俘敌四百余人，同时夺得户口“十二万二十有奇”，干脆利索地赢得了首战的胜利。

金军尽管人多势众，但内部并非铁板一块，以致各路人马未能很好地协同作战，移剌瑗与武仙没有及时援助武天锡也说明了这一点。自从武仙所部南下邓州一带后，移剌瑗害怕地盘被吞并而不惜献出自己的女儿给武仙为妻，以图搞好双方的关系。武仙也知趣地离开邓州，转而把兵力集中于顺阳。彼此表面上相处得小心翼翼，可暗中仍然互相猜忌。

邓州一带粮食有限，移剌瑗为了摆脱困境，便主动进攻南宋的吕堰。京湖制置司立即向孟珙咨询对策，孟珙认为敌人若攻击吕堰，则出动八千人不算少，然而必须控制木查、腾云、吕堰等处附近的砦子，才有图谋得逞的机会，因而应当及早采取防范措施。为此，南宋前线军队紧急行动起来，刘全、雷去危两将奉命到夏家桥进行阻击，获得小胜。然而，移剌瑗所部仍然孤军深入，不顾一切地向吕堰冲过来，这种鲁莽的打法正中孟珙的下怀，他不禁喜形于色，知道胜券在握，马上督促诸军向吕堰一带发起总攻，在周围砦军的配合下，包围圈从四面八方合拢了，使得来犯之敌成为釜底游鱼。金军欲进不得，前头有长河拦截；欲退不能，后面被大山阻隔，只好抛弃辎重溃逃。宋军又一次大获全胜，战绩是俘虏甲士五十二人、斩首三千，并掠取数以万计的“马牛橐驼”。此外，夺回的民众超过三万二千。

移剌瑗此次行动没有得到武仙的有力支援，而他经此挫败已无意再战，派遣部曲马天章奉书请降。南宋兵不血刃地于四月三十日得到了五县、二十二镇。归顺的军民也不少，分别有一百九十三名官吏、一千五百名骑兵、一万四千名步兵，而平民的总数为十二万五千五百五十三人。

移剌瑗降宋之后便与武仙形同陌路，而他献给武仙的女儿是否会因此而失宠，谁也不敢担保。值得一提的是，移剌瑗还有几个亲人滞留于金国小朝廷所在的归德，其中，弟弟移剌粘古谋位居右宣徽提点近侍局，而儿子与侄儿都在金哀宗身边做卫士，可如今移剌瑗为了能够继续活下去，已经不顾这些人质的安危了。随同移剌瑗一起投降的还有金国重臣白华，后者本来奉金哀宗之命到邓州搬救兵，想不到自投罗网，不得不与移剌瑗一起投降。

武天锡与移剌瑗或死或降的事实虽然有助于孟珙请功受赏，可是要想成为出类拔萃的名将，还需要打败声名远扬的武仙才行。不过，要做到这一点并不容易，因为在目前的金国各路残存部队中，就数武仙的实力最为雄厚。这位久经沙场的军阀收拢了参加过三峰山大战的十万溃军，准备与南宋周旋到底。血腥的厮杀似乎在武仙驻扎的顺阳地区一触即发，不料，金国小朝廷所处的归德在这个节骨眼上突然发生了异常激烈的龙虎斗，时间就在移剌瑗投降南宋的几天之后。

蒙古军队早已对归德虎视眈眈，并在此前的1233年（南宋绍定六年，金天兴二年）三月间包围过这个城池，由于强攻不下，遂在当地向导的怂恿下挖河引水灌城，谁知引来的河水从西北而下，绕过城池西南，出乎意料地流入濉水故道，使得灌城之策破产，而归德在护城河暴涨的情况下，变得更加易守难攻，从而直接导致攻城行动半途而废。如今，卷土重来的蒙古人改变策略，准备用计智取，其将领忒木泬得知蒲察官奴的母亲在蒙古军队攻略河北时成为俘虏，以为奇货可居，打算用来策反蒲察官奴。经过一系列的秘密联系与会谈后，蒲察官奴表示愿意挟持金哀宗来降，因而不但获得了忒木沉的信任，而且从对方的军营中接回了自己的母亲，一时之间，彼此打得火热。

然而，世上没有不透风的墙。忠孝军中一位姓张的都统得到了风声，遂率领辖下一百五十人突然包围了蒲察官奴的府第，并当众数落其卖主求荣的行为，扬言不会同流合污。由于忠孝军中的将士具有一个共同点，就是过去曾经屈服于蒙古人的武力之下，后来又想方设法摆脱对方的控制，并反戈一击，因而即使穷途末路也不肯投降，以免被秋后算账。

蒲察官奴害怕兵变，连忙宣称没有与蒙古人沆瀣一气，图谋不轨。他为了安抚军心而不惜交出母亲做人质，等到忠孝军众将士激动的情绪稍微平静下来，又把部队召集到北草场，进一步为自己辩护，期望冰释前嫌，并顺应舆情，制订了一个袭击蒙古军营的计划。

事实上，蒲察官奴作为忠孝军中的一员，非常了解部下战斗到底的决心，亦始终没有投降蒙古人的意图。他以前假装与忒木沉和谈，真实目的是想将计就计，打对方一个措手不及。金哀宗事先知道这个诱骗敌人的计策，也作过不少指示，在金国君臣的精心布置之下，终于成功从秘密来访的蒙古使者口中套取了关键的情报，得知王家寺乃敌军大将的镇驻地点，从而让袭击蒙古军营的计划胜算大增。

五月五日，金军携带了“飞火枪”等新式的管形火器以及其他装备准备行动了，出发之前还不忘祭天，以求庇护。蒲察官奴率领四百五十名忠孝军将士，先从南门登舟，然后由东折向北，踏上凶吉未卜之路。金哀宗则在归德北门等候，并预先备好船只，假如行动万一失败，便从水路逃往徐州。

出击的部队在夜色的掩护下杀死敌军负责巡逻的士卒，迅速来到王家寺一带。当时，驻于此处的蒙古将领是撒吉思卜华、张柔等人，他们在不久前的卫州之役得胜后，一路追至归德，迫近其北门而安营扎寨。驻扎的地方“左右皆水”，可以和归德通航。此前，随军的史天泽认为这个营地会让士卒背水而战，很容易陷入进退失据的困境，不是很理想。事实正是如此，蒙古骑兵的优势在地形的限制下将很难充分发挥出来。但撒吉思卜华错误估计对方在屡战屡败的情况下不敢主动反攻，故拒绝迁徙。史天泽由于有事要返回汴京，也没有坚持自己的主张。如今忠孝军真的沿着水路杀到了，并在夜间四更时分开始攻击，虽然在顽强的抵抗下一度退却，但很快又冲上前去。督阵的蒲察官奴适时分遣六七十名士卒乘坐小船绕出木栅之外，向对手营地侧后发起突袭。遭到“飞火枪”猛攻的守军在腹背受敌的情况下终于难以支撑下去，全线崩溃，仅溺水而死者即达三千五百余人，营地也被焚毁。史称“撒吉思卜华与一军皆没”，此外战死的将领还有董俊。

有意思的是，据说在归德附近除了蒙古军之外，还有宋军。这种说法出自《史集》，书中称金哀宗离开京城后，“进到另一座城中（即归德）”，“当蒙古人与南家思人（指宋军）获悉这一情况以后，他们派出军队来追他，围攻了该城”。如果属实，那么这支宋军此前无疑参与过围困汴京，而结局很可能与蒙古军同样一败涂地。或许正因如此，其在汴京、归德等地的事迹才逐渐在时间的长河中湮灭，即使还有幸存者，免不了抱着“败军之将难以言勇”的心态，讳莫如深也属正常。

必须提及的是，蒙古军队没有全军覆没，参战的蒙古将领张柔就得以全身而退。《顺天万户张公勋德第二碑》对此有所记载，当金军发起夜袭“并堤而进”时，北面守御的蒙古军队士卒“不战而走，多溺水死”，而驻扎在西北的一路部队不久亦“奔溃”。张柔临危不惧，指挥部属“隐堤自蔽”，然后想方设法迷惑敌人，再伺机撤离，“竟不失一卒而还”。

金军能够让节节胜利的蒙古军队一下子败得如此难看，当然离不开蒲察官奴的运筹帷幄。善于骑射的忠孝军在使用新式火器步战时同样骁勇，而昔日在保卫汴京时有过出色表现的“飞火枪”，现在又立新功。

大获全胜的蒲察官奴转至亳州，而部将习显继续率军留在归德。金哀宗被囚禁于照碧堂，终日无人敢奏对，只能独自悲泣不已，为了摆脱束缚，这位皇帝暗中联络内侍宋乞奴与奉御吾古孙爱实、纳兰忔答、女奚烈完出等打算除掉蒲察官奴。当时流传着一种说法，称蒲察官奴与国用安互相勾结图谋篡夺，并占领山东，事若不成则把金哀宗作为投名状，献给南宋，因而对即将来临的内讧起到了煽风点火的作用。

据《金史》记载，蒲察官奴在亳州亦曾经与军中将领商议过金国小朝廷的迁徙问题，由于当地在不久之前遭受过蒙古骚扰，所以不是合适的迁徙地点。此外，众人认为蔡州也不太理想，比较可行的办法是把辎重留在蔡州，然后挑选出部队护送金哀宗前往圣朵寨一带，希望能够与武仙在附近会师，以便下一步向关中进军。因为关中“地利可恃”，又可以得到以郭虾蟆为首的地方势力的接应，各方面的条件都要好一些。

滞留在亳州的蒲察官奴直到六月六日才奉金哀宗之召返回。两人围绕着是否迁往蔡州一事又爆发了冲突。蒲察官奴的反对意见不被接受，因而辞归时愤愤不平，甚至“扼腕顿足”，显示出心怀叵测的样子，促使金哀宗决定先发制人，吩咐内侍宋乞奴等人尽快动手。女奚烈完出奉命埋伏于照碧堂门间，等到蒲察官奴于当天因事再来时，便用兵器刺其后肋，而金哀宗亦拔剑追斩。受伤的蒲察官奴在逃跑途中最终被吾古孙爱实、纳兰忔答等人杀死。

忠孝军将士闻变，皆擐甲执锐，以备不测。女奚烈完出恳请金哀宗亲自抚军，以稳定人心。其后，白进、阿里合、完颜长喜、习显等人因受牵连而被处死，而范陈僧、王山儿则升为忠孝军元帅。立功的宋乞奴、吾古孙爱实、纳兰忔答等三人皆授为节度使、世袭千户。女奚烈完出兼殿前右卫将军。

清除掣肘的金哀宗得以重撑军政大权，而迁往蔡州之策也畅通无阻地实行起来，他急不可待地诏令蔡、息、陈、颍等处驻军派兵迎驾，并把徐州行省的完颜仲德召回来（由抹撚兀典代行省事），就这样于十八日匆匆离开归德，仅让元帅王璧留守。

国用安后来得知金国小朝廷欲迁往蔡州，派人携蜡书前来劝阻，大致的反对意见有六条：（一）归德四面环水，易守难攻，胜于蔡州；（二）归德虽然缺乏粮食储备，但可以通过下河捕鱼以及捞取水生植物等方式打发日子，而蔡州若被围，只能吃老本，不可能得到什么补充；（三）敌军之所以不再围攻归德，并非畏惧我军，而是有意网开一面，企图等待我军离城后再进行追击，这是“避难就易”的战法；（四）蔡州距南宋边境不足百里，万一蒙古人得到南宋的资助，必将带来不测之祸；（五）归德不保，尤可以通过水道往东撤，蔡州假若不守，将无路可退；（六）时值暑雨，路上千里泥泞不堪，而“圣体丰泽（指金哀宗肥胖）”，不便于骑马，如果仓卒之间遇上敌人，后果难以设想。故此，国用安认为如果金哀宗坚持要离开归德，那么不如转而东往“富庶”的山东，他自诩那一带的地盘“东连沂、海，西接徐、邳，南扼盱、楚，北控淄、齐”，若能仰仗金哀宗的威望，河朔之地可传檄而定。

金哀宗把这些意见出示给身边的宰臣参议。有人认为国用安反复无常，不值得信任，再加迁蔡之策正式落实，因而反对意见再也不会受到重视。

金国小朝廷离开归德正值雨天，许多朝臣与扈从徒步于泥水中，摘取青枣为粮，数日间风餐露宿、“足胫尽肿”，就连参政张天纲也不例外。当十九日走到亳州时，金哀宗穿戴黄衣皂笠，束上金兔鹘带，以青、黄两旗为前导，而黄伞拥簇在后，陪同的仅有二三百人与五十多匹马，和往日纷华靡丽的排场大相径庭。他们在城中一些头面人物的款待下逗留了一日，再进至州南六十里的双沟寺中避雨。周围蒿艾满目，渺无人迹，让人不禁感慨生灵涂炭，欷歔不已。稍为欣慰的是，派兵前来奉迓的息州守将献上马匹二百，起到济困解危的作用。延迟至二十六日，终于抵达了蔡州，城门外有上千人拜伏于道旁迎接，他们看见皇帝的仪卫寥寥可数，无不潸然泪下。

这时，金国领土日朘月削，所剩无几。在邓州守将移剌瑗叛变之前，盱眙驻军已于1232年（南宋绍定五年，金天兴元年）十月投降南宋。到了1233年（南宋绍定六年，金天兴二年）六月，中京又告急，这座城市在京城发生政变后变得势单力薄，守臣完颜思烈虽然不顾儿子的安危（他的儿子因滞留于京城而成为人质）拒绝投降，可是在心力交瘁的情况下一病不起，于1233年（南宋绍定六年，金天兴二年）三月撒手尘寰。蒙古人乘势发起强攻，代行省事的乌林答胡土见势不妙，携带着妻子向南逃，当城池在六月上旬失守时，留守兼便宜总帅强伸战死。同月，临淄郡王王义深据灵璧望口寨而叛，随即在徐、宿驻军的讨伐之下败往涟水，投靠南宋。在此前后，亳州也出现不稳定的迹象，途经该地的金哀宗曾经令州节度使王进、同知节度使王宾征调民夫运送“铁甲糗粮”等物资，不料激起内乱，以致王宾等人被镇防军崔复哥所杀。幸而奉命督办的参政张天纲处置得当，及时安抚复哥，宣布暂时停止运送所有的物资，才得以化解危机。

弃守中京的乌林答胡土逃到了蔡州，金哀宗正值用人之际，没有追究其责任。金国小朝廷对新的驻跸之地非常重视，把徐州行省抹撚兀典召回来了，并由尚书省出面发下公文，要求人多势众的武仙所部前来救援。

武仙在邓州易手之后没有马上放弃顺阳，企图苦撑下去。军中许多将士是三峰山大决战中的侥幸生还者，现在他们在新的战场面对新的对手，自然要竭力避免再次溃败。而随着移剌瑗的投降，京湖制置使史嵩之益知武仙所部的虚实，决定抢先出手，令孟珙所部出兵五千于五月间发起奇袭。据说当时武仙为了获得更多的军粮而带着士卒在郊外刈麦，不知道一场突如其来的危机正在慢慢逼近，等到宋军进至距离金军约二里的地方时才骤然发觉。武仙处变不惊，首先指挥帐下百余人迎击，使对方不敢过于靠近，由此得以争取时间把散布在麦田的五六百士卒集中起来，打退了来犯之敌，“生擒其统制、统领数十人，获马千余”。《金史·武仙传》认为孟珙参加了这场战斗，并在失利后带数百人逃走了。这个说法在其他的历史文献中找不到辅助的证据，因而真实性不免让人怀疑。但可以肯定的是，这场战事即使真的发生过，也是规模不大的冲突。事后，武仙害怕宋军再度杀来，于七月初迁徙至淅川，驻于石穴山等处。《宋史》认为武仙是因为被“宋军所挠”，才被迫放弃顺阳，言下之意是，边境驻扎部队的骚扰行动取得了一定的成果。武仙离开后，留在顺阳的县令李英随即投降。

在这段时间里，孟珙还分兵攻击了金军据守的信阳。刘整奉命为前锋，带着十二名骁勇善战之士发起夜袭，出其不意地渡堑登城，一举擒其守将。其后，金申州安抚张林归降南宋。

经京湖制置司的批准，孟珙从顺阳、申州等地挑选贤能之士为官，令少壮者入伍，尽量营造一个让老百姓能够“自耕自守”的环境，从而迅速稳定了当地的秩序。

尽管武仙主动退至淅川地区，可处境未有显著改善，俗话说得好：“人是铁，饭是钢”，食不果腹的日子让许多苦不堪言的士卒走上了倒戈之路。就连武仙的爱将刘仪也心生异志，率领二百人于七月七日降宋，并透露了很多有用的情报。由此，孟珙得知武仙所部总共据有九寨，散布于石穴、马蹬、沙窝、岵山、离金、王子山等处。根据《读史方舆纪要》所载，淅川周围的这些山“绵联百余里”。南宋要想用武力占领，必须展开逐山争夺的山地战，以步兵为主的宋军，正好派上用场。

武仙的大寨处于石穴山，山前又有马蹬、沙窝、岵山等寨做屏蔽，唯有拿下此数寨，才能深入虎穴。刘仪献上进攻之策，建议先破离金与王子山之寨，便可孤立沙窝、岵山等处，打开长驱直入的通路。孟珙觉得有道理，刻不容缓地于次日督部向离金前进，部将庐秀率前锋以黑旗为号，出敌不意地突入寨内，然后分兵占据巷道，大呼纵火，把寨内守军“掩杀几尽”。当天夜里，壮士杨青等人再接再厉，直捣王子山寨，乘敌护帐军酣睡之机，冲入帐中，斩下金将首级，天亮后一看，才知道杀的是金小元帅。

武仙既要面对咄咄逼人的宋军，还要应付金国小朝廷施加的政治压力。金哀宗已从蔡州一再派遣使者前来敦促其救援。朝臣魏璠等人于十三日出发，到达石穴山后，近侍兀颜拿出了所携带的诏书，书中痛心疾首地指责武仙在“国家危难”时忍心“拥兵自恃”，难道要“坐待灭亡”吗？武仙辖下不少人对此深有感触，以至于“相视哽咽”，纷纷表态愿意同赴危难，和国家共存亡。武仙怕军心生变，立即下令宰牛杀马，与三千将士歃血盟誓，示意“不负国家”，这个见风使舵的态度颇见成效，部属的情绪也慢慢平静下来。

不等武仙所部有所行动，孟珙已于十四日再次杀来。这次的目标是马蹬，由部将樊文彬攻其前门、成明等人则在西路拦截。宋军分兵出击，一股人马围攻讫石烈，一股人马围攻小总帅寨，激战中，火光冲天，尸体横七竖八地遍布于山间。部分守军好不容易突出重围，可在半路又被成明统率的人马伏击，使得顽抗到底的幸存者寥寥可数。此外，放弃抵抗的有一万二千三百人，因此得以保全性命。宋军回师至沙窝西，又击败了一股狭路相逢的敌人，取得了三战三捷的成绩。

不久，丁顺等将攻克了默候里寨，板桥、石穴之敌震惊不已。孟珙不失时机地采取攻心之策，命降将刘仪派人前去招抚，果然成功游说金将王显、安威等人归附。其中，王显所部的五千士卒投降时“犹未解甲”，孟珙令其排列栲栳阵（一种半圆形的战阵），亲自入阵视察，“周视良久”后才离开，通过这种办法尽量了解对方的战术，以便制定针对性的克敌措施。

在节节得胜的情况下，孟珙预计武仙将要派人抢占岵山绝顶，因为控制这个地方可以取得居高临下的优势，故必须打乱对方的布置，遂令部将樊文彬马不停蹄地向岵山扑过去，以便争取时间夺得这个制高点。宋军迅速抵达山下，前后设伏，静待敌人进入陷阱里面。姗姗来迟的金军不知前面存在致命的危险，还大摇大摆地攀登，结果被四面八方涌出来的伏兵所袭击，霎时间，许多人因惊慌失措而坠下崖谷，史称“山为之赪”，意思是山中许多地方被鲜血染成了红色。金将兀沙惹战死，另有七百三十人成为俘虏，丢弃的铠甲堆积如山。

薄暮时分，孟珙已经督军进至小水河，距离武仙的大本营越来越近了。

武仙不愿意投降，那么到底何去何从？鉴于军中不少人希望转而赴往蔡州，他召集部下商议时对形势进行了剖析，据《金史》记载，他指出前往蔡州的难处，大致有两点：其一是进军之路充满了艰难险阻，而部队的军食储备不足，恐怕不能顺利到达；其二是蔡州的地理环境不利于坚守，即使到达也起不了什么作用。故此，不如采取其他办法力挽狂澜，并坦言最近派人潜入宋境侦察，发现金州（今陕西安康）地区是个值得经略的地点，那一带“广袤百里”，“积粮约三百万石”，能够解决吃饭问题，而且还可以“据山为栅”，凭险固守，以等待时机。最后，武仙直截了当地要求部属执行进军金州的命令，声称得手后要“留老弱”守寨，然后选取精兵趋援蔡州迎接皇帝西迁，尤为时未晚。

然而，金军尚未做好撤离的准备，已经走漏了风声。根据《宋史·孟珙传》所载，刘仪从情报中得知武仙企图逃到陕西商州（实际是金州）“依险以守”，然而军中“老稚不愿北去”，内部出现不稳的迹象，立即向上汇报。孟珙当机立断，认为事不宜迟，连夜召见文彬等将，开始进行总攻的布置，计划于十五日对石穴等寨采取行动。这一天，宋军早早吃了饭，冒雨前进。在途中，文彬害怕不良天气会造成不利的影响，但孟珙显得很乐观，扬言“此雪夜擒吴元济之时也”，把自己比喻为唐代名将李愬，而把武仙看作彼时的叛藩吴元济，可见志在必得。到达石穴后，跃跃欲试的孟珙策马指挥部队分路进攻，而令文彬往来策应。战至中午，终于攻下了所有的寨子。为了实现活捉武仙的目的，孟珙到处搜索，并亲自追击至鲇鱼寨、银葫芦山等处，沿途击溃了不少四处流窜的残余金军，可仍一无所获。由于武仙不可思议地突出重围，故在时人的口耳相传中带上了神秘的色彩，据说他在从军之前做过道士，因而姓名里面有一个“仙”字，又被讹传为懂得隐身之术，可靠此化险为夷。事实没有这么邪乎，武仙早就做好了脱身的准备，一见形势不利便易服而逃，他为了避免过分引人注目而不惜脱离大部队，只是低调地带着五六骑跑得无影无踪。最后，有七万受困的残兵败将投降了宋军，同时，无数军械被缴获。

对于这次近乎全军覆没的惨败，《金史·武仙传》有另外一种说法，传记中完全没有提及宋军的进攻，而是认为武仙所部在离开淅川向金州前进的途中，由于“霖雨旬日”、洪水泛滥，以致随军老幼被溺死无数。在粮食补给中断的情况下，“军士亡者八九”，不战而溃。相同的记载可在《金史·哀宗本纪》中找到，书中指武仙率部“谋取宋金州，至淅水众溃”，具体的日期是七月十九日。

那么，《宋史》与《金史》的两种不同说法中，哪一种更可信呢？这就需要具体分析了。无可否认的是，淅川地区在战后被宋军控制，宋人可以对战场进行清理，而当时南宋政治稳定，各级军政机构健全，有着保持档案资料的充分条件，故后世依据这些资料而编撰的史料自然更加可信。以《宋史·孟珙传》为例，各级参战将领的名字、作战经过、毙俘敌人以及缴获军械的战绩，都一一涉及，显得比较详细，让读者对战斗的总体过程有所了解。过去有人认为《孟珙传》主要依据《孟少保神道碑》编写而成，因为《神道碑》撰写的时间更早，而这类文体在记录死者生平事迹时，多以颂扬为主，影响所致，难免令《孟珙传》里面的战绩有夸大其词的嫌疑。然而事实却并非如此，因为《孟珙传》是对淅川之战进行逐日记叙的，其描述的详细程度不但远远超过简单笼统、不分日期的《神道碑》，而且字数也比后者多了数倍，因而直接的史料来源很可能是未能传至现在的宋军原始战报，而并非什么《神道碑》。有关宋军击败武仙一事，《宋史·理宗本纪》亦有所记载（《宋史·本纪》部分主要在宋修《国史·本纪》的基础上删削而成），可为佐证。

相反，逃到蔡州的金国小朝廷濒临灭亡的边缘，各级军政机构在战乱中残缺不全，因而很难对档案资料进行妥善的集中管理，更重要的是，武仙所部是在短时间内溃散的，即使曾经编写过战报，恐怕也在颠沛流离的状态中散失殆尽，因而其军事行动的详细过程也就不为后人所知了。况且，如果金军真的是不战而溃的，那么武仙就有能力再次对溃军予以收拢。原因是他在三峰山、京水、柳河等战事失败后，有多次收拢溃军的经验，可当这支军队转战于淅川一带受挫后，武仙却没有任何收拢溃军的动作，只是四处逃亡，先后流窜到荆子口、内乡、黑谷泊等处，被《金史·武仙传》形容为“进退失据”。可见《宋史》记载宋军收降武仙部众七万人是比较接近事实真相，正因为如此，武仙才没有收拢溃军的机会。有意思的是，跟随金哀宗撤到归德的左右司郎中王鹗后来留下了一部《汝南遗事》，其中回忆了不少蒙宋伐金的往事，提到“敌兵千余败恒山公仙军于淅川，仙仅以身免，与数十骑沿山北遁”，明确肯定武仙所部是遭到攻击才惨败的，绝非因洪水泛滥等自然因素的干扰而自行崩溃。而参战的千余敌兵必定是属于宋军派出的一股追击部队。不过，书中记载事情发生在1233年（南宋绍定六年，金天兴二年）十一月，这可能是王鹗在朝中得知败讯的日期，显然已经是过于延迟了。

综上所述，从三峰山大决战中生还的十万金军，如今大部分已经被宋军歼灭，他们逃出了拖雷布下的天罗地网，却屈服在孟珙发起的凌厉攻势之下，从此退出战争舞台。而孟珙也凭着过人的战绩一跃成为宋军之中数一数二的将领，但还未到解甲休兵的时候，他还要继续征战，因为金国还没有灭亡，金哀宗还在蔡州发号施令。

金哀宗从归德来到蔡州后，开始着手整顿朝政，采取了一些便民措施以争取人心，例如以前守卒在城里盘查得很严，居民到郊外进行打柴、刈草等生产活动时，必须在脸上涂上墨以作辨别的标志，而进行商贸往来的生意人在出入城门时，亦要交纳一定比例的税赋做军费。现在，这些地方的土政策被取消之后，立见成效，四方商贩接踵而来，老百姓也欢欣鼓舞，以为太平已至，不少人纵情享乐，致使城里的酒水竟然一度供不应求。

新的人事任命很快公布了。其中，总帅乌古论镐兼御史大夫，张天纲为御史中丞，仍权参政，完颜药师为镇南军节度使，仍兼蔡州管内观察使。左右司郎中乌古论蒲鲜兼息州刺史、权元帅右都监、行帅府事。征行元帅权总帅娄室签枢密院事。

为了重整军备，金国小朝廷出台了“进马迁赏格”等法规，规定凡是能够献上马匹的人，都可按照马匹数量的多寡而获得相应的赏赐。之后，西山帅臣范真、姬汝作等人各自献马，总数达到千余匹，交由出任签枢密院事权参政事的抹撚兀典负责管理。鉴于兵力不够，金哀宗陆续派出一批使者到各地征兵救驾，虽然发生了武仙等军阀抗令的现象，但还是有许多人踏上了赴援之路，致使蔡州在短时间内增加上万精兵。而工部侍郎术甲咬住在奉命监制铠甲等军械时，用了不到一个月的时间便完成任务。经过大家的努力，部队战斗力有了新的提高，由于“军威稍振”，越来越多的人认为蔡州是可以坚守下去的。

金哀宗在形势有所改善的情况下产生了苟且偷安之心，吩咐内侍殿头宋珪与乌古论镐之妻为自己选后宫佳丽，已相中了数人。出任尚书右丞兼枢密副使的完颜仲德得知后极力谏阻，指出这种行为会失去民心，因为老百姓会误以为“陛下（指金哀宗）”无意恢复失地，而专志于寻求“处女以示久居”，这类流言蜚语虽然愚昧无知，但“不可不畏”。金哀宗在反对声中有所收敛，辩解自己过去这样做是因为“六宫失散，左右无人”，如今幡然醒悟，遣散大多数被选中的佳丽，仅留下一名知晓文义者在身边侍候而已。

完颜仲德在蔡州的工作表现非常卖力，经常事无巨细，亲力亲为，整天忙碌于“选士括马，缮治甲兵”等业务中，但他支持金哀宗从归德迁来这里，是想以此作为西迁陕西的中转站，只希望能尽快上路。然而，金哀宗身边的左右近臣却沉溺于蔡州短暂的安定生活，皆娶妻营业，不愿再迁徙，并日夜向金哀宗进言，不厌其烦地列举西迁的种种不便。使得这个计划一再推迟实行。直到八月初，金哀宗才委任秦州元帅粘哥完展为权参知政事，行省事于陕西，并用蜡书传递命令，约定于九月中征兵，在饶丰关会师，欲出其不意地夺取南宋兴元，以打开西迁陕西之路。

然而，不等金军的行动布置完毕，战火已经吞噬了蔡州以西的唐州。

这一年，唐州发生了一系列的变故。蒲察都尉在刺史斜鲁病死后临危受命主持大局，以应付南宋军队的袭扰。由于食物不足，万户夹谷定住奉命于六月间前往归德乞粮，然而一粒米也没有讨回来。内外交困的状况促使城里于七月发生兵变，蒲察都尉首先被镇防军冯总领、甄改住打死，然后尸体遭到肢解，让饥肠辘辘的守卒分食了。事后，元帅府中一位叫做乌古论黑汉的军官以权刺史行帅府事的身份收拾残局。不久，图谋降宋的镇防军与裕州大成山聂都统率领的五百人发生冲突，在不能取胜的情况下，只得抛弃随军老幼奔往南宋枣阳，故此，唐州的虚实被宋人知晓。当降宋的邓州总帅移剌瑗派遣使者到唐州策反时，竟被矢志忠于金国的乌古论黑汉杀死，宋军便失去了耐心，开始大动干戈。王安抚率兵为先锋，京湖制置司王太尉随后继至，发起了一次接一次的猛攻。金哀宗得报，急令权参政兀林答胡土率部救援。宋军将领早就设置好了埋伏，故意将一半的蔡州援军放入城，然后集中力量邀击滞留于城外的另一半人，从而迅速赢取胜利，兀林答胡土仅率三十骑逃回。

当被围困的唐州守军把残余的粮食消耗殆尽，便发生"人相食"的悲剧，乌古论黑汉首先杀了自己的爱妾做军粮，其后，争相效仿的士卒纷纷杀掉家眷为食。有的官员开始动摇了，屡次聚众商议企图投降，然而乌古论黑汉与聂都统不改初衷，坚持要死守到底。一位姓冯的总领为求活命，乃私自出城拜见宋军围城将领，约定献城投降的日期后再返回来，可未等其图谋得逞，即被及时察觉的聂都统处斩。另一位叫做赵丑儿的总领因参与了谋降之事，害怕受到追究，于八月十三日主动打开西门引宋军入城。乌古论黑汉带着聂都统辖下的大成山军全力以赴地进行巷战，自早晨打到中午，一度把对手驱逐出城。但人多势众的宋军最终在赵丑儿的协助下反扑成功，击溃大成山军，俘杀了乌古论黑汉。只有少数残兵败将得以溃围而出，逃往蔡州。《金史》记载宋军克城后，在调查中得知守城的蒲察都尉早已被自己的部曲兵所食，出乎意料地替金国执行军纪，把有份吃人者全部处死，"余无所犯"。可见这类有违纲常伦理的自相残杀就连对手也看不过眼，不得不予以干涉。

夺得唐州后，宋军乘胜东进，驻兵息州以南，和蔡州的距离也非常近了。由于休戚相关，金国小朝廷便对息州的安危更加重视。当时，息州北关已被一股叛军焚毁，加剧了临战之前的紧张气氛。城中的士卒本来就不多，再加上每天都有逃兵，让守将忧心忡忡，遂以宋军压境为由上奏要求增援。金哀宗的反应很迅速，马上下令升息州诸将的官，期望能重振士气。其中，中娄室以同签枢密院事为总帅，小娄室以副点检为元帅，王进为弹压帅，夹谷九十为都尉。同时，参知政事抹捻兀典奉命行省事于息州，在八月十四日携同两百忠孝军骑兵以及五百步兵一起赴任。金哀宗认为这点兵力应付宋军已经足够，他对即将踏上征程的抹捻兀典解释道：蒙古兵经常大获全胜，所恃的是"北方之马力，就中国之技巧"，意思是塞外游牧骑兵在中国先进军事技术的配合下才得以屡次战胜金军，至于南方的宋人，则"何足道哉"。他接着夸口道："朕得甲士三千"，可长驱直入宋境，纵横于江、淮之间还有余力。言下之意是，六百步骑兵入援息州之后完全可以让来犯的宋军铩羽而归。这番豪言壮语似乎是兵力捉襟见肘之下的托词而已，谁敢相信在邓、申、唐等州接连丢失的逆境之下，可以依靠数百步骑兵扭转乾坤。

尽管兵寡势弱，抹撚兀典也要上路，他来到息州后没有硬拼，而是伺机发起夜袭，在二十日秘密派遣百余忠孝军骑兵杀向中渡店的宋军驻地，准备劫营。金军皆说北语，一副蒙古人样子，而骑兵冲锋时又四处疏散开来，像极了游牧部队的气派，竟然起到了很好的迷惑作用。许多睡眼惺忪的宋兵误以为蒙古军队打过来了，极为骇愕，争先恐后撒脚就跑，慌乱之间损失甚大。这场胜利来之不易，抹撚兀典在战斗结束后不敢懈怠，着手整顿纪律，军法处置了"不遵约束，失亡军士"的个别将领。不久，又重新安排人事，以夹谷九十权息州事。

息州虽然暂时保住了，可局促于蔡州的金国小朝廷仍然忐忑不安，因为此前的八月二日，金青山招抚卢进的手下侦察得知一位名叫王楫的蒙古使者已经离开南宋，正在宋军的护送下北返。金哀宗由此判断蒙古可能会联合南宋夹击自己，故必须想办法阻止，

史嵩之。

便立即派人到南宋游说，顺便提出借粮的要求，他公开剖明心迹，声称自己即位以来，经常告诫边境将领不要南犯宋境，总是想方设法搞好与南宋的关系，没料到宋人辜负自己的好意，竟然乘人之危“据我寿州，诱我邓州，又攻我唐州”，指出这是一种目光短浅的行为，因为蒙古“灭国四十”仍不满足，又颠覆了西夏，并把矛头对准金国，因而预言一旦金亡，南宋必将成为下一个目标。他让使者向南宋群臣讲清楚唇亡齿寒的道理，若能和好，对双方都有利。不过，金哀宗言归于好的愿望一如既往地遭到南宋拒绝。

南宋已经准备和蒙古联合伐金。而蒙古使者王楫稍早之前访宋正是商谈共同攻打蔡州之事，同时提出借粮的要求。京湖制置司的官员们议论纷纷，有人认为金国即将灭亡，应乘此良机一洗国耻；有人担心“鞑（指蒙古人）贪”，应慎重行事，以防后患。一时未能作出决定。京湖制置使史嵩之为此探访已升为江陵府副都统制的孟珙，专门征求这员得力战将的意见。孟珙作了回答，大致看法是：倘若国力充足，与外人打交道时游刃有余，那么可以不理会蒙古人联合作战以及借粮的要求，否则就应该权宜行事，适当接济一下蒙古人，如果不这样做的话，蒙古人灭掉金国后，将把南宋当作下一个打击的对象。史嵩之认为说得很有道理，又问：这次行动需要动用多少兵力？孟珙回复：两万。史嵩之当即决定参与联合伐金的战事，准备援助千石米给蒙古人，并把出兵的重担交给了孟珙，因为“大将非公不可！”就这样，两人言谈间，最终决定了金国的命运。随后，紧急动员起来的宋军打了一仗，对手据说是从蔡州以东真阳横山一带南来的二万金军骑兵。孟珙挥师“鼓行而前”，一举夺得胜利，追至高黄陂，斩首一千二百级，清除了通往蔡州的障碍。

但蒙古军队的动作更快，一路经汝州等处马不停蹄地南下，在此期间平定了降而复叛的陈州，首先逼近了蔡州。

金军巡逻骑兵在九月九日发现有数百敌兵突至城下，城中守军得报后仗恃人多势众，均踊跃请战，据《大金国志》的生动叙述，在争先恐后冲到城外的士卒里面，竟有“不披甲胄而出者”，他们闪电般击溃了敌人，生擒一人，获马数匹。次日，又有数百名敌人来到城东，并让通事人员（指翻译官）大呼道：城中人速速投降，可免杀戮，不然，无噍类矣！金哀宗马上登城观察动静，命令从息州入援的忠孝军元帅蔡八儿反击。蔡八儿带着百余名弓箭手从暗门悄悄潜出，渡过汝水，从左右两个方向交叉射击，打退了这股敌人，随后追击的数十名骑兵又活捉两人而返。可是，蔡州与外界的联系正在逐渐被对手切断。由于耽于享乐，金国小朝廷延误了避往陕西的时机，当初力主西迁的完颜仲德知道回天乏力，唯有每天“深居燕坐，瞑目太息”，遗憾不已。让守军稍为宽慰的是，直到敌人兵临城下的前两天，还有援军来到，鲁山元帅元志风尘仆仆地来到城里，立即被升为总帅，投入到紧张的备战当中。金军开始分兵把守城池的四面以及子城，其中，以总帅孛术鲁娄室守东面，内族承麟为副手；参知政事乌古论镐守南面，总帅元志为副手；殿前都

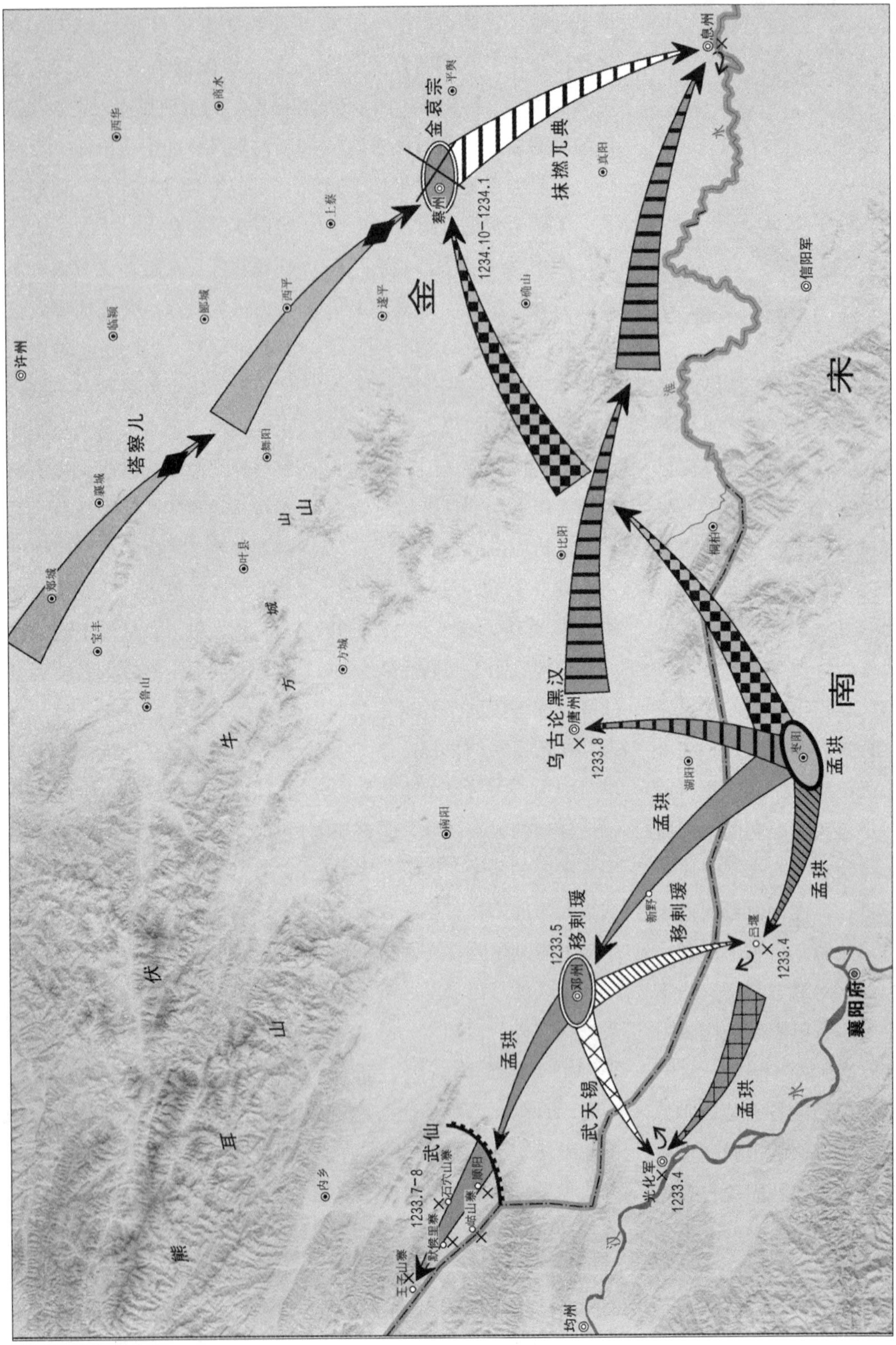

孟珙攻金之战（1233—1234年）。

点检兀林答胡土守西面，忠孝军元帅蔡八儿为副手；忠孝军元帅、权殿前右副点检王山儿守北面，元帅纥石烈柏寿为副手；遥授西安军节度使兼殿前右卫将军、行元帅府事女奚烈出守东南，元帅左都监夹谷当哥为副手；殿前右卫将军、权左副都点检内族斜烈守子城，都尉王爱实为副手。

大队蒙古兵于十日在城外集结，挖掘壕沟筑起长垒围城。城里有人指出敌军远道而来，鞍马劳顿，应当乘其尚未完成作战布置的时候主动出击，进行“四面合攻”，可以打赢，假若迟疑不决，任由对方为所欲为，必定悔之晚矣。朝中君臣商议后，认为城里许多部队初来乍到，士卒难免心神不宁，恐怕骤然驱其出城决战，会出现逃亡现象，因而否决了主动出击的建议。但这个谨慎的决定让好战分子极不满意，觉得是画地为牢的做法。

金国小朝廷用坚守的谨慎办法与来犯之敌周旋，在过去屡次奏效。回顾蒙古军队经略河南的历史，就会发现这支雄师劲旅虽然在野战中叱咤风云，却常常暴露出攻坚能力不强的弱点，并曾经在强攻汴京、归德等地的军事行动中碰过壁，显然与兵力不足以及难以就地获得补给等原因有关。或许金哀宗和他的支持者囿于故智，以为凭城守御一段时间后，敌人的粮食消耗殆尽后自然会撤离。然而形势早已今非昔比，因为南宋即将出兵出粮协助蒙古军队克服固有的弱点，而金国君臣似乎犹存侥幸

蒙古骑兵在作战。

之心而判断有误，以致糊里糊涂地错失了主动出击的先机。

蒙古兵到十月一日终于完成了所有的作战布置，遂在城下耀武扬威，竖起了遮天蔽日的旗帜。城中驻军惴惴不安，准备放弃一些外围工事以收缩兵力，因而在日暮时分拆毁以及焚烧城外四关，以免为敌人所利用。

蔡州城外没有宽阔的长河环绕，在地理形势上比不上归德，而且随着金国小朝廷以及大批勤王部队的到来，粮饷逐渐难以为继。此时，误入迷津的金哀宗才后悔当初在归德没有接纳蒲察官奴的劝告，可是已经太晚了，只有特别下诏于尚书省，要求相关官员每月给蒲察官奴尚在人世的母亲与妻子提供粮食，以作弥补。

从九月中下旬起，官吏开始四处"括粟"，尽可能地从民间掠夺粮食，并严禁酿酒。到了十月七日，又制造以及发行称作"天兴宝会"的新货币，以方便进行竭泽而渔般的搜括。饥荒很快蔓延开来，城里万余饥民在官府之前哀诉，要求出外觅食，遭到刁难后，便在路中大喊大叫。在宫中遥遥听见的金哀宗于心不忍，下令从十日这一天开始每日放千人出外，特别强调必须是"老稚羸疾者"方可出城，还分派近侍官监视四个城门，以防有人浑水摸鱼。奉命监视北门的完颜绛山怜悯饥民，释放的人数超过额定数目，被发觉后挨了四十杖。

许多侥幸出城的百姓企图奔往毗邻的息州就食，但被及时察觉的蒙古人连追二十里，以致途中倒毙的人比比皆是，能够成功到达息州的不过十多个人。至此，蔡州与息州之间音问两绝。

由于出城者向蒙古人泄露城中虚实，因而金国小朝廷不得不中止了释放饥民出外的政策。为了缓解百姓的不满情绪，官府于十三日发船只给民间人士，允许他们采摘城壕里面的菱芡、苲草等水生植物为食，由于物少人多，只数日工夫便被抢夺一空。在碗底朝天的情况下，人们为了生存而各出奇谋，以至于铲起莎草的根茎，再和泥以及牛马的骨屑混在一起吞食。城里很快便饿殍载道，可以预见，如果不能击退敌军，人相食的悲剧必将会在危城重演。

金哀宗明白最后的时刻到来了，便于十七日号召"诸道"驻军赴援蔡州，以参加这场决定生死存亡的战事，可实际无兵可征。例如距离蔡州比较近的徐州，于五天前发生火并，节度副使郭恩杀死以及驱逐忠于金国的官吏，勾结源州叛将麻琮里应外合，投降了蒙古人，而行省完颜赛不在内乱中自尽。在此期间，蔡州的战斗断断续续发生，殿前左副都点检温敦昌孙在防御中身亡。看来，守军只能依靠现有的力量与来犯之敌拼死一战了。

蒙古军完成了围城的布置。而宋军也正快马加鞭地奔驰在前往蔡州的路上。将士们从这一年十月起陆续启程，总共出动了四万人的兵力，除了孟珙之外，随行的还有襄阳太尉江海。史嵩之先后派人运粮十万石犒军，一行人马浩浩荡荡，于十一月一日到达蔡州城南，并且用箭把诏谕金国军民的书信射入城内。金臣完颜仲德搜获书信后立即投入水中，以免扰乱军心。（宋军出动的总人数以及犒军的粮食总数，各种史籍记载不一，这里依据的是《宋季三朝政要》）。

宋军到达后，蒙古统帅塔察儿（又叫倴盏）派兔花忒、没荷过出、阿悉等三人来迎接，与孟珙一起射猎，又割肉饮酒，相处甚为融洽。不久，孟珙回访蒙军大营，骑马直抵塔察儿所在大帐之外，然后下马会见主人。塔察儿大喜，拿出马乳酒来招待，夸奖孟珙说："你杀得武仙，赛因！"所谓"赛因"，是"好极了"

的意思。最后，两人“约为兄弟”，圆满地结束了这场会见。

从十一月一日起，蒙古出动攻城器具发起强攻。金兵组织了万人自东门出外反击，宋军断其归路，再掩击至汝河，擒获一些偏、裨将领及士卒，共八十七人。孟珙从投降者口中了解到城内饥荒的情况，又向塔察儿提出建议，要求两军划地而守，防止敌人突围，具体的划分是：宋人驻于东、南，蒙古人驻于西、北。为了避免发生误会，大家还商定“南军毋入北营，北军毋入南寨”，各自布下遮护营寨的栅栏，准备各司其职，打好这一仗。

宋军在逼近蔡州的同时，还分兵二万进攻蔡州以东的息州。息州城里的粮食储备亦逐渐耗尽，守军用各种办法从民间搜括，还掠夺老百姓的“金帛衣物”，搞得民不聊生。《金史·完颜娄室传》记载城内行省以及军中诸帅回天乏力，干脆自暴自弃，每日惟饮酒听歌，管弦繁奏，过得一天算一天。而各级将士“强娶寡妇幼女”，“绝灭人理，无所不至”。

蔡州守军在皇帝的亲自督战之下，士气要高于息州守军。战前，金哀宗曾公开表扬城中将士，认为这些人能够和自己共患难，“可谓忠矣”，纵使有人在沙场上战死，“不失为忠孝之鬼”。又说：过去你们立功，常常忧虑朝廷不知道，而今日临阵杀敌，朕可以亲眼看见，言下之意是只要将士们努力表现，不怕没有立功受奖的机会。

金兵的严防死守挫败了蒙、宋两军迅速夺城的意图，但联军仍锲而不舍地寻找突破口。塔察儿按照惯例命令万户张柔率五十名“八都鲁”冲在前头，执行“逾壕突城”的任务，可是在打斗中，有两名士卒被金兵用钩子拖去，就连张柔也差点脱不了身，在对手的钩子下挣扎，而身上的铠甲不断被箭射中，以致密密麻麻，形如刺猬。孟珙让麾下先锋相救，涉水而来的宋军“飞剑斫钩”，为张柔解困，然后扶持着他退了回来。

拨发官宋荣作战不力，孟珙要将之处斩，可部众纷纷下马围拜，并同声恳求刀下留人，只好改用杖击的办法以示惩罚。将士们在纪律的严格约束下前赴后继地向前突进，逼近了城外石桥一带，遭受的抵抗也越来越激烈，有位名叫郭山的军人因一时疏忽被对手用钩子拖走，令士气受到影响，许多人开始后退。金兵乘机反扑，眼看就要夺回主动权。在这个关键时刻，孟珙一马当先跃入敌阵，以迅雷不及掩耳之势进行阻击，混战中，被敌人活捉的郭山死于非命。宋军在孟珙身先士卒的带领下重振声势，经过一番殊死的搏斗，以俘获一百零二人以及斩首三百余级的战绩推进至城外三里的柴潭一带，接着竖起木栅，固守这个来之不易的成果。

在储满了水的柴潭附近，守军筑起一座高楼，扼守着通往柴潭之路。宋军于次日攻入楼中，鱼贯而上，进行着反复的争夺。落于下风的金兵使出了美人计，让梳妆打扮的妇人诱惑宋军士卒，可被孟珙麾下的张禧等将铁脸无情地处死，而高楼也随即换了主人。残余的五百三十七人成为了俘虏。清除这个障碍后，柴潭便触手可及了。

作为蔡州的重要屏障，柴潭注定要成为兵家必争之地。此潭与汝河相通，而“潭高于河五六丈”，正可据险而守。邻近的城墙上矗立着金字号楼，里面埋伏着的巨弩随时可以用雷霆万钧之势向下射击，要想强行从此跨越，势必付出更多的代价。另外，据故老相传，岸下有潜龙，人不能随便靠近，因而有的将士滋生了疑惑与畏惧的情绪，缺乏继续作

河北定兴的张柔之像。

战的信心。

孟珙及时做起了思想工作，临战前召麾下诸将畅饮践行之酒，觥筹交错之间对形势进行了分析，指出“柴潭非天造地设”的天堑，而金字号楼里面埋伏的巨弩也存在致命的弱点，即只能射远而不能射近。一旦将士们能够鼓起勇气靠上前去，在柴潭周围的堤坝中掘开缺口，那么里面的积水会被放光，而天堑也会逐渐变为坦途。但还有人表示担心，认为柴潭周围的堤坝修得比较坚固，不易凿开缺口。

孟珙胸有成竹地解释道：堤坝中坚固的部位是“堤首”，只要刻意避开，“凿其两翼”，就可成功。因而取得了一致的意见，正式择日掘堤。然而，堤坝决开后，柴潭的积水将会流入汝水，这将对蒙古军队不利，因为在此期间，负责攻打城池北面的肖乃台、史天泽等蒙古将领用“结筏潜渡”的方式强渡汝水，他们在金军的拼命抵抗下“血战连日”，未能迅速得手，如果汝水的水位上升，必定会相应增加他们的进攻难度。

蒙军统帅部随机应变，同样作出了掘堤泄水的决定，而地点选择在距城西十里的练江，因为它与汝水相连，掘开堤坝后可有效减少汝水的储水量。这样一来，即使柴潭储存的水流入汝水，也不会造成过分的麻烦。

于是，宋、蒙两军各自组织人力在不同的地点掘堤，共同在十二月七日完工。刹那间，柴潭的积水流入汝水，而汝水的积水流入练江，并经练江的决口泄掉。随着时间的流逝，柴潭与汝水的某些河段慢慢地露出经年累月而沉淀的淤泥。孟珙当即令人搬运薪、苇等物填于潭底，为进攻铺路。最后的决战已经迫在眉睫。

蒙军将领张柔照旧配合宋军作战。据《顺天万户张公第二碑》记载，张柔进攻时，“宋人听节制”，而在倡仪挖掘柴潭堤坝期间，金国为了破坏这一行动曾经大举反攻，驱使城中守卒尽出南门外决一死战，可“宋兵瞻望不进”，幸亏张柔无所畏惧地带着二十余步卒“涉水入阵，左右荡决”，以锐不可当的气概粉碎了敌人的攻势，而奋勇争先的壮举亦让旁人敬佩不已。平心而论，在这篇为张柔树碑立传的文章里，其中提及的“宋人听节制”、“宋兵瞻望不进”等言词未必是事实，但深刻反映了蒙、宋两军在协力作战的同时也存在竞争关系，那么，在两支军队之中，究竟哪一员将领能先拔头筹而突入城中？必然成为万众瞩目的焦点。

为了抵抗蒙、宋两军的猛攻，金国已在十二月四日下令城里的所有民丁都要参与防守。如果哪户胆敢藏匿一人，被官吏查出则全家处斩，甚至连邻居也要被绞死。即使如此，某些地方仍然兵力不足，不得已，只得让健壮妇女穿上男人衣冠往来搬运木石助战。亲自在前线巡视的金哀宗每当遇上参战军民，必叮咛抚慰一番，还派下属煮粥劳军，并在煮好后亲自品尝，以防偷工减料。如果看见有人在作战中受伤，他就亲手为之敷药，把一些士卒感动得哭了起来。大臣也比以往更加平易近人，例如完颜仲德悉心“拊存军士”，假若有将校阵亡，必定亲为哭祭，哀痛欲绝。在金国君臣嘘寒问暖的关怀之下，许多人打起仗来勇气倍增。

尽管金国调动所有的人力物力作战，可惜形势比人强，已很难改变每况愈下的命运。蒙、宋两军决开柴潭、练江的堤坝后，攻势越发犀利，孟珙在挺进时捕斩两名金将，并把俘获的殿前右副点检温端磔死于城下，一步步地逼近土门。一些负隅顽抗的金军竟然不择手段地残杀城中老稚，将尸体熬炼成油，制成号称“人油砲”的武器，再把滚烫的油泼向宋军。这种残忍的手段让人毛骨悚然，孟珙出于对城内苍生的怜悯，委托道士以中立的身份前往金军阵地，劝说对方放弃了这种惨无人道的做法。

九日，金军徒劳无功的抵抗被逐一打破，蒙古军队抢在宋军前头突入了外城。金宿州副总帅高剌哥战死，炮军总帅王锐在巡视南城时杀元帅谷当哥，率三十人投降。不甘引颈受戮的金哀宗为了坚守剩余的地盘重新调整人事布置，于十一日任命总帅孛术鲁娄室、殿前都点检兀林答胡土为权参政，都尉完颜承麟为东面元帅，权总帅。

十四日，刚刚获得提拔的

孛术鲁娄室组织了一次反击，统领五百精锐官兵乘夜潜出西门，每人背负着一束浇上油脂的藁草，企图焚烧敌寨及其攻城器具，以扭转颓势。可是，蒙古人早已有所察觉，事先派出百余携带着强弩的士卒埋伏在隐蔽处静候，等到金军点火时，便向火光摇曳的地方射出雨点般的利箭。金军顿时死伤惨重，狼狈逃窜。孛术鲁娄室的嘴巴被箭射中，掉了两颗牙齿，因流血过多而昏迷，次日方才苏醒过来。

蒙古军队继续按部就班地出击，不断向蔡州内城挺进，于十六日集中力量攻打西城，用抛石机抛射火炮焚烧城楼，乘势夺取拦马墙等外围工事，之后，数千人强行登城与守军短兵相接，不过，尽管他们在这场反复争夺的白刃战中付出了不少代价，可未能跨越对方的防线。为了尽快拿下城池，蒙古统帅到处寻找突破口，最先攻击的是城墙的西南角，在不能得手的情况下又转攻城墙西北角，但仍旧碰壁而回。正在漫无头绪之际，投降的金军及时提供了有价值的情报，让蒙古人得知西门北凤子楼是城防的薄弱地点，因为这座楼残旧、破损，在凹凸不平的墙体间有棱角可供攀登，是进攻的理想地点。故此，遂调兵遣将在十八日大举来攻，经过一天的浴血鏖战，成功从北凤子楼登上了西城，打死了金都尉王爱实。

败讯传回，心力交瘁的金哀宗对身边侍臣喟然叹息，道：我位居高官尊爵十年，太子十年，皇帝十年，自知没有大的过错以及犯下大的罪恶，虽死无憾。但帝位相传百年，至我而绝，使我与古代那些荒淫暴乱之主并列为亡国之君，惟独对此耿耿于怀。又说：自古以来没有不亡之国，亡国之君往往成为阶下囚而受尽侮辱，我不会落泊到这个地步，不信者可拭目以待。这位皇帝从没想过向敌人乞降，他不但把宫内的御用器皿全部赐给前线将士，而且还让人搜括民间衣袄等物以便论功行赏，总之，尽量将所有的物资统统供应给军队，能抵抗多久就抵抗多久。

接连得手的蒙古军似乎已经让蔡州成为囊中之物，从而独占鳌头，赢得了傲视宋军的战绩。意外的是，西城虽然被攻破，蔡州却没有马上失守。因为城中守卒预先在西城附近“筑栅浚濠”，在关键时刻成功阻止对手从突破口中闯入城里。功亏一篑的蒙古人遂在城上立栅，与金军分据南北，彼此相距百余步对峙着。完颜仲德从其他防线调来精锐部队日夜守御，让蒙古人可望而不可及，迟迟不能越雷池一步。

转眼新年已到，1234年（南宋瑞平元年，金天兴三年）元旦，庆贺节日的蒙古兵在阵地举行宴会，鼓吹喧阗之声相接。城中士卒饥肠辘辘，只能愁眉苦脸地唉声叹气。自围城以来，已经战死“四帅、三都尉”，至于“总帅以下”的各级官员，则“不可胜纪”。金国的人力资源逐渐枯竭，包括金哀宗的近侍在内，都要上前线服役。

宋军的进展虽然比蒙古人要慢，但也在努力作战。正月二日，将士们发现天空有“黑气压城上”，而且“日无光”，都认为这是即将克城的预兆。经过对俘虏的审讯，了解到城中绝粮已达三月，就连“鞍靴败鼓”等皮革制品皆被“糜煮”充饥，不但民间发生吃人的悲剧，而且军队每天也以“人畜骨和芹泥”为食。督战的金国将帅早已撕下了伪善的面纱，常常把败退下来的部队全部处斩，以制作食材，因而军心不稳，欲降者众。这正有利于宋军发动最后一击，争取率先突入城中。战前，宋理宗亲自手写御札，遣人到军前宣读，对参战将士加以勉励，使得军中上下士气高昂，打起

宋理宗。

仗来更有劲。

但是，蒙古军队在战场上的表现远比宋军抢眼，而发起的攻势简直像山崩海啸般迅猛，可谓志在必得。特别是在九日这一天，竟然在西城同时轰隆隆地凿开了五个城门一般的大洞，然后分作几路，潮水般地拥入城来，与完颜仲德所率的金军打得天昏地暗，进到暮色来临才肯撤退，还扬言来日再战。金哀宗知道很难阻止蒙古人进军的步伐，便抢在城陷之前于当天晚上安排后事，他召集百官，宣布传位于东面元帅完颜承麟，并不许承麟推辞。在诏书中，他作了一番解释，自称“肌体肥重”，不方便骑马奔驰，故传位于“捷有将略”的完颜承麟，希望其能侥幸生存下去，让金国“祚胤不绝”，以待将来。由此可见，身体肥胖是金哀宗让位的重要原因。因为这个致命的缺陷妨碍他骑马突围，事实上，早在上一年的十二月二十四晚，他曾经微服突围，带着一股人马试图从东城出外，但越不过对手竖立的木栅，只得失望而还。

完颜承麟作为金国宗室，不想违抗君命，便惶恐跪地表示愿意听从金哀宗的安排，遂于正月初十的早上即位，而在接受百官朝拜时犹身披甲胄，以便随时上战场。不过，完颜承麟的威望不足，难以服众。例如忠孝军元帅蔡八儿在百官朝拜时独不拜，公开声称：事已至此，惟有战死而已，岂能又奉一新君为主！

那时，任何人都预计到初十将有一场血战，金军匆匆忙忙地从城的东、南、北三面调来精锐部队，打算堵截欲从西城入来的蒙古人。而蒙古人为了抢先入城，亦在天还没亮的时候就急吼吼地出动了，与枕戈待旦的金军在新挖掘的几个洞口附近打得如火如荼。谁知胜负未分，万余宋兵已从南面登城，以摧枯拉朽之势赢得了先拔头筹的荣誉。

宋军奇迹般的胜利与孟珙善于捕捉战机有关，他提前命令部队分批把云梯运送到城下，等到十日这一天发起总攻时，便率师突向南门，在金字楼下竖起云梯攀援而上，其中马义先登，赵荣跟随在后，带着众人争先恐后地跃上城头，异常迅速地粉碎了当面之敌的顽抗，迫降金将乌古论镐，杀死元帅兀林达以及两百偏、裨将领，一路几乎如入无人之境。这个辉煌的战绩绝非《孟少保神道碑》与《宋史.孟珙传》等史料一厢情愿的溢美之词，在《大金国志》、《金史·哀宗本纪》都有记载。

宋军能够在南面乘虚而入，显然与金国的精锐部队集中于西城有关。真是“牵一发而动全身”，当这支军队在孟珙的指挥下源源不断地从南城涌进来后，便长驱直入，向西门直捣过来。根据《孟少保神道碑》的记载，金军正与蒙古军僵持于西北“土门水上”一带，也就是说，金军的反攻措施很可能有所奏效，渐渐把蒙古军从城墙挖掘的几处洞口驱逐到城外的护城河附近，想不到在这个节骨眼上，大批宋军突然杀到了，致使西城一带的金军因腹背受敌而瓦解。奇袭得手的孟珙马上命令打开西门，放下吊桥，迎接蒙古统帅

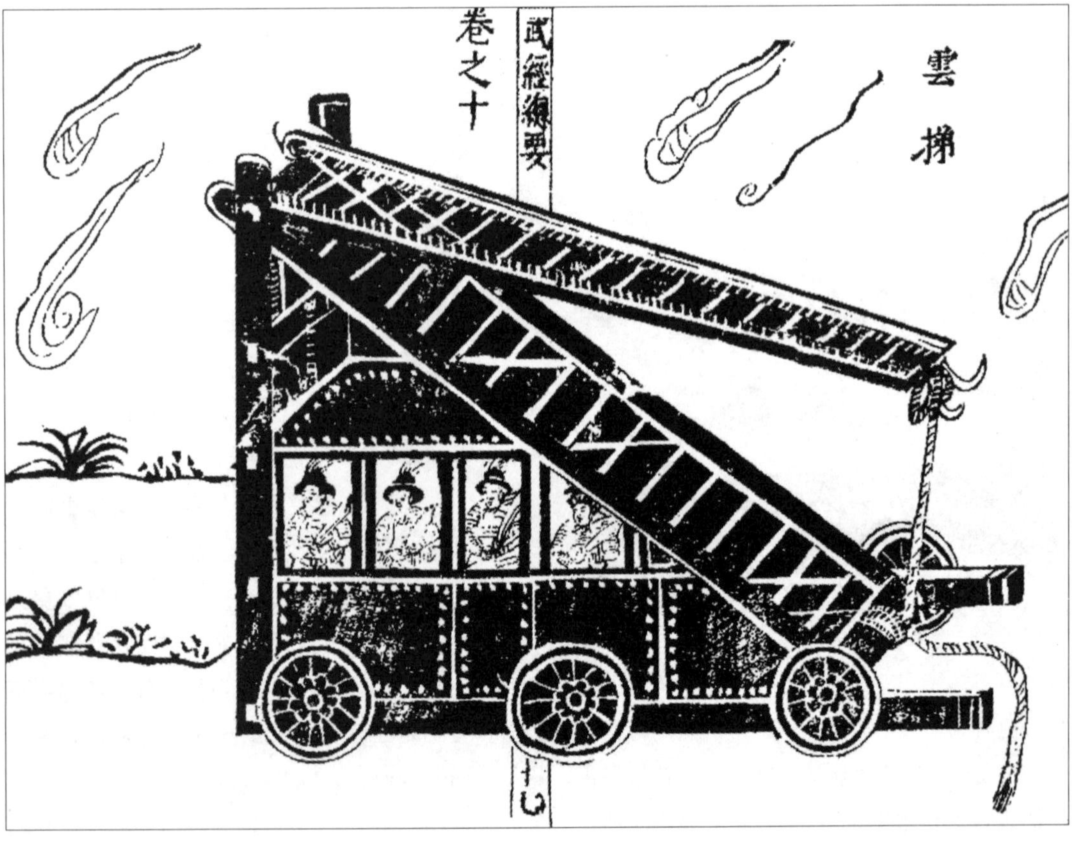

云梯。

塔察儿及其部队进来。至此，蔡州的失陷已成定局。

金军残余部队到处乱窜，一些人力图在巷战中拖延灭亡的时间。早有心理准备的金哀宗听见四面的呼声震天动地，知道兵败如山倒，便自缢于幽兰轩，从死的有权点检斜烈，承御石盏氏、近侍局大使焦春和、内侍局殿头宋珪、侍从官巴良弼、阿勒根文卿等。完颜承麟退保子城后听闻金哀宗已死，率群臣哭奠。其后，近侍完颜绛山动手焚烧幽兰轩，以火葬金哀宗。所谓“幽兰轩”，其实不过是一座“小竹屋”，周围“环以薪草”，《孟少保神道碑》等资料称金哀宗早已立下火葬的遗命，故预先修筑了这个易燃的处所。一旦点燃，便马上火光冲天，然而烈焰未息，子城便失守了，登基不足一天的完颜承麟死于乱军之中。

带领一千精兵坚持巷战的完颜仲德看见子城火光泛起，又得知金哀宗自缢的消息，便对身边将士说：皇帝已崩，再打下去也没什么意思了，我不想死于乱军之手，只想投水自尽，你们好自为之！言毕，跃入汝水而死。这种殉国的行为感动了许多人，于是，参政孛术鲁娄室、兀林答胡土，总帅元志，元帅王山儿、纥石烈柏寿、乌古论恒端以及五百多士卒，纷纷自尽，以示宁死不屈。此外，忠孝军元帅蔡八儿等人战死，而参政张天纲则被宋将江海俘获。

南宋披甲武士像。

《元史·张柔传》记载蔡州易手后，蒙古统帅“下令屠城”。而宋军也试图尽量夺取更多的战利品，甚至连金帝的遗骸亦不打算放过。《宋史》与《孟少保神道碑》均记载孟珙与塔察儿入城后，在幽兰轩“烟焰未绝”时，各自派人瓜分了金哀宗的残骸，《元史·太宗本纪》也承认“宋兵取金主余骨以归”。不过，上述史料对瓜分的过程描述得比较简略。《金史·完颜绛山传》的相关内容就详细一些，据说子城被攻破后，幽兰轩附近的近侍官皆纷纷走避，惟独不肯离开的完颜绛山成为俘虏，他对来到现场的士卒解释道：自己要等候“火灭灰寒”，再收拾金哀宗的遗骸，由此被士卒嘲笑为疯子，因为这种舍命葬主的事显然与常人有异，然而，他固持己见，并自称只要能埋葬主子，虽死无怨，最终在胜利者的格外开恩之下，得以用衣衾包裹金哀宗的遗骸，葬于汝水旁边。事情还没有结束，《史集》记载蒙古人不久便打算掘开坟墓，以调查金哀宗是否确实已经死亡。可是似乎晚了一步，因为遗骸已经被南宋军队所掌控。蒙古人用“确定真相”为借口提出要索取金哀宗的头进行验证，宋军只交出了尸体的一只手，“为此，蒙古人对南家思人（指南宋人）不满，但当时却难以同他们争执”。

虽然《史集》认为蒙古人寻找金哀宗头颅的原因仅仅是为了确定他是否已经死亡，然而或许另有隐情。正如一些历史资料所阐述的那样，游牧民族历来有猎取敌人头颅的习俗。例如《史记·大宛列传》记载：“匈奴破月氏王，以其头为饮器”，意思是古代的游牧民族匈奴，把在战争中斩获的敌人首领脑袋（即月氏王），制成饮酒的器具。此外，《殊域周咨录》也记载宋朝灭亡后，有番僧在元江南总摄的支持下，遍掘宋陵，以至将宋理宗头颅，截为饮器。当明太祖驱逐蒙古统治者出塞后，便命守臣寻访宋理宗的头颅，再将之埋于京城城角寺。从以上例子可以看出，蒙古人在蔡州大肆寻找金哀宗的头颅，其目的耐人寻味。

汉人也有获取敌人的头颅的传统。一些王朝军队甚至以在战场上获取首级的多少来记功行赏。由此可知，获得金哀宗的头颅，对参战的宋、蒙双方来说，都具有重要的意义。那么，金哀宗头颅的下落如何呢？按照《史集》的说法，除了蒙古人获得的一只手之外，金哀宗大部分遗骸（包括头颅在内）落入了宋军之手。

宋军携金哀宗的遗骸而归之后，在一些凯旋仪式上公开展示。就像《宋史·理宗本纪》所载：南宋在1234年（南宋端平元年，金天兴三年）四月间，以“灭金”以及“获其主完颜守绪遗骨”一事而专门“告太庙”，以宣扬国威。之后，这些遗骸连同在战争中缴获的“故宝、法物（指孟珙在蔡州所得的武元皇帝谥宝、玉带、金银铜印、金银牌之类的东西）”等，均藏于大理寺狱库之中。这样做似乎是为了一雪宋人念念不忘的靖康之耻。然而，金国的一些遗臣并不把蔡州的失守等同于一场新的靖康之耻，反而颇有虽败犹荣的意味。例如成为俘虏的金臣张天纲被押至临安后，对临安知府薛琼说道：国家兴亡，哪一代都有，而“我金之亡，比汝二帝何如？”言外之意是金哀宗、完颜承麟这两位殉国之君，与昔日苟且偷生的北宋徽、钦二宗比起来，高下立判。

明太祖。

蔡州的失陷与金哀宗的死去意味着持续一百多年的金国已经正式灭亡。蔡州鏖战期间，其他地方也烽烟不绝。国用安自金哀宗离开归德后便逐渐与金国分道扬镳，为了得到军粮等物资的补充，他归附了南宋，其后，又投降了率兵南下至涟水的蒙古东平万户查剌，在跟随查剌前往蔡州的途中，他使用诡计返回涟水，再度叛归南宋，并受封为浙东总管、忠州团练使等职。1234年

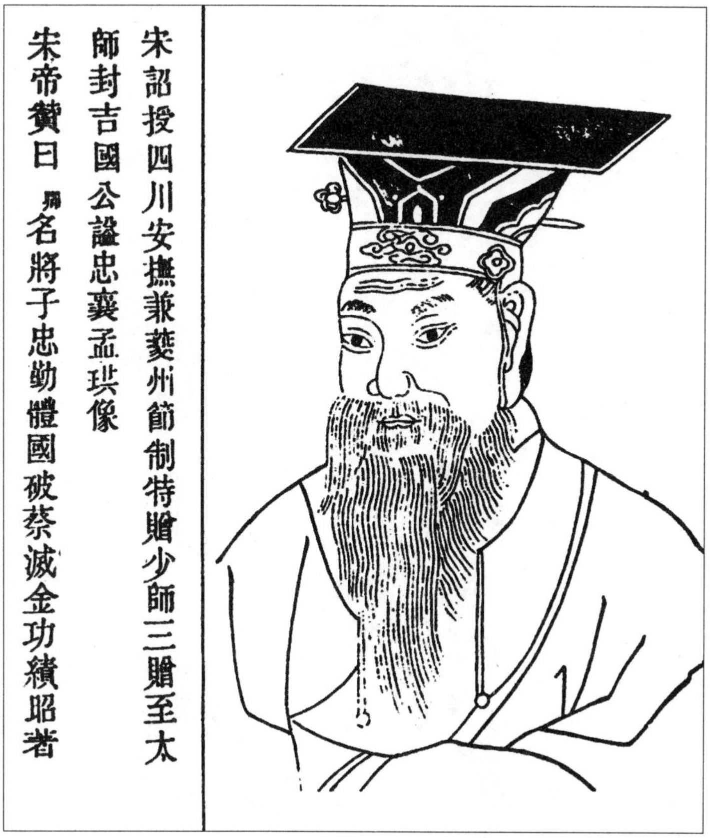

蔡州一战后平步青云的孟珙。

（南宋端平元年，金天兴三年）正月，蒙古军队袭扰沛县，国用安前往救援，结果败走于徐州，在当地投水而死。金国的另一位重要将领武仙在淅川败后一直颠沛流离，左右逐渐散去。他的一部分残余部队流窜到息州一带，却在1233年（南宋绍定六年，金天兴二年）十二月间被蒙古军队击败。由于河南无法立足，武仙带着十几人北渡黄河，但于1234年（南宋端平元年，金天兴三年）五月途经泽州时被戍兵所杀。

蒙古军队攻破蔡州后，又招抚了金国的沂、莱、潍等州。南宋曾经企图招降息州守军，派遣在蔡州被俘的乌古论镐前去游说，可乌古论镐未能完成任务，结果被宋军处死。当息州守将得知蔡州失守的确切消息后，决定弃地而逃，于1234年（南宋端平元年，金天兴三年）正月十三日“举城南迁”，而城池的楼橹随即被围攻的宋军焚毁。南逃的金人扶老携幼地渡过淮河，经罗山前往信阳，途中许多人被蒙古追兵杀死，最后在走投无路的情况下归附南宋。南宋地方官员表面上愿意接受这批金军的投降，但不怀好意，先以犒赏为名诱骗其军中将领入城，然后用瓮中捉鳖的方式杀死金军万户级别以上的军官，人数达到六七百之多。接着，剩余的军人被安置于迷魂寨，寨的周围还派宋军监视。这种互相提防的日子没过多久，蒙古军便杀来了，宋军立即默契地退避三舍，以致金军残余部队全部遭到屠戮。

河南的大规模战事慢慢平息后，蒙、宋两国正式在废墟上划定各自势力范围。《宋史·贾似道传》、《宋史纪事本末》诸书认为两国本来“约以陈（今河南睢县）、蔡为界”，而陈、蔡西北地区便在战后被蒙古控制。南宋与蒙古平分秋色，除了染指蔡、息、唐、邓等地之外，还乘机兼并了泗（今江苏盱眙）、宿、涟（今江苏涟水）、海、亳等郡，约取得金国南京路的一半土地。这个惊人的收获与孟珙等将士的出色表现息息相关。

然而，蒙古在灭金战争中取得的成果远远超过了南宋，因为这个帝国所经略的地方不仅仅限于河南。蒙古军队在围剿金国小朝廷的同时也继续在辽东扩张地盘，而攻打高丽的行动也取得重大进展，于1231

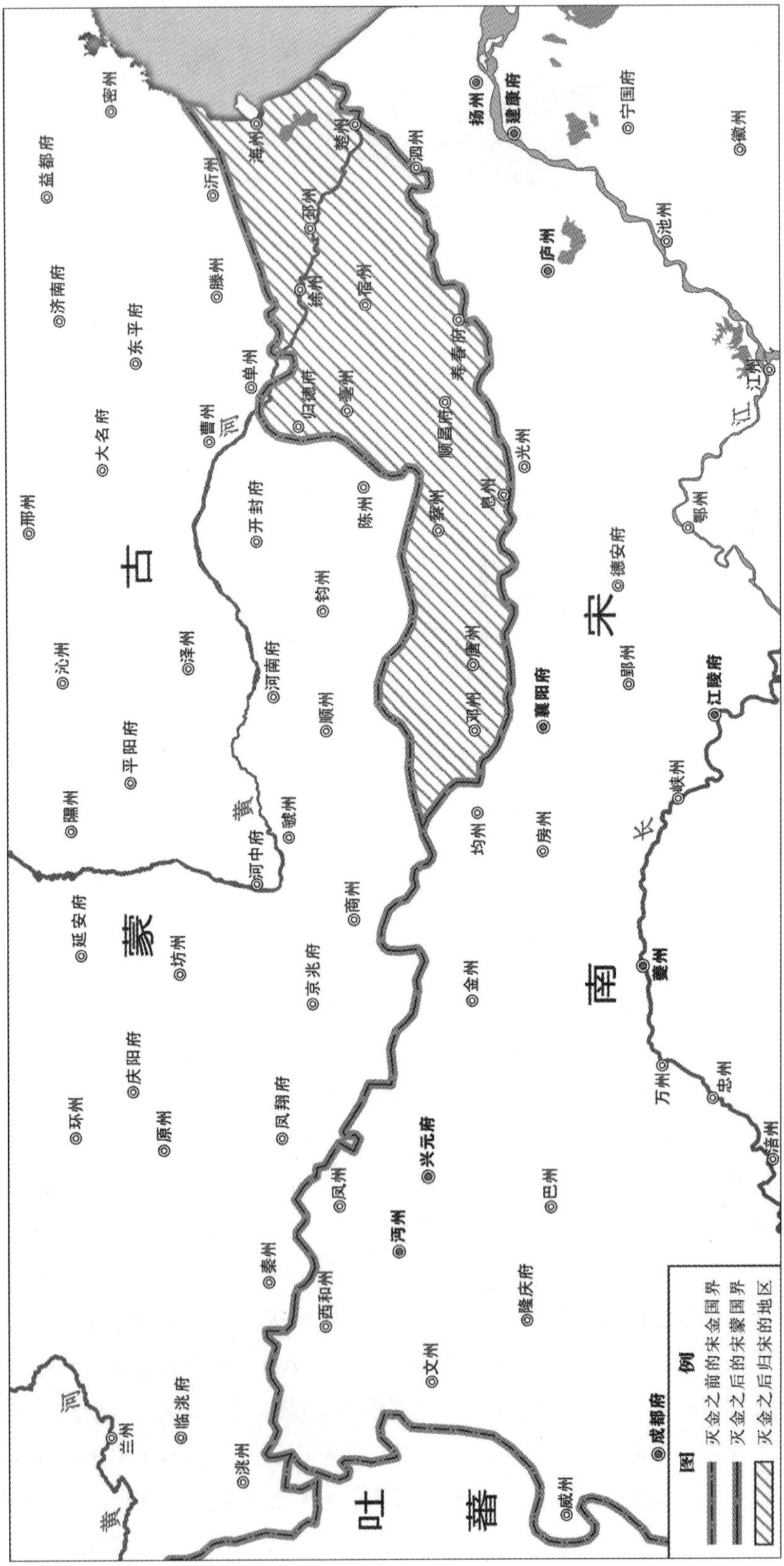

蒙宋边界示意图（1234年）。

年（南宋绍定四年，金正大八年）八月包围其首都王京，迫降高丽王。由于盘踞辽东东部地区的蒲鲜万奴桀骜不驯，竟于1233年（南宋绍定六年，金天兴二年）二月遭到窝阔台之子贵由以及按赤带、塔思等人的攻击。战事一直持续到九月，随着南京（今吉林延吉市东城子山）的被击破，蒲鲜万奴也最终成为蒙古军队的俘虏。辽东的金国残余势力亦在改朝换代期间一一覆没。

金国在西北的残余势力坚持得最久。尽管蔡州失陷的消息传来后，陕西残存的州城接二连三地投降蒙古，唯独郭虾蟆坚守会州（今甘肃省靖远县西南）孤城。一直坚持了二年多。直到1236年（南宋端平三年）十月，在遭到蒙古军队优势兵力的围攻下，才到了山穷水尽的地步。郭虾蟆便把城里所有的金银铜铁全部集中起来，熔铸为炮，掷向敌人，又把所有的牛马杀光，以飨将士。甚至连自己的屋子以及里面的财产亦全部焚毁，以免落入敌手。血战每日不停，守军死伤惨重，人数越来越少，郭虾蟆抢在城破之前的一刻将大量木柴堆积于州衙，然后把家人以及城中将校的妻、女等家眷关闭在州衙里面的房间中，点火烧死。等到敌人攻入城后，郭虾蟆率领将士弯弓搭箭，在州衙的熊熊烈焰之前继续厮杀，有的士卒射光了随身携带的箭，便挺身投入火海，誓死不降。最后，只剩下郭虾蟆一人还在抵抗，他跳上州衙附近的一处大草堆上面，用拆下的门板做掩护，连射二三百箭，杀伤不少敌人，当箭用尽，便挥舞着弓、剑，跃入火中自焚，时年四十五岁。在郭虾蟆的躬先表率之下，城中军民纷纷奋战到最后，史称“无一人肯降者”，全部用生命为覆没的金国唱了最后一曲挽歌。

主要参考书目

《孙子兵法》。
《辽史》。
《宋史》。
《金史》。
《元史》。
《契丹国志》。
《三朝北盟会编》。
《武经总要》。
《靖康稗史笺证》。
《继资治通鉴长编》。
《建炎以来系年要录》。
《建炎以来朝野杂记》。
《秋涧集》。
《宋季三朝政要》。
《鹤山集》。
《金佗续编》。
《钱塘遗事》。
《全宋文》。
《归潜志》。
《中州集》。
《遗山先生集》。
《长春真人西游记》。
《汝南遗事》。
《大金国志》。
《蒙鞑备录》。
《黑鞑事略》。
《蒙古秘史》。
《蒙兀儿史记》。
《草木子》。
《元典章》。
《云麓漫钞》。
《金虏图经》。
《历代名臣奏议》。
《经世大典》。
《世界征服者史》。
《圣武亲征录》。
《宋史纪事本末》。
《金史纪事本末》。
《高丽史》。
《元朝名臣事略》。
《倘湖樵书》。
《殊域周咨录》。
《读史方舆纪要》。
《廿二史札记》。
王国维：《观堂集林》，中华书局1959年版。
邓广铭：《岳飞传》，人民出版社1983年版。
王曾瑜：《辽金兵制》，河北大学出版社2011年版。
王曾瑜：《宋朝军制初探（增订本）》，中华书局2011年版。
吕思勉：《中国民族史》，东方出版社1996年版。
黄宽重：《南宋时代抗金的义军》，台湾联经出版事业公司1988年版。
乌兰：《蒙古源流研究》，辽宁民族出版社2000年版。
陈高华：《元史研究论稿》，中华书局1991年版。
陈世松：《宋元战争史》，四川社会科学院出版社 1988年版。
韩儒林主编：《元朝史》，人民出版社1988年版。
徐振清等编：《辽金史论集》（1－6辑），中州古籍出版社1995年版。
姚大力、刘迎胜主编：《清华元史》第三辑，商务印书馆2015年版。
谭其骧：《中国历史地图集》第六册（宋辽金），中华地图学社1975年版。
中国美术全集编辑委员会：《中国美术全集》，人民美术出版社 2015年版。

[日本] 外山军治：《金朝史研究》，黑龙江朝鲜民族出版社1988年版。

[日本] 三上次田：《金代女真研究》，黑龙江人民出版社1984年版。

[日本] 内田吟风：《北方民族史与蒙古史译文集》，云南人民出版社 2003年版。

[法国] 布罗代尔：《15至18世纪的物质文明、经济和资本主义》，三联书店1993年版。

石坚军：《蒙金三峰山之战新探》，《兰州学刊》2010年第10期。

朱玲玲：《蒙金三峰山之战及其进军路线》，《军事历史研究》1987年第4期。

竺可祯：《中国近五千年来气候变迁的初步研究》，《考古学报》1972年第1期。

张利：《气候变迁与我国古代北方民族的南下》，《许昌师专学报》，1997年第4期。

致　　谢

本书在写作的过程中得到了许多人的鼎力相助，特别是王晓明先生，专门绘制了十幅军事形势图，在此表示衷心的感谢。